Andrew Dowling ist Schriftsteller und Filmemacher. Er wurde 1969 in Sydney geboren. Nach dem Studium der Naturwissenschaften und des Ingenieurwesens an der Universität von Sydney wandte er sich dem Reisen und Schreiben zu. Nachdem er 20 Länder besucht hatte, verfasste er sein erstes Buch über seine Erlebnisse in Afrika.

Rufe vom Minarett ist sein zweites Buch und die Bilanz einer neunmonatigen Reise, die er 1996 von der Türkei bis Indonesien durch die muslimischen Länder Asiens unternahm.

Andrew Dowling lebt heute zusammen mit seiner Frau und Reisegefährtin Kirsty Albert in Sydney.

ANDREW DOWLING

RUFE
VOM MINARETT

*Auf Entdeckungsreise
durch Länder des Islam*

*Aus dem Englischen
von Gabriele Räbiger*

NATIONAL
GEOGRAPHIC

*Ein Buch der Partner
Goldmann und National Geographic Deutschland*

Die englische Originalausgabe erschien 1999
unter dem Titel »The Godless Pilgrim«
bei Fusion Press, London.

Coverfoto, vorne: gettyimages, Laurence Dutton
Alle weiteren Fotos stammen vom Autor.

SO SPANNEND WIE DIE WELT.

Dieses Werk erscheint in der Taschenbuchreihe
NATIONAL GEOGRAPHIC ADVENTURE PRESS
im Goldmann Verlag, München.

1. Auflage November 2002, deutsche Erstausgabe
Copyright © 2002 der deutschsprachigen Ausgabe
NATIONAL GEOGRAPHIC ADVENTURE PRESS
im Goldmann Verlag, München,
in der Verlagsgruppe Random House GmbH
Copyright © 1999 Andrew Dowling
Published by Arrangement with Satin Publications Ltd.
Alle Rechte vorbehalten
Lektorat: Diana Schaumlöffel, München
Umschlaggestaltung: Petra Dorkenwald, München
Herstellung: Sebastian Strohmaier, München
Satz: Uhl + Massopust, Aalen
Druck und Bindung: Clausen & Bosse, Leck
ISBN 3-442-71184-3
Printed in Germany

Das Papier wurde aus chlorfrei gebleichtem Zellstoff hergestellt.

Für Kirst, aus verschiedenen Gründen.

Und für meine Eltern,
die nie den Dank erhalten, der ihnen gebührt.

Die erste Regel zum Verständnis der menschlichen Situation besteht darin, dass der Mensch in einer Secondhand-Welt lebt. Ihm ist sehr viel mehr gewahr, als er selbst erfahren hat; und seine eigene Erfahrung ist immer indirekt. Die Qualität seines Lebens ist von Bedeutungen bestimmt, die er von anderen übernommen hat. Jeder Mensch lebt in einer Welt solcher Bedeutungen. Kein Mensch wird allein direkt mit einer Welt solider Fakten konfrontiert. Solch eine Welt steht nicht zur Verfügung. Am nächsten kommt der Mensch ihr als Kind oder wenn er krank wird: Dann, in einer beängstigenden Szenerie bedeutungsloser Ereignisse und sinnloser Verwirrung überkommt ihn häufig die Panik einer nahezu kompletten Unsicherheit. Doch in seinem Alltag erfährt er keine Welt solider Fakten; seine Erfahrung selbst ist durch stereotype Bedeutungen selektiert und durch vorgefertigte Interpretationen geformt. Seine Weltbilder – und sein Selbstbild – erhält er von einer Menge von Augenzeugen, denen er nie begegnet ist und auch nie begegnen wird. Und doch bilden diese – von Fremden und verstorbenen Menschen – bereitgestellten Bilder die Grundlage seines ureigenen Lebens ... Jeder Mensch interpretiert, was er beobachtet – genauso wie das, was er nicht beobachtet hat: Doch die Form seiner Interpretation ist nicht seine eigene.

Cecil Wright Mills

Inhalt

VORWORT

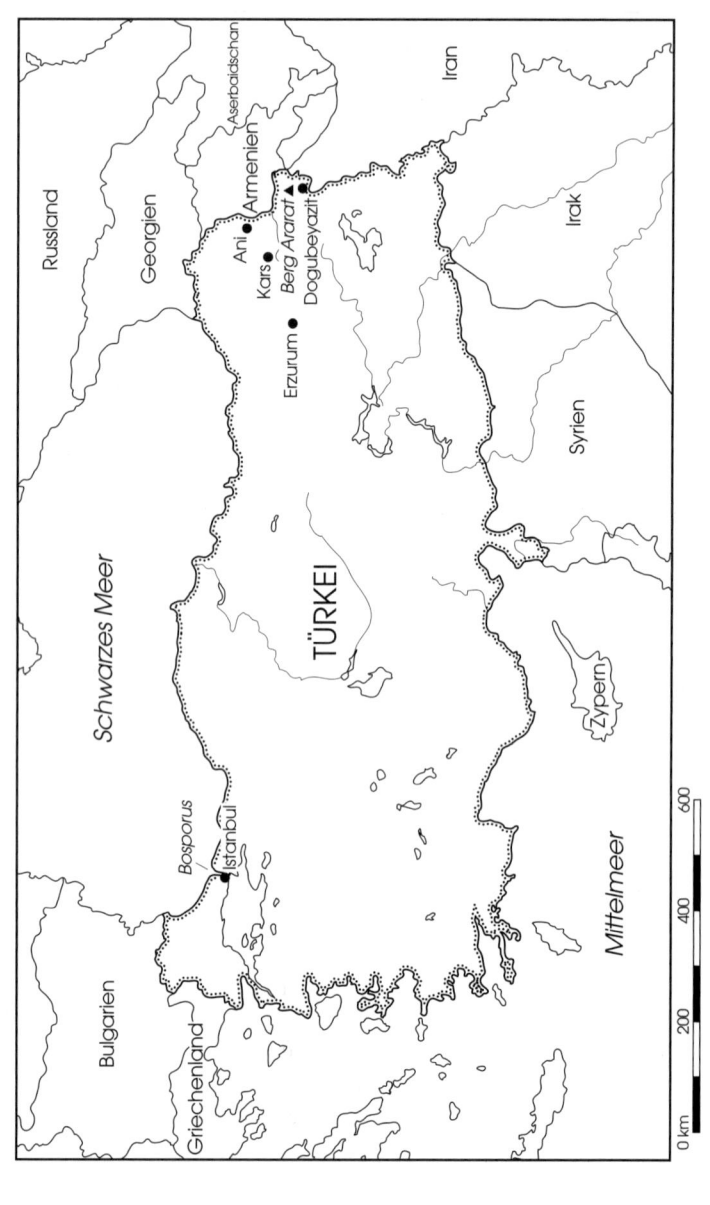

Türkei

Donnerstag, 18. Mai: Ani

»Allaaaahu akbar allaaaaahu akbar! Allahu akbar allaaaahu akbar…«

Gott ist groß. Gott ist groß.

Es klingt dünn, verloren. Die Stimme dringt von dem alten steinernen Turm zu uns herunter, weht durch uns hindurch und verliert sich rasch in der großen leeren Weite, die uns schon den ganzen Morgen lang niederzudrücken drohte. Die Worte sind uns vertraut, der Ton jedoch nicht. In Kairo, Damaskus, Beirut und sogar in Daressalam klangen diese Worte wie eine brutale, kratzige Botschaft, die den Besucher aufrüttelte und ihn aus seinen Träumen riss. Sie riefen die Gläubigen zum Gebet. Wir hatten diesen Ruf schon unzählige Male zuvor gehört, jedoch nie so wie heute.

Hier gibt es keine Lautsprecher, kein Knistern und Pfeifen. Nur eine einzige Stimme, die den Ruf knapp zehn Meter über uns an den Wind weitergibt. Die Anziehungskraft des frühen Islam liegt irgendwo in diesem zerbrechlichen Klang verborgen; sogar auf einen Ungläubigen wirkt er inspirierend. Ein solcher Klang vor 1000 Jahren in Mekka muss Ehrfurcht gebietend gewesen sein. Wenn wir den Klang dieser hellen Stimme hoch über uns nun hören, verwundert es nicht, dass der Islam sich derart spektakulär ausbreitete, wie es geschehen ist.

Kommt zum Gebet. Empfangt die Erlösung. Es gibt keinen anderen Gott außer Allah.

Die zwei Türken, die zu ebener Erde ausgeharrt hatten – kräftige Männer in Polyesteranzügen, mit Nasen gebogen wie Krummsäbel –, applaudieren der Vorstellung ihres Freundes, sie lachen. Sein Kopf schaut aus einem von uralten Flechten eingerahmten Spalt in dem verwitterten alten Gemäuer, das einst ein Kirchturm gewesen war und heute ein Minarett ist. Er lacht ebenfalls und winkt zu uns herüber. Kirst und ich winken zurück. Nachdem er wieder heruntergeklettert ist, wandern wir zusammen mit ihm zur nächsten Steinruine – eine seltsame Truppe, die mühevoll versucht zu kommunizieren und sich gegenseitig freundlich anlächelt. Wir sind an einem Ort, der Ani genannt wird, eine Ruinenstadt, die unwegsam an der Grenze zwischen der Türkei und Armenien liegt. Ani war lange Zeit die Hauptstadt Armeniens. Heute ist sie nicht mehr als ein Haufen Steine in einer leeren Landschaft: eine Hand voll verfallener Gebäude, alte Kirchen, Basiliken, die durch Wind und Wetter und die türkische Vernachlässigung zu Ruinen geworden sind. Es liegt eine düstere Stimmung über diesem Ort, die fast Bilder von Ritualmorden heraufbeschwört.

Das umliegende Land ist weit, grün und baumlos, fast völlig eben und karg. Einige leicht gewellte Hügel sind nur mit einem Teppich aus hartem Gras und schwarzen Steinen bedeckt. Sie erstrecken sich völlig trostlos unter dem niedrigen Himmel. Die Landschaft – harsch und leblos – hat sich auf dem ganzen Weg von Kars, der nächsten türkischen Stadt, nicht verändert. Unsere Straße, die auf beiden Seiten von schneebedeckten Bergen gesäumt wird, hat uns durch eine grüne und graue, weite und offene Welt geführt, in der nichts sein Haupt gen Himmel zu erheben wagt. Keine Bäume, keine Städte, keine Menschen.

An den Toren von Ani drängen sich ein paar Gebäude – die einzige Siedlung weit und breit. Ani ist so groß, dass ich es im Ganzen mit den Augen nicht erfassen kann.

Wir sind weit gelaufen, so weit, dass die Steinmauer, die den Platz umgibt, verschwunden ist. Zwischen Himmel und Erde nur noch wir inmitten der Ruinen. Die niedrig ziehenden Wolken drängen uns vorwärts, und ich frage mich, ob es einen trübseligeren Ort auf der Welt gibt als Ani.

Ein sanfter Wind weht.

Ich wende mich langsam zur Seite, schaue nach Armenien rüber. Beobachtungstürme auf der anderen Seite des Flusses, der die Landschaft hinter Ani durchtrennt, erinnern daran, wie sehr die Armenier die Türken hassen. Wir wurden gewarnt, dass wir Gefahr laufen, erschossen zu werden, falls wir Fotos von der armenischen Seite machen.

Die Geschichte dieses Gebietes ist so trostlos wie die Landschaft. Hier wurde an der armenischen Bevölkerung der Osttürkei am Ende des Ersten Weltkrieges eines der schlimmsten Massaker des 20. Jahrhunderts verübt. Damals wie heute bestritt die türkische Regierung, dass es jemals stattgefunden hat. Sie leugnet, dass dieses nahezu unbewohnbare Gebiet einmal von armenischen Christen besiedelt war und dass sie damals die Eliminierung von bis zu einer Million dieser Menschen angeordnet hatte. Heute geht sie sehr vorsichtig mit allem Beweismaterial über die vorherigen Einwohner des Landes um und erklärt, dass die Kirche, die wir gerade verlassen haben, tatsächlich die erste Moschee des Landes war. Uns wird gesagt, dass dies Muslimland sei, dass die Christen nur auf der anderen Seite des Flusses zu finden seien.

Wir stehen in einem Gebiet der Konfrontation zwischen zwei erbitterten Feinden. Zwischen der Türkei und Armenien, zwischen dem Islam und dem Christentum. Hier, auf diesem einsamen Landstrich hoch in den Bergen treffen zwei Religionen, zwei Geschichten mit äußerster Feindseligkeit aufeinander. Und genau hier beginnt im Jahr 1996 meine neunmonatige Reise in den Islam.

Die Grundsteine des Islam wurden vor über 1000 Jahren gelegt, am Anfang des 7. Jahrhunderts n. Chr. Zu jener Zeit hatte ein arabischer Händler namens Mohammed die erste einer Reihe von Visionen, die seinen Namen als den des Propheten des Islam in die Geschichte eingehen ließen.

Mohammed ibn Abdullah lebte in der zentralarabischen Stadt Mekka, in der Region, die als Hidjas bekannt ist. Er gehörte dem

Stamm der Koraisch an, dem mächtigsten in Mekka, der die Stadt außerdem in nur wenigen Generationen zum wichtigsten Handelszentrum in Arabien gemacht hatte. Die schlagartigen gesellschaftlichen Veränderungen, die diesen Erfolg begleitet hatten, ließen die Zukunft für viele ungewiss erscheinen. Gier und Habsucht kamen auf und untergruben die traditionellen Stammeswerte.

Im Jahre 610 n. Chr. begab sich Mohammed mit seiner Familie zum Berg Hira nicht weit außerhalb der Stadt, um dort zu meditieren, was unter den Arabern jener Region zu dieser Zeit üblich war. In der 17. Nacht des arabischen Monats Ramadan wurde Mohammed dort aus dem Schlaf gerissen und sah eine strahlende Vision dessen vor sich, was er später als den Erzengel Gabriel identifizierte. »Rezitiere!«, befahl der Engel. Mohammed weigerte sich zu Anfang, weil er sich nicht als Propheten sah. Solche Aktivitäten waren Sache der Wahrsager und Verrückten. Erst nach dem dritten Befehl öffnete Mohammed seinen Mund. Als er dies tat, verließen die Worte einer neuen Heiligen Schrift seine Lippen; Worte, die nicht seine eigenen waren; Worte, die außerhalb seiner Macht standen. Mohammed hatte das Wort Gottes empfangen.

Während der nächsten zwei Jahrzehnte erhielt Mohammed viele solcher Offenbarungen und erwies sich als ein Mann mit außergewöhnlichen Fähigkeiten. Als er 632 n. Chr. starb, hatte er die zersplitterten Stämme Arabiens zu einer einzigen vereinten Gemeinschaft zusammengeführt und ihnen eine neue Religion gebracht, die einzigartig auf ihre Lebensart und Weltsicht zugeschnitten war. Und was noch wichtiger ist, er hatte einen dynamischen Glauben ins Leben gerufen, ein Reich aus der Wiege gehoben, das sich nur wenige Jahrzehnte nach seinem Tod von Indien im Osten zum Atlantik im Westen, vom Aralsee im Norden zur Nubischen Wüste im Süden erstreckte. Nur ein Jahrhundert später sollte das Herrschaftsgebiet des Islam größer sein als das Römische Reich auf dem Höhepunkt seiner Macht und die Welt erobern, als ob es wahrhaftig der Wille Gottes gewesen sei. Der Islam sollte Lern- und Denkweisen einführen, die so fortschrittlich waren, dass die westliche Zivilisation als barbarisch angesehen wurde. Zweimal drohte der Islam Europa zu erobern. Für fast 1000 Jahre blieb er die vorherrschende Zivilisation in der Welt.

Heute ist die Vorherrschaft des Islam verschwunden, aber seine Bedeutung besteht nach wie vor. Keine andere Religion kann die Welt in den nächsten Jahrzehnten so stark gestalten wie der Islam. Nach dem Christentum ist er die zweitgrößte Religion der Erde mit einer Milliarde Anhänger, einem Fünftel der Weltbevölkerung. Darüber hinaus ist er die sich am stärksten ausbreitende unter allen großen Religionen. Angesichts der höchsten Geburtsraten der Welt wird sich die muslimische Bevölkerung in 20 Jahren verdoppeln. Sogar in den USA wächst die islamische Bevölkerung schneller als die anderer Religionen: Zum ersten Mal sind die Muslime den Juden zahlenmäßig überlegen.

Mehr als alle anderen Religionen oder Zivilisationen stellt der Islam für die westliche Zivilisation eine Herausforderung dar. In den letzten Jahren wurde die Behauptung aufgestellt, dass der Islam seit dem Ende des Kalten Krieges die Rolle des wichtigsten ideologischen Feindes des Westens einnimmt. Der Ursprung der Konfrontation zwischen dem Islam und dem Westen liegt jedoch bereits im 7. Jahrhundert, als die Religion des Halbmondes die arabischen Wüsten im Sturmschritt verließ und die damals bekannte Welt eroberte. Im Vergleich dazu war die Bedrohung durch den Kommunismus von kurzer Dauer. Und heute im Zeitalter der Globalisierung, in einer von Kriegen, Armut und dem Wiederaufleben des islamischen Extremismus geplagten Welt ist das Thema Islam wichtiger denn je.

Doch ungeachtet dieser Bedeutung kann es schwierig sein, einen ausgewogenen Blick sowohl auf die Religion als auch auf die Kulturen, die sie repräsentieren, zu erhalten. Viele der dramatischen Nachrichten der letzten zwei Jahrzehnte waren »islamische Nachrichten«: die Iranische Revolution, der arabisch-israelische Konflikt, die beiden Golfkriege, Bürgerkriege in Afghanistan und Libanon, der Libyen-Konflikt, die ethnischen Streitigkeiten in Bosnien, der Bürgerkrieg in Tadschikistan, die Rebellionen in Kaschmir, die Morde in Ägypten und Algerien, das Attentat auf das World Trade Center. Als Ergebnis davon herrscht im Westen ein negatives Bild des Islam vor. Mit dem Islam assoziiert man Fanatismus, Gewalt, Brutalität und Chaos, wenig Achtung vor dem menschlichen Leben, frauenfeindliche Gesellschaften, deren Gesetze direkt aus dem finsteren Mittelalter stammen.

Dieses negative Bild stellt natürlich ein großes Problem für jemanden dar, der sich um ein Verständnis des Islam und der Gesellschaften, für die er steht, bemüht, und dessen Interesse nicht nur auf Sensationsgier beruht, sondern etwas mehr Substanz aufweist. Dieses Problem wird zusätzlich durch die Tatsache verkompliziert, dass Islam ein vager Begriff ist und darum gefährdet durch Fehlinterpretationen. Kein anderer Begriff deutet auf ein derart breit gefächertes Angebot von Überzeugungen, Kulturen, Geschichten, Politiken und Menschen hin. Der Islam geht über eine Religion hinaus: Er umfasst alle Bereiche des Lebens. Für einen gläubigen Muslim deckt der Islam alles ab: von der Politik bis zum Gebet, von der Rechtsprechung bis zum Geschlechtsverkehr, vom Sinn des Lebens bis zu der Art und Weise, wie man sich zu reinigen hat. Aus diesem Grunde verzerrt der Gebrauch des Terminus Islam für die Beschreibung eines einzelnen Aspektes einer islamischen Gesellschaft, wie z. B. extreme Gewalt in einem Land oder die regressive soziale Gesetzgebung in einem anderen, die Art, wie wir den Islam als Ganzes sehen.

Vor mehreren Jahren reiste ich zum ersten Mal in den Nahen Osten. Was ich sah, überraschte mich. Ich sah mich komplexen, lebendigen Gesellschaften gegenüber, die ich – das wusste ich – durch den einengenden, feindlichen Blick der westlichen Medien vorher niemals hätte wahrnehmen können. Zu meiner Überraschung waren die meisten meiner Erfahrungen positiver Natur. Das Bedeutende daran waren nicht die positiven Erfahrungen an sich, sondern meine Überraschung darüber. Ich musste mich fragen, *warum* ich nicht auf normale und freundliche Gesellschaften vorbereitet war, auf eine Haltung der Akzeptanz dem Westen gegenüber, auf überwältigende Gastfreundschaft. Damals erkannte ich, dass der einzige Weg zu einem besseren Verständnis des Islam für mich in persönlichen Erfahrungen damit bestand.

Eine Zeit lang wusste ich nicht so recht, wie das zu bewerkstelligen sei. Für mich als Nicht-Muslim würde meine Erfahrung des Islam unweigerlich eine nachempfundene sein. Mit dem Ziel, nicht nur die Religion selbst, sondern auch die verschiedenen Kulturen zu verstehen, die so bereitwillig mit ihm identifiziert werden, musste meine Erfahrung die Form einer Reise annehmen, einer Reise in den Islam.

Ein paar Jahre lang wälzte ich die Idee einer solchen Reise in meinem Kopf, wo ich ihr langsam erlaubte eine Gestalt und ein eigenes Leben anzunehmen. Von Anfang an war mir klar, dass ich meine Begegnung mit dem Islam in einem Buch festhalten wollte, ein Buch in der Art, wie ich selbst bei meinen Studien zu dieser Religion keines gefunden hatte. Ich wollte die bloße Erfahrung eines Islam machen und porträtieren, der aus weit mehr als fundamentalistischen Interpretationen des Glaubens oder sensationslüsternen Bildern von Fanatismus und Grausamkeit bestand. Ich wollte den Islam erfahren, wie er von Millionen Gläubigen gelebt und geatmet wurde. Ich wollte im Wesentlichen einen grundlegend ausgewogenen Blick auf die Religion werfen, wenn so etwas überhaupt möglich ist.

Aus all diesen Gründen schaue ich nun auf niedrig ziehende, schwere Wolken ganz am Anfang meiner Reise in den Islam. Diese Reise führt jedoch nicht durch den Nahen Osten, überhaupt nicht durch arabische Länder. Die Reise geht nach Asien.

Die Wahl Asiens mag seltsam erscheinen, denn der Islam ist trotz allem eine im Wesentlichen arabische Religion. Die liturgische, heilige Sprache des Islam ist Arabisch; die heiligsten Stätten des Islam liegen in der arabischen Welt; die Überlegenheit der arabischen Kultur ist in der Religion selbst verankert. Dennoch liegt der Schlüssel zum Verständnis der Veränderungen, die in der islamischen Welt greifbar sind, nicht in Arabien, sondern in Asien. Nur einer von fünf Muslimen ist ein Araber, während zwei von dreien in Asien leben.

Asien beheimatet das größte muslimische Land der Welt, Indonesien. Ein asiatisches Land, der Iran, war und ist eine Inspirationsquelle für die Bewegung der Wiederbelebung des Islam, die die Welt überflutet. Der Islam breitet sich in Asien schneller und weiter aus als irgendwo sonst. In Asien ist der Islam nicht länger untätig. Der orthodoxe, fundamentalistische Ruf schallt lauter und klarer aus Mekka als jemals zuvor und die dort herrschende Armut lässt mehr und mehr asiatische Muslime nach einer Alternative für ihre Lebensumstände suchen. Folglich bietet sich nirgendwo sonst in der Welt ein besserer Einblick in die wachsende Stärke des islamischen Radikalismus. Keine andere Region weist eine solche Reichhaltigkeit an Religionen, Sitten und Gebräuchen und Rassen auf wie die Länder zwischen der Türkei und Indonesien. Nur Asien kann den breit gefächerten, weit reichenden Blick auf die Religion gewähren, den ich brauche, um mir einen Eindruck der Gesamtheit, der Vielfalt, der Realität, die den Islam ausmachen, zu verschaffen.

Es ist dieses Wissen, das mich hierher geführt hat, an diesen grauen Ort der lang verstorbenen Geister. Es ist dieser Ort, an dem die Reise beginnt, eine Reise durch unbekanntes Territorium, durch das einladende, rätselhafte Asien.

Montag, 22. Mai: Dogubeyazit

Als er das erste Mal nach diesen Visionen nach Mekka zurückkehrte, predigte Mohammed in bescheidener Art. Er sah sich nicht als Gründer einer neuen Religion an, er brachte bloß die alte Religion des einen Gottes zu seinen Stammesbrüdern, den Koraisch. Wie viele Araber zu jener Zeit so war auch Mohammed zu dem Glauben gelangt, dass der große Gott des alten arabischen Pantheon, dessen Name einfach nur *al-Lah*, »Der Gott«, war, mit dem Gott, den die Juden und Christen anbeteten, identisch sei. Für ihn waren seine Offenbarungen lediglich eine aktualisierte Neuauflage jener Versionen, die Gott den Propheten Abraham, Moses und Jesus gegeben hatte. Die Koraisch, die ihm zu Anfang keine Opposition entgegenbrachten, wurden durch seine Predigten selbstverständlich nicht beleidigt. Viele Koraisch waren durchaus bereit, Mohammed zuzuhören, da seine Ansichten nicht notwendigerweise mit ihren eigenen kollidierten.

Die Koraisch verehrten zu jener Zeit nicht nur *al-Lah* oder Allah, sondern auch zahlreiche andere, niedrigere Gottheiten. Mohammeds Botschaft war in den ersten Jahren nicht allzu monotheistisch, und die Menschen schienen es zu akzeptieren, dass sie ihre geringeren Götter weiterhin verehren konnten, so wie sie es immer getan hatten. Doch als Mohammed begann, eine solche Verehrung als Götzendienst und Blasphemie zu verurteilen, da sie von der Einheit Allahs ablenkte, schlug die Meinung der Koraisch um. Für sie waren die alten Götter in vielerlei Weise für ihren neuen Reichtum verantwortlich. Mohammeds Botschaft bot immer mehr Zündstoff und wurde schließlich für die herrschenden Stämme der Koraisch unannehmbar. Und so wurden Mohammed und seine Anhänger zu einer verfolgten Minderheit.

Mohammed predigte hauptsächlich über das Übel der Götzenanbetung, das Bevorstehen des göttlichen Gerichts und gegen Stolz und Arroganz. Er verurteilte nicht nur die Glaubensüberzeugungen der Bürger von Mekka, sondern auch ihre Habgier, ihre Scheinheiligkeit, ja ihre gesamte Lebensweise. Der Fokus seines neuen Glaubens lag darauf, sich Gott absolut zu unterwerfen. Tatsächlich wurde Mohammeds Religion schließlich als Islam bekannt, ein Begriff, der den Akt der völligen Hingabe an Gott bezeichnet, und seine Anhänger wurden Muslime genannt, jene, die sich unterwerfen. Den Stämmen oder Familien der Koraisch, die stolz an ihren Idolen festhielten, waren solche Konzepte ein Gräuel. Für sie war es ein Horror, mit ansehen zu müssen, wie ihre Brüder sich zweimal am Tag flehend vor Gott niederwarfen; sie konnten nicht akzeptieren, dass Araber mit ihrem Status und ihrer Geschichte wie Sklaven auf staubigem Boden kriechen sollten. Schließlich wurde die Opposition unerträglich, und im Sommer 622 v. Chr. machten sich Mohammed und seine Anhänger auf den Weg in die Oasenstadt Jathrib, die später als Medina, »die Stadt«, bekannt wurde.

Die heutigen Muslime datieren ihre Zeitrechnung nicht vom Zeitpunkt der Geburt Mohammeds (er betonte, dass er ein gewöhnlicher Mann sei) und auch nicht vom Zeitpunkt seiner ersten Visionen (es war absolut nichts Neues an einer derartigen Offenbarung Gottes), sondern von dem Zeitpunkt seiner Migration nach Medina, der Hedschra. Das war das Jahr, in dem Muslime zum ersten Mal begannen, Gottes heiligen Plan zu erfüllen, indem sie den Islam zu einer politischen Realität machten. In Mekka konnte Mohammed den Islam nur predigen, doch in Medina konnte er ihn praktizieren. Diese Veränderung spiegelte sich in den Offenbarungen wieder, die Mohammed weiterhin von Gott erhielt. In Mekka lag ihre Betonung auf reiner Theologie, während jene, die er in Medina erhielt, ein viel größeres Augenmerk auf die Gesetzgebung des Islam legten: auf die gelebte Religion – auf Scheidungsgesetze, Ehe- und Erbrecht.

Die ersten Muslime blieben zehn Jahre in Medina. Ihre Zahl war zu Anfang klein – in einer frühen Schlacht gegen Mekka kämpfte Mohammed an der Seite von nur 300 Männern –, aber ihr Glaube war stark. Im Kampf für den Islam mit dem festen Glauben, Gott auf ihrer Seite zu haben, gewannen sie fast jede größere kriegerische Auseinandersetzung. Mohammed erhielt weiter seine Offenbarungen, die immer relevanter für die aktuellen Ereignisse wurden, da Gott die sich entwickelnde Situation zu kommentieren schien, die Bedeutung von Schlachten darlegte sowie einigen von Mohammeds frühen Kritikern antwortete und dabei half, die Konflikte einer unerfahrenen Gemeinschaft zu lösen. Durch die Hilfe einer bedeutenden jüdischen Gemeinde in Medina nahm Mohammeds Botschaft langsam die profunden Wurzeln einer Heiligen Schrift an, die jahrhundertealte Traditionen früherer Religionen aufgriff, sie aber mit einem unverwechselbar arabischen Faden verknüpfte.

Als Mohammed dann triumphierend nach Mekka zurückkehrte und die Stadt ohne Blutvergießen einnahm, wurde er von einer 90 000 Mann starken Armee begleitet. Die Versammlung, die ihn empfing, zählte etwa 124 000 Köpfe. Es war ein spektakulärer Triumph. Mohammed betrat den massiven würfelförmigen Schrein im Zentrum von Mekka, der als die Kaaba bekannt ist, und zerstörte alle Idole der Koraisch. Die Muslime regierten von nun an die Stadt.

Mohammed starb 632 n. Chr. nach einer kurzen Krankheit. Er hatte eine Menge erreicht. Den heidnischen Völkern Arabiens hatte er eine neue Religion gebracht: eine Religion des unerschütterlichen Monotheismus mit strikten ethischen Doktrinen, die sowohl in Hinblick auf ihre Prinzipien als auch in Hinblick auf ihren Einblick in die arabische Gesellschaft als Ganzes auf einem unvergleichbar höheren Niveau angesiedelt war als das Heidentum, das sie ersetzte. Mohammed hatte es geschafft, die Stämme zu einer einzigen Gemeinschaft, der *umma*, zu vereinen. Er hatte Offenbarungen erhalten, die in den nachfolgenden Jahrhunderten zahllosen Gläubigen als Richtschnur dienten. Die alten Israeliten hatten sieben Jahrhunderte gebraucht, um mit ihren alten Gebräuchen zu brechen und einen rein monotheistischen Glauben anzunehmen, doch Mohammed war es gelungen, den Arabern ein solches System in nur 23 Jahren zu vermitteln. Mohammeds System war zudem einzigartig arabisch. Kurz vor seinem Tod unternahm Mohammed das, was als Abschiedspilgerreise bezeichnet wurde, durch die er den alten heidnischen Ritus der *hadjdj* islamisierte, demgemäß in der Vergangenheit Araber von allen Teilen der Halbinsel eine jährliche Pilgerreise zur Kaaba unternahmen. Mohammed machte die *hadjdj* zu einem grundlegenden Bestandteil seiner neuen Religion. Sie gilt als eine der »fünf Säulen«, auf die der Islam gegründet ist, neben dem Glauben an Gott, dem täglichen Gebet, dem Fasten im Monat Ramadan und den Almosen für die Armen. Das war ein entscheidender Schritt, der dem Islam einen unverwechselbar arabischen Charakter verlieh, der heute noch besteht.

In sozialer Hinsicht revolutionierte Mohammed die arabische Gesellschaft. Während der vorislamischen Zeit hatte Arabien die zurückgebliebenen Ansichten gegenüber Frauen aufrechterhalten, die jahrhundertelang vorherrschten. Polygamie war verbreitet, und Ehefrauen wurden mehr oder weniger als zum Haushalt gehörendes Eigentum betrachtet. Einige Frauen genossen Macht und Einfluss – Mohammeds erste Frau Chadidja war eine erfolgreiche Händlerin –, aber viele andere waren nicht viel mehr als Sklavinnen. Sie hatten keinerlei Bürgerrechte. Der Mord an neugeborenen Mädchen war verbreitet, und eine arabische Familie äußerte Bedauern, wenn ein Mädchen zur Welt kam. Mohammed war ein großer Sozialreformer, und das Wohl der Frauen stand mit auf seinem Programm. Seine Lehren verboten immer wieder die Tötung von neugeborenen Mädchen und prangerten sie als Sünde gegen Gott an. Mohammed betonte, dass die Araber wegen ihrer Einstellung den Frauen gegenüber einen Verweis von Gott selbst erhielten. Er sprach den Frauen sogar gesetzlich verankerte Rechte in Erb- und Scheidungsangelegenheiten zu – in jener Zeit ein bahnbrechender Fortschritt. Demnach war ihr Erbe zwar geringer als das der Männer, aber in einer Gesellschaft, in der Frauen nur als Eigentum galten, war die Wirkung revolutionär. Damals war auch das Christentum in eine sehr frauenfeindliche Weltsicht abgeglitten, die stark durch die Doktrin der Erbsünde von Augustinus geprägt war, nach der Frauen als »Eva, die Verführerin« angesehen wurden, welche die Seuche der ursprünglichen Erbsünde wie eine Krankheit an die nächste Generation weitergaben. Westliche Frauen mussten noch bis zum 19. Jahrhundert warten, bis sie etwas den Reformen Mohammeds Vergleichbares erhielten.

Der Islam war der Vorbote für viele andere Veränderungen. Dem islamischen Ideal lag ein starkes Gleichheitsprinzip zugrunde. Mitleid für andere und Almosen für die Armen gehörten zu den Grundlagen der islamischen Lehre. Mohammed hatte die Muslime dazu gedrängt, sich Wissen anzueignen, und seine Unterstützung der Wissenschaft und des freien Gedankens trieb die islamische Gelehrsamkeit jahrhundertelang an. Der Islam zeichnete sich auch durch extreme Toleranz anderen Religionen gegenüber aus. Mohammed hob wiederholt hervor, dass sowohl Juden als auch Christen Teil einer religiösen Tradition sind, die Verehrung für ein und denselben Gott empfindet:

*Mit den Schriftbesitzern (Juden und Christen) streitet nur
auf die anständigste Weise, nur die Frevler unter ihnen
seien ausgenommen, und sagt: »Wir glauben an das, was
uns, und an das, was euch offenbart worden ist. Allah, unser
Gott und euer Gott, ist nur einer, und wir sind ihm ganz ergeben.«*

Koran, Sure 29:47

Vor allem aber hatte Mohammed eine Heilige Schrift hinterlassen,
die Sammlung seiner Offenbarungen, die als *al-Qur'an* bekannt
wurden, der Koran. Im Gegensatz zu den Heiligen Schriften der Juden und Christen besteht der Koran nicht aus einer Sammlung von
Geschichten, dem Werk von Menschen. Er ist in der ersten Person
verfasst und stellt das Wort Gottes in arabischer Sprache dar, das
direkt an Mohammed und die Araber gerichtet wurde. Das Bedeutende daran war für die Araber, dass Gott selbst gesprochen hatte.
Immer wieder weisen Verse im Koran darauf hin, dass die Existenz
dieses Werks, das über jedes menschliche Ermessen hinausgeht, den
ausreichenden Beweis für die Existenz Gottes liefert. Es war dieses
Buch – in der damaligen arabischen Schriftsprache verfasst und
nicht übersetzt –, das Muslimen in aller Welt in den nächsten 13
Jahrhunderten als Leitfaden für ihr Leben galt.

Für mich, in unserem heruntergekommenen Hotel in Dogubeyazit mit Blick auf den Berg Ararat durch unser Fenster, wirft solch
ein kurzer Abriss der Geschichte des Islam mehr Fragen als Antworten auf. Wie konnten sich derart fortschrittliche Einstellungen
Frauen gegenüber zu einer der frauenfeindlichsten Religionen der
modernen Welt entwickeln? Wie hatte Mohammeds ursprüngliche Botschaft dazu beigetragen, dass unzählige muslimische Frauen
dazu verdammt wurden, die Art Verschleierung zu tragen, in der
wir ihnen in den Straßen draußen begegneten? Wie konnte eine
Religion mit einer positiven Einstellung dem Wissen gegenüber islamische Gelehrte hervorbringen, die vor gerade einmal 20 Jahren
immer noch behaupteten, die Erde sei eine Scheibe? Wie zerbrach

die anfängliche Einheit? Was zersplitterte den Islam in die zahllosen Sekten von heute? Und vor allem, wie konnte eine Religion, die sehr auf Toleranz anderen Religionen gegenüber bedacht war, zu einer Weltanschauung mutieren, die von Hass und Verachtung gegenüber Ungläubigen gekennzeichnet ist?

Ich hoffe, dass diese Reise auf all diese Fragen eine Antwort geben kann. Es ist mir jedoch bewusst, dass die Art, in der sich die islamische Doktrin in den Jahren nach Mohammeds Tod entwickelte, eine entscheidende Rolle bei der Transformation vieler islamischer Praktiken spielte. Ähnlich wie beim Christentum begann auch im Islam der größte Teil der offiziellen Dokumentation erst mehrere Generationen nach dem Tod des Propheten. Der Koran zeigte den Willen Gottes zu Lebzeiten Mohammeds an, doch bald stellten die Probleme, die bei der Regierung eines rasch aufblühenden Großreiches auftauchten, die Araber vor Schwierigkeiten, die unter Mohammeds Herrschaft noch nicht vorhanden waren. Als Reaktion darauf machten es sich die frühen Araber zur Devise, dass nicht nur der Koran als wegweisende Autorität in Benehmensfragen zu Rate gezogen wurde, sondern auch die gesamten überlieferten Aussprüche und Taten des Propheten. Diese Sammlung wurde als *hadith*, die Überlieferungen, bekannt.

Die Sammlung und Analyse des *hadith* fand erst ab dem ersten Jahrhundert nach Mohammeds Tod statt. Jeder einzelne *hadith* wurde durch eine Aneinanderreihung von Zeugen bestätigt und liest sich folgendermaßen: *Ich hörte von ... der gehört hatte von ... der gehört hatte von ... der den Propheten hatte sagen hören.* – Ein auf die ganze Gesellschaft ausgedehntes System der Mund-zu-Mund-Propaganda, das sich über mehrere Generationen hinzog. Aber mündlich überlieferten Geschichten dieser Art ist im besten aller Fälle nur schwer zu trauen. Und hier gab es noch dazu Motive für absichtliche Verdrehung. Das auf Mohammeds Tod folgende Jahrhundert war durch tief greifenden gesellschaftlichen Wandel geprägt, da das sich ausdehnende Reich mit einer Reihe von neuen sozialen, politischen und religiösen Sitten und Gebräuchen seiner eroberten Völker in Berührung kam. Vertreter eines bestimmten Standpunktes, einer bestimmten politischen Gruppierung oder um die Macht wetteifernder Clans konnten keine bessere Methode finden, um eine ihnen passende Meinung in Umlauf zu bringen. Nichts war einfacher, als ihre Überzeugungen in eine frühere Zeit zurückzuversetzen und einen *hadith* hervorzubringen, der dem Propheten zugeschrieben wurde. Vorislamische Gebräuche tauchten wieder auf, neue wurden hinzugenommen. Als der Islam sich ausbreitete, veränderte er sich.

Dieser Wandlungsprozess einer Religion, die von vielen ihrer ursprünglichen Gebräuche und Ideale abgetrennt wurde, endete bei weitem nicht, als der *hadith* schließlich in offizieller Form herausgegeben wurde. Der Islam war eine lebendige Religion und, je weiter er auf Reisen ging, umso stärker veränderte er sich. Signifikant wurde die Veränderung zu der Zeit, als der Islam mit Wort und Schwert zu Ehren eines arabischen Gottes zur Eroberung auszog und unter den Völkern nicht-arabischer Länder Verbreitung fand.

Dogubeyazit am Fuße des Bergs Ararat liegt in einem dieser Länder. Der morgige Tag markiert den Beginn unserer Reise in ein weiteres: Iran, das alte Persien. Dieses Land war eine der wichtigsten Eroberungen des frühen Islam. Seine Kultur, Geschichte und Sprache beeinflussten über zehn Jahrhunderte das Herz des Islam. Bis heute ist sein Platz in der Welt des Islam einzigartig. Dieses Land gilt als Synonym für die Neubelebung des Islam, und ich fühle, dass der Iran den Schlüssel zu einem Verständnis des heutigen Islam bereithält.

Ich kann mir jedoch kaum vorstellen, was das Land offenbaren wird. Die Bilder des Iran aus meiner Kindheit zeigen Krieg und Raketen in der Wüste. Meine Generation ist kaum alt genug, um sich an die Iranische Revolution zu erinnern. Ich habe keine Erinnerung an den Schah, keine Vorstellung von dem Land als einem ehemaligen Alliierten des Westens. Meine Eindrücke vom Iran sind in den letzten 16 Jahren vollständig von westlichen Medien geprägt worden: ein Ort des irrsinnigen islamischen Fundamentalismus, der antiwestlichen Stimmung, der Waffen, des Krieges und der Ungerechtigkeit, der Grausamkeit gegenüber Frauen, der Unterstützung des internationalen Terrorismus, des zündenden Funkens für islamische Revolutionäre in der ganzen Welt. Und obwohl ich Forschungsarbeit betrieben und Interviews geführt, ja sogar sechs Monate die Sprache gelernt habe, fühle ich mich immer noch so, als wüsste ich nichts über das Land. Der morgige Tag steigt undeutlich und riesig vor mir auf.

Der kratzige Ruf zum Maghreb-Gebet hallt über die Stadt, als die Abenddämmerung den Ararat in dunkles Blau einhüllt. Ich schaue von unserem Balkon auf die Straße unter uns, wo Kinder einen in Sackleinen gehüllten Mann verhöhnen, dessen Füße rückwärts gerichtet sind. Hochgewachsen, ausgetrocknet und verlassen sieht er aus, steht mit seinem Rücken zur tödlichen Sonne. Morgen also. Iran, wo Revolutionswächter den Frauen den Lippenstift mit Rasierklingen entfernen; wo Touristen so selten sind, dass die Iraner sie fotografieren; wo der Blick auf die Frau eines anderen Mannes uns töten kann; wo wir mit äußerster Feindseligkeit allem Westlichen gegenüber rechnen müssen. Unglaubwürdige Geschichten vielleicht, aber nichtsdestotrotz Geschichten. Geschichten, die lebendig genug sind, um im Raum zu stehen, als ich darüber nachsinne, was der morgige Tag bringen wird.

ERSTER TEIL:

Westen

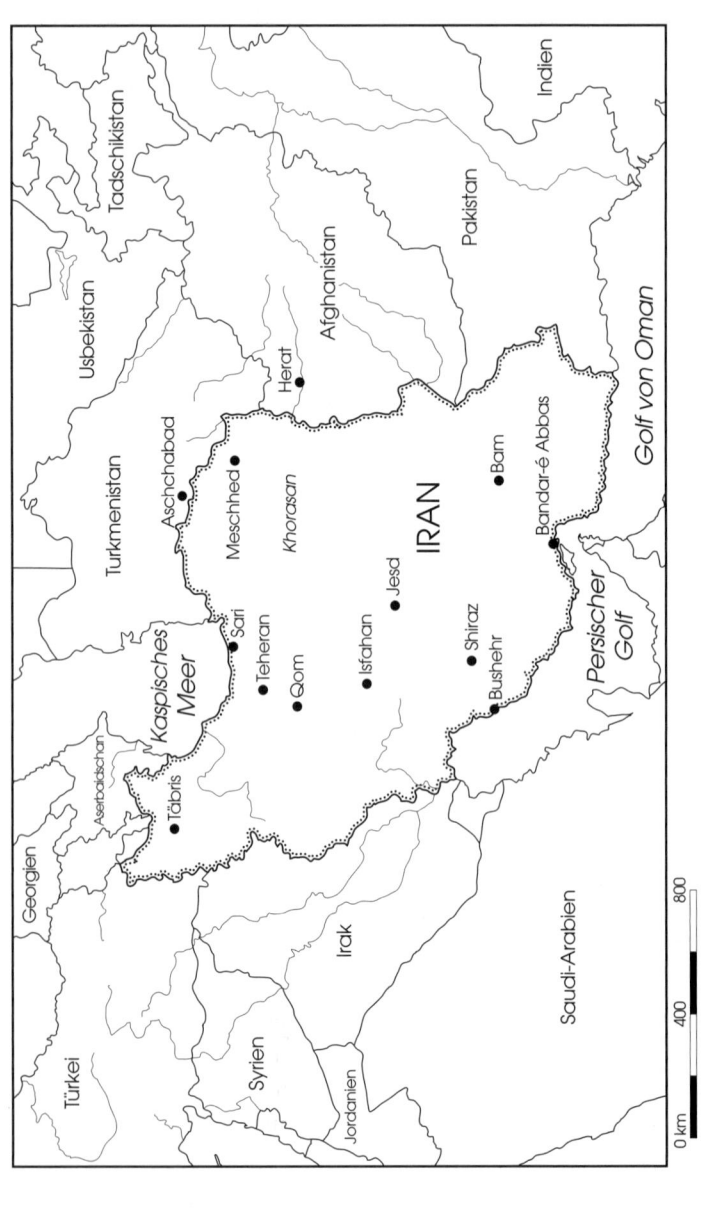

Iran

Die türkisblaue Brücke

Dienstag, 23. Mai: Auf dem Weg nach Täbris

Wir wachten mit dem Ruf zum Morgengebet auf. Im dämmrigen Licht – das nach muslimischer Tradition gerade ausreicht, um einen schwarzen von einem weißen Faden zu unterscheiden –, verschwand Kirst unter einem schwarzen Schleier, ihrem vor drei Tagen gekauften *tschador* aus Polyester. Ohne solch eine Islam-gerechte Kleidung wird ihr an der Grenze die Einreise verweigert. Kirst wird für die nächsten anderthalb Monate so herumlaufen.

Der *tschador* ist dick und schwer. Er besteht aus einer Haube, die auf Kirsts Kopf passt, mit einem Loch für ihr Gesicht und einem lose sitzenden Rock. Es schaut kein Haar heraus und fast keine Haut; nur ein bisschen Gesicht und ihre Hände sind zu sehen. Die Frau, die ich kenne und liebe, hat sich plötzlich in einen verlorenen Schatten, ein blasses Nicht-Wesen verwandelt. In ihrer Erscheinung scheint sich die Herabsetzung der Frauen zu spiegeln. Sogar für mich wird Kirst zu einer anderen Person, sanftmütig und unsichtbar unter dem schwarzen Gewand. Bei einer solchen Reaktion von mir ist es nicht auszumalen, welche Kraft solche Symbole auf jene ausüben, die ihr ganzes Leben mit ihnen leben, Menschen, deren Gesellschaften diese Traditionen seit über 1000 Jahren pflegen. Zumindest wissen wir, dass wir ein erweitertes Bewusstsein darüber erlangen, was es heißt, als Frau unter dem Islam zu leiden, was es heißt, einen Blick auf die andere Seite der nach Geschlechtern getrennten muslimischen Münze zu werfen.

Ich schaue mir Kirst an, wie sie vor mir auf und ab geht, mit niedergeschlagenen Augen und mit einem sittsamen Lächeln auf den Lippen, aus dem nach wie vor ein Anflug von Schalk spricht. Wenn sie lacht, entblößen ihre Lippen beide Reihen ihrer Zähne, und man sieht ein bisschen ihre Zunge hervorblitzen. Sogar in Australien fällt die Blässe ihrer Haut auf. Hier zieht sie die Aufmerksamkeit auf sich, wo immer wir auch hingehen. Muslimische Männer loben ihre Schönheit, muslimische Frauen bewundern ihr Haar. Ich hatte gehofft, dass ihre unter dem *tschador* verborgene braune Mähne sie nicht sogleich als Fremde kenntlich machen würde, doch ich muss nun einsehen, dass die Chancen darauf sehr gering stehen. Mit ihren hellblauen Augen und ihrer blassen angelsächsischen Haut wird sie niemals für eine Einheimische gehalten. Ich freue mich auf ihre Begleitung bei dieser Reise, nicht nur wegen des weiblichen Blickwinkels auf den Islam, den sie mir liefert. Sie ist meine langjährige Reisegefährtin und passt besser zu mir als irgendjemand anderer, den ich kenne. Auf langen Reisen wie dieser hier hält ihre Begleitung mich gesund. Sie ist mir zu nahe, als dass ich ihren Charakter redlich beschreiben könnte. Täte ich es, so wäre es, als würde ich mich selbst beschreiben. Aber niemand kann bezweifeln, dass sie einen überschäumenden Geist hat, einen Enthusiasmus für das Leben. Sie nun so vor mir zu sehen, schattenhaft und unterwürfig, ist in der Tat ein sehr seltsames Gefühl.

Alte Männer mit rauen und runzligen Gesichtern haben sich bereits im Staub draußen vor unserem Hotel aufgepflanzt, als wir heraustreten. Beim Anblick von Kirst lachen sie gutmütig: Es ist offensichtlich, wo die Reise hingeht. Wir finden einen Bus zur Grenze und warten, während der Fahrer die Stadt vergeblich auf der Suche nach anderen Mitreisenden durchkämmt. Der Iran ist kein beliebtes Ziel. Dann geht es los.

Grenzüberschreitungen werden immer die verunsicherndsten Erfahrungen bleiben. Es sind Zeiten des uneinschätzbaren Übergangs. Der Verstand ist auf die unbekannte Zukunft gerichtet, nicht darauf vorbereitet, mit dem Chaos des Augenblicks fertig zu wer-

den, und der Reisende ist in eine wartende Welt der Illusion eingetaucht, wo Verwirrung die einzige Konstante ist. Dieses Mal ist es
nicht anders. Als wir uns durch ein Seitentor zur türkischen Grenz-
verbindung quetschen, bin ich zu beschäftigt, um dem staubigen Gebäude oder der langen Reihe von Lastwagen Beachtung zu
schenken. Ich kann nur daran denken, dass wir uns immer näher in
Richtung eines Abgrunds bewegen. Die Aufmerksamkeiten der
Geldwechsler, die ausdauernden Kinder, die sich an unsere Taschen
klammern wollen, sind nichts weiter als Ärgernisse.

Wir schwanken unter unserer Last in einen kleinen Raum mit ze-
mentiertem Boden, der durch das helle Licht draußen noch dunkler
erscheint. Kirst und ich haben unsere Kommunikation eingestellt.
Wir waren einander gegenüber nie sehr hilfsbereit in Stresssitua-
tionen, zogen uns stattdessen eher in uns selbst zurück und hingen
unseren eigenen Gedanken nach. Ihr äußeres Erscheinungsbild in
dickem Schwarz und fast nicht wieder zu erkennen, machte die Sache nur noch schlimmer.

Der Raum ist voller Körper, blasse und geduckte Gestalten, die
alle einen Haufen roter Ausweise tragen. Sie unterscheiden sich so
sehr von den dunklen Türken und den sonnenverbrannten Kurden,
dass ich mich frage, wo sie hergekommen sind. Sicherlich nicht aus
dem Iran. Sie sind alle Muslime: Die Frauen halten sich weiße
Schleier vors Gesicht, die Männer tragen weiße Käppchen.

Ich drängele mich durch die Menge hindurch zu einem Metallgitter und händige unsere Reisepässe aus. Von nun an übernehme
ich die Regie auf dieser Reise. Dass ein bloßes Kleidungsstück eine
solche Macht ausüben kann, ist beängstigend. Kirst fühlt sich dazu
gedrängt, sich allen Suggestionen, die vom Schleier ausgehen, kon-
form zu verhalten, während ich die Beschützerrolle angenommen
habe, wie es sich für den Ehemann einer muslimischen Frau schickt.
Jede Begegnung heute beinhaltete die Erwartung, dass sie unter
meiner Verantwortung steht: das Vorzeigen der Pässe, das Zahlen
unseres Hotels, die Suche nach einem Mini-Van – gestern war das
noch nicht der Fall gewesen. Die Schlussfolgerung aus all diesem

geschlechtsorientierten Verhalten – eine Schlussfolgerung die der Schleier selbst auslöst –, ist, dass sie mich braucht, damit ich mich um sie kümmere, dass sie dazu selbst nicht so gut in der Lage ist. Wir haben das beide gespürt, und zweifelsohne wird das Gefühl von den uns umgebenden Menschen geteilt. Es hört sich plötzlich so sehr viel weniger überzeugend an, zu behaupten, dass diese Frau, meine Ehefrau, eine Juristin ist. Meine Ehefrau, meine Ehefrau. Denn sie ist meine Ehefrau, so lange diese Reise andauert: Wir verwahren sorgfältig gefälschte Heiratsurkunden, und an Kirsts Finger steckt ein goldfarbener Plastikring. »Billige Hochzeit«, bemerkte der Schmuckhändler in Istanbul verächtlich.

Unsere Reisepässe werden im Handumdrehen abgestempelt. Ich habe keine Zeit zum Denken, keine Zeit zu begreifen, was passiert, als es passiert. Schwere Stahltüren am anderen Ende des Raumes öffnen sich, und ich kann nur Kirst folgen, als wir in eine ganz private Version der Hölle tappen. Ein Geräusch, hart, hohl und verdammend, als die Tür hinter uns zuschlägt.

Innen ein alles überwältigender Eindruck von Gelb: gelbes Licht, gelber Staub, der die Luft füllt, ein Gelbstich auf Haut und Haar, alles in Gelb, soweit ich sehen kann. Der Raum ist groß, aber nicht groß genug, um die 200 oder mehr verloren aussehenden Seelen, die ihn nun bevölkern, komfortabel unterzubringen. Es sind dieselben Körper und Gesichter der Menschen von draußen, nur dass es hier so viele sind und sie so rasch gesichtslos werden. Die Männer sind blond, haben kurz geschorene Schädel und dichte Bärte; die Frauen sind weiße schattenhafte Hüllen. Ich fühle mich von Patienten einer psychiatrischen Anstalt umgeben. Alle irren herum, sind genauso verloren wie wir. Sie sind in alte Anzughosen gekleidet, in T-Shirts, tragen Wüstenschuhe mit eingeknickten Absätzen. Die Frauen stehen an der Wand oder kauern in zusammengedrängten Gruppen in der Mitte des Raumes. Ein leises Murmeln oder vielleicht ein Klagen füllt die Luft wie der gelbe Staub selbst.

Am anderen Ende des Raumes zeigt eine Digitaluhr die Zeit in hellem Purpurrot an. Über der resolut geschlossenen Tür hängt ein

Abbild Atatürks, der stirnrunzelnd auf jene herniederblickt, die verrückt genug sind, sein Land zu verlassen. Die Türkei hat bereits die Qualität einer erinnerten Erfahrung.

Ich schaue mich noch einmal um. Wir sind beide verwirrt, dass es scheinbar keinen Weg hinaus gibt, keine andere Tür, als die, durch die wir gerade hereingekommen sind. Wir ziehen unsere Taschen zu einer Seite des Raumes. Das krankhafte Herumschlurfen und darüber Hinwegsteigen nimmt kein Ende, staubige Fußspuren bleiben auf unserem Gepäck zurück. In einer Wandöffnung erscheint ein gequält dreinblickender Mann in Uniform. Er schreit in ein Telefon. Ich dränge mich durch, erhalte eine weiße Karte, kann aber keine Erklärung aus ihm herausbekommen, keine Beschreibung dessen, was wir tun müssen. Mein Verständnis für die Struktur der Syntax des Persischen ist gelähmt.

Wir warten. Ich habe ein Gefühl erstarrter Zeit, als existiere die Außenwelt nicht länger.

Nach einer Ewigkeit, die nur durch das Blinken der roten Uhr unterteilt wird, öffnet sich eine Tür. Eine versteckte Pforte, ein Fluchtweg zur Realität am anderen Ende der Halle. Die Menge reagiert langsam – der Kampf setzt erst nach Sekunden ein, aber wir sind schneller. Die Spannung, die Frustration und das Adrenalin der letzten Stunden sind freigesetzt, und wir klettern über Körper, ringen mit der Menge, nur um diese rettende Tür zu erreichen. Kirst bringt mit ihrer Tasche eine kleine Frau zu Fall. Zu einer anderen Zeit hätte ich vielleicht reagiert. Nur zehn Leute schaffen es durch die halb geöffnete Tür; wir sind unter ihnen.

Die Welt draußen: eine Warteschlange, eine oberflächliche Taschenkontrolle. Von einem Land, das Alkohol und alles Westliche verbietet, Musik, Poster, Videos und Literatur, hätte ich etwas Gründlicheres erwartet. Und dann torkeln wir etwas betäubt in das helle Sonnenlicht der Iranischen Islamischen Republik.

Vier Stunden später sitzen wir im Bus nach Täbris.

Die blonden Irrsinnigen, so hat es den Anschein, waren eine Abweichung. Wir sind nun, als sei es den ganzen Nachmittag nicht anders gewesen, vom iranischen Blut meiner Vorstellung umgeben: schwarze Haare und Augen, so schwarz als seien sie verbrannt.

Es war ein Nachmittag der Verwirrung, der schnellen Handlungsabläufe gewesen. Völlig Fremde hatten für unsere Fahrt durch das sechs Kilometer lange iranische Grenzgebiet gezahlt. Ein wortlos lächelnder Mann hatte uns in ein Taxi nach Maku gesetzt, der ersten Stadt nach der Grenze, 20 Kilometer entfernt gelegen; dann machte er sich Sorgen, dass wir die Bushaltestelle möglicherweise nicht finden würden, nahm ein zweites Taxi, um uns zu folgen. In Maku organisierte er uns geschäftig unsere Tickets nach Täbris. Ein Händeschütteln, ein kurzes Winken, und schon saß er wieder im selben Taxi, das ihn zurück zur Grenze fuhr – Hilfsbereitschaft ohne Grenzen. Ein Nachmittag voller Freundlichkeit, die uns so seltsam erschien, dass unsere erste Reaktion aus beschämendem Misstrauen bestand.

Nun sitzen wir in einem alten Bus und vergehen fast vor Hitze, während uns Familien von den Sitzen weiter vorne eisgekühltes Wasser bringen, um unseren Durst zu löschen. Der Iran ist ein Land erbarmungsloser Hitze, und in meiner Niedergeschlagenheit wandte sich mein Herz Kirst und allen Frauen zu, für die solch warme Kleidung eine Ungerechtigkeit und eine Verurteilung darstellen. Am Busbahnhof in Maku nahm uns ein Kurde hinter einem parkenden Bus außerhalb der Sichtweite zur Seite, um sich über die iranische Regierung zu beklagen, über die Unterdrückung der Frauen. Die Frau seines Bruders stand, dunkeläugig, neben ihm. Auf seine Bitte hin lüftete sie ihren schwarzen mantelartigen Umhang – die Entschleierung in der Öffentlichkeit ist ein Vergehen, das mit der Prügelstrafe geahndet werden kann – und zeigte uns ihre traditionelle kurdische Kleidung. Ein schimmerndes Gewand aus Kobalt und Kadmium, ein Schmetterling, der einem schwarzen Kokon entschlüpft. Und wie bei einem echten Schmetterling war ihre Freiheit nur von kurzer Dauer: Innerhalb weniger Minuten wurde der Schleier wie-

der übergeworfen. Für sie war der Schleier wie für Kirst ein unge-
wollter Zwang, der ihr von einem ungerechten Regime auferlegt
wurde. Gestalten ohne Form segeln in den wenigen Städten, die wir
durchqueren, dunkel durch die staubigen Straßen. Schwere Zelte
aus schwarzem Gewebe unter dem Kinn mit den Händen oder auf
der Höhe des Mundes mit den Zähnen zusammengehalten. Der
tschador ist die iranische Version der islamischen Verschleierung.
Tschador bedeutet auf Persisch sowohl Schleier als auch Zelt. Sie
sind heiß, schwer und kompliziert zu handhaben, und gehen auf eine
iranische Tradition zurück, die aus der Zeit vor dem Islam stammt.
In den ländlichen Gebieten, die wir durchqueren, sind sie bei weitem
die gebräuchlichste Art der Verschleierung, nicht aber die einzige:
Viele der jüngeren Mädchen tragen den *magneh*, eine Art Kopftuch,
das auch Hals und Schultern bedeckt, mit einem runden Ausschnitt
für das Gesicht. Solange das Haar nicht sichtbar ist, wird der iranischen Empfindlichkeit Genüge getan. Entgegen meiner jahrelangen
Annahme bedeutet das Verschleiern im Iran kein verborgenes Gesicht, das archetypische Augenpaar, das aus einem schwarzen Schlitz
für die Augen hervorschaut. Das ist eine arabische Innovation. Tatsächlich ist in vielen muslimischen Gesellschaften nicht mehr als
eine simple Kopfbedeckung erforderlich, wie sie britische Haus-
frauen vor einem halben Jahrhundert in den Vorstädten trugen.
Doch nicht alle Gesellschaften sind so flexibel: Andernorts in der
muslimischen Welt sind die Restriktionen so grausam wie unge-
wöhnlich. Unser erster Tag im Iran mag nicht der richtige Zeitpunkt
für eine Erörterung der Situation der Frauen im Islam sein, doch
als wir umzäuntes Gelände mit schlammigen Ziegelmauern passieren, eingemauert und abgetrennt wie die Frauen, die es enthält, hoffe
ich, dass uns im Verlauf unserer Reise noch etwas begegnet, was sich
für die islamischen Frauen von heute als eine Form von Leben gestaltet.

Als wir am Stadtrand von Täbris aussteigen, ist alle Farbe vom Himmel gewichen. Verwirrt, durcheinander und mit wenig Geld ist es

eine Erleichterung, wenn sich innerhalb von Minuten die Flügel der iranischen Gastfreundschaft ausbreiten. Meten, ein Fremder, der vorbeikommt, fragt uns, ob er uns irgendwie helfen kann. Er ist von kompakter Statur, drahtig wie eine Feder, trägt einen Furcht erregenden Bart und hat Zähne in der Farbe von fadem Käse. Die Intensität seines Blicks, seine völlige Geringschätzung für alles, was er sieht, und seine Behauptung, Täbris sei ein gefährlicher Ort, gehen mir etwas auf die Nerven, aber das spielt im Moment kaum eine Rolle. Er ruft uns ein Taxi, sucht uns ein Hotel, bezahlt unser Abendessen im Hotelrestaurant. Ein Engel der Gnade mit einem bösen Blick.

Meten verlässt uns spät. Wir haben nichts von Täbris gesehen, noch fast nichts vom Iran. Ich bin verwirrt und erleichtert – und recht alarmiert von Metens Geschichten über Gewalt und Verrat, seinen Anweisungen, niemandem zu trauen. Ich kann meine neue Umgebung noch nicht richtig wahrnehmen, kann noch nicht glauben, dass wir hier gelandet sind. Ich sehe lediglich ein Hotelzimmer mit einem zerbrochenen Spiegel und höre einige wenige Geräusche, die durch die verschlossenen Fensterläden dringen und nicht identifizierbar sind. Das Gefühl der Entwurzelung ist stark. Ich verbringe die Nacht in halb wachem Zustand. Die Dunkelheit ist flüssig und traumlos. Der Deckenventilator dreht sich klappernd.

Mittwoch, 24. Mai, bis Freitag, 26. Mai: Täbris

Lehne keinen Ungläubigen ab, denn es besteht die Hoffnung, dass er als Muslim stirbt.

Jalal ad-Din Rumi

Der Markt in Täbris ist ein Ort der Kraft, der namenlosen Geister. Er ist ein Labyrinth aus Steinbogen und ruhigen Geschäftsfassaden, die uns vom Teppichknüpfer zum Goldschmied, vom Gewürzhändler zum Teeverkäufer führen. Wir sind 300, 700 Jahre in die Vergangenheit zurückversetzt. Das hier ist kein großer verwestlichter Basar wie in Istanbul, wo türkische Marktschreier nach Touristen

Ausschau halten und ihnen entgegenschlendern, um sie schwatzend in ihre Geschäfte zu locken.

»Nein, nein. Das wäre unhöflich«, erklärt Nasser. Er hat ein zusammengedrücktes Sandsackgesicht, und seine Augen sind ein Lächeln in aufgedunsenem Fleisch. Nasser ist Uhrmacher. Den ganzen Morgen hat er sich mit uns in seinem Geschäft unterhalten. »Ihr dürft nicht vergessen, ihr seid nun im Iran«, fügt er hinzu.

Wir sind nun im Iran. So schwer fassbar diese Tatsache gestern Abend auch war, so absolut unübersehbar ist sie heute. Den ganzen Morgen verbringen wir mit dem Versuch, uns in dieser Stadt, in diesem Land zurechtzufinden. Dabei vermeiden wir es, den Blicken der Frauen zu begegnen, an denen wir vorübergehen; sind bemüht, durch Mengen von segelndem Schwarz zu manövrieren, ohne eine Frau anzurempeln; versuchen uns daran zu gewöhnen, dass das lateinische Alphabet verschwunden ist und ich alle Zeichen für uns beide lesen muss. Und es ist schwierig, das breite Persisch mit irgendetwas, das ich verstehen kann, in Verbindung zu bringen.

»Aber wir sind keine Perser. Ja, ich spreche Persisch, aber ich bin Türke. Jeder in Täbris ist türkisch.«

Nasser, der fünf Sprachen fließend spricht und mit einem halben Dutzend Religionen vertraut ist, stellt eine interessante Begleitung dar. Er schlendert mit uns über den Basar, grüßt zu Gewürzständen hinüber, schnappt sich für uns getrocknete Früchte zum Knabbern und versucht uns, so gut er kann, mit dem Iran vertraut zu machen. Das Annehmen neuer Gewohnheiten – oder das Ablegen der vertrauten – wird nur langsam vonstatten gehen.

Nassers große Leidenschaft ist die Religion. Das überrascht uns keineswegs: In einer der wenigen Theokratien der Erde kann man der Religion nur schwer entrinnen. Nassers Ansichten haben jedoch möglicherweise mit dem Konfrontationskurs seiner Regierung nichts gemeinsam. Den ganzen Morgen über hat er uns über die Nähe der drei großen monotheistischen Religionen unterrichtet, über die Unwahrscheinlichkeit, dass wir bei seinen iranischen Landsleuten auf Feindseligkeiten treffen, und es bringt ihn aus dem

Takt, dass wir über den Iran als ein Land mit antiwestlichen Ressentiments denken könnten. Nassers einziger Zorn gilt den Buddhisten. Für einen Muslim ist der Buddhismus verdorben: Nasser kann den Gedanken daran, die Statue eines einzigen Mannes zu verehren, der niemals für sich in Anspruch nahm, heilig zu sein, nicht ertragen. Ansichten wie seine waren für die praktische Ausrottung des Buddhismus auf dem Indischen Subkontinent unter muslimischem Regime verantwortlich.

Nasser führt uns zu seinem bevorzugten Teehaus, einem Platz mit einer angenehmen Atmosphäre an diesem Ort der Finsternis, des Staubes und der Steine. Männer mit braunen Origami-Gesichtern sitzen an Einzeltischen und haben Teegläser vor sich stehen. Aus ihren faltigen Mündern ragt je ein farbiger Schlauch, der gebogen und mit Rauch gefüllt ist. Das weiche Blubbern des Wassers in Dutzenden von Glasbehältern ist das einzige Anzeichen dafür, dass sie atmen. Glimmende Haufen honigdurchtränkten Tabaks in Tonschalen werden über heißen Kohlen erhitzt; sie stellen die Nahrung dieser papierartig antik anmutenden Männer dar. Dies sind die universellsten Gerätschaften des Nahen Ostens, auf Türkisch als *nargilye* bekannt, werden sie auf Persisch *ghalian* genannt, und für uns sind es die *huka*, ein linguistisches Geschenk aus Indien. Nasser nennt sie die »Blubber-blubber«. »Wollt ihr ›Blubber-blubber‹ rauchen?«, fragt er, als wir uns am Tisch zusammendrängen. Ich habe das Teufelszeug schon einmal geraucht – keine Erfahrung, die ich wiederholen möchte. Wir trinken aber *tschai*, Tee. Im Iran ist das keine Frage der Wahl, überall wo man hinkommt, muss man Tee trinken. Nasser hatte uns in seinem Laden bereits drei Gläser serviert.

Iranische Teegewohnheiten sind einzigartig. Der Tee ist dunkel, stark und sehr tanninhaltig; um ihn genießbar zu machen, ist Zucker erforderlich. Iranischer Zucker wird jedoch nicht im Tee aufgelöst, sondern stattdessen in Form von steinharten Klumpen zwischen die Zähne genommen, woraufhin die heiße Flüssigkeit durch ihn hindurch in den Mund gesogen wird. Nach einem Vormittag mit Nasser üben wir uns langsam in der Kunst, doch wir haben am Ende immer noch zerbröselte geschmolzene Zuckerrückstände im Mund.

Ein faltiges Gesicht beobachtet mich, beobachtet uns beide. Das einzige Tageslicht fällt aus einem Spalt weit über uns im Mauerwerk zu uns herab. Ein paar Lichtstrahlen neigen sich schräg zu uns, Staubteilchen rotieren darin. Die Atmosphäre ist unterirdisch. Der Mann inhaliert jeden Atemzug durch seine Wasserpfeife, das weiche Gurgeln ist ununterbrochen zu hören. Nasser murmelt etwas zu ihm hinüber. Das Gesicht des Mannes leuchtet auf und nickt mit einem ehrlich-warmen und fast zahnlosen Lächeln zu uns herüber. Das Wasser hört nicht auf zu blubbern.

»Ich sagte ihm, das ihr Ausländer aus Amerika seid«, übersetzte Nasser. »Er ist ein Bauer – Australien kennt er nicht, deshalb sagte ich Amerika.«

Das ist nicht in meinem Sinn: Die Medien möchten uns glauben machen, dass wir uns in einem Land befinden, das aus Hass auf den großen Satan, die USA, besteht. Kirst hat extra einen Australien-Stoffbutton auf ihre Tasche genäht, um genau dieses Missverständnis vermeiden. Doch es scheint keinen Unterschied zu machen. Der Mann freut sich über uns, egal woher wir kommen. Er macht eine kurze Bemerkung zu Nasser, der sich dann an uns wendet. »Er möchte wissen, ob ihr Muslime seid. Ihr seid Christen, nehme ich an, nicht wahr?«

Eine neckende Frage. Religion finde ich interessant, nicht Gott. Für mich ist Religion ein faszinierender Teil der menschlichen Psychologie, eine treibende Kraft in Geschichte und Kunst, eine Inspiration für Philosophen. Aber sie ist kein grundlegender Bestandteil meiner Weltsicht. In Australien begnüge ich mich damit, mich als Atheisten zu bezeichnen, doch hier ist nicht Australien. Ich bin im Iran, und die Vorstellung von Atheismus widert die meisten Muslime an. In vergangenen Begegnungen hat sie nur Verwirrung, Zorn und sogar den abrupten Abbruch gerade geknüpfter Freundschaftsbande hervorgerufen. Während der nächsten neun Monate wird mir diese Frage sehr häufig gestellt werden, und meine Antwort wird immer dieselbe sein müssen.

»Ja. Wir sind beide Christen.« Der Alte nickt zufrieden und lehnt sich in seinem Stuhl zurück.

Die Unterhaltung kreist um dieses Thema. »Ich habe über alle Religionen etwas gelesen, müsst ihr wissen. Ich habe die Thora und die Bibel gelesen. Ich glaube es ist gut, dass ihr Christen seid.« Ein mit Tee durchtränktes Stück Zucker löst sich auf Nassers Zunge auf. »Aber für mich ist es die schiitische Richtung im Islam, die am meisten Sinn macht.«

»Was ist der Unterschied zur sunnitischen Richtung?« Kirst kennt die Antwort genauso gut wie ich, aber die Frage musste gestellt werden.

Nasser wirft uns ein kurzes Lächeln von der Seite zu. »Der Unterschied liegt zwischen der Politik und Gott. Die sunnitische Richtung begann mit Männern, die Macht wollten, aber die Schiiten verehrten stets Gott. Die sunnitische Richtung ist kein wahrer Islam.«

Die Unterteilung des Islam in diese zwei Hauptrichtungen, in die Sunniten und die Schiiten, ist ein wichtiger Aspekt, der bei dem Studium dieser Religion beachtet werden muss. Die Spaltung des Islam in Sunniten und Schiiten erfolgte bereits im 7. Jahrhundert n. Chr. Die Sunniten sind heute die vorherrschende Religionsgemeinschaft und machen 85 Prozent der islamischen Welt aus. Dementsprechend konzentriert sich der Hauptanteil der Literatur über den Islam auf die sunnitische Sichtweise der Religion. Viele islamische Schriftgelehrte erwähnen die Schiiten nur kurz am Rande, so als sei die Tatsache der Spaltung ausreichend, um ihr Vorhandensein zu erklären. Nur wenige Sunniten beschäftigen sich mit einer aufrichtigen Analyse der schiitischen Richtung des Islam, denn für die Sunniten sind die Schiiten eine Abweichung vom rechten Glauben. Keiner von ihnen bietet jedoch einen ausreichenden Einblick in die Struktur der schiitischen Richtung, die dazu beitrug, den Funken der islamischen Erneuerung auf der Welt zu verbreiten. Der größte Teil der bedeutenden Werke über die islamische Lehre entspringt heute westlichen Quellen, aber der Westen geht mit der Darstellung der schiitischen Richtung genauso oberflächlich um, insbesondere wenn für den Massenkonsum geschrieben wird. Eine Woche vor unserer Abreise hatte ein Artikel in einer australischen Tageszeitung die Schiiten als eine »fundamentalistische Sekte« verworfen. Das ist schlimmer als irreführende zu starke Vereinfachung und Verallgemeinerung: Es ist ganz einfach falsch. Solche Interpretationen sind weit verbreitet und machen den Verständnismangel für diese Religion als Ganzes deutlich. Das Problem, das sich auf der Suche nach Informationen bei den Schiiten selbst zur schiitischen Richtung stellt, besteht natürlich darin, dass sie in ihren Ansichten genauso voreingenommen sind wie die sunnitischen Auslegungen des Islam. Ich hoffe jedoch, dass ich nach sechs Wochen im Iran, dem einzigen Land der Welt, in dem die Schiiten die Mehrheit bilden, zu einem eigenen Urteil kommen kann.

Nasser erhebt sich. »Ich muss mich nun entschuldigen. Es ist Zeit zum Gebet zu gehen.« Sein Blick weilt düster und ernst auf mir. »Aber ihr müsst heute Abend zurückkommen. Mein Freund Majid möchte euch gern kennen lernen, um euch willkommen zu heißen. Wir gehen mit euch Eis essen.«

Es steht außer Frage, dass wir Nassers iranische Gastfreundschaft ablehnen könnten. Auf Höflichkeit und Großzügigkeit gegenüber Reisenden wird im Koran wiederholt hingewiesen; es ist eine religiöse Pflicht. Nasser mit seinem gedrungenen Gesicht, das einen strengen und doch lockeren Eindruck macht, mit seinen eng stehenden lachenden Augen ist unergründlich: Wir können nicht mit Sicherheit sagen, ob seine Freundlichkeit seinem eigenen Wesen entspricht oder ob er damit dem Glaubensgebot nachkommt. Im Moment spielt das keine Rolle. Wir folgen ihm durch die Steinkorridore, dankbar, dass solche Gastfreundlichkeit überhaupt existiert und dass wir sie an unserem ersten Tag im Iran erfahren dürfen.

Draußen im gleißenden Sonnenlicht erscheint unsere Furcht, die wir noch am Abend zuvor vor Täbris hatten, schwer nachvollziehbar. Wir laufen durch belebte Straßen zurück zu unserem

Hotel, den düsteren Beigeschmack der Bedrohung haben sie verloren.

Gegenüber von unserem Hotel hängt in einem Park ein schwarzweißes Portrait von Khomeini, das die Größe eines kleinen Gebäudes hat. Wir gehen hinüber und spazieren unter den ums Überleben kämpfenden Bäumen hindurch, setzen uns hin und beobachten die iranischen Familien dort. Mein Erstaunen über das, was ich sehe, zeigt, wie beschränkt meine Wahrnehmung des Iran war. Wir sind umgeben von Familien, die auf dem Rasen picknicken, Männern und Frauen, die zusammen lachen. Paare schlendern umher; niemand ist in Eile. Väter spielen mit ihren jungen Töchtern, fast jedes Gesicht, dem wir begegnen, ist mit einem Lächeln überzogen. Junge Männer schlafen oder sinnieren im Gras vor sich hin. Der Park verströmt eine friedvoll-heitere Atmosphäre. Ich bin überrascht, dass solch glückliche Szenen, Bilder eines normalen Familienlebens, mich derart in Erstaunen versetzen. Über allem liegt ein überwältigendes Gefühl der Ruhe; wenn nicht die geisterhaften schwarzen Schatten überall zu sehen wären, käme ein Gefühl der Freiheit auf.

Der Verkehr am Rande des Parks, total chaotisch und unreguliert, bewegt sich so langsam, dass von Gefahr keine Rede sein kann. Die Iraner fahren, wie sie gehen; der Verkehr ähnelt genauso wenig einer drängelnden Menge wie die Familien, die einen entspannten Spaziergang machen. Wir könnten fast meinen, wir befänden uns in einer gebändigteren, sichereren Ausgabe der Türkei und nicht in dem dunklen und gefürchteten Ort auf der Landkarte, der als Iran bekannt ist.

Die von Unschuld geprägte Atmosphäre setzt sich bis in die Nacht hinein fort. Farbige Kugeln hängen an Schnüren über den Straßen. Springbrunnen rieseln über hell leuchtende Lichter. Familien spazieren in so großer Anzahl bis spät umher, dass der Eindruck von einem Volksfest entsteht. Als wir uns zu späterer Stunde in der Nacht von Nasser verabschieden, fühlen wir uns sicher genug, um in diesen Straßen allein zurückzukommen, die uns 24 Stunden vorher noch mit Furcht erfüllt hatten.

Wie immer ich mir den Iran auch vorgestellt hatte, es war anders. Nichts von all dem, was ich gelesen hatte, bereitete mich auf ein derart fröhliches Willkommen vor.

Die Partei Alis

Samstag, 27. Mai, bis Montag, 29. Mai:
Auf dem Weg nach Isfahan

Unser nächstes Ziel ist Isfahan. Doch zuvor machen wir einige Umwege, die uns nahe an die irakische Grenze führen. Die Wüste wirkt dort traurig und verlassen; eine Stimmung von Tod und Verlust hängt über dem Gebiet. Eine halbe Million Iraner wurden in dem, was heute »der vom Irak aufgedrängte Krieg« genannt wird, getötet, und die Wüste ist von ihrem Todeskampf durchdrungen. In den Grenzgebieten erinnern Slogans und von der Regierung gesponserte Kunst immer noch an die Tragödie. Rosen, Märtyrer, Blut und Tauben schmücken einsame Wände. Bilder von Saddam Hussein mit Messern an seinem Hals und von sterbenden Iranern. Sogar auf den Häusern der Dorfbewohner prangen die Slogans. Nicht alle beziehen gegen den Irak Stellung: »Nieder mit den USA« lautet der Kommentar auf Wandgemälden mit brennenden amerikanischen Flaggen. Doch der heftigste Zorn, das größte Bedauern wird dem Krieg selbst entgegengebracht. Zerstörte Panzer übersäen die Landschaft, einige davon stehen auf Postamenten in den Dörfern, die wir durchqueren.

Der Iranisch-Irakische Krieg, der sinnlose, zwischen 1980 und 1988 ausgetragene Konflikt, prägte nicht nur die Landschaft dieser Region, sondern auch die Art und Weise wie moderne Iraner und auch der Westen den Stellenwert des Iran in der Welt betrachten. Der Konflikt wurde weniger als ein Jahr nach der Iranischen Revolution in Gang gesetzt, als ein opportunistischer Saddam Hussein in die Provinz Khuzestan einmarschierte, in der Hoffnung, aus der instabilen politischen Lage im Iran profitieren zu können. Zu jener

Zeit konzentrierten sich Teile der westlichen Medien auf das, was als Märtyrer-Komplex der schiitischen Ideologie bezeichnet wurde. Der Irak, der sowohl von den USA als auch von der Sowjetunion unterstützt wurde, stand einem Gegner gegenüber, der von islamischer Inbrunst erfasst war: Während der Irak eine schmutzige Eroberungsschlacht führte, berief sich der Iran auf religiöse Rechtschaffenheit. Eine halbe Million Iraner starben, und die Regierung erklärte jeden Einzelnen von ihnen zum Märtyrer. Zwölf Jahre alte Kinder wurden vor den Soldaten in Minenfelder geschickt, um die Minen zum Explodieren zu bringen.

Diese Kinder trugen weiße Roben und Plastikschlüssel, die ihnen die Tür zum Paradies öffnen sollten. Sie wussten, dass sie sterben würden; ihnen wurde einfach glauben gemacht, dass dies der sichere Weg ins Paradies sei. Angesichts solcher Geschichten ist es nicht verwunderlich, dass der Märtyrer-Komplex in den vergangenen Jahren so stark mit den Schiiten in Verbindung gebracht wird. Der Iran ist eine schiitische Nation; im Irak sind die Sunniten stärker vertreten.

Dennoch ist das Märtyrertum nicht nur eine schiitische Obsession. Märtyrer waren von Anfang an Teil aller Richtungen des islamischen Glaubens. In einem Ausschnitt des Koran heißt es: *Jene, die für Allah erschlagen wurden, zählen nicht zu den Toten. Sie leben in der Gegenwart ihres Herrn, und für sie ist gut gesorgt.* Das Märtyrertum ist jedoch für die Schiiten von besonderer Bedeutung und beeinflusst das, was wir die schiitische Mentalität nennen können, aber es ist weit komplizierter als ein einfacher Wunsch, sein Leben Allah zu opfern, ein Wunsch, der im Laufe der Geschichte von vielen Muslimen geteilt wurde. Das Märtyrertum hat seine Wurzeln in der Geschichte der schiitischen Glaubensrichtung; um sie zu verstehen, müssen wir eine Leidenschaft verstehen, die seit über 1000 Jahren am Leben erhalten wurde. Uralte Emotionen, niederträchtig und atavistisch, Gefühle, die für einen Außenstehenden schwer zu erfassen sind: Um die Passionen der Schiiten heute zu verstehen, muss man sie vor dem Hintergrund der Anfänge des Islam betrachten.

Der Grundstein der schiitischen Glaubensrichtung wurde kurz nach dem Tod des Propheten gelegt, als das umstrittene Thema der Nachfolge aufkam. Mohammed hatte keinerlei Vorkehrungen zur Hilfe in der Entscheidung dieser Angelegenheit getroffen, obwohl von einigen behauptet wurde, dass er kurz vor seinem Tode Ali zu seinem Nachfolger erwählte. Ali war einer der Ersten, der zur neuen Religion konvertierte. Er war nicht nur der Cousin des Propheten, sondern hatte auch Mohammeds Tochter Fatima geheiratet. Mohammed hinterließ keine männlichen Erben, was bedeutet, dass Ali der nächste männliche Verwandte des Propheten war.

Die mächtigen Stämme in Mekka waren gezwungen worden, Mohammeds Herrschaft anzuerkennen, doch mit seinem Tod begannen sie, die Wahl eines Mitglieds aus ihren eigenen Reihen zur Führung der Gemeinschaft vorzubereiten (was möglicherweise die Grenzen ihrer Bekehrung zum neuen Glauben aufzeigt). Die Krise wurde von drei Gefährten Mohammeds – Abu Bakr, Omar und Abu Ubayda – abgewendet. Sie handelten rasch und erklärten Abu Bakr als Nachfolger des Propheten zum Führer. Es war eine schnelle und notwendige Reaktion, doch sie ließ jene außer Acht, die forderten, dass Ali herrschen sollte.

Abu Bakr gehörte wie Ali zu den Ersten, die sich zur neuen Religion bekehrten. Er war ebenfalls mit dem Propheten verwandt: Seine jüngere Tochter Aischa war eine von Mohammeds letzten und einflussreichsten Frauen. Diese Tatsache sorgte für anhaltenden Groll zwischen Ali und Abu Bakr: Fatima hatte großen Anstoß an Aischas Einfluss auf ihren Vater genommen, und Aischa und Ali waren zu erbitterten Rivalen geworden. Trotzdem akzeptierte Ali bereitwillig die Amtseinsetzung Abu Bakrs. Abu Bakr wurde der Titel *khalifat rasul allah*, der Nachfolger des Boten Allahs, verliehen, ein Titel, der zu *khalifa*, Kalif, abgekürzt wurde. Er bezeichnete fortan die rechtmäßigen Herrscher des Islam.

Abu Bakr war bei seinem Amtsantritt bereits ein alter Mann und starb bald eines natürlichen Todes. Sein Nachfolger wurde Omar. Unter Omar expandierte das Islamische Reich: Die byzantinischen

Heere wurden geschlagen, Damaskus erobert; der Irak, Ägypten und Persien wurden dem muslimischen Staatsgut einverleibt. Die Position des Kalifen bekam ein immenses politisches und militärisches Machtpotenzial, das weit über die einfache Position des spirituellen Führers einer blühenden religiösen Gemeinschaft hinausreichte.

644 wurde Omar während des Gebets von einem christlichen, persischen Sklavenmädchen ermordet. Die Wahl seines Nachfolgers war umstritten. Osman ibn Affan war als Schwächling bekannt, ihm wurde Feigheit vorgeworfen. Er war jedoch ein Vertreter der alten Machtstruktur Mekkas, der Einzige der frühen Begleiter des Propheten, der aus den Reihen der Stämme aus Mekka genügend Prestige besaß, um überhaupt bei der Wahl des Nachfolgers berücksichtigt werden zu können.

Eine Zeit lang hatten die mächtigen Stämme Mekkas die widerrechtliche Besetzung der Position von Mohammeds Nachfolger und die dominante Rolle Medinas im frühen islamischen Geschehen übel genommen. Ihnen mussten einige Konzessionen eingeräumt werden, wie etwa die Ernennung des Mu'awiya aus dem Stamm der Omaijaden zum Gouverneur von Syrien durch Omar, doch das reichte noch nicht aus. Mohammeds eigenes Geschlecht der Haschimiden, welche zu den Koraisch gehörten, war in der vorislamischen Zeit von nur geringer Bedeutung, und die Omaijaden erfüllte die Usurpation ihrer Rolle in der Gesellschaft von Anfang an mit Groll. Sie hatten kontinuierlich für mehr Macht agitiert, und die Ernennung des Omaijaden Osman zum Kalifen ebnete ihnen schließlich den Weg. Bald wurde jeder wichtige Posten des Reiches mit einem Mitglied der Omaijaden besetzt.

Im Sommer 656 n. Chr. ermordeten muslimische Rebellen aus Ägypten und dem Irak Osman. Ali, der zuvor bei drei Gelegenheiten übergangen worden war, wurde augenblicklich als Kalif begrüßt. Er musste die Hauptlast der Krise angesichts der Veränderung der islamischen Welt tragen. Aischa und verärgerte Stimmen aus Mekka widersetzten sich ihm sofort und begannen mit der Organisation einer bewaffneten Opposition. Die größte von allen Bedrohungen für Alis Herrschaft kam jedoch von Mu'awiya aus Damaskus. Mu'awiya verfügte über große Macht. Er war die zentralistische Autorität im Reich und kommandierte eine äußerst disziplinierte Armee. In einer Folge von Konfrontationen mit Ali, die sowohl seine Führung als auch seine moralische Autorität in Frage stellten, gelang es ihm, Alis Status auf den eines bloßen Anwärters auf das Kalifat zu reduzieren und auf diese Weise die Herrschaft zu usurpieren.

Für jene, die sich an die Zeit des Propheten erinnern konnten, hatte die islamische Vision eine traurige Richtung eingeschlagen. Neuer Reichtum, Machtgelüste und die alten Rivalitäten der vorislamischen Zeiten drohten, die Gesellschaft auseinander zu reißen. Eine Gruppe, die als Kharijiten bekannt wurde, beschloss, dass die Zeit für eine Erneuerung reif war. Zum ersten Mal in ihrer Geschichte versuchten Muslime gewaltsam zum Zeitalter des Propheten zurückzukehren. Es sollte nicht das letzte Mal sein. Ihr Plan bestand darin, die drei wichtigsten Männer des Islam zu ermorden: Ali, Mu'awiya und 'Amr, einer von Mu'awiyas Helfern. Erfolg hatte ihr Plan nur bei einem: Ali wurde während des Gebets in der Moschee getötet. Sein Sohn Hassan gab den Kampf auf und trat seine Rechte an Mu'awiya ab, der im ganzen Islamischen Reich rasch als Kalif umjubelt wurde. Mu'awiya gilt als Begründer der ersten arabischen Dynastie, die Omaijaden, die von Damaskus aus regierten. Ihre Herrschaft war eher weltlich als spirituell ausgerichtet, aber unter den omaijadischen Kalifen sollte sich die heute vorherrschende sunnitische Doktrin entwickeln. Ihr Name stammt vom arabischen Wort *sunna*, Sitten und Gebräuche, ab und bezeichnet jene, die den Traditionen des Propheten folgen. Die Schiiten hingegen betrachten sich bis heute als Nachfahren jener, die Ali nach seinem Tod treu blieben: Sie sind die *Schiat Ali*, die Partei Alis.

Aus den unglücklichen und blutigen Ursprüngen des Schiitentums entwickelte sich schließlich das, was uns heute als Märtyrer-Mentalität bekannt ist. Die Besessenheit in Bezug auf das Märtyrertum entwickelte sich in den Jahren, die auf Alis Tod folgten. Die

Theologie des Schiitentums wurde zu gleichen Teilen durch Geschichte und durch Religion geformt, und es sind die historischen Aspekte, die wir, so gut es geht, bei unserem Aufenthalt in Isfahan zu Tage fördern möchten.

Der Iran hat uns in den letzten Tagen immer besser gefallen, trotz der Tatsache, dass die Grenzstädte traurige, unangenehme Orte waren. Wir waren von der liebenswertesten der iranischen Sitten und Gebräuche bezaubert, der Weigerung, sich für irgendetwas, das wir erwerben wollten, bezahlen zu lassen, aus dem einfachen Grunde, weil wir Gäste waren. In einem solchen Land kann man sich einfach nicht unwillkommen fühlen. In Geschäften, Imbissen und Restaurants mussten wir lange debattieren, um Iraner dazu zu bringen, unser Geld anzunehmen. Nun, da wir jedoch in Isfahan angekommen sind, können wir uns auf etwas anderes gefasst machen. Die Einwohner der Stadt Isfahan haben einen schlechten Ruf unter ihren Landsleuten. Es wird behauptet, dass die Stadt perfekt wäre, wenn es keine Bewohner darin gäbe. Und die Stadt liegt am Haupttouristenpfad, wenn man ihn denn so beschreiben kann: eine gebogene Linie zwischen der Türkei und Pakistan. Wenn unser Erscheinen irgendwo nicht als etwas Ungewöhnliches angesehen wird, so wird das in Isfahan der Fall sein.

Wir kommen zu spät an, um solche Dinge beurteilen zu können. Zu spät, um die Reaktion der Stadt auf uns zu beurteilen, um die strahlende blaue Lasur ihrer Gebäude zu bewundern oder einen Blick auf die schiitische Vergangenheit der Stadt zu werfen. Das wartet alles morgen auf uns. Die frische Dunkelheit der Wüste zerrt an uns, als wir durch den Basar der Stadt spazieren, der schon lange geschlossen hat. Die Strahlen des Mondlichts, die durch runde Löcher im Deckengewölbe auf uns fallen, beleuchten unseren nächtlichen Bummel. Wir befinden uns in einer anderen Zeit, umgeben von sandfarbenem Stein. Alle Geschäfte sind geschlossen, alle Rollläden heruntergelassen, und es gibt keine Überreste aus der modernen Zeit, die uns verfolgen. Unsere Schritte hallen Jahrhunderte in die Vergangenheit zurück.

Die schiitische Ausrichtung, die im Iran vorherrscht, weist von den ersten Anfängen an einige bestimmende Charakteristika auf. Während andere Ausrichtungen Unterwerfung unter die Herrscher predigten, auch wenn diese von Korruption und Unterdrückung Gebrauch machten, so predigte das Schiitentum den Widerstand gegen sie und prangerte sie als illegitim an. Von Anfang an widersetzten sich Schiiten unterdrückenden Regierungen...

Ayatollah Khomeini, *Islam und Revolution*

Als ich dies schreibe, ist es schon spät; es war ein langer Tag. Von den Straßen draußen sind die hohlen Geräusche der Nacht zu hören und von den Korridoren das weiche Geräusch der Sandalen, die über den gefliesten Boden schlurfen. Ein östliches Geräusch, das Geräusch eines Volkes, das stets bereit ist, zum Beten oder zum Betreten eines Raumes seine Schuhe abzustreifen.

Der heutige Tag war ein einziger Kampf gegen die orthodoxe Obstruktion an der Universität von Isfahan, einer eher der Politik als dem Lernen gewidmeten Stätte, die mehr mit Fragen der Macht und der politischen Herrschaft des Islam beschäftigt ist. Sie liegt im Norden Isfahans, weit entfernt von den alten Gebäuden, den Basaren, den Religionsschulen, den Menschenmassen der Altstadt. Diese Universität befindet sich in einem anderen Isfahan, einem geräumigen, mit mehr Wohnfläche, wo unser Barometer der iranischen Konformität – die von den Frauen getragene Kleidung – von stürmisch bis schön ausschlägt.

In den nördlichen Gebieten von Isfahan sehen wir weniger *tschadors*; sie sind dort ersetzt durch die mehr auf Figur geschnittene Form des *manteau*. Ein *manteau* ist einfach ein schwarzer Trenchcoat, der zusammen mit einem Kopftuch zum Bedecken der Haare getragen wird. Er sieht nicht weniger unterdrückend aus als ein *tschador*, unter ihm ist es nicht kühler, und er ist nur wenig leich-

49

ter zu handhaben, aber er ist ein begrenzter Ausdruck der Opposition gegenüber dem orthodoxen System, ein Bekenntnis zu mehr Stil als Tradition, mehr Unabhängigkeit als Religion. Es ist der Stil der reicheren Gebiete im Iran, junger Frauen, die stärker von der Mode beeinflusst werden als ihre Gleichaltrigen, oder sich den Restriktionen der Regierung mehr widersetzen. Der Trend der wagemutigen Mode bei der iranischen weiblichen Jugend tendiert zur aufgeblähten Bauschhaarfrisur, von der so viel wie nur möglich zur Schau gestellt wird: eine turmhohe Haarmasse, auf der ihr Kopftuch ruht – das iranisch-islamische Äquivalent zum Minirock.

An der Universität selbst standen die Dinge jedoch anders. Eine wimmelnde Masse von schwarzen *tschadors* rauschte durch die angrenzenden Straßen. Schwarzweißportraits von Khomeini prangten über den eisernen Absperrungen, von denen der Campus umgeben war. Die Tore waren mit Schwarz, der Farbe der Schiiten, drapiert. Und an diesen Toren, wo wir zu Doktor Razmara Kontakt aufzunehmen versuchten, ein Name, den uns ein Freund in Australien gegeben hatte, wurde uns der Eintritt verwehrt.

Unsere Häscher, weibliche Sicherheitskräfte, in fließendes Schwarz gekleidet, lehnten eine Erklärung ab. Die wenigen Studenten, die uns halfen, bestritten, dass irgendetwas nicht in Ordnung sei. Doch bei all dem war ein Wort, das zwischen ihnen geflüstert wurde, deutlich vernehmbar: *hijab* – Schleier. Kirsts selbst konstruierter *manteau* entsprach nicht den iranischen Anstandsregeln. Nach fünfstündigem Versuch gaben wir das Debattieren und Verhandeln mit den Frauen auf und warteten auch nicht länger, ob hilfreiche Studenten bei ihrer Suche nach Doktor Razmara Erfolg hatten. Wir mussten unverrichteter Dinge wieder abziehen. Zurück in unserem Hotelzimmer erscheint die Tatsache, dass wir so wenig ausrichten konnten, nun deprimierend. Ich fühle mich müde und erschöpft.

Säg. Klopf. Kratz. Die Geräusche draußen hören nicht auf. Sie zerren an meinen Nerven; sie flüstern in den Raum hinein. Ein Geräusch, ein Bewusstsein von Zeit und Ort und Stimmung. Die Geräusche sind das Echo unserer Umgebung, des Gefühls der Zeitlosigkeit und Geschichte, das zum Iran gehört. Es ist eine Geschichte, die für ein ausländisches australisches Hirn zu alt ist, die mich anklagt, dass ich als Vertreter einer Rasse ohne Vergangenheit geboren bin. Ich kehre zur Vergangenheit, zu den Ursprüngen des Schiitentums zurück. Es war nicht unser Verschulden, dass wir nicht auf das Gelände der Universität eingelassen wurden.

In den Jahren, die unmittelbar auf Alis Tod folgten, konsolidierte Mu'awiya seine Macht beträchtlich, indem er sie in Damaskus zentrierte, um die arabischen Eroberungen fortzusetzen. Von dem Verlangen nach weiterer Expansion angetrieben, bauten er und seine Nachfolger in der Dynastie der Omaijaden die militärische und politische Macht weiter aus. Die Erfolge auf dem Schlachtfeld hielten an, doch es war deutlich sichtbar, dass die Religion gegenüber der Stellung des Kalifats verblasste, das an sich die Tradition des Propheten verkörpern sollte. Viele Menschen im Reich waren unzufrieden. Tatsächlich verweigerten viele islamische Geschichtsschreiber den Omaijaden-Herrschern den Titel des Kalifen, den sie erst für spätere Dynastien wieder einführten.

Die Schiiten waren zu Anfang eine politische Gruppierung, keine neue Glaubensrichtung. Sie profitierten von der herrschenden Unzufriedenheit und erklärten, dass die Macht rechtmäßig der Linie Alis zustand, wobei sie im Namen seiner Söhne Hussein und Hassan Unterstützung suchten. Sie proklamierten, dass sie gegen Ungerechtigkeit und Tyrannei kämpften, und gründeten die schiitischen Traditionen und das schiitische Selbstverständnis als Bewegung, wie sie noch heute existiert.

Die Transformation der schiitischen Bewegung nahm ihren Anfang in Karbala, im Süden des Irak. Anlass war das blutigste Massaker der frühen islamischen Geschichte. Hussein und die Familien von 70 seiner Anhänger trafen auf ein 1000-köpfiges Heer der Omaijaden, das versessen darauf war, jegliche Opposition des Omaijaden-Reichs niederzuschlagen. Es war ein schreckliches Morden. Alle, einschließlich Husseins minderjährigem Sohn, wurden brutal niedergemetzelt. Das aktivierte die schiitische Sache, verstärkte die Opposition gegenüber der Omaijaden-Herrschaft und gestaltete die Zukunft der Religion selbst. Denn unmittelbar nach dem Massaker, das sogar von den Sunniten als beklagenswert verurteilt wurde, begann die Umwandlung des Schiitentums in eine religiöse Bewegung. Während die Schiiten als politische arabische Partei erfolglos gewesen waren, brachte die Betonung des religiösen Aspekts die entscheidende Wende: Die Schiiten sahen sich als diejenigen, die dem wahren Weg des Islam folgten, der auf Ali und den Propheten selbst zurückging.

Der Märtyrertod von Hussein und Hassan prägte die Mentalität der Bewegung, formte die Art der Selbstwahrnehmung als Rechtgläubige, die für ihren Glauben jedes Opfer zu bringen bereit sind. Die anschließende Verfolgung als religiöse Minderheit trug noch das Ihre dazu bei. Die bildlichen Vorstellungen des Schiitentums befassten sich mit Tod, Märtyrertum, Leiden und Trauer. Tränen und Opfer waren der Brennpunkt dieser Splittersekte, eine Sekte, die in der Opposition zu einem ungerechten Regime ihre Wurzeln hatte. Das Konzept, der Tyrannei zu trotzen und dabei auch den hohen Preis des Todes zu zahlen, wurde heilig gesprochen.

Zu jener Zeit fegte der Islam über Persien hinweg, und diese Tatsache hatte großen Einfluss auf das Wachstum der neu entstandenen Glaubensrichtung. Die Perser kapitulierten vor der neuen Religion, doch ihre gesonderte persische Identität behaupteten sie durch die Unterstützung der schiitischen Minderheit. Seit seinen Anfängen war das Schiitentum innerhalb des wachsenden arabischen Reiches unter den Nicht-Arabern beliebter als bei den Arabern selbst.

Als die Sekte eine komplette Theologie entwickelte, traten die Unterschiede zwischen dieser und jener, die durch die Orthodoxie unter den Omaijaden entwickelt worden war, immer deutlicher zutage. Das Sunnitentum war aus dem Konsens der Gemeinschaft darüber entstanden, wie ein neuer Führer zu wählen sei. Die ersten vier Kalifen Abu Bakr, Omar, Osman und Ali – die vier »Gerechten Kalifen« – galten den Sunniten als Vorbilder. Die sunnitische Geistlichkeit, die *ulema*, war durch eine extrem dezentralisierte Struktur gekennzeichnet. Die Kommunikation mit Gott erfolgte auf direktem Wege zwischen dem gläubigen Muslim und Allah.

Die Schiiten waren anders. Sie sahen Ali als den rechtmäßigen Nachfolger von Mohammed an, was beinhaltete, dass die ersten drei Kalifen als intrigante Hochstapler angesehen wurden. Die schiitischen Imame, deren Abstammungslinie direkt auf Ali zurückging, waren mehr als spirituelle Führer: Sie stellten einen direkten Kanal dar, durch den der einfache Schiit mit Allah kommunizieren konnte. Damit schiitische Muslime ihren Weg zu Gott finden, der durch die heilige Figur des schiitischen Imams symbolisiert wird, müssen sie die Vermittlung einer hochgebildeten Geistlichkeit in Anspruch nehmen. Die Schiiten sahen am Ende jede Kommunikation mit Gott auf diese Weise, und selbst nachdem die Linie der Imame ausgestorben war, suchten sie bei ihrer religiösen Geistlichkeit nach Führung und Anleitung. Mit der Zeit entstand ein vollständiges System von Ritualen und Gebeten. Die abweichenden Ansichten des Schiitentums inspirierten sogar zu einer neuen Eschatologie – der Umgang mit dem Tod, dem Leben nach dem Tod, der Wiedergeburt und dem Königreich Gottes – und Mythologie, die ausschließlich schiitischen Charakter besaßen. Tatsächlich war es nachher diese Eschatologie, durch die sich das Schiitentum definierte.

Einer der wichtigsten aller Glaubensaspekte, die beide Glaubensrichtungen voneinander unterschieden, war die Vorstellung des *mahdi*, des »unter göttlicher Führung Stehenden«. Das Konzept des *mahdi* beschränkte sich nicht allein auf das Schiitentum. Tatsächlich waren *mahdi*-Bewegungen vor einem Jahrhundert im sunnitischen Ägypten und im Sudan sehr beliebt. Doch diese Idee fand im Schiitentum ihre stärkste Anhängerschaft, wo dieses Konzept mit dem Glauben an einen verborgenen Imam verbunden wurde, dem heiligen Erlöser, der zurückkehren würde und in ein Zeitalter der Wahrheit und Gerechtigkeit geleiten sollte.

Das Konzept des *mahdi* wurde von dem Einfluss aus anderen Religionen inspiriert, insbesondere von den messianischen Erwartungen der Juden und dem Warten der Christen auf die Wiederkehr

Jesus Christus. Ein solches Konzept ist in den Anfängen aller monotheistischen Religionen festzustellen. Es hat den Anschein, als berühre die Idee der unmittelbar bevorstehenden Wiederkehr eines Messias eine tief verborgene religiöse Saite in den Sehnsüchten der menschlichen Natur. Im Schiitentum konzentrierten sich die messianischen Erwartungen schließlich auf den zwölften schiitischen Imam, der – den Schiiten zufolge – nicht starb, sondern einfach verschwand. Diese Idee verfestigte sich im schiitischen Glauben, der die Rückkehr dieses Imams in etwa der gleichen Weise vorsah, wie die Christen sich die Wiederkehr Christi vorstellten. Die Schiiten waren der Ansicht, dass ihre Linie der Imame nach dem zwölften endete, und deshalb werden die Anhänger der Glaubensrichtung heute häufig als die »Zwölfer« bezeichnet.

Es ist die Verhaftung in dieser Geschichte, durch die sich die Schiiten von anderen islamischen Glaubensrichtungen abheben. Sie trauern sogar heute noch um die Märtyrer der Vergangenheit: um Ali und seine Söhne. Deshalb macht das Schiitentum seinem Ruf als vom Märtyrer-Komplex befallen natürlich alle Ehre. Doch es wäre falsch, einen solchen Terminus zur Beschreibung eines angeborenen Wunsches nach Märtyrertum in den Schiiten selbst zu verwenden. Zwischen beidem besteht absolut kein Zusammenhang. Und die Bezeichnung fundamentalistisch kann dadurch kaum gerechtfertigt werden. Das Märtyrertum war seit 1000 Jahren Bestandteil des schiitischen Glaubens, doch den größten Teil dieser Zeit blieb das Schiitentum ein moderater Glaube. Es hat selbstverständlich nur selten die Beschreibungen verdient, mit denen es heute veranschaulicht wird. Deshalb muss die Frage gestellt werden, warum das Schiitentum als fanatische Sekte wahrgenommen wird, die sich dem Heiligen Krieg und der unkontrollierten Aggression verschrieben hat.

Die Antwort ist auf jeden Fall eher bei den Führern von heute als bei der Religion an sich zu suchen. Die sunnitischen Iraker haben keine menschlichen Minenfeger im Krieg gegen den Iran eingesetzt, und keiner ihrer religiösen Führer hat den Krieg zum Heiligen Krieg erklärt. Die iranische Regierung hat dagegen genau das getan. Im Iran waren die religiösen Führer und die Regierung ein und dasselbe. Um die religiöse Natur ihrer Anstrengungen im Iranisch-Irakischen Krieg zu betonen, nannten Khomeinis Männer jede größere iranische Offensive *Karbala* – die Ebene, wo Alis Söhne niedergemetzelt worden waren – und nummerierten sie in Folge durch. Glaube ist im Iran enorm stark, und in einer Religion, die um eine machtvolle *ulema* herum strukturiert ist, war es kein Wunder, dass jeder Ruf nach potenziellen Märtyrern von Tausenden von Freiwilligen beantwortet wurde. Den Krieg als heilig zu erklären, ist jedoch keine typisch schiitische Eigenschaft: Es war einzig der *ulema* zuzuschreiben, Männern, denen es einfach nur gelungen war, in einem Land mit unsicherer politischer Lage die Macht an sich zu reißen. Das bedeutete nicht, dass den Schiiten die Idee des Heiligen Krieges mehr als allen anderen islamischen Glaubensrichtungen zu Eigen war: Ein Blick auf die sunnitischen Muslime, die alle im Namen Allahs in Algerien, Afghanistan, Ägypten und sogar Indonesien kämpfen, reicht aus, um das zu bezeugen. Die Iraner sind nicht anders als ihre sunnitischen Vettern. Für ihre Führer war der Heilige Krieg jedoch ein wirksames Werkzeug, um die größtmögliche Unterstützung im Volk zu bekommen. In einem Land, in dem die Religion die einzige große Leidenschaft darstellt, ist die Heiligsprechung fast jeder beliebigen Sache eine Garantie für ihre Popularität. Doch der Übeltäter ist nicht die Religion; das Schiitentum als Glaubensrichtung kann nur sehr weniger Vergehen angeklagt werden. Die Schuld kann stattdessen jenen aufgeladen werden, die Religion als Waffe zur Erhaltung und Verstärkung ihrer Macht benutzen.

Im Iran regiert die *ulema* immer noch. Die Religion ist die größte Macht, über die sie verfügen, eine Macht, die es ihnen besser als jede andere erlaubt, ihre Ansichten zu propagieren, ihre Herrschaft aufrechtzuerhalten. Religion rechtfertigt Restriktionen in fast allen Bereichen des Lebens, Restriktionen, die das Kennzeichen eines Systems der Unterdrückung sind. Doch diese Religion, die Religion der Regierung, ist manchmal sehr unterschiedlich von dem, was als Schiitentum bezeichnet werden kann.

Blaues Steingewebe

Freitag, 2. Juni: Isfahan

Dort, wo ich sitze, ist die Luft so schwer, dass es Wasser sein könnte. Geräusche kommen zu mir, als ob ich dahintreiben würde, Geräusche dehnen und glätten sich. Licht fällt gefiltert in blauen Strahlen auf uns von einem uninteressierten Gott über uns: Wir befinden uns auf dem Grund des Meeres. Bumm! Ein Klatschen, ein nasses Geräusch wirft sein Echo siebenmal in diesem Raum von wässrigem Licht herum und läuft um die Welt.

Das ist die Lotfollah-Moschee, klein und perfekt. Über uns erhebt sich eine Kuppel wie aus zarter Eierschale, nach unten hin begrenzt von einem Band mit gewundenen Mosaikmustern. An den Wänden greifen blaue Kacheln ineinander, laufen zusammen mit weißen, gelben und grauen. Die 99 Namen Allahs schlängeln sich in tanzender Kalligrafie um den *mihrab*, die Nische, welche die Richtung nach Mekka anzeigt. Vergitterte Fenster filtern schattenhaftes Licht von draußen; um sie herum sind die Wände mit blumigen Gebilden, geometrischen Mustern und herrlichen blauen Geweben verziert. Wenn ich nahe genug herangehe, kann ich sie als ein Mosaik aus Tausenden von einzelnen eingelegten Kacheln erkennen, doch von jedem anderen Standort strahlt dieses Gebäude eine unbeschreibliche Einheit aus. Es ist zu perfekt, um ein Bauwerk des Menschen zu sein; es scheint mir einleuchtender, dass die Moschee aus sich selbst heraus entstanden ist.

Wir saßen hier den ganzen Vormittag auf harten Kacheln und saugten die kühle Schönheit der Kuppel in uns auf, als wäre sie Milch. Die Hitze draußen ist nur eine Erinnerung, eine Krankheit, deren Symptome unserer Vorstellung entschwunden sind. Wir wissen, dass die Welt noch existieren muss, aber es ist uns egal.

Die Lotfollah-Moschee befindet sich auf dem Hauptplatz in Isfahan, im Herzen der Altstadt. Sie ist eines der Wunder des Safawiden-Reiches und das schönste Gebäude, das ich jemals gesehen habe. Und doch waren wir den ganzen Morgen über die einzigen Besucher. Die Isolation des Iran macht es möglich, dass solch ein Kunstwerk unberührt dastehen kann, makellos, unbeachtet. In den engen Gassen des nahe gelegenen Basars wurden wir entweder für Touristen aus Bosnien oder aus dem Libanon gehalten. Sogar in der am häufigsten besuchten Stadt des Iran sind westliche Touristen eine Seltenheit. Die meisten Besucher zieht es nicht wegen der Lotfollah-Moschee in die Altstadt, sondern wegen der majestätischen Imam-Moschee, die sich ebenfalls auf diesem Platz befindet. Die Imam-Moschee – die bis zur Revolution als Moschee des Schahs bekannt war – ist in der Tat ein Weltwunder. Sie ist groß und imposant. Durch ihre von Säulen getragenen Hallen zu streifen ist, wie durch Korallenriffe zu schwimmen. Beide Moscheen sind Meisterwerke islamischer Kunst.

Eine alte Frau, unter dem weiten Himmel allein am Becken der Lotfollah-Moschee, reinigt sich vor dem Gebet: Die Szene hat etwas Romantisches.

Ich schaue nach oben. Die Lotfollah-Moschee wurde von den Safawiden als Familienmoschee für die rein private Nutzung erbaut. Sie hat keine Minarette; niemand musste dort zum Gebet gerufen werden. Diese Moschee wurde weder zur Inspiration der Gläubigen noch als Symbol des Stolzes auf das Großreich erbaut. Ihre Schönheit wurde entworfen, um Gott zu verehren. Sie erinnert an die berühmteste Dynastie des Iran und daran, dass Religion und Regierung des Landes stets miteinander verflochten waren.

Die Begegnung mit der Geschichte auf dieser Reise wird ein Prozess der Konfrontation und der Inspiration werden. Schwierig wird nur sein, dass auf die Fragen, die jede unserer Begegnungen aufwirft, nur selten sofort eine Antwort kommt, und dass die Antworten, die wir erhalten, nie der Zeitabfolge der Geschichte selbst entsprechen werden. Ich bin im Iran, also haben wir etwas über das Schiitentum erfahren, obwohl das Sunnitentum, die vorherrschende der beiden Glaubensrichtungen, noch auf uns wartet. Ich weiß, dass wir in Teheran Khomeinis Grab besichtigen, auf Khomeinis Geschichte treffen werden, lange bevor wir die Gelegenheit dazu haben, einen Blick auf die frühere Geschichte des Islam zu werfen. Unsere Begegnungen richten sich nach der Geografie und nicht an der geschichtlichen Chronologie aus – ein Problem, das bei jeder Reise auftritt. Das Verständnis der islamischen Geschichte, das wir erhalten, nimmt nicht die Form einer geordneten Erzählung an, sondern besteht aus einem in Schichten angeordneten Mosaik, von dem ich nur hoffen kann, dass es sich zum Ende der Reise hin vervollständigt. Wir begegnen den Dingen, wir lernen. Hier in der Lotfollah-Moschee begegnen wir einem Vermächtnis konservierter Schönheit, dem Versuch eines der großen Reiche der Geschichte nach der Ewigkeit zu greifen. Wir begegnen den Safawiden, deren Geschichte bis in den heutigen Iran hineinreicht.

Die Safawiden-Dynastie, deren Ursprünge auf einen mystischen Sufi-Orden zurückgehen, entwickelte sich aus einer revolutionären Bewegung, die sich den Türken widersetzte, die den Iran zu der Zeit besetzt hielten. Wie Khomeinis Revolution Jahrhunderte später, so wurde diese Revolution von religiöser und weltlicher Seite gleichermaßen unterstützt und von der Opposition gegen tyrannische Herrscher genährt. Und wie Khomeinis Revolution kündigte sie eine Zeit der religiösen Leidenschaft an, die von vielen Unterstützern der Bewegung anfänglich nicht vorhergesehen worden war. Die Safawiden-Dynastie machte der Toleranz zwischen Sunniten und Schiiten, die seit Jahrhunderten bestanden hatte, ein Ende, als die schiitische *ulema* mit dem Aufbau eines Staates begann, in dem die Religion nicht von der Regierung zu trennen war, in dem die persische Identität gegenüber der arabischen behauptet wurde und in dem einzig und allein das Schiitentum die Staatsreligion darstellte.

Einzelne Laute drangen in die Moschee und erinnerten an den modernen Iran draußen. Auf der anderen Seite dieser Mauern befand sich eine Gesellschaft, die ähnlich wie die, aus der die Safawiden hervorgingen, durch die Revolution zusammengeschmiedet worden war. Die Parallelen zwischen den beiden Regimen lassen vermuten, dass wir nicht an einem unwiderruflichen Punkt in der Geschichte verharren: einem Punkt islamischer Wiedergeburt, einem Punkt, an dem neuer Fundamentalismus alte Gebräuche, Toleranz und Überzeugungen zerstört, sondern dass wir uns viel eher an einem vertrauten Punkt in einem Zyklus von Wiederaufbau und Verfall befinden, der in der Geschichte des Islam immer wiedergekehrt ist. Dieser Gedanke hat eine merkwürdig beruhigende Wirkung auf mich.

Das Tor einer hohen Mauer öffnet sich, und wir treten ein. Wir befinden uns hoch oben über Isfahan, hinter der Universität, und alle Häuser hier sind wie dieses: Sie verstecken sich vor der Welt hinter strengen Mauern und eisernen Zäunen. Geheimnisse, das Verborgene, das Kostbare: Das sind die iranischen Passionen, Spiegelungen des iranischen Geistes.

Wir kommen durch einen versteckt liegenden kleinen Garten. Es ist die Art Garten, welche die alten Perser *pairidaeza* nannten, woher das deutsche Wort Paradies stammt. Jenseits davon liegt das Haus selbst. Wir ziehen unsere Schuhe aus und betreten eine Szene aus Tausendundeiner Nacht, die mit der ihr eigenen Romantik erfüllt ist. Die Möblierung ist spärlich, nur persische Teppiche liegen dicht an dicht und füllen den Raum von Wand zu Wand aus. Es sind alte handgeknüpfte Teppiche mit reicher Farbenpracht. Das Haus ist alt und weiß und schon ein wenig am Zerfallen; es hätte als Bühnenbild dienen können, das die Exotik des Orients einfängt: Säulen und Bögen, Fenster und Durchgänge. Eine Schale mit Früchten steht auf dem Boden; wir werden herangewunken, um daneben Platz zu nehmen.

Mahsoud und Farzaneh Razmara sind beide Dozenten an der Universität von Isfahan; beide haben den Doktortitel; beide haben im Westen studiert. Am Abend zuvor hatten sie uns am Telefon auf unsere Fragen eine einfache Antwort gegeben: »Tragt Schwarz, konservative Kleidung.« Dieses Mal, unter ihrem Mantel aus heißem, schwarzem Polyester verborgen, rief Kirst kein gezischeltes *hijab* hervor, keine Schwärme von besorgten Frauen. Lediglich freundliches Lächeln und lachende Willkommensgrüße von denselben Frauen, die uns zuvor am Tor den Eintritt verwehrt hatten.

Farzaneh sitzt neben uns, während Mahsoud Tee zubereitet. Und dann ein dunkler Wasserfall, ein iranischer Striptease, als der *tschador* abgestreift wird. Farzaneh schüttelt eine fließende schwarze Mähne frei: langes, volles Haar. Ihre Augen strahlen schelmisch, als sie Kirst vorschlägt, dasselbe zu tun.

Kirst zögert beunruhigt und schaut zu mir herüber. Kein Iraner hat ihr Haar gesehen, die von der Regierung angeordneten Verbote haben uns bereits beeinflusst. Ich kann nicht länger sagen, was meine eigenen Ansichten sind; ich vertraue nicht mehr auf mein Gefühl. Ich weiß nur, genauso wie Kirst, dass es nach nur zehn Tagen im Iran *falsch* erscheint, den Schleier abzunehmen.

Später an diesem Abend werden wir zwei jungen Frauen auf dem Hauptplatz in Isfahan begegnen, die es darauf abgesehen haben, ihr Englisch zu üben und sich einen australischen Ehemann zu angeln. Allein mit ihnen in einem Wagen werde ich mich einer nicht zu benennenden Sünde schuldig fühlen, mein Atem wird stocken, bei dem Hauch von Sexualität, der von ihrer Gesellschaft herrührt. Wenn ich mit meinem westlichen Hintergrund in dieser Weise fühlen kann, wage ich mir nicht vorzustellen, welchen erotischen Impuls die Situation bei einem durchschnittlichen iranischen Mann auslöst. Shabbir Akhtar, ein islamischer Kommentator, schreibt, dass das Ziel der Verschleierung darin besteht, »eine wahre erotische Kultur zu erschaffen, in der auf das Bedürfnis nach künstlicher Aufregung, wie sie die Pornografie darstellt, verzichtet werden kann«. Ich fühle, dass er Recht hat. Die strenge Trennung der Geschlechter, die alles umfassende Verschleierung: Sie haben die Sexualität nicht abgestumpft, sondern sie stattdessen verstärkt, und mir und Kirst erscheint nun sogar das unschuldige Entblößen von Frauenhaaren erotisch und sündig.

Das Zögern ist kurz. Kirst kämpft mit ihrem *tschador*, dann schüttelt sie ihre eigene Mähne frei. Sofortige Erleichterung stellt sich ein. Freiheit! Verschwunden sind die Gedanken an Unangemessenheit. Zum ersten Mal können wir uns im Iran natürlich fühlen. Das glückliche Gefühl, mit Freunden zusammenzusitzen und zu plaudern und dabei nicht von der Gesellschaft oder der Regierung eingeschränkt zu werden, ist ein Genuss, den wir schon seit langer Zeit, wie uns scheint, nicht mehr erlebt haben.

Farzaneh hat dunkle iranische Gesichtszüge, aber ihr Teint schimmert leicht golden. Sie ist eine große attraktive Frau; die Knochen ihres Gesichtes sind breit, aber wohlgeformt. Ihr Lachen ist die ganze Zeit zu hören, seitdem sie uns in der Universität getroffen, unsere Geschichte angehört hat. »Seht ihr? So ist es für uns im Iran. Wir haben keine Freiheit.« Sie sagt das wie einen Scherz daher, als ob sie uns zum Lachen bringen wolle, mit einem nur schwachen Anflug von Selbstmitleid. »Und hier in Isfahan ist es am Schlimmsten. Schlimmer als in Teheran, als in Shiraz und in Meschhed.«

Ich bin erstaunt. Meschhed, das an Afghanistan und Turkmenistan grenzt, beheimatet den heiligsten Schrein des Iran und steht in dem Ruf, die religiöseste Stadt des Landes zu sein.

»Ja, sogar schlimmer als in Meschhed«, bekräftigt Farzaneh als sie meine hochgezogenen Augenbrauen bemerkt. »Meschhed hat die Gräber und die Religion, aber Isfahan hat die Hisbollah und ihre Ansichten. Wenn ich zur Arbeit gehe, kann ich kein Make-up auflegen, und ich muss den *tschador* tragen. Nach der Revolution war es im ganzen Iran so, aber nun – ihr werdet es gesehen haben – tragen die Frauen überall außer hier Make-up. Und oben aus ihrem Kopftuch heraus, ist ihr Haar zu sehen. Aber nicht an der Universität Isfahans. Kein Make-up. Kein Haar. Und der *tschador* muss sein.«

Mahsoud kommt mit starkem Tee und den steinharten Zuckerstückchen herein. Seine Augen haben nicht den spitzbübischen Ausdruck wie die Farzanehs. Ihm steht nicht der Sinn danach, über die Situation seines Landes zu lachen. Seine Augen sind braun und glanzlos, haben die Farbe von Morast, und darunter verbirgt sich ein noch verzweifelteres Glitzern der Ausweglosigkeit. An den Rändern ist sein Bart mit Grau durchzogen; Mahsoud ist ein sich sorgender Mann.

»Jene Frauen, die euch aufgehalten haben«, mischt er sich mit bitterer Stimme in die Unterhaltung, »sie zeigen euch nur, was für Heuchler wir Iraner sind. Sie sind nur streng und religiös, weil es um Geld geht. Vor der Revolution hätten sie niemals den *tschador* getragen; nun werden sie dafür bezahlt, religiös zu sein. Ich kenne sie, und ich kenne Leute wie sie. Jeder schließt sich der Religion an, nur um voranzukommen.«

Das ist ein Refrain, den wir viele Male gehört haben. Niemandem sollen wir trauen; keine iranische Gefühlsregung sei wahr. Wir haben niemanden getroffen, der den religiösen Eifer seiner Landsleute verstehen kann, ohne ihn der Gier zuzuschreiben. Niemand glaubt, dass die glühende Unterstützung der Regierung etwas anderes als Heuchelei ist. Und dennoch existiert solch eine Unterstützung immer noch.

Farzaneh ist der gleichen Meinung. »Ihr könnt jeden fragen. Der einzige Weg, um in unserem Land weiterzukommen, führt über die Religion. Jeder will ein Mullah sein, weil sie diejenigen mit Geld und mit Macht sind. Bist du ein Mullah, dann bist du korrupt. Alle Händler müssen an die Mullahs Schmiergelder zahlen, nur so können sie im Geschäft bleiben.« Sie seufzt. »Ihr müsst das glauben. Religion ist hierzulande die beste Art, um zu Geld zu kommen.«

Wir müssen noch jemanden treffen, der die Geschichte in der einen oder anderen Weise bestätigen kann. Für uns bleibt der Iran unergründlich; die Heuchelei wird real bleiben. Wir haben keine Möglichkeit herauszufinden, ob die Anhänger des Regimes die Religion in derselben zynischen Weise sehen, wie viel Gewicht wir Farzanehs treffsicheren Worten beimessen sollen. Aber das, was die Iraner glauben, zählt. Wichtig ist die Atmosphäre des Misstrauens und der Verdächtigung. Im Iran traut niemand den Motiven des anderen.

»Woher willst du wissen, was die religiösen Menschen motiviert?«, frage ich. »Könntest du nicht falsch liegen? Könnte es sich nicht eher um Glauben, als um Gier handeln?« Schroffes Lachen kommt als Antwort von Farzanehs Lippen; Mahsoud schaut angewidert.

»Wie können wir das nicht wissen?«, erwidert er. »Wenn Iraner ihr Leben damit verbringen, Mullahs zu bestechen, ist es unmöglich, sich zu irren. Sag mir, wo 90 Billionen Dollar Öleinnahmen hingeflossen sind. Jeder weiß es: Sie wurden von den Mullahs gestohlen. Sag mir, ob das eine ehrliche Gesellschaft ist.«

Mahsouds Ausdruck heitert sich etwas auf, als die Unterhaltung sich weniger politischen Themen zuwendet. Sie haben einen Sohn; sie machen sich Sorgen um seine Zukunft; die Familie ist glücklich. Mahsoud mag Sport, schaut Basketball. Eine banale Unterhaltung, aber frei von religiösen und politischen Themen. Im Iran sind solche Gespräche selten.

Das Mittagessen ist vorbereitet. Ich folge Farzaneh in die Küche und möchte helfen. Ich bin ein Idiot. In der Küche befindet sich eine zerbrechliche, unglaublich alte Frau. Sie ist zusammengeschrumpft, klein und atmet schwer, ihre Haut gleicht siedendem Kohl. Sie trägt einen *tschado*r in verblasstem Weiß für den Hausgebrauch, doch auch mit diesem Schutz ihrer Ehre fühlt sie sich durch mein Erscheinen verletzt. Ihr Mund bewegt sich abwesend, während sie sich zitternd hinter einem Ofen zu verstecken versucht und dabei schwach ihren Umhang umklammert. Kein Versteck vorhanden. Die Augen starren mich an, während sie vor schrecklicher Scham vergeht.

Ich stolpere zurück, beschämt über meine Dummheit. Beschämt über mein Geschlecht.

Farzaneh lacht. »Mach dir keine Sorgen. Das ist nur meine Mutter. Sie ist alt und nicht an andere Menschen gewöhnt.«

Reza Schah hat den Schleier 1936 verboten, aber für Menschen wie Farzanehs Mutter war das, als hätte er angeordnet, dass sie nackt durch die Straßen laufen sollten. Viele blieben im Haus, um die Scham zu umgehen, was bedeutete, das diese Verordnung die

Frauen nur noch stärker einschränkte. »Ich verstehe nicht«, sagte ich. »Du kannst nicht wirklich meinen, dass alle Frauen im Iran den Schleier nur wegen der Regierung tragen, dass sie alle Heuchlerinnen sind. Schau doch nur deine Mutter an.«

»Nein, natürlich nicht. Der *tschador* ist eine iranische Tradition, besonders in den Dörfern und bei älteren Menschen. Viele können nicht ohne ihn leben. Aber die Leute in meinem Alter und jünger wissen, dass der *tschador* und der Schleier tatsächlich zwei verschiedene Dinge sind. Der *tschador* ist iranisch, überhaupt kein Bestandteil des Islam. Er ist nicht religiöser als alles andere.« Das Phantom eines Lächelns ist alles, was sie zustande bringt. »Das Problem ist nur, dass die Regierung den *tschador* als guten *hijab* bezeichnet und wir so zunehmend Heuchler bekommen. Und nun wird mehr und mehr Menschen beigebracht, dass es so sein soll, dass dies die Essenz des Islam sei. Diese Menschen und diese Regierung verändern die Religion, verändern sie zum Schlechten.«

Wir essen im Schneidersitz auf alten Teppichen. Das Essen steht auf einem Tischtuch vor uns. Es gibt Fleischkebab und mit Safran gewürzten Reis. Dazu trinken wir süße Limonade aus konfiszierten amerikanischen Fabriken. Und wir reden. Als der Nachmittag langsam in den Abend übergeht, sprechen wir über alles außer über den Iran. Hier in diesem offenen Raum mit seinen hellen Teppichen und alten Erinnerungen, umgeben von dem Geruch des gegrillten Fleisches, sitzen wir zusammen mit Freunden. Diese Menschen, die keine andere Verbindung zu uns haben, außer dass sie unsere Namen kennen, lachen vollkommen zwanglos mit uns und schlängeln sich ihren Weg in unser beider Leben. Die Menschen dieses Landes begegnen einander sehr zurückhaltend, voller Misstrauen und Zweifel, aber Fremde, die nicht an dem Spiel der Revolution und Unterdrückung teilnehmen, die damit nicht belastet sind, treffen einzig auf ein freundliches Willkommen.

Mahsouds Stimme wird hart, als die Unterhaltung, wie uns klar war, zum Leben im Iran zurückkehrte. Seine Antwort auf die Frage von Kirst nach seinen Kursen, die er abhält, ist voller Bitternis.

»Alle meine Studenten sind dumm!« Er spuckt die Worte förmlich aus, gibt ihnen ein Gewicht, das nicht ihr eigenes ist. »Sie wissen nichts, sie wollen nichts wissen. Sie kämpfen, sie singen, sie unterstützen die Regierung. Sie denken, dass der Koran sie alles lehrt, was sie brauchen, dass er das gesamte Wissen der Welt enthält. Wie soll man da einen vernünftigen Unterricht machen?«

Und Farzaneh fügt erklärend hinzu: »Die Studenten müssen nicht länger intelligent sein, um zum Studium zugelassen zu werden. Sie müssen nur religiös sein. Kennst du die Sepah Pasdaran?« Ich nicke. Die Pasdaran sind die religiöse Armee, die Macht hinter den Mullahs. Im Unterschied zur regulären Armee sind ihre Soldaten direkt dem Präsidenten unterstellt und somit den Mullahs. Es sind die Wächter der Revolution, die Garanten dafür, das die Islamische Republik niemals enden wird.

Farzanehs Stimme ist schneidend, als sie fortfährt: »75 Prozent aller Studienplätze gehen an die Pasdaran. Entweder an sie oder an die Brüder und Söhne von Märtyrern oder an die Familien der Mullahs. Nur 25 Prozent der Studienplätze werden aufgrund der Leistung vergeben.« Sie ist verzweifelt und sieht aus, als finge sie im nächsten Augenblick an zu weinen.

Wir haben ihren wunden Punkt berührt. Die Unterhaltung setzt sich in einer Flut von Ärger und Frustration fort, voller Bitternis auf die Regierung, die Studenten, die Mullahs, den Iran.

Wir erfahren, dass es verboten ist, diese religiösen Studenten, diese Söhne und Töchter der Revolution, durchfallen zu lassen. Jene, für die der Koran das einzige Buch von Wert ist, die ihre Seelen ihrem Gott und ihrem Land verschrieben haben, sehen keinen Grund zum Studieren. Sie können nicht durchfallen. Die Durchfallquote konzentriert sich dagegen auf jene, die es verdient hätten, zu bestehen. Für Farzaneh und Mahsoud ist dies das reinste Verbrechen, eine Ungerechtigkeit, die sie jeden Tag peinigt. Wieder hören wir, dass dies der Grund ist, warum die Studenten religiös werden; wieder hören wir, dass es zum Erlangen irgendeiner Position notwendig ist, Schmiergelder zu zahlen. Die beiden sind ein akademisches

Paar im westlichen Stil, und Ausbildung geht ihnen über alles. Das Leben unter einem solchen Regime ist für sie unerträglich.

Mir scheint es, dass, trotz Farzanehs und Mahsouds Passion dafür das wirkliche Thema des Nachmittags nicht das iranische Bildungssystem ist. Wie vieles, dem wir im Iran begegnen, bleiben die Einzelheiten von dem, was sie beschreiben, offensichtlich nicht unverändert über einen längeren Zeitraum bestehen; wenn es eine Konstante in der iranischen Geschichte gibt, so ist es die häufige – und nicht selten gewaltsame – Veränderung. Am Ende stellen die Studenten ein Symptom dar und keine Ursache. Die Zukunft mag dem Iran andere Symptome bringen, aber die Ursachen – der Opportunismus, das nahezu zwanghafte Misstrauen anderen gegenüber – wird bleiben.

Die Unterhaltung gerät ins Stocken; alle Empörung hat sich erschöpft. Unsere Gastgeber sacken leicht in sich zusammen und bleiben für einen Augenblick still, so als müssten ihre Batterien aufgeladen werden. Dann seufzt Farzaneh und hebt ihren Kopf, um ihren Blick in die Ferne schweifen zu lassen.

»Unter dem Schah war alles so viel besser«, bemerkt sie. »Vor 20 Jahren waren wir ein reiches Land; nun sind wir arm.«

Mich erstaunte es, wie häufig wir diesen Kommentar zu hören bekamen.

Schließlich kamen wir zum Kern der Sache. Dies ist auf vielerlei Weise die eigentliche Klage des Iran. In einem Land mit unterdrückender Herrschaft, Abschaffung der Freiheit und korrupter Regierung stellt die wirtschaftliche Verschlechterung das größte Verbrechen dar. Heute Morgen hatte der Inhaber unseres Hotels erklärt, dass er sich unter dem Schah einen Wagen leisten konnte; nun kann er keinen mehr kaufen. Für ihn war das der einzig bedeutsame Maßstab, dieser Groll Grund genug, sich gegen die Regierung zu wenden. Die Unterdrückung und Korruption interessierten ihn nicht – das war nicht schlimmer als unter dem Schah.

»Jeder weiß, dass wir unter dem Schah Probleme hatten, schreckliche Probleme«, fährt Farzaneh fort. »Ihr könnt euch nicht vorstel-

len, wie grausam das Leben war. Sogar ich habe Khomeini zu Anfang unterstützt; jeder, den ich kenne, unterstützte die Revolution.
Wir wollten alle eine Veränderung, mehr Freiheit. Doch was haben
wir jetzt? Wenigstens waren wir vorher reich. Nun haben wir immer noch keine Freiheit und sind noch arm dazu.«

Samstag, 3. Juni: Isfahan

Wir stolpern aus einer der engen Gassen rund um den *maidan*, dem
Hauptplatz der Altstadt, in ein Teehaus. Den Vormittag hatten wir
mit dem Versuch zugebracht, uns durch die Zollbestimmungen der
Post zu kämpfen, um alte, echte wie unechte, persische Schmuckstü-
cke zu versenden. Wir sind erschöpft. Das Teehaus ist jetzt genau das
Richtige für uns.

Alte, vertrocknete und ruhige Männer rauchen und trinken Tee,
sitzen auf einfachen Stühlen, die an der Wand stehen. Besetzt sind
vornehmlich die Plätze neben der Tür, neben dem Fenster, wo ein
körperloses Licht von draußen hereinströmt. Die Luft ist schwer
von dem Geruch der einstigen Begeisterung dieser alten Männer:
Rauch und Schweiß selbstverständlich, aber auch alternde Haut,
undeutliche Träume, Enttäuschung, fade Seife, halb gemurmelte
Gebete. An den Wänden hängen die Relikte vergangener religiöser
Kampagnen: eine schwarze Flagge, ein stählerner Dreizack, mehrere
Dreschflegel.

Ein Augenblick der Unsicherheit, Ungewissheit, ob eine Frau an
einem solchen Ort schwindender Männlichkeit willkommen ist,
wo Gebräuche und Traditionen und der Islam sich irgendwie vermischen. Sie ist willkommen. Der Besitzer, ein hagerer Mann mit
einer Nase, die sein Gesicht wie eine Wunde in zwei Hälften teilt,
winkt uns beiläufig hinein. Wir sitzen wie die alten Männer mit
unserem Rücken zur Wand, während Staubkörner schwerelos vor
unseren Augen tanzen.

Der Tee wird gebracht.

Am Fluss ist noch ein Teehaus; Farzaneh und Mahsoud haben es
uns gestern Abend gezeigt. Es ist für Ausflügler und iranische Fa-

milien gedacht, eine annehmbare Version östlicher Romantik mit aufgehängten Portraits, Teppichen und Silber, ein Ort, den auch iranische Frauen besuchen können. Das Teehaus, in dem wir uns befinden, ist nichts von all dem. Es ist authentisch, kein Spielzeug für Touristen. Wir fühlen uns so überflüssig wie bei einer religiösen Zeremonie. Romantik ohne eine Spur Sentimentalität, funktional und heilig zur gleichen Zeit, kahl und real.

Ich schaue mich noch einmal im Raum um. Die Wände sind gekachelt und rußig. Der Boden ist aus rohem Zement. Metallstäbe, Laternen und Tassen hängen von den Wänden. Ein Bild von Mekka, die Fotografie einer religiösen Parade, der Name Gottes in Schwarz auf eine Kachel gekritzelt. Am Ende des Raumes, weit entfernt von dort, wo die alten Männer sitzen, hängen in der Dunkelheit zwei Portraits von Khomeini über einem alten achteckigen Becken. Über uns bewegt sich langsam ein träger Ventilator.

Das größte Objekt des Mysteriums und des Verlangens befindet sich weit am anderen Ende des Raumes und verbirgt sich im Schatten. Es ist eine unwirkliche Kreation, ein Werk aus Eisen und Imagination, das wie eine vergessene, halb mystische Kreatur in ihrer eigenen Welt treibt. Es ist ein Baum aus gewundenem Eisen, der um einen zentralen Stamm und eine einzelne Querlatte konstruiert ist. Säulen mit feinen arabischen Eingravierungen auf eisernen Tafeln stützen in alle Richtungen rauchende Drachenköpfe. Es hat den Anschein von etwas, das sich seiner eigenen Existenz bewusst ist, einer Kreatur, die so gefährlich ist, dass sie nur böse sein kann. Sein Name klingt wie »*fabagh*«, als unsere Frage danach beantwortet wird.

Ein grauhaariger Mann mit geädertem Gesicht winkt uns aus dem Halbschatten zu seinem Platz heran in eine Ecke neben der Tür. Er gehört zu einer Gruppe von drei Männern, von denen jeder mit leerem Blick in den Raum hineinstarrt, während der Rauch durch ihre Lungen zieht. Sie sprechen nicht miteinander; sie sitzen einfach nur zufrieden da. So wie die Stühle an der Wand angeordnet sind, kann nur einer von uns neben ihm sitzen. Selbstverständlich bin ich das: Wenn Kirst sich neben einen iranischen Mann gesetzt hätte, wäre das eine gravierende Taktlosigkeit gewesen. Der Mann ist zu höflich, um eine unbekannte Frau anzusprechen, und richtet seine Worte nur an mich.

Mit verwirrter Stimme erklärt er die Rolle der eisernen Kreation am Ende des Raumes, erklärt uns, dass sie zu der Zeremonie des Ashura, der religiösen Feierlichkeit gehört, welche an das Märtyrertum Husseins, des dritten Imams, erinnert. Ashura ist das heiligste Datum im schiitischen Kalender, eine zehntägige Zeitspanne voller Leid und Trauer. Die wichtige Feierlichkeit, erklärt uns der alte Mann, beginnt in wenigen Tagen.

»Du hast von unserem heiligen Imam gehört, nicht wahr?«, fragt er mit sanftem Ton. »Du weißt, was passiert ist, du weißt, wie er und seine Familie ermordet wurden?«

Seine Stimme klingt ruhig, gelassen. Ich hätte fast meinen können, er habe nur ein flüchtiges Interesse an dem Thema. Und doch sehe ich, als ich ihn anschaue, wie eine dünne Träne sein Gesicht hinunterläuft.

»Wir müssen alle sehr traurig sein, wenn wir uns an diese Tragödie erinnern. Wir fühlen uns *verletzt*« – er klopft auf seine Brust, als ob er versuchen würde, sein Herz zu erreichen – »verletzt durch den Tod unseres Imams. Unser Schmerz ist wirklich.«

Die Tränen tropfen von seinem Kinn auf seinen Kragen hinunter. Er richtet seine Augen mit tragischem Ausdruck auf mich, eine traurige Suche nach etwas, das ich nicht habe.

Eine derartige Intensität beunruhigt und fesselt mich zugleich. Ich habe in meinem Leben keine religiöse Passion kennen gelernt, und mich begeistert eine solche Hingabe. Mein Interesse mischt sich mit einem leichten Anflug von Horror, und ich siedele diese Anziehungskraft irgendwo zwischen der Faszination eines Kindes für Spinnen und der Sorge, die ein Blinder gegenüber dem Sehen haben könnte, an. Ich kann nur hoffen, dass Ashura auf derart emotionale Weise begangen wird.

Dann sind die Tränen plötzlich versiegt, der Fluss der Emotionen abgebrochen. Der Mann bestellt uns noch einen Tee und zahlt mit der Großzügigkeit für uns, die wir nun schon in diesem Land von einem völlig Fremden erwarten, egal wie energisch wir dagegen protestieren. Seine Augen sind trocken, seine Bewegungen rege. Ich kann nicht glauben, dass dieser Mann vor wenigen Augenblicken geweint hat, dass seine Tränen echt gewesen sein können: Solch plötzlicher Gefühlsaufwallung ist nur schwer zu trauen. Ist es dies, was Farzaneh meinte, als sie behauptete, Iraner seien falsch?

Der Mann nickt kurz einem seiner Begleiter zu. »Mein Freund ist ein Mullah. Er wird die Paraden anführen.«

Ich schaue zu dem Mann hinüber, zu dem er hinübergenickt hat. Er macht einen überraschend unklerikalen Eindruck, trägt weder Turban noch Robe. Sein Gesicht ist ruhig, er nimmt kaum wahr, dass wir über ihn sprechen. Dieses leere Starren, das langsame Blubbern der Pfeife. Meine Versuche, ihn etwas zu fragen, schlagen fehl. Ich erfahre lediglich, dass »Islam Christen mag« als Zusammenfassung seiner Ansichten über den Westen, sonst nichts.

Wir saugen den letzten Rest unseres Tees zwischen unseren Zähnen hindurch und machen uns zum Aufbruch bereit. Der alte Mann nickt uns kaum zu und wendet sich wieder seiner Pfeife zu. Die Vorstellung ist vorüber – ein kurzer Ausdruck unergründlicher Leidenschaft.

Draußen ist der Himmel hellblau. Wir kehren zum *maidan* zurück, legen uns in der Nähe des Hauptplatzes ins Gras und beobachten, wie der Himmel sich mit Weiß anfüllt, als sich in der Ferne ein Sturm zusammenbraut. Neurotische Windböen zerren an den Bäumen, aber der Nachmittag vergeht friedlich. Wir haben uns ein kleines Fleckchen Rasen ausgesucht, das vom Hauptplatz aus nicht zu sehen ist. Den ganzen Vormittag waren wir in den redseligen Genuss iranischer Gastfreundschaft gekommen und mit Freundlichkeit überschüttet worden: Eine Familie lädt uns in ihr 100 Kilometer entferntes Dorf ein; Jugendliche laden uns zu sich nach Hause ein; ein Kind möchte ein Foto von uns; Fremde wollen mit uns beisammensitzen und sich unterhalten und kaufen uns etwas zu essen. Einer solchen Aufmerksamkeit müde zu werden, von dem iranischen Volk Gleichgültigkeit zu erbitten, wäre mir noch zwei Wochen zuvor lachhaft erschienen. Ist es undankbar, sich über Freundlichkeit zu beklagen? Im Iran ist die Aufmerksamkeit so groß, dass Privatsphäre zu einem teuren Gut wird, das nur selten außerhalb von unserem Hotelzimmer zu finden ist. Sogar hier sind wir, durch alte Steinmauern vor der Welt verborgen, das Ziel der Freundlichkeit: Wir werden von zwei Doktoren aufgesucht, die sich eifrig anbieten, uns die Sehenswürdigkeiten Isfahans zu zeigen. Mit ihnen verbringen wir den Rest unseres Tages, die restlichen Stunden unseres Aufenthaltes in Isfahan. Es ist der passende Abschluss des Besuchs einer Stadt, die als die am wenigsten gastfreundliche im Iran gilt: Diese Männer kaufen uns Pizza, besuchen mit uns den Zoo, spazieren mit uns am Fluss entlang und spendieren uns Eiscreme. Unser Aufenthalt war durch die Freundlichkeit von Fremden gekennzeichnet, durch ein Willkommen, das ich nur von wenigen Städten der Welt erwartet hätte. Wenn Isfahan die am wenigsten freundliche Stadt im Iran ist, haben wir noch eine interessante Zeit vor uns.

Es ist bereits spät, als unsere neuen Freunde uns zum Hotel zurückfahren, schon nach Mitternacht. In den Straßen sehen wir lauter bizarre Szenen: Ashura hat begonnen. Dreck, der an die Autoscheiben geschmiert wurde, lässt die Welt draußen unklar und verschwommen erscheinen wie einen extrem alten Film mit seinem typischen Sepiaton. Wir schauen in eine schwarze Nacht hinaus, und die Szenerie draußen erscheint uns leicht bedrohlich. Alle paar hundert Meter reduzieren grell leuchtende Lampen die Dunkelheit und verseuchen die Welt mit einem bösartigen Licht. Darunter hat sich eine Menschenmenge aus streng blickenden Männern versammelt, die vollkommen in Schwarz gekleidet sind.

Ein Dröhnen, Krachen und Klatschen. Trommeln schlagen, Menschenmassen singen.

Es ist eine schaurige Szene, fremd und feindselig. In langen Reihen, in rhythmischem Gleichklang dreschen die Männer mit Ketten auf sich ein.

Alter Stein, heiliges Silber

Sonntag, 4. Juni, bis Dienstag, 6. Juni: Shiraz

Die Oberfläche ist grau, eben und an manchen Stellen gebrochen. Ein Löwe reißt ein Loch in das Fleisch eines Pferdes; Diener bringen dem König Geschenke. Das Steinrelief ist mit Schatten gemeißelt, von derselben Wüstensonne geformt, die uns unsere Kräfte raubt. Es ist kurz nach Mittag, und wir sind die Einzigen, die dumm genug sind, der mittäglichen Hitze entgegenzutreten, die einzigen lebenden Schatten, die sich inmitten der Ruinen von Persepolis, der Hauptstadt des alten Persien, bewegen.

Gestern sind wir hier in dieser Bruthitze angekommen. Wir befinden uns nun in der iranischen Provinz Fars. Fars ist ein Ort unverfänglichen Altertums, die Heimat der altpersischen Achaimeniden- und Sassaniden-Reiche, der Kriegerkönige und des zoroastrischen Kults sowie des Farsi, der persischen Sprache, mit der ich mich abmühe. Ein Tag voller Staub, der an unsere Fenster wirbelt, in der ungesunden Hitze des Windes, als unser Bus die leere Fläche der Wüste in einfache Segmente zerteilt: links und rechts; vor und hinter uns. Ankunft spät in der Nacht, Übernachtung auf den Teppichen eines unserer Mitreisenden. Und dann, an diesem Morgen bietet unser Gastgeber uns die Fahrt hierher an, zu den berühmtesten Ruinen seines Landes.

Die Antike des Iran lässt mich ehrfürchtig staunen. Rivale der Griechen, Herausforderer von sowohl Rom als auch Konstantinopel – Persien bleibt in meiner Imagination ein Ort der Legende, und ein Teil von mir kann nur staunen. Der Zustand einiger Bereiche des Ruinenfeldes ist enttäuschend – ich kann keine Vorstellung von einer lebenden Stadt entwickeln, kein Gefühl davon, die Schultern von lange verstorbenen Männern zu berühren, wie es bei den byzantinischen Ruinen in der Türkei der Fall gewesen war –, doch das spielt keine Rolle. Wir sind nicht hier, um gut erhaltene Ruinen zu suchen oder die Architektur zu beurteilen. Wir sind hier, um die Zeit zu schmecken, um die Zeitlosigkeit zu erfassen, die im Iran allgegenwärtig ist.

Unser Gastgeber heißt Mehdi. Er ist eifrig bemüht, uns mit Gastfreundlichkeit zu überschütten. Sein Gesicht macht einen kranken Eindruck: dünn und fleckig, unzuverlässig und doch aufrichtig. Seine Freundlichkeit ist zweitklassig, gezwungen: Er versuchte den ganzen Vormittag über, uns davon zu überzeugen, dass wir ihm ein australisches Visum verschaffen müssten. Dabei erging er sich in wiederholten Schmeicheleien. Wir ertrinken fast angesichts seiner Unterwürfigkeit. Er hat sich aufs Süßholzraspeln versteift. Manchmal kann er jedoch unverblümt, schwungvoll und stolz auftreten. Nur in diesem Aufblitzen seines wahren Selbst ist es mir möglich, ihn zu mögen.

»Wollt ihr nun gehen? Es ist heiß.«

Wir sind erst seit wenigen Minuten hier. Da der Eintritt für Ausländer 30-mal so hoch ist wie der für Iraner, haben wir nicht die Absicht, der Hitze so rasch nachzugeben. Und nach einem Vormittag voller versteckter Auseinandersetzungen über Visabeschränkungen, voller Versicherungen, wie freundlich er zu uns gewesen ist, hält sich unsere Sympathie für Mehdi in Grenzen. Stattdessen spazieren wir über die heißen Steine zu einem Wald aus gebrochenen Säulen.

»Gefällt es euch? Ist es euch recht, dass ich euch hierher gebracht habe?«

Mehdi stellt diese Frage nun zum dritten Mal. Mit der Hand schirme ich meine Augen vor der gleißenden Sonne ab und schaue hinauf zu einem Steinbogen durch Scherben voller Licht und wünsche, dass er uns in Frieden lässt.

»Der Iran hat eine gewaltige Geschichte.« Das unterwürfige Schnaufen ist für den Augenblick aus seiner Stimme verschwunden. »Wir waren ein bedeutendes Land.«

»Und das seid ihr nicht mehr?«

Mehdi schaut mich an, als sei ich ein Wesen, das schon lange hätte aussterben sollen. »Das sind wir nicht mehr.«

Das ist der bittere Mehdi, der einzige Mehdi, den ich ertragen kann. Ich frage ihn, ob er meint, dass es einen Unterschied zwischen der iranischen Kultur und der Kultur des Islam gibt.

»Natürlich sind das verschiedene Dinge«, lautet die verdrießliche Antwort. »Der Iran hat eine wunderbare Geschichte. Wir sind ein stolzes Land, und waren es lange vor dem Islam. Und außerdem«, fügt er hinzu, zuckt mit den Achseln und verwirft die Macht der Religion, »der Islam wurde erst groß, als er in den Iran kam.«

Mit einem solchen Kommentar konnte er alles meinen; als ich bitte, das näher zu erklären, stöhnt er verärgert auf.

»Vor dem Islam war der Iran groß. Der Islam hat nichts, keine Kunst, keine Wissenschaft. Es war der Iran, der dem Islam all das gegeben hat.« Er hält inne, tritt nach einem Stein. Der flehende Ton kehrt in seine Stimme zurück. »Doch heute sind wir ein schreckliches Land. Ich kann hier nicht leben, ihr müsst mir helfen, ich war so freundlich …«

Persepolis befindet sich auf einem kahlen Berg, schmort in der glühenden Hitze über der Welt ringsherum vor sich hin. Wir schlendern, immer wieder vor Hitze nach Atem ringend, an den Rand, schauen hinunter. Unter uns befindet sich ein Wald mit spärlichem, ums Überleben kämpfendem Baumbestand. Aus der Mitte des Waldes ragen die hellen Zelte eines Zirkus auf. Mehdi erklärt uns, dass dies die Überreste der üppigen Feierlichkeiten des Schahs von 1971 sind. Damals feierte man die 2500 Jahre während persische Zivilisation. Heute wird die Zeltstadt für militärische Übungszwecke genutzt. Mehdi zieht scharf den Atem ein, als er ein grün-weißes Polizeiauto am Eingang zu den Ruinen erblickt, und tritt zurück in den Schatten.

»Ihr geht jetzt. Ihr geht zum Wagen. Ich komme bald hinterher.« Er sieht unseren Gesichtsausdruck, errät vielleicht, dass eine Erklärung notwendig ist. »Kennt ihr die Gestapo? Diese Männer sind das Gleiche. SAVAK unter dem alten Regime und heute nichts anderes. Wenn sie mich mit euch sehen, bekomme ich Schwierigkeiten.«

SAVAK, die Geheimpolizei des Schahs, hatte einen schrecklichen

Ruf als eine Institution der Brutalität und Folter. Unter dem Schah war sie ein Symbol der Art von Unterdrückung, die in dem iranischen Volk die revolutionäre Leidenschaft entfachte. Und wie unter der Herrschaft der Bolschewiken in Russland, wie bei so vielen Revolutionen der Geschichte, überlebte die Maschinerie des Staates, um zu einem Werkzeug in den Händen jener zu werden, die einst seine Opfer waren. Mehdi kehrte erst zum Wagen zurück, als die SAVAK-Spitzel verschwunden waren.

Wir fahren still durch graue Dörfer, zurück nach Shiraz. In Fars trifft man auf die größte Anzahl an Nomaden von allen iranischen Provinzen. In einem Land der genetischen Uniformität sind die hellen Wüstenaugen unmöglich zu übersehen: blaue, graue, umrahmt von schwarzen Schleiern. Diese Nomadenfrauen halten meinen Blick gefangen, als wir an ihnen vorüberfahren. Ihre Augen sind eingerahmt von schwarzen Wimpern, schwarzem Haar und dunkler Haut. Sie sind sogar noch auffallender als Kirsts blaue Augen. Ihre bunten Kleider wogen unter ihren *tschadors* wie exotische Schwimmflossen von langsam dahingleitenden Seeschlangen.

Trotz erbitterter Proteste Mehdis richten wir uns in einem Hotel ein. Mehdi empfindet es als Affront, dass wir seine Gastfreundschaft nicht zu schätzen wissen. Er schmollt in einer Ecke. Wir sind sein Hauptgewinn. Er möchte nicht, dass wir uns seinem Griff entziehen.

Ein Araber in weißer Robe und mit goldberingten Fingern geht die Treppe hinter uns hinauf und wird von einem Gefolge aus drei Frauen begleitet. Unter ihren *tschadors* tragen zwei der Frauen farbige Masken, die über ihre Nasen reichen. Es sieht aus als ob sie sie zu ersticken drohen. Ein Bild flatternder Vögel in einem Käfig steigt in mir auf. Doch es ist die dritte Frau, die mich am meisten stört. Ihre Maske ist aus schwarzem Leder, eine fest sitzende Ungeheuerlichkeit, die zwei traurige Augen gefangen hält. Ein einfacher Schlitz teilt das Leder an der Stelle ihres Mundes. In dieser schneidenden Hitze schockiert der Anblick auch ohne die sadomasochistischen Konnotationen dieser Maske. Er lässt mein Blut gefrieren, lässt in mir etwas erstarren. Vor unseren Augen bewegt sich Grausamkeit.

Mehdi kommt zu uns herüber und beobachtet, wie die Gruppe oben verschwindet. Er schüttelt den Kopf. »Araber. Aus Bandar-é Abbas. Nicht wie Iraner.«

Mehdi hat Recht. Draußen drängeln sich Frauen – persische, nicht arabische – in den Straßen und feilschen mit Händlern, klammern sich auf dem Rücksitz von Motorrädern fest, ihre *tschadors* flattern im Wind. Ihre Gesichter sind alle für die Welt offen. Zum ersten Mal sehe ich die Freiheit in ihrem Leben anstelle der Unterdrückung. Sie mögen an ihre *tschadors* gefesselt sein, aber den Araberinnen mit unter Ledermasken versteckten Gesichtern müssen sie als leuchtende Symbole islamischer Freiheit erscheinen. Es gibt scheinbar Schlimmeres, als eine Frau im Iran zu sein.

Mehdi spürt unsere Beunruhigung. »Das ist es, was ich euch erzähle. Nur der Iran hat die wahre Kultur des Islam. Die Araber behandeln ihre Frauen nicht gut. Sie kennen den wahren Islam nicht.«

Später, als ich Mehdi frage, wie viele Iraner dem wahren Islam folgen, versteht er die Frage nur zur Hälfte. Seine Antwort überrascht mich.

»Also, wisst ihr, ich bin wie viele Menschen im heutigen Iran«, sagt er mit einem angestrengten und hoffnungslosen Ausdruck auf seinem Gesicht. »Sie zwingen uns diese Dinge auf. Die Menschen beten noch, aber sie fühlen dabei nichts mehr. Wir verlieren alle unsere Religion.«

Mittwoch, 7. Juni: Shiraz

Ich kann Mehdis Worten nach dem heutigen Tag nicht glauben.

An diesem Vormittag besichtigen wir *bogh'é-yé shah-é*, das »Grab des Königs der Lampe«. Es ist das Grab von Mir Ahmad, dem Bruder von Imam Reza, dem achten schiitischen Imam. Imam Rezas Schrein befindet sich in Meschhed und ist der heiligste Ort im Iran, eine Pilgerstätte für alle Muslime, sowohl Schiiten als auch Sunniten. Als nur ein Bruder einer der Imame ist Mir Ahmad von weit geringerem Rang in der schiitischen Hierarchie, aber Schrein-verehrung bildet einen grundlegenden Bestandteil des schiitischen Glaubens, und Mir Ahmads Schrein ist seit dem 14. Jahrhundert eine beliebte Pilgerstätte.

Das Grab liegt südlich vom Hauptbasar in Shiraz, und wir schlängeln uns durch die engen Gänge der Teppichhändler und Blechschmiede, Teeläden und Gewürzstände. Die Waren des Iran füllen die dunklen Korridore: Wasserpfeifen, Dreschflegel für Ashura, Metalltöpfe, Teppiche – handgeknüpfte und maschinell hergestellte, Seife, Kleidung, *tschadors*. Es ist heiß, und rundherum herrscht geschäftiges, lebhaftes Treiben. Die Klänge von Tausenden von verschiedenen Stimmen schwirren durch die Luft, tausend Paar Schuhe schlurfen durch den Staub.

In der erbarmungslosen Hitze und geblendet vom grellen Tageslicht, werden wir mit der Menge Richtung Süden geschoben.

Der Eingang zum Grab ist ein Widerhall aus Isfahan, ein in Türkis, Kobalt und Weiß gehaltenes Porzellanbild. Ein großes Portal, das mit den kühlen, blauen Kacheln des iranischen Islam bedeckt ist, stellt eine offen stehende hölzerne Flügeltür in den Schatten; durch diese schlängeln sich die Gläubigen. Das bogenförmige Portal stützt ein riesiges Stalaktitenwerk, eine komplizierte, hängende Konstruktion, die mit farbigen Kacheln gestaltet ist: Blumen, Wirbel und bizarre Formen in Türkis. Mein Blick richtet sich nach oben zu der Reihe von blauen Kacheln, in die in Weiß die Namen Gottes eingebrannt sind, zu den schwarzen Fahnen des Schiitentums, die in der trockenen Brise flattern.

Der Eingangsbereich entbehrt jeglicher bildlicher Kunst. Das ist eine Tradition des Islam. Der Ikonoklasmus führte dazu, dass repräsentative Kunst mit Misstrauen betrachtet und als der erste Schritt in Richtung Götzenverehrung angesehen wurde. Die Kalligrafie der arabischen Handschrift, eine verwirrende Linie, der mit dem Auge nur schwer zu folgen ist, nimmt den Platz einer Ikonografie ein. Die kalligrafische Kunst vor mir ist wunderschön. Der Schrein wurde jedoch seit Jahrhunderten in einer Form verehrt, die nur als abgöttisch bezeichnet werden kann. Dass dieser weiße, flatternde Schriftzug den Eingang dazu schmücken soll, erscheint mir unpassend.

Wir folgen den Gläubigen durch die hölzernen Türen, die mit solidem Messing beschlagen sind. Fast jeder Pilger hält inne, um sie zu küssen oder um mit seinen Händen wiederholt über das Messing und anschließend über sein Gesicht zu streichen, um sich auf diese Weise mit einer unsichtbaren Heiligkeit einzureiben. Jene, die hinausgehen, machen dasselbe und hoffen, einen letzten Atemzug Gottes aus dem Schrein herauszupressen, sich in den Staub Allahs kleiden zu können. Sie schreiten dann rückwärts zurück auf die Straße hinaus, da sie zu viel Respekt haben, als dass sie einem solch heiligen Ort den Rücken zukehren.

Die Tore führen zu einem großen Hof aus Stein, dessen Farben durch die Sonne verschwunden sind. Das Licht ist so hell, dass ich anfange zu schielen.

Der Schrein befindet sich am nahen Ende des Hofes: eine niedrige Konstruktion, die eine einzige eiförmige, in traumhaftem Blau gehaltene Kuppel stützt. Schwarze Fahnen mit persischer und arabischer Inschrift befinden sich über den Bögen, die dieses blendende Steinareal umringen, und über dem Eingang zum Schrein selbst. Frauen streifen wie schwarze Gespenster über den Platz. Grimmig und wild dreinschauende Männer schreiten entschlossen hinter ihnen her. Nur die Kinder, die spielen oder Wasser aus den metallenen Brunnen trinken, bleiben von dieser strengen Atmosphäre religiöser Intensität unberührt. Familienclans drängen sich in den schattigen Abschnitten. Alle Augen sind auf den Schrein gerichtet.

Wir ziehen wie Hunderte von anderen Pilgern unsere Schuhe aus und treten auf Teppiche, die durch die vielen nackten Füße der Gläubigen schon ausgetreten sind. Unsere Anwesenheit wird hier toleriert, was bei vielen anderen heiligen islamischen Orten nicht der Fall war. Die Schiiten sind durch die Anwesenheit von Ungläubigen weniger beunruhigt. Unser Preis dafür besteht darin, dass Kirst einen *tschador* tragen muss, da ihr Mantel mit Kopftuch für nicht ausreichend religiös erachtet wurde. Wir diskutieren nicht. Hier ist nicht der Ort, an dem die Grundsätze des Islam in Frage gestellt werden. Kirst schlurft hinter mir her, hüllt sich, so gut sie kann, in ein großes Stück Stoff. Die meisten iranischen Frauen halten den Stoff zwischen ihren Zähnen, damit der mit Kopfteil versehene Mantel ihr Haar bedeckt und nicht herunterrutscht. Es ist eine schwierige Kunst, für die lebenslange Übung erforderlich ist. Kirst beherrscht sie nicht, und die traumatische Vorstellung, dass ihr der Schleier vom Kopf rutschen und ihr Haar an einem solch heiligen Ort entblößen könnte, treibt ihr die Röte ins Gesicht.

Wir bewegen uns genauso langsam wie die Menschen um uns herum, deren Bewegungen allein schon mit Ehrfurcht erfüllt sind, als wir die vorderen Stufen zum Schrein hinaufschreiten. Auf einer mit Teppichen ausgelegten Terrasse, die von der Sonne abgeschirmt ist, fotografieren stolze Väter ihre Söhne, sitzen verhüllte Frauen und klagen, überschreiten Pilger die Schwelle zum Schrein selbst. Ich bin von einem verwirrenden Gefühl der Schuld erfüllt, ein Gefühl der Übertretung, des *Unrechts* angesichts meiner Anwesenheit hier. Ich fühle, dass wir nicht hierher gehören. Ich sitze eine Weile auf dem Teppich und kämpfe mit dem Gefühl, hier widerrechtlich eingedrungen zu sein, beobachte die langsamen Schritte der Pilger, als sie hereinkommen, und versuche, mich zu Unbefangenheit zu zwingen.

Die in Marmor eingefassten Türen des Schreins sind ein einziges scheinendes Gold, das mit delikater Schönheit verziert ist, so wie ich es jetzt schon von islamischer Kunst erwarte. Muster aus Türkis und Saphir spinnen sich durch das Metall. Die stilisierten Namen von Mohammed, Ali und Allah verschlingen sich alle mit den eingravierten Mustern auf der Tür, die Verse aus dem Koran darstellen. Diese Türen sind heiliger als die Haupteingangstore: Die Pilger drücken ihre Stirn in Verehrung daran und halten inne, während ihre Münder leise Gebete murmeln. Ein knochiger und kantiger Mann in Olivgrün mit rasiertem Kopf reibt seine Hände an der Tür, dann an seinem Gesicht, wieder an der Tür und wieder an seinem Gesicht.

Auf der Schwelle haben die Ergebenen einen Zustand von fast religiöser Trance erreicht.

Langsam lässt die Unruhe in mir nach, bis sie schließlich ganz verschwindet. Wir stehen auf und treten mit gesenktem Kopf in den Schrein. Das blendende Tageslicht draußen macht es unmöglich, beim Eintreten etwas zu sehen; und dann sind wir noch stärker geblendet.

Im Inneren ist das Licht hell, fast schmerzend. Die bescheidene Kuppel, jede zur Verfügung stehende Oberfläche darin, ist mit kleinen spiegelnden Kacheln besetzt, die zu zahlreich sind, um ihre Stückzahl zu schätzen. Sowohl von einer einzelnen Lampe als auch von vergitterten Portalen, die einzelne Sonnenstrahlen hereinlassen, wird das Licht verstärkt, zerstreut und zurückgeworfen. Weiß und wild, zersplittert und hell. Jede einzige winzige Kachel formt ihr eigenes Universum und setzt Licht frei, das in die Augen sticht.

Die wenigen Oberflächen, die nicht aus Glas bestehen, sind aus Silber. Silberne Girlanden zieren die Wände, und ein riesiger silberner Sarkophag dominiert den Raum. Der Sarkophag wirkt wie ein großes schweres Gitterwerk. Die armdicken Stäbe und Abschlüsse sind aus massivem glänzendem Silber. Im Inneren befindet sich eine Marmortafel.

Wir stehen bewegungslos und schauen, wie die Pilger sich ihrem Heiligen nähern. Der Sarkophag ist mit einem schweren silbernen Schloss, das so groß wie das Gesicht eines Kindes ist, verschlossen und in schwarzer Inschrift mit den Namen Gottes verziert – ein Kunstwerk unvergleichlicher Schönheit. Die Männer und Frauen vor uns greifen nach dem Schloss, küssen es, reiben ihre Gesichter an seiner Oberfläche. Sie halten sich an dem Grab fest, berühren es und fassen hinein, sehnen sich danach, dass ihre Körper mit dem kalten Metall verschmelzen, suchen nach Einheit mit ihrem Heiligen.

Und alle weinen.

Sie weinen nicht in der traurigen gedämpften Art des Mannes im Teehaus in Isfahan, sondern mit einem rückhaltlosen Klagen, mit der wilden, wogenden Emotion jener, deren Kinder gerade gestorben sind. Tränen tropfen auf das Silber, laufen über jedes Gesicht; unterdrückte Schluchzer wetteifern mit jedem Wort. Sie weinen, und mein Verstand zittert.

Wir nähern uns langsam dem Schrein, bleiben etwas zurück und schwenken dann nach links. Der Drang ihn zu berühren ist enorm, aber ich kann solch eine Schändung nicht begehen.

Mit ruckartiger Bewegung erkenne ich, dass sich alle Frauen im Schrein auf der anderen Seite des Grabes befinden. Eine kleine Trennwand, die nicht länger als ein paar Meter ist und bis jetzt unseren Augen unbemerkt blieb, trennt den Zugang zum Schloss und zum Grab in zwei Teile. Diese Erfahrung soll nach Geschlechtern getrennt gemacht werden, und Kirst befindet sich im männlichen Bereich. Sie errötet vor Schreck und läuft auf die andere Seite. Das Letzte, was wir gebrauchen konnten, war das Gefühl einer noch größeren Unsicherheit.

Hinter mir in einer Ecke zusammengekauert sitzt ein alter Mullah, der fast bis zur Nichtigkeit verschrumpelt ist. Aus seinem Mund entrinnt ein ununterbrochenes Klagen. Es ist nicht trauernd, besitzt aber stattdessen den zeitlosen Klang der Rufe des Muezzins zum Gebet. Vor ihm liegt ein großer, alter Koran. Der Mann rezitiert Suren daraus und füllt die Luft mit einem Gewahrsein von Gott, so als sei dieses Gewahrsein nicht bereits an Ort und Stelle. Die Präsenz Gottes erfüllt den Raum.

Ich setze mich dem Teppich des Mullahs gegenüber und wende meinen Blick auf jene um mich herum. Der männliche Bereich ist weit weniger besucht als der, wo Kirst nun sitzt. Möglicherweise sind jetzt, mitten am Tag, mehr Männer bei der Arbeit. Die neben mir machen es wie ich: Sie sitzen im Schneidersitz und zehren von der intensiven religiösen Leidenschaft der Atmosphäre. Einzig unsere Beweggründe sind verschieden. Einige berühren mit ihrer Stirn den Boden und beten in Richtung Mekka; keiner macht irgendein Anzeichen, dass er meine Gegenwart wahrnimmt

Nach Kirsts Irrtum und den darauf folgenden harten Blicken

habe ich wieder eine innere Festigkeit erlangt. Nur langsam beginnt sie zu schwinden. Ich erlaube mir, von der Intensität der Erfahrung mitgerissen zu werden. Der Schmerz dieser Menschen ist lebendig, offenkundig. Ist es die Trauer um Mir Ahmad? Oder um sich selbst?

Solch ein Gefühl für eine historische Figur, nicht einmal für eine bedeutende religiöse Figur, sondern bloß den Bruder einer solchen, ist mir völlig fremd. Doch für die Schiiten ist es das nicht. Es ist der Fokus auf Märtyrertum, Tod und Trauer im Schiitentum. Sie sind im Trauern sehr bewandert. Jedes Jahr beklagen sie in ihren Ashura-Feierlichkeiten den Tod ihrer Imame, lange verstorbenen Männern. Sie schlagen sich, damit sie den Schmerz mit ihren Märtyrern teilen. In einigen Gegenden fügen sie sich selbst Verletzungen mit Schwertern zu. Jedes Jahr üben sie sich im Trauern, üben sie sich selbst darin, diese Intensität der Emotionen heraufzubeschwören. Ich beobachte, wie die Tränen über das Gesicht einer Frau strömen, vom Kinn eines Soldaten tropfen, aus den Augen eines Jugendlichen quellen, den ich anderenfalls für sehr westlich eingeschätzt hätte, und ich fühle mich im Inneren leer, unzureichend. Ich habe mich nie fremder gefühlt. Ich kann mir nicht vorstellen, wie die *hadjdj* sein muss. Sir Richard Burton gelang es im 19. Jahrhundert in der Verkleidung eines Paschtunen-Arztes Mekka zu besuchen. Er schrieb, dass der Anblick der Kaaba sogar in einem Nichtgläubigen Ekstase hervorruft. Ich zweifele nicht daran.

Dennoch komme ich nicht umhin, mich zu fragen, wie Mohammed diese Szene wohl empfunden hätte. Seine Opposition gegen die Religion der Einwohner von Mekka wurde von dem Abscheu vor den götzendienerischen Praktiken im Schrein der Kaaba angetrieben. Er verbot alles, was die Anbetung Gottes auf die Verehrung eines Bildes, eines Objektes reduzieren konnte.Der Kult der Schreine, die einzelnen Personen gewidmet sind, würde ihn entsetzen.

Aus denselben Gründen hatte Mohammed repräsentative Kunst verboten, so wie die Juden es vor ihm getan hatten. Es könnte die Anbetung Gottes schmälern, die Götzenverehrung fördern, könnte das, was über das Vorstellungsvermögen des menschlichen Geistes hinausgeht, auf ein Bild reduzieren. Dennoch sind heute außerhalb des Schreins Busse mit Bildern von Ali und von Mohammed geschmückt, auf denen diese jene Kleidung tragen, wie wir sie uns an den biblischen Hirten vorstellen.

Im Laufe der Jahrhunderte gab es zeitweise muslimische Gegenwehr gegen solche Praktiken, aber sie war nie von Erfolg gekrönt. Der menschliche Geist sehnt sich nach etwas Greifbarem. Ein Gott, der nicht zu beschreiben ist, nicht vorstellbar ist, ist ein Gott, der für Anbetung und Trost zu weit weg ist. Die Sehnsüchte des menschlichen Geistes werden immer Glaubensirrtümer hervorrufen, die sich auf verschiedene Weise manifestieren: die Anbetung der Christusfigur im Christentum, die Anbetung der Schreine im Schiitentum.

Ich bin allein mit diesen Gedanken, werfe einen Blick zu Kirst hinüber, die eine von der meinen völlig unterschiedliche Erfahrung macht. Die Männer um mich herum ruhen vollkommen in sich selbst, sind stark auf ihre innere Anbetung Gottes konzentriert. Kirst ist von einer Gruppe lachender, geschwätziger Frauen umgeben. Nachdem ihre Andacht einmal erledigt ist, haben diese Frauen nicht das Bedürfnis, ihre religiöse Intensität beizubehalten, und richten stattdessen ihre Aufmerksamkeit auf Kirst und heißen sie willkommen. Kirst lächelt, während ich meinen schweigenden, düsteren Blick auf das zerteilte Licht unter der Decke wende. Als wir gehen, tragen wir beide völlig verschiedene Gefühle in unserer Brust.

An den goldenen Türen drehen wir uns um und treten rückwärts hinaus, so als hätten wir dieselbe Religion wie die Pilger um uns herum.

Donnerstag, 8. Juni, bis Samstag, 10. Juni: Shiraz

Wir streifen durch diese Tage voller Hitze und Eiscreme, die ansonsten aber wenig enthalten, da fast alles in der Stadt wegen der bevorstehenden Ashura-Feierlichkeiten geschlossen ist. Am Tag spazieren wir durch die Straßen und versuchen, der drückenden Hitze zu entkommen, doch es gibt wenig zu sehen. Das luxuriöse *Homa-*

Hotel ist einer der wenigen Orte, die nicht verriegelt sind. Es besitzt eine Klimaanlage, wirkt euphorisch, sein offenes Foyer ist mit exquisiten Teppichen ausgelegt, kunstvolle Springbrunnen vervollständigen die ausgesuchte Opulenz. Es gleicht jedem anderen luxuriösen Hotel der Welt, nur dass über dem Eingang in großen goldenen Buchstaben die Aufschrift »Nieder mit den USA« prangt.

Die Aufschrift erscheint uns komisch, unpassend. Die Forderung wirkt zu einfach, zu ideologisch, zu rassistisch auf uns. Auf diese Weise zu vereinfachen ist offenkundig absurd. Jedoch gilt das Gleiche ebenso für die Art und Weise, wie der Islam häufig im Westen portraitiert wird. Wir tolerieren die Charakterisierung von Schwarzen und Juden nicht länger in solch vereinfachter Form. Dennoch reduzieren wir den Islam im Allgemeinen und den Iran im Besonderen so häufig auf eine Menge schreiender Fundamentalisten, die versessen nach der Zerstörung von allem Westlichen trachten und bei der Vorstellung von Dschihad, dem Heiligen Krieg, leidenschaftlich glühendem Eifer verfallen. Die Aufschrift erinnert daran, dass eine solche Sichtweise ebenso absurd ist.

Der Tag vergeht langsam und träge. Von Zeit zu Zeit hallen singende Stimmen über die Stadt, ist das Geräusch von klirrenden Beckentellern und schlagenden Trommeln zu vernehmen. Ashura, unsichtbar, ruft zu uns herüber; ein Gefühl der Erwartung liegt über den leeren Straßen.

Männer aus unserem Hotel erzählen uns, dass die heutige Nacht bei den Ashura-Feierlichkeiten eine wichtige Rolle spielt. Das arabische Wort *ashura* bedeutet »zehnte Nacht«, und heute ist *tasua*, die neunte Nacht der Festlichkeiten. Auf Persisch ist diese Nacht als *sharm-é gharibiam*, »die seltsame Nacht«, bekannt. Ein komisches, seltsames Gefühl liegt tatsächlich in der Luft, als der Tag in den Abend übergeht. Wir schlendern im schwindenden Tageslicht durch die ärmlichen Straßen in der Nähe unseres Hotels. Eine vorfestliche Stimmung hat sich verbreitet. Jugendliche mit rasierten Köpfen, die in schwarze T-Shirts und Militärhosen gekleidet sind, stellen Bühnen und Lautsprecher auf, sie sehen genauso verrückt und gefährlich aus wie Neonazis. Sie starren uns an, als wir vorübergehen, erfüllen uns mit Unruhe. Bedrohung liegt in der Luft.

Javad, ebenfalls ein Gast unseres Hotels, erzählte uns, dass die meisten Menschen, die an den Ashura-Paraden teilnehmen, von der Regierung gekauft worden seien. Das ist eine Behauptung, die wir schon viele Male gehört haben. Sie zeugt von der iranischen Besorgnis im Hinblick auf Verschwörung und auf hartnäckiges Misstrauen, das Iraner untereinander auszeichnet. Möglicherweise ist sie wahr; möglicherweise aber auch nicht.

Die Paraden beginnen nach Anbruch der Dunkelheit. Kein Mond, völlige Finsternis. Wir kehren nach einer Mahlzeit zu den Straßen in der Nähe des Schreins zurück, wo die Menge am dichtesten ist. Die Männer tragen schwarze Hemden, schwarze Hosen; die meisten haben einen dunklen Bart. Kohlrabenschwarze *tschadors* hüllen die Frauen in schwarze Unsichtbarkeit ein. Wir ertrinken in einem Meer aus Dunkelheit, das nur dann und wann einmal von einer kalten Lichtquelle unterbrochen wird. Die Atmosphäre ist angespannt. Die Straßenränder sind von *tschadors* gesäumt, die blassen Monde der Frauengesichter, die daraus hervorschauen, sind nur gerade eben im schwachen Licht wahrnehmbar. Die Straße ist voller Männer, sie singen unisono, schlagen Becken und Trommeln. Die Szenerie ist so trostlos wie eine Beerdigung und so überlaufen wie ein Volksfest. Doch wir fühlen uns nicht bedroht wie am Nachmittag. Wir arbeiten uns durch die Menge, schauen der Parade zu und fühlen uns weder als Teil des Geschehens noch vollkommen ausgeschlossen davon.

Das Schlagen beginnt. Rhythmisch zum Gesang schlagen sich die Männer selbst mit schweren Ketten über ihre Schultern. Ein Schritt nach rechts: Schlag. Ein Schritt nach links: Schlag. Jene, die keine Dreschflegel haben, schlagen sich mit der bloßen Handfläche auf den Kopf oder auf die Brust. Schlag. Pause. Schlag. Pause. Der Gesang reißt nicht ab; er klingt wie eine Beschwörung. Und auch das schauerliche Ritual der selbst zugefügten Bestrafung nimmt kein Ende.

Die Gesichter sind nicht die von Fanatikern. Alte Männer nahe des Anfangs der Parade hätten uns an diesem Nachmittag Eiscreme gekauft haben können. Väter schauen stolz auf ihre Söhne am hinteren Teil der Parade, Jugendliche, die auf ihre Körper einschlagen. Jeder sieht absolut, zermarternd, deprimierend normal aus. Und immer noch geht das Schlagen weiter.

Wir haben in unserer Kultur nicht solch eine nächtliche religiöse Feier; die Wiederaufführung des Todes von Jesus Christus kann damit nicht verglichen werden. Ich kann mich gefühlsmäßig nicht orientieren, finde keine Plattform, von der aus ich meine Umgebung beurteilen kann. Also stehe ich da und klammere mich an unpassende Vergleiche. Es ist nicht wirklich eine Parade: Die Teilnehmer gehen nirgendwo hin. Die Menge ist nicht zu ihrer Unterhaltung hier, denn solch trübe Wiederholung ist nicht unterhaltsam. Und doch hat es den Anschein einer Parade, eines Volksfestes. Die trostlose Intensität auf den Gesichtern vieler Teilnehmer, während wir an der Seite stehen und Eis essen, trägt zusätzlich zu meiner Verwirrung bei.

Nehmen diese Menschen freiwillig an der Parade teil, oder werden sie durch die Regierung dazu gezwungen? Ich kann es nicht sagen. Bevor wir den Iran verlassen, werde ich mit diesen Männern sprechen müssen, um die hinter ihrer Leidenschaft verborgene Geschichte zu hören, damit ich sagen kann, ob die Geschichten über Konspiration wahr sind, Geschichten, die wir sogar auch heute Nacht von den Umstehenden erzählt bekommen.

Wir schauen eine Stunde lang, zwei, bis wir die makabre Zeremonie nicht länger ertragen können. Durch die leeren Straßen kehren wir zurück zu unserem Hotel. Die Geräusche der Nacht sind auf dem Zimmer weiterhin zu hören, hallen aus der ganzen Stadt zu uns hinauf. Sie erobern nicht meinen Traum.

Djahiliyya

Sonntag, 11. Juni: Von Shiraz nach Bushehr

Von Shiraz aus fahren wir zwei Stunden lang steil bergab. Während der Fahrt steigen die Berge, von Adern durchzogene, sich aufblähende Muskeln aus Stein, um uns herum auf. Unsere Straße ist ein dünner Teerstreifen, der den Berg hinunterfließt. Die Vegetation ringsherum kämpft ums Überleben; die bis zu ihren untersten Ästen zerklüfteten Bäume machen einen absolut erbärmlichen Eindruck. Durch die Fenster schlägt mir braune Hitze entgegen, und ich kann förmlich fühlen, wie meine Augenlider schwer werden. Ich wage mir gar nicht vorzustellen, wie Kirst sich unter ihrem Mantel und mit ihrem schwarzen Kopftuch fühlt.

Die Zeit vergeht, und gleichzeitig nimmt die Hitze zu. Wir erreichen die öde, grau-braune und uninteressante Ebene. Ein einsamer Schäfer hütet eine Herde lehmfarbener Schafe, die sich auf der Suche nach Schatten unter den niedrigen Büschen zusammenscharen. Auf dieser Höhe ist die Luft so spröde und trocken wie Gebein. Es scheint, als ob der heiße Atem von geplagten Seelen meine Augäpfel versengt.

Wir halten in einem kleinen Dorf zum Gebet und schließen uns den Gläubigen an, die sich reinigen und diese Waschung mit Freude an diesem Diktat ihrer Religion ausführen. Die Feuchtigkeit wird von unserer Haut aufgesogen. Trotz eines ganzen Lebens mit australischen Sommern kann ich mich nicht erinnern, dass mir jemals so heiß gewesen ist. Ein arabischer Bettler steigt in den Bus, als wir aussteigen, er murmelt Passagen über das Almosengeben aus dem Koran. Ein großer, gebeugter, gebräunter Mann auf der anderen Seite des Ganges wendet sich mir mit einem verschmitzten Zwinkern in den Augen zu. »Er macht dieselbe Arbeit wie die Mullahs, nur dass sie die bessere Technik draufhaben, um die Leute auszurauben«, bemerkt er ironisch. Er gibt dem Bettler ein paar Münzen.

Unser Freund heißt Ahmad und ist Ingenieur auf einer der vielen Ölplattformen der Region. Er hat uns die ganze Fahrt über mit gerösteten Wassermelonenkernen versorgt; ich entsorgte die meisten davon aus dem Fenster. Er würde uns gern zu sich nach Hause einladen, erklärt er, aber seine Frau würde ihn lynchen, wenn er Fremde mitbrächte, ohne vorher zu fragen. »Sie hat in meinem Haus die Hosen an«, lacht er. Stattdessen verabredet er sich für den nächsten Tag mit uns. Das Bild der unterdrückten Ehefrau im Islam erwies sich bei den Leuten, die wir getroffen haben, als weniger zutreffend, als wir erwartet hatten.

Es dauerte drei Stunden, bis wir ein Hotel gefunden hatten, das Ausländer akzeptierte. Bushehr bildet den Mittelpunkt der internationalen Konfrontation über das iranische Nuklearprogramm, und es hat den Anschein, als seien die Behörden hier Außenstehenden gegenüber besonders misstrauisch. Die Hitze entzieht uns sowohl unsere Energie als auch unseren Willen; wir haben wenig Kraft zum Kämpfen. Als wir dann eine bescheidene Unterkunft in der Nähe des Wassers finden, ist es dunkel, und wir sind völlig am Ende. Wir haben auf unserer verrückten Suche nach einem Hotel, voll bepackt mit unserem ganzen Gepäck, nur sehr wenig von der Stadt gesehen, aber es hat ausgereicht, um festzustellen, dass wir sie verschmähen werden.

Die Anzeichen für unsere Nähe zu Arabien waren nur unschwer zu übersehen. Die meisten Einwohner von Bushehr sind Araber, und im Hotelfernsehen empfangen wir den saudischen Sender ebenso gut wie den lokalen. Die Unterschiede zwischen den zwei Ländern stellen sich nicht so deutlich dar, wie ich es erwartet hätte. Der Inhalt der Sendungen kreist hier wie dort um konservative islamische Themen, wobei die saudischen Kanäle bedeutend professioneller gestaltet sind. Auf iranischen Kanälen wird das normale Familienleben dargestellt – die Frauen sind selbstverständlich korrekt verschleiert –, während die Sender von der anderen Seite des Golfs uns – häufig auf Englisch – über die Tücken des Alkohols, die Schönheit des Gebets und die Einheit Gottes unterrichten. Fast

70 Prozent der saudischen Sendezeit ist mit religiösen Programmen ausgefüllt. Das ist nicht weniger als im Iran, und ich kann meine eigenen Eindrücke von den beiden Ländern nicht wirklich begründen: Iran, ein Land des fanatischen Islam; Saudi-Arabien für westlichen Geschmack annehmbarer, der Islam dort von etwas gemäßigterer Art.

Eine im Westen häufig anzutreffende falsche Vorstellung sieht den Iran als den weltweit größten Geldgeber für islamische Fundamentalisten an. Der Iran stellt für islamische Revolutionäre auf der ganzen Welt eine Inspiration dar und spielt sicherlich eine Hauptrolle bei ihrer Unterstützung, doch die iranische Wirtschaft liegt am Boden: Das Land kann sich diese Kosten einfach nicht leisten. Die wahren Hauptfiguren bei der Unterstützung des Fundamentalismus sind, wie man erwarten könnte, jene Länder, die am meisten zu geben haben: Saudi-Arabien, Kuwait, die Vereinigten Arabischen Emirate. Sie unterstützen allesamt ganz offen den Friedensprozess im Nahen Osten, und sie sind, entgegen dem Iran, treue Verbündete der USA. Dennoch finanzieren sie allesamt sowohl im Ausland als auch auf ihrem eigenen Boden fundamentalistische Organisationen wie die Hamas. In einem einzigen Jahr leistete Saudi-Arabien eine Zahlung in Höhe von 72 Millionen US-Dollar an die Hamas; Zahlungen an die PLO beliefen sich auf noch höhere Summen und das lange bevor die Organisation ihr Bekenntnis zur terroristischen Haltung zurücknahm. Die Regierungen eines jeden dieser Länder streben zu ihrem eigenen Wohl die schmale Gratwanderung zwischen westlicher Unterstützung und der Beschwichtigung terroristischer Organisationen an. Im Vergleich zu dem sagenhaften Reichtum, den sie regieren, ist der Iran ein wirtschaftlich viel zu hoffnungsloser Fall, als dass er allein die gesamte islamische Neubelebung finanzieren kann.

Der Iran *leidet*. In allen wichtigen Städten gibt es große Wohnungsnot: Die Mietkautionen sind horrend. Die meisten iranischen Industriezweige haben enorme Produktionseinstürze zu verzeichnen, was teilweise auf den großen Ersatzteilmangel zurückzuführen ist, der infolge des westlichen Embargos entstanden ist. Bewässerungssysteme sind baufällig. Landwirte wandern in die Städte ab, weil sie auf ihren Feldern nichts mehr erwirtschaften können. Die Regierungsstatistiken, die zu größtmöglichem Optimismus tendieren, lassen erkennen, dass die Schwerindustrie im Vergleich zu der Zeit vor der Revolution nur mit einem Viertel der Kapazität arbeitet. Die Ölindustrie, die den größten wirtschaftlichen Stellenwert einnimmt, ist zusammengebrochen. Sie produziert heute nur noch etwa 60 Prozent des vorrevolutionären Standards. Das verkaufte Öl erzielt infolge von starken Einbrüchen auf dem weltweiten Ölmarkt geringere Preise. Und die Bevölkerung im Iran hat sich in derselben Zeit um kaum vorstellbare 80 Prozent erhöht. Nach dem Krieg vertraten die Mullahs die Meinung, dass der Verlust an iranischem Leben unbedingt durch neue Geburten ausgeglichen werden müsste. Die Geburtenrate stieg rasch an: Die Bevölkerung machte einen Sprung von 37 Millionen im Jahr 1978 auf 67 Millionen im Jahr 1996. Angesichts seiner ruinierten Wirtschaft und seiner anwachsenden Bevölkerung ist es kaum verwunderlich, dass der Iran nicht mit der saudi-arabischen Geldsumme für Terroristen mithalten kann.

Mein Eindruck von den beiden Ländern macht angesichts der orthodoxen Doktrin der Saudis noch weniger Sinn. Ich habe immer den Iran mit wilden und rückständigen religiösen Überzeugungen in Verbindung gebracht, wohingegen Saudi-Arabien von der Wahhabi-Sekte regiert wird, eine der strengsten und puritanischsten Glaubensrichtungen, die im Islam existieren. Die Wahhabiten haben eine so strenge Lebenshaltung, dass sie sogar das Pfeifen als gottlos betrachten und es verbieten. Ihre Interpretation des Koran ist derart fundamentalistisch, derart unflexibel, dass ihre Anhänger häufig versucht haben, alle heiligen Plätze Arabiens – sogar das Grab von Mohammed – zu zerstören, da die Verehrung eines Ortes die Anbetung Gottes nur schmälern kann. Heute erlegt der Wahhabismus allen Saudis einen unglaublich strengen religiösen und gesellschaftlichen Konservatismus auf. Er verbietet Luxus, Tanz,

Glücksspiel, Musik und Tabak. Unter den Verlautbarungen der Wahhabiten finden sich Behauptungen, dass die Erde flach wie eine Scheibe ist und daher der Unterricht an der Universität von Riad häretisch sei, da über die Existenz eines Sonnensystems diskutiert werde. Zu behaupten, die saudische Version des Islam sei tolerant und gemäßigt, annehmbar für die westliche Empfindsamkeit, zeugt lediglich von einem armseligen Verständnis dieser Religion und ihrer Geschichte.

Grund zur Beunruhigung stellt die Tatsache dar, dass die Wahhabiten-Sekte nicht nur das Verhalten einer Nation, sondern das eines großen Teils der islamischen Welt diktiert. Denn es kann kaum geleugnet werden, dass der Einfluss Saudi-Arabiens sich mit Hilfe großer Geldsummen weit und umfassend ausbreitet. Im Afghanistan-Krieg übten die Wahhabiten beispielsweise große Macht aus, indem sie nur jene Rebellengruppen unterstützten, die sich mit ihnen auf einer Linie befanden, und so ihre eigene Ideologie zu den Kämpfern in der Wüste exportierten. Die gemäßigten Gruppen konnten alle Hoffnung, mithalten zu können, aufgeben, und der Wandel Afghanistans zu einem Ort der islamischen Extremisten ist in vielerlei Hinsicht das Werk der Wahhabiten. Die Wahhabiten setzen weiterhin alles daran, um bei den fundamentalistischen Gruppen weltweit Einfluss zu erlangen. Algerien hatte eine Organisation, die sich »Das Komitee zum Schutz gegen saudische Ignoranz« nannte und die versuchte, dem Einfluss der Wahhabiten etwas entgegenzusetzen.

Saudi-Arabien kann in keiner Weise als eine gemäßigte islamische Gesellschaft betrachtet werden; es verdient in keinerlei Hinsicht die Vorstellung von Toleranz. Dennoch bleibt es ein enger Verbündeter des Westens und erhält ein perfektes, international anerkanntes Image aufrecht, während ich in einem Land sitze, das an internationalen Sanktionen zerbricht, ausgestoßen ist unter den Nationen der Welt. Der Iran mag dieses Image verdienen, aber er verdient es nicht allein.

In meinem Hotelzimmer berühre ich den orangefarbenen Lehmklumpen, der diskret neben meinem Bett platziert ist. Sehr wahrscheinlich kommt er aus Mekka, ein Klumpen heiliger Erde. Das Fernsehen sagt mir, dass es Zeit zum Beten ist.

Montag, 12. Juni: Bushehr

Wir spazieren mit Ahmad auf der Promenade von Bushehr. Zu unserer Rechten liegen rissige, zerbröckelnde Gebäude: Ausdruck von Verfall in Stein und Beton. Es ist noch früh am Morgen, aber der Asphalt ist bereits von der Hitze aufgeweicht, und Dampf steigt vom Boden auf. Zu unserer Linken, hinter verzogenen Eisengeländern, liegt der Persische Golf: ein großer brauner Teller, der mit verunreinigtem Wasser in derselben Farbe eines Himmels gefüllt ist, der durch brennendes Öl und die Nachwirkungen des Golfkriegs verschmutzt ist. Einige Kinder spielen in den Überresten der Leichtindustrie am Strand, weiche Wellen brechen sich immer wieder an rostendem Metall, aber abgesehen davon ist der Strand so leer wie das Wasser. In dieser Hitze wird das Meer die Temperatur von Blut haben.

Bushehr liegt in einem Vorgebirge, und wir folgen seiner runden Landzunge entlang in die Altstadt. Hier macht alles einen noch heruntergekommeneren Eindruck als andernorts. Die Welt hat Bushehr hinter sich gelassen, und es hat den Anschein, als sei dies sowohl der Stadt als auch ihren Einwohnern bewusst. Wir lehnen uns über das Geländer, lassen unseren Gedanken freien Lauf, schauen aufs Wasser hinaus. Jetzt sind wir so dicht am Geburtsort des Islam, wie wir es auf dieser Reise nicht wieder sein werden. Nur 200 Kilometer entfernt auf der anderen Seite des Wassers befindet sich die Arabische Halbinsel.

Mir war immer klar, dass ein Verfolgen der islamischen Spur auf dem asiatischen Kontinent seine Schwierigkeiten mit sich bringen würde, nicht zuletzt das Problem, dass wir nicht in der Lage sein würden, in das Heimatland dieser verwirrenden Religion reisen zu können. Jede Forschungsreise in den Islam, egal wohin, muss sich um ein Verständnis des Landes bemühen, in dem Mohammed lebte und starb. Ich kann natürlich nur sehr wenig über das moderne Saudi-Arabien sagen, ohne selbst dort gewesen zu sein. Doch in vielerlei Hinsicht ist das moderne Saudi-Arabien für diese Reise nicht wichtig. Weit wichtiger für ein Verständnis des Islam, für die Struktur des Islam selbst, ist das Leben im vorislamischen Arabien. Die Gesellschaft, die Mohammed hervorbrachte, formte sowohl ihn als auch seine Religion, und viele seiner Ansichten gelten so gut wie unverändert in der islamischen Gesellschaft von heute. Diese Zeit bezeichnen die Muslime heute als *djahiliyya*, das Mittelalter, das Zeitalter der Ignoranz. Ein Zeitalter, das auf die Revolution wartet.

Die arabische Gesellschaft in Mekka zurzeit Mohammeds Geburt war stark provinziell und stammesorientiert geprägt. Für die Araber jener Zeit war die arabische Nation die edelste der Erde, und für den Stolz eines Stammes waren seine Vorfahren von entscheidender Wichtigkeit. Die politische Struktur war rudimentär. *Sunna*, Sitten und Gebräuche, bestimmten das tägliche Leben eines Stammes. Man folgte der Handlungsweise und Tradition, die durch die Vorfahren vorgelebt wurden. Die Gesetze, die durch die *sunna* festgelegt wurden, waren ausgesprochen willkürlich; die Autorität, die daraus hervorging, war vollkommen durch den überaus großen Respekt der Araber vor der Tradition geprägt. Ihre Hauptfunktion lag in dem Ersetzen jeglicher Art von zentraler Gesetzgebung. Die Welt bestand ohne eine zentrale Autorität vorherrschend aus Anarchie und Krieg; lediglich das Konzept der Blutrache, das Prinzip, nach dem ein ermordeter Mann durch den Mord an einem Mitglied aus dem Stamm des Mörders gerächt wurde, stellte die einzige Eindämmung vor dem völligen Chaos dar. Bestrafung von einzelnen Personen gab es nicht. Der Gerechtigkeit war also einfach zu entkommen, und starke Stammesbande machten Maßnahmen dieser Art weit wirkungsvoller. Die Tradition der Blutrache und eine allgemeine Gleichgültigkeit materiellem Besitz gegenüber förderte unter den frühen Arabern einen tief verwurzelten Egalitarismus. Eine Haltung der Generosität ohne viele Gedanken an die Konsequenzen für die Zukunft war ein starker Bestandteil der Stammeskultur.

Die Religion der Nomaden glich einer Art Heidentum. Sie glaubten an Wesen, die an bestimmten Orten lebten. Ihre Verehrung galt Bäumen, Wasser und heiligen Steinen, kombiniert mit einer Hand voll Götter, deren Macht über die Stammesgrenzen hinweg anerkannt wurde. In vielerlei Hinsicht stellten die Götter eines jeden Stammes weniger eine Religion dar als vielmehr ein Zeichen der Stammesloyalität. Loyalität Gott gegenüber bedeutete Loyalität dem Stamm gegenüber, und Religion war eine sehr politische Aussage. In dieser Atmosphäre war Apostasie gleichzusetzen mit der Ablehnung der Stammesgesellschaft und wurde als etwas betrachtet, das man Verrat nennen könnte. Der Nährboden einiger islamischer Traditionen wird bereits deutlich: Heute kann die Abtrünnigkeit von der Religion den Tod bedeuten.

Den kulturellen Überresten dieser Nomaden-Traditionen begegnen wir im Islam häufig, wobei auch solche aus dem vorislamischen Arabien auftauchen. Das überrascht kaum. Während der frühen Periode der islamischen Evolution blieben die Überzeugungen sowie die Sitten und Gebräuche der *djahiliyya,* des Zeitalters der Ignoranz, lebenswichtig. Sie waren die Gesetze der damaligen Gesellschaft, und sie gestalteten den Islam, als er sich in der ersten Entwicklungsphase befand. Mohammeds frühe Gemeinschaft, die als *umma* – ein Begriff, der noch heute für die weltweite Gemeinschaft der Muslime gebräuchlich ist – bekannt wurde, ergänzte die sozialen Strukturen des vorislamischen Arabien eher, als dass sie diese ersetzte. Der größte Teil der Ideen Mohammeds blieb innerhalb der Stammesstrukturen: seine Gesetze in Bezug auf Eigentum, auf die Ehe, Beziehungen innerhalb desselben Stammes, Apostasie sowie das Schlichtungsprinzip. Mohammed vollzog viele Veränderungen, aber er war ein scharfsinniger Politiker, wusste, dass der Erfolg seiner Ideen von ihrer Akzeptanz innerhalb der Stammesgesellschaft abhing. Tatsächlich wurden viele seiner Reformen nach seinem Tod wieder aufgehoben. Mohammed hatte versucht anstelle des Blutes den Glauben als Band zu benutzen, das die Gesellschaft zusammenhielt, trotzdem waren für die meisten der Machtkämpfe zwischen den ersten Kalifen und den schließlich siegreichen Omaijaden Stammesloyalitäten ausschlaggebend.

Ich denke über die Grenze der Veränderungen nach, die ein Mann einer ganzen Gesellschaft auferlegen kann. Mohammed prägte eine soziale Revolution, aber seine Macht war nicht vollkommen, sein Einfluss nicht ewig. Viele Aspekte des heutigen Islam, sowohl die guten als auch die schlechten, sind nicht Mohammed zu verdanken, sondern der Gesellschaft, die sein Publikum darstellte, und der *djahiliyya*. Während ein leichter Wind von der anderen Seite des Golfs zu mir herüberweht, erinnere ich mich daran, dass dieses Bewusstsein meine Interpretationen all dessen leiten muss, was mir vom Islam begegnet.

Wir gehen zurück zum Hotel. Es ist zu heiß für ein Nachsinnen dieser Art, zu heiß für diese Gedankenwindungen.

Ahmads Ehefrau hat ihre Zustimmung zu einem Besuch von uns gegeben, und er ruft ein Taxi, das uns zu seinem Haus bringt. Unser Fahrer ist ein ehemaliger Polizist. Er beklagt sich die ganze Fahrt lang darüber, dass die Revolution weit von ihren ursprünglichen Idealen abgewichen ist, dass die neue Gesellschaft von Khomeini das Volk im Iran im Stich gelassen hat. Es könnte die Geschichte einer jeden Revolution, die Geschichte des Islam selbst sein. Keine Ideale sind rein genug, um für immer fortzubestehen, keine Revolution hält ewig an. Und doch erscheint es uns seltsam, dass wir solche Dinge aus dem Munde eines Fremden hören, in dem politisch niederschmetternden Klima des Iran, in Begleitung eines iranischen Landsmannes. Kirst fragt Ahmad, wie jemand so etwas äußern kann, wenn Ahmad selbst möglicherweise ein Regierungsspitzel hätte sein können.

Er lächelt humorlos zu uns herüber. »Im Iran ist jeder unglücklich. Die Regierung kann uns nicht alle einsperren.« Er zuckt mit den Schultern. »Doch auch wenn jeder sie hasst, was macht das für uns für einen Unterschied? Wir können nicht auf Veränderung hoffen. Die Mullahs haben die Waffen in ihren Händen und das Geld in ihren Taschen. Warum sollen wir uns über Veränderungen den Kopf zerbrechen?«

Der Taxifahrer lässt ein Grunzen verlauten, das ich nicht übersetzen kann. Ich frage Ahmad, was der Mann gesagt hat, und seine Antwort klingt eisern.

»Der beste Mullah ist ein toter Mullah.«

Khomeini seufzt

Dienstag, 13. Juni, bis Mittwoch, 14. Juni:
Auf dem Weg nach Teheran

Das persische Wort Teheran bedeutet »heißer Ort«, weniger eine Stadt
als ein sich ausstreckendes Stück städtisches Iran. Kein Zentrum, kein Brennpunkt,
endlos. Ein Ort.
Ein Ort, an dem die Touristeninformation am Flughafen uns als Willkommensgruß Geld anbietet,
mit lärmenden Mengen, einschüchternden Bussen, Tratsch und Klatsch, Metallarbeiten.
»Hijab für den Islam!«
»Schlechter hijab ist Prostitution!«
Unter den Silhouetten von bedeckten weiblichen Köpfen.
Khomeini starrt, trostlos,
turmhoch,
grausam
von Mauern, die so hoch wie Gebäude sind. Umgeben von Verkehr,
mit rußigem Schwarz beschmiert, die Luftverschmutzung,
hust,
die drittschlimmste,
keuch,
von allen Städten der Welt. Umgeben von Verkehr,
wütend heiß verwirrt, der Busfahrer lässt uns stehen
und trinkt eine Tasse Tee. Iran. Kann Kirsts Blick nicht erhaschen, sie

ist verborgen hinter einer Wand aus schattenhaftem Grau,
der Bus
wie alle Busse in Teheran
nach Geschlechtern getrennt.

Donnerstag, 15. Juni: Teheran

> *Je näher ein Mann der Regierung steht, je weiter entfernt ist*
> *er von Gott; je mehr Anhänger er besitzt, je mehr Teufel be-*
> *sitzt er; je größer sein Reichtum, umso anspruchsvoller seine*
> *Berechnung.*

Der Prophet Mohammed

Unsere Fahrt zu Imam Khomeinis Grab wird uns auf einem Busbahnhof in Südteheran kostenlos von einem Fremden organisiert.
»Ich bin Marxist«, flüstert er uns eifrig zu und presst seine Worte
seitlich aus dem Mund. »Die Regierung erlaubt mir lediglich hier zu
arbeiten, sonst nirgendwo.«

Das Grab liegt einsam und isoliert in der Wüste im Süden Teherans an der Autobahn nach Qom. Unser Bus verlangsamt, um im
sonnenverbrannten Staub anzuhalten, nur um gleich darauf seine
Fahrt unbeirrt fortzusetzen. Ein kurzes Geräusch von knirschen-
dem Kies, als er wieder anfährt, sich entfernt und uns im Staub hinter sich stehen lässt. Niemand ist mit uns ausgestiegen. Wir wurden
in einer Landschaft abgesetzt, die so hässlich ist, als sei sie von Minen aufgerissen worden. Sandwüsten erheben wenigstens den Anspruch auf eine lyrische Leere, aber diese Welt aus hartem Schmutz
und zersplittertem Stein bar jeglicher Vegetation ist grotesk.

Wir überqueren die Straße in Richtung des Schreins. Es sieht
eher nach einer Baustelle als nach irgendetwas Heiligem aus. Die
Kuppel und die Minarette sind aus Bronze gearbeitet, und kleinere
Teile des Hofes wurden in persischem Blau gekachelt, aber der Rest
besteht aus verputztem Zement, rostendem Gerüstmaterial und un-
fertigen Mauern. Der Widerhall unserer Schritte verliert sich in einem Hof, der für Tausende konstruiert wurde und nun nur ein Ge-

fühl ihrer Abwesenheit vermittelt. Wir sind vollkommen allein. Ist es möglich, dass dieses die letzte Ruhestätte jenes Mannes ist, dessen Iranische Revolution den heutigen Iran hervorbrachte? Lautsprecher, die sich des Mangels an Publikum nicht bewusst sind, entlassen einen ununterbrochenen Wortschwall in die Luft, eine Rede, die so monoton ist, dass sie eine Beschwörung sein könnte. Ist das Khomeinis Stimme, die die Gläubigen zur Revolution aufruft? Oder ist es ein weniger wichtiger Funktionär, der die Öffentlichkeit dazu ermahnt, den Müll ordentlich zu entsorgen? Die Stimme leiert vor sich hin, verliert sich in einer tauben Wüste, wird in eine Welt entleert, in der sich keine Menschenseele befindet, um ihr zuzuhören. Die Szene kann irgendwie nicht wahr sein. Der Samen der Islamischen Revolution wurde gesät, lange bevor Khomeini mit dem Predigen seiner revolutionären Botschaft begann. Vor der Revolution war sich der größte Teil der Iraner darüber im Klaren, dass ihr Land von ausländischen Mächten ausgenommen und eine korrupte und brutale Regierung vom Westen unterstützt wurde. Alle Versuche in Hinblick auf gerechte Vereinbarungen im Ölhandel wurden von Großbritannien und den USA zunichte gemacht. Der iranische Premierminister Mohammed Mossadegh, der äußerst hart für die Rechte seines Volkes kämpfte, wurde mit versteckter Hilfe des CIA abgesetzt. Und der Schah lebte fernab der Wirklichkeit ein Leben in extravagantem Luxus, während seine Geheimpolizei seine Untertanen misshandelte. Der Iran schrie förmlich nach einem revolutionären Führer, einer Figur, die stark genug war, um die Regierung herauszufordern. Streng, kompromisslos und stark: Khomeini entsprach ganz den Erwartungen.

Doch das Sehnen in der iranischen Gesellschaft war komplizierterer Natur, mit einer einfachen Rebellion gegen die Regierung war es nicht getan. Irgendwie überzeugte Khomeini den Iran, dass der Islam selbst ein revolutionärer Akt sei, dass nur der Islam das Land retten könne. Etwas in seiner Botschaft berührte ein viel tiefer sitzendes Gefühl als die Unzufriedenheit mit dem Schah. Irgendetwas überzeugte Tausende Iraner, ihr Leben für die Forderung nach einer Rückkehr zu uralten Gesetzen zu riskieren, die ihre Freiheit beeinträchtigten, die Rechte ihrer Frauen aufhoben, sie in eine Welt der *tschadors*, der Kinderheiraten und Ehefrauenmisshandlungen zurückversetzte. Es war die Rückkehr in eine Welt des Krieges, der Gewalt und des Märtyrertums.

Die Suche nach einer Figur wie Khomeini stellt nicht nur ein iranisches Phänomen dar. Im 19. Jahrhundert erlebten islamische Nationen angesichts rascher Modernisierung und von sich durch Öl nährenden und von Gier getriebenen Gesellschaften weltweit einen kulturellen Bruch. Jedes dieser Länder hatte unter Einschüchterungen durch ausländische Mächte zu leiden, fühlte sich hilflos und beschämt angesichts seiner Unfähigkeit, trotz Unabhängigkeit seine eigene Zukunft zu bestimmen. Fast jedes muslimische Land hat die Erfahrung des Schmerzes durchlebt, unter einem eigensinnigen Regime zu leben, dessen politische Entscheidungen nur Armut und Tyrannei und dessen Armeen nur Unterdrückung gebracht hatten. Daraus resultierend erlebte die gesamte islamische Welt eine verzweifelte Suche nach einem Sündenbock oder einem Erlöser.

Es besteht natürlich ein Unterschied in Bezug auf das Ergebnis, das diese Gefühle in den meisten islamischen Ländern und das, welches sie im Iran hervorgebracht haben. Dieser Unterschied liegt möglicherweise in der schiitischen Mythologie, die mehr im Iran als anderswo anzutreffen ist. In der gesamten Geschichte hat das Konzept des *mahdi*, des Rechtschaffenen, der erscheinen wird, um in ein Zeitalter der Wahrheit und Gerechtigkeit zu geleiten, die Schiiten weit mehr inspiriert als alle anderen Zweige des Islam. Die Idee erklärt ihre Sehnsucht nach der Wiederkehr des zwölften Imams und ist Teil des Rückgrats ihrer Religion geworden.

Die Vorstellung des *mahdi* stellt ein hoffnungsvolles Versprechen, aber gleichzeitig Ungewissheit für die muslimische Gesellschaft dar. Die erhoffte Wiederkehr besteht nicht in der Wiederkehr eines Heiligen wie im Christentum, sondern der eines gewöhnlichen Sterblichen, der von Gott dazu ausersehen wurde, das Unrecht zu rächen, Ungerechtigkeit auszugleichen und das islamische Ideal wiederherzustellen. Der im Dunkeln liegende Ursprung und die Vagheit, die seine Identität umgibt, erhöhten den mystischen Faktor und stellten den wiederholten Erfolg der Idee sicher. Jede Person, einerlei, wer sie war, konnte die Rolle annehmen, wenn die Situation es erforderte. Der *mahdi* war demnach eine destabilisierende Kraft in der islamischen Geschichte, eine Figur, die sich nicht damit zufrieden gab, unter der Herrschaft einer korrupten und ungeeigneten Regierung zu leiden.

Imam Khomeini richtete seinen Ruf nach Opposition gegen den Schah an eine Gesellschaft mit diesen Überzeugungen, an ein Volk, das 1100 Jahre auf die Rückkehr des zwölften Imams gewartet hatte. *Imam* war ein verheißungsvolles Wort, und Khomeini wurde eine fast heilige Figur. Für die frommsten unter Khomeinis Anhängern stand fest: Er war der *mahdi*, von Gott erwählt, um das Unrecht ihres Zeitalters auszugleichen. Khomeinis Wort war das Wort Gottes.

Es hatten jedoch nicht alle das Gefühl, dass Khomeini ihr Erlöser war. Wie Farzaneh in Isfahan hatten viele Iraner nur den Eindruck, dass er eine akzeptable Galionsfigur darstellte und sich als Zeremonienmeister zurückziehen würde, sobald die Revolution gelaufen war. Sogar die erzatheistische kommunistische Bewegung arbeitete Seite an Seite mit den Islamisten in dem Wissen, dass Einheit die einzige Möglichkeit darstellte, um dem Schah entgegenzutreten. Nun stellen viele ehemalige Befürworter Khomeinis, wie beispielsweise die gejagten, verhafteten und aus ihren Jobs vertriebenen Kommunisten, zu denen auch unser marxistischer Freund am Busbahnhof gehörte, ihre damalige Meinung in Frage.

Ich hebe mein Antlitz gen Himmel zu den vier glänzenden Minaretten, die in ihn hineinragen. Über uns werden Wolken vom Wind vor sich hergetrieben, weiche, unruhige Kreaturen, die diesem schaurigen Ort zu entfliehen suchen. Wir überqueren den Hof, schleichen durch den einzigen offenen Torbogen und finden im nördlichen Hof des Schreins eine andere Welt vor. Hier ist das Gebäude noch ebenso roh und unfertig, aber es ist fast eine Erleichterung zu entdecken, dass wir hier nicht die einzigen Menschen sind, eine Erleichterung, Paare zu sehen, die mit ihren Kindern auf gepflegtem Rasen spielen, um große Wasserbecken herumsitzen und ihre Schuhe ausziehen, um das Innere den Schreins zu betreten. Wir folgen der kleinen Gruppe getrennt durch die separaten Eingänge für Männer und Frauen, stellen unsere Schuhe ab und werden in die letzte Domäne des berühmten Ayatollah oder der »Spiegelung Gottes« durchgewunken.

Ich stehe auf der Schwelle eines großen Landes und versuche das Bild vor meinen Augen aufzunehmen und bin bestürzt, verwirrt. Nach dem zartgliedrigen, blauen Wunder von Isfahan und dem berauschenden Geruch Gottes im Grab von Shiraz ist Khomeinis Grab eine brutale Enttäuschung. Es hat die Atmosphäre eines großen vorstädtischen Einkaufszentrums: modern, kahl und geschmacklos. Der weitläufige, flache Boden besteht aus glänzender Marmornachbildung; Kinder spielen schlitternd und schreiend darauf Fußball. Die Decke ist ein einziger verwirrender Wust aus Gerüsten, Rohren von Klimaanlagen und Glas, und die Wände sind mit trübem Kunststoff verkleidet, der ein knalliges, rosarotes Licht zurückwirft. Ich hatte einen ehrwürdigen Ort erwartet und mich auf eine Atmosphäre komprimierter religiöser Ehrfurcht vorbereitet. Nichts hatte auf etwas so Banales hingedeutet.

Die Leere des Ortes macht mir sogar noch mehr zu schaffen: Der riesige Boden ist nur spärlich mit Körpern bedeckt. Wahrscheinlich ist eine bescheidene Anzahl von Menschen da, die sich aber angesichts der enormen Wirkung dieser großen Höhle aus Stahl und Zement verliert. Doch ich kann das Bild vor meinem Auge nicht mit den unvergesslichen Trauerszenen nach dem Tod des Imams bei einer der größten Beerdigungszeremonien auf der ganzen Welt, bei alljährlich wiederkehrenden Gedenktagen zu seinen Ehren in Einklang bringen. Die wenigen Gruppen, die hier sind, sitzen auf Wolldecken in der Runde und scheinen mir weniger zu trauern, als sich vielmehr zu vergnügen, indem sie diesen Ort als Etappe eines angenehmen Tagesausflugs aufsuchen.

In der Mitte des Bodens unter hängendem schwarzen Stoffdekor und einem großen grellen Kronleuchter befindet sich das Grab selbst. Wir gehen darauf zu. Es ist ein vergitterter Sarkophag, wie bei dem Grab in Shiraz, jedoch aus gegossenem Aluminium gefertigt, realistisch, kompromisslos und einfach, kein kunstvoll gestaltetes Silber. Plexiglasschutzschilder umgeben den Sarkophag, sodass wir durch schmutziges Plastik auf das Grab schauen. Das zumindest ist aus echtem Marmor. Geldstücke liegen auf dem Boden rundherum; durch Löcher im Plexiglas können die Gläubigen ihre Spenden hindurchwerfen.

Eine kleine Gruppe drängt sich um das Grab herum. Wir stehen in der Nähe und schauen. Es sind alles in Schwarz gehüllte Frauen, die mit zerreißendem iranischem Schmerz trauern, als sie ihr Geld durch eines der Löcher im Plexiglas werfen. Sie zeigen nicht die emotionale Kraft, nicht die Intensität der Szene in Shiraz: Das hier sind stille Tränen, kontrollierte Leidenschaft. Dennoch ist es Leidenschaft, ein Bruchstück von der Trauer, die ich erwartet hatte. Manche, so scheint es, berührt das Schicksal ihres Imam noch.

Die gedämpfte, spärlich besuchte Szenerie ist von meinen ursprünglichen Vorstellungen weit entfernt. Der Vergleich mit Shiraz sagt am meisten aus. Mir Ahmad war bloß der Bruder eines Führers aus früherer Zeit, eine Randfigur im schiitischen Glauben, während das hier die Grabstätte des großen und glorreichen Führers des Iran ist. Väter heben ihre Söhne zum Guckfenster hinauf, damit sie einen Blick auf ein Stück Geschichte ihres Landes erhaschen können. Ein paar Jugendliche versuchen, sich ihr Gesicht mit der noch verweilenden Heiligkeit ihres Imams einzureiben, und weinende Frauen erkaufen sich einen Gefallen von ihrem Heiligen. Die iranische Erinnerung an Khomeini ist schweigend und oberflächlich. Sie ist sehr enttäuschend.

Ich weiß, was meine iranischen Freunde dazu bemerken würden. Sie würden sagen, dass die Menschen um uns herum nur aus eigenem Interesse hier seien, aus politischen Gründen, um bei der Regierung gute Karten zu haben, um in ihrem Job eine Beförderung zu erhalten. Wer weiß? Die Emotionen haben hier natürlich eine andere Beschaffenheit, als wir sie woanders gesehen haben, aber die Tränen scheinen mir echt zu sein, die Leidenschaft wirklich, wenn auch zurückgehalten. Handelt es sich um ein Schauspiel? In diesem Land des gegenseitigen Misstrauens und der verstellten Emotionen fühle ich mich nicht mehr imstande, das zu beurteilen. Iraner würden behaupten, dass die Frauen, die vor uns weinen, ein Bestandteil einer eigentümlichen iranischen Vorstellung seien. Doch kann es ein Schauspiel sein, wenn die ganze Welt darin verwickelt ist? Wenn die ganze Welt auf Schein beruht, gibt es dann noch einen Unterschied zwischen Anschein und Realität?

Freitag, 16. Juni: Teheran

Heute erhielten wir die Nachricht, der Kirst mit Schrecken entgegengesehen hatte. Sie hatte ihre postgraduierte Zulassung bekommen, sodass sie von Pakistan aus nach Australien zurückkehren muss, um die letzten Qualifikationen für ihr Juraexamen abzulegen. Irgendwann im Dezember wird sie fertig sein und mich dann in Jakarta treffen können, aber ihre Reise wird auf diese Weise um zwei Monate verkürzt, tatsächlich fast halbiert.

Als die Nachricht kam, schlug sie sich in einer Flut von Tränen und Ärger nieder, und ich musste den Rest des Tages damit verbringen, Kirst zu beruhigen. Sie hatte gehofft, dass sie erst vier Monate später zugelassen würde, was es ihr möglich gemacht hätte, die Reise mit mir zu beenden, und nun bricht es ihr das Herz. Sogar jetzt, nachdem wir stundenlang alles durchdiskutiert haben, ist sie pausenlos den Tränen nahe. Wie sieht es mit meinen eigenen Gefühlen aus? Kann ich sagen, dass ich einen Horror vor dem Alleinsein empfinde, dass ich sie verzweifelt vermissen werde, dass die Abwesenheit ihres Lachens und der Freude am Reisen mit ihr mich vier Monate lang innerlich leer zurücklässt? Ich weiß, dass all diese Dinge wahr sind, aber ich kann sie mir nicht wirklich vorstellen, fühle mich außerstande, mir mein plötzliches Alleinsein vorzustellen. Und ich weiß, dass sie nur halb der Wahrheit entsprechen. Ich weiß – und ich denke, dass Kirst es ahnt –, dass ein Teil von mir bei dem Gedanken, wieder einmal allein zu reisen, entzückt ist. Diese Art emotionaler Blindheit ist mir schon einmal widerfahren: Ich kann mir Traurigkeit so lange nicht vorstellen, bis sie mich erfasst, dennoch fällt es mir leicht, mir die Romantik des Alleinreisens vorzustellen, das beflissene Warten auf die weite Unabhängigkeit der Gedanken und Taten, das aus der Einsamkeit entsteht. Ich weiß, dass diese Zeit auch schmerzlich sein wird, aber momentan ist mir nur das Vergnügen daran völlig präsent. Alleinreisen ist eine seltsame Sache. In Ländern ohne Mitreisende ist man zu einer humorlosen Existenz verdammt ohne einen Begleiter, mit dem man den endlosen Spaß des Unterwegsseins teilen kann. Dennoch ist die Welt so sehr viel offener und durchdringender, und Fremde sind so sehr viel bereitwilliger im Teilen ihrer Geheimnisse, dass die Abwägung von Vor- und Nachteilen des Alleinreisens einem nicht leicht gemacht wird.

Von all dem kann ich Kirst natürlich nichts erzählen. Das Eingeständnis, dass ich einen positiven Aspekt in Bezug auf ihre Abreise sehe, käme einem Verrat gleich. Stattdessen behalte ich meine Gedanken für mich, und wir versuchen, unsere Aufmerksamkeit auf die uns zusammen verbleibende Zeit zu konzentrieren.

Samstag, 17. Juni: Teheran

Die Frauen tanzen mit abgewinkelten, erhobenen Armen und schnipsen mit den Fingern; ihre geschminkten, strahlenden Gesichter sind vom Alkohol gerötet. Die Augen der Männer strahlen vor Freude über den geschmuggelten Whiskey, als sie dazukommen. Alle sind westlich gekleidet; wir haben nie so viel weibliche iranische Haarpracht gesehen. Die Musik ist genauso laut wie das Gelächter, und die Unterhaltung wird im Laufe des Abends immer angeregter. Das Lächeln verbreitet sich, die Münder flüstern nahe an den Ohren, der Alkohol fordert seinen Tribut. Eine erstickte Stimme, besorgt über den Lärm, voller Angst vor dem Komitee, den gefürchteten Revolutionsgarden, den Wächtern darüber, dass alle

Dinge im postrevolutionären Iran islamgerecht ablaufen. Sie wird ignoriert; die Party geht weiter.

Die Szene wechselt. Die Einstellung schwenkt zu einer Schlussszene mit einem sich wiegenden Rest an Partygästen, aus der Bodenperspektive aufgenommen. Mahmud wartet bis zu diesem letzten provozierenden Tanz am Ende, bevor er das Video abschaltet. »Ab hier wird es langweilig. Ihr wisst, wie Partys sind.«

Mahmud besitzt nicht weit von unserem Hotel entfernt ein Geschäft für Ersatzteile. Wir sind jeden Morgen an seinem Büro vorübergegangen und ignorierten sein ständiges Beharren darauf, dass wir zum Abendessen zu ihm nach Hause kommen sollten, in die luxuriösen nördlich gelegenen Vororte von Teheran. Sogar im Stadtzentrum von Teheran können wir der iranischen Gastfreundlichkeit nicht entgehen. Ich schaue mir nun sein Gesicht an und registriere, wie es seinen reichen Hintergrund verrät. Seine Augen strahlen vor Zufriedenheit aus gut genährtem Fleisch. Er lacht das Lachen eines Mannes, für den die Welt keine Drohung bereithält. Mahmud ist nicht älter als wir und auf nicht schlaffe, sondern feste Weise rund. Er unterscheidet sich stark von den zahnlosen und dünnen Iranern, die in unserem Hotel leben und arbeiten. Angesichts der iranischen Embargobeschränkungen, der Sanktionen und der Armut drückt seine Wohnung Üppigkeit und Behagen aus. Weit, offen und westlich beinhaltet sie mehr Möbel als Teppiche und ist mit allen Annehmlichkeiten der Moderne ausgestattet: Stereoanlage und Fernsehen, Videorekorder und Mikrowelle, Tische, Stühle, Couchgarnituren und Regale, die in sehr wenigen iranischen Haushalten zu finden sind. Hinzu kommen antike Spiegel und silberne Kandelaber, einfach und geschmackvoll. Unsere Fahrt hierher dauerte lange und führte durch baumbestandene Straßen, vorbei an komfortablen Apartmentblöcken. Diese Gebäude hatten wir gestern neidisch beäugt, als wir im Norden der Stadt das Museum des Schahpalastes besuchten. Wir hofften vergeblich auf eine Einladung von jemandem, auf einen Blick in das Leben dieses anderen Iran, den Iran in Teherans Norden; wir hofften sogar auf eine jener verbotenen Partys in dieser Gegend, die, wie jeder Iraner weiß, immer noch stattfinden. Als Mahmud uns dann den Vorschlag machte, ein Video von seiner letzten Geburtstagsparty anzuschauen, stimmten wir begeistert zu.

Mahmud geht in die Küche und ruft: »Möchtet ihr ein Bier? Oder einen Gin?« Auf den Konsum von Alkohol steht – auch für uns – die Prügelstrafe, aber die Versuchung, die Gesetze der Iranischen Islamischen Republik zu missachten, ist zu groß, um ihr zu widerstehen. Ich nehme ein Bier. Mahmud erzählt mir später, dass es wegen seiner Größe und der Umstände beim Schmuggel weit teurer ist als konventionelle Spirituosen. Kirst lehnt mit dem Gedanken daran ab, dass unsere Alkoholfahne in einem Land, in dem keiner eine aufweist, kaum unbemerkt bleiben wird.

»Na los!«, drängt sie Mahmud. »Du kannst nicht zu einer Grillparty kommen, ohne ein Bier zu trinken! Niemand wird etwas bemerken – wir trinken es die ganze Zeit.« Aber Kirst trinkt nur einen kleinen Schluck, mehr nicht.

Der Nachmittag vergeht fast unbemerkt, weicht dem Abend. Mahmuds Freund Reza kommt vorbei, um unsere seltsame kleine Truppe zu vervollständigen. Reza ist ein großer Mann, wie in Stein gemeißelt und an den Kanten verstärkt, mit hervorstehenden Augen und einem breiten Mund, der zu einer Amphibie gehören könnte. In der Gesellschaft von Englischsprechenden ist er verloren, kündigt eine stumme Unterhaltung mit unsinnigem Lächeln und Nicken und wahnsinnig machender Höflichkeit an. Unten, in der Garage des Apartmenthauses trinken die Männer mit uns über brutzelnden Kebabspießen Bier. Eisentore schirmen uns von der Straße draußen, aber nicht von dem dunklen Himmel über uns, von den Sternen oder von den uns umgebenden Apartmentwohnungen ab. Dennoch nimmt die lockere Ungehemmtheit der zwei Männer langsam die innere Spannung von mir, und die Unruhe in Anbetracht unseres Vergehens vor aller Augen legt sich langsam. Über dem Zischen des Fleisches und dem Geruch des Feuers kehrt die Unterhaltung zu den Realitäten des gesellschaftlichen Lebens in Teheran zurück.

»Wir veranstalten diese Partys ständig«, erzählt Mahmud, wobei ihn ein stummes Nicken von Reza begleitet, dem Golem, der Steinfigur, die auf wunderbare Weise zum Leben erweckt wird. »Was habt ihr gedacht? Dass wir hier keinen Spaß haben im Iran?«

Ein solcher Gedanke wäre nicht vollkommen lächerlich gewesen: Sechs Monate nach der Revolution hatte Khomeini im landesweiten Radio erklärt: »Es gibt keinen Spaß im Islam.« Und seine Administration, sein Komitee, seine Armee aus Mullahs und Regierungsbeamten waren stets zur Stelle, um sicherzustellen, dass es so blieb.

»Ja, stimmt, manchmal geraten wir in Schwierigkeiten, klar. Der Lärm ist das große Problem. Wir müssen uns darauf verlassen, dass niemand hier im Haus die Polizei anruft«, erklärt Mahmud beiläufig. Er zuckt mit den Achseln. »Meistens gibt es keine Schwierigkeiten. Jeder versteht das, außerdem wollen sie auch ihre eigenen Partys feiern.«

»Aber manchmal gibt es Probleme?«

Mahmud verdreht die Augen. Er wendet sich dem Grill zu und stochert in einem der Kebabs. Der Grill besteht aus einer kleinen Kiste aus dünnem Metall, die auf zwei Steinen steht und mit glühenden Kohlen gefüllt ist. Rauch steigt in die Nacht hinaus, als er Luft zufächelt. Einen Moment lang denke ich, dass er nicht antwortet; doch dann, als er redet, schwingt in seiner Stimme eine Mischung aus Furcht und Übermut.

»Ja, das kommt manchmal vor. Bei der Party, die wir nach der, die ihr gesehen habt, gefeiert haben.« Er hält inne und scheint eine Erinnerung in seinem Kopf zu drehen und zu wenden, bis sie die blendenden Worte und den Schwung annimmt, den er braucht. Irgendetwas macht ihm Freude: Er grinst spitzbübisch. »Es war nicht hier, sondern in der Wohnung meines Freundes. Wir hatten Glück, weil die Party fast vorüber war und nur vier von uns noch dort waren. Wir waren vollkommen betrunken. Wälzten uns betrunken auf dem Teppich, verstehst du?« Dann eine Bitterkeit in der Stimme. »Der Mann, der unter ihm wohnt, ist ein Hurensohn. Ein kompletter Hurensohn. Er ruft die Polizei … und zack sitzen wir vier im Gefängnis.«

Mahmud dreht sich zu mir herum. Ich kann nicht erkennen, ob Ärger oder Lachen aus seinen Augen spricht. »Weißt du, welche Strafe auf so etwas steht? Man wird dafür ausgepeitscht.« Sein Schaudern soll melodramatisch wirken, aber ich kann die Angst dahinter erkennen.

»Und, wurdet ihr ausgepeitscht?«

»Nein, das ist es, was ich dir sage. Wir besorgten etwas Geld und bestachen den Mullah.« Die sorgenfreie Stimme ist zurückkehrt. »Kein Problem.«

»Ist es so einfach, die Mullahs zu bestechen?« Seit Wochen hören wir von ihrer Bestechlichkeit, aber dies ist die erste Begegnung, die sie durch direkte Erfahrung bestätigen kann. Mahmuds Antwort passt zu allem, was wir bisher gehört haben.

»Du bist hier im Iran! Mullahs sind die Korruptesten von allen. Das macht es für uns einfach; wenn du das Geld hast, brauchst du dich nie um deine Party zu sorgen. Du kannst diese Hurensöhne jederzeit bestechen.« Er grinst mit exquisiter Boshaftigkeit. »Aber der Mann, der uns angezeigt hat, ist nicht so glücklich dran. Er hätte wissen sollen, wie die Dinge laufen. Solche Leute sind die Letzten unter diesem Regime. Jeder hasst sie. Mein Freund ist reich, er bezahlte das Bestechungsgeld, und er bezahlte auch noch jemand anderen. Diesem Mann werden bald die Knochen gebrochen.«

Die Regierung hat enorm viel Zeit und Mühe darauf verwendet, um die ausschweifenden Vergnügungen ihrer Untertanen zu unterbinden; wie bei den meisten Dingen im Iran hat ihr Zorn die Frauen stärker getroffen als die Männer. Junge, unverheiratete Frauen, die auf Partys erwischt werden, müssen sich automatisch einem Jungfräulichkeitstest unterziehen. Wenn er negativ ausfällt, haben sie die Möglichkeit zwischen 100 Peitschenhieben zu wählen oder gezwungenermaßen den Mann zu heiraten, an dessen Seite sie auf der Party angetroffen wurden. Es sei denn, sie können sich eine Bestechung leisten. Als wir gerade angekommen waren, hatte Mahmud kurz zuvor Besuch von seiner Freundin Mernush. Sie stand unverschleiert mutig und rebellisch vor uns und schien mir genau die Art Frau zu sein, die am stärksten unter den Restriktionen der iranischen Regierung leiden. Ich frage Mahmud nach den Schwierigkeiten, eine Beziehung wie die seine zu Mernush einzugehen.

Er zuckt leichthin mit den Schultern. »Das ist kein Problem. Oder vielleicht sollte ich besser sagen, es ist kein zu großes Problem. Ich weiß, dass es unmittelbar nach der Revolution sehr schwierig war, aber zu der Zeit war ich erst ein kleiner Junge: Es war alles nur ein Spiel, ein Grund, warum ich nicht zur Schule gehen musste. Doch heutzutage können wir unsere Partys feiern oder eine Freundin haben, das ist viel einfacher als noch vor zehn Jahren. In den letzten fünf Jahren werden wir kaum aufgehalten, wenn wir mit einer Frau unterwegs sind. Aber, ich sage dir«, meint er, und sein Lächeln zeigt mir, dass das Spiel noch nicht vorüber ist, »wir müssen immer noch ein wenig vorsichtig sein: keine westliche Kleidung tragen, nicht in der Öffentlichkeit lachen, all diese Sachen eben. Wenn du das beachtest, dann hast du diese Hurensöhne an der Nase herumgeführt. Mernush kommt immer hierher. Wir gehen zusammen aus, und es gibt keinen Ärger. Zumindest nicht in Nordteheran.«

Nach dem, was wir von Nordteheran gesehen haben, hat Mahmud vollkommen Recht. Nordteheran ist ein aus dem Herzen Europas herausgetrennter Ort, der grob in die östliche Welt verpflanzt wurde. Er wurde mit Öl-Dollars von Männern und Frauen konstruiert, die unbefangener mit dem Westen als mit dem Islam umgehen. In Nordteheran gibt es großzügig angelegte Prachtstraßen, Gärten und Bäume, Fastfood-Restaurants und westlichen Geschmack. Hier reiht sich eine Boutique an die andere. Die reiche und trendbewusste Jugend Teherans trifft sich frei und unbefangen auf einen Schwatz; Jungen und Mädchen sitzen zusammen in Restaurants, teilen sich ihre Pizza und Cola. *Tschadors* sind eine Seltenheit, und unter gut geschnittenen *manteaux* verbirgt sich wahrscheinlich die neueste Mode aus Europa. In verwirrendem Kontrast dazu stellt der südliche Teil Teherans eine orientalische Stadt dar mit offenen Kanalisationsrohren, engen Straßen, Chaos, Lärm und Kriminalität, kahl, trübe und baumlos. Dort liegt auch unser Hotel, inmitten von ungesundem Verkehr und Lärm am Imam-Khomeini-Platz. Es ist ein schrecklicher, lauter Platz, ein Platz der Armut und Religion, aber dennoch ein Platz, der diese nördliche Welt mit brennendem Glauben zu Fall gebracht hat. Es ist die Stadt des Südens mit der Mentalität des Orients und dem Geist des Islam, die den Iran heute regiert.

Die Region, die wir als iranisch betrachten und die uns von der südlichen Stadt trennt, ist der ausgestreckte Korpus von Teheran selbst, der sich an der längsten Avenue der Welt entlangstreckt. Als wir uns langsam zum langen Heimweg aufmachen, torkeln unsere beiden Begleiter lachend und Unsinn treibend zum Wagen. Für einen Rausch von der Größenordnung haben sie nicht genug getrunken. Ihre Freude haben sie an der Vorstellung, nicht am Alkohol. Wir steigen ins Auto und sind uns des Biergeruchs sehr bewusst.

Mahmud dreht sich mit müden Lidern und undeutlicher Stimme zu uns herum: »Hoffen wir, dass wir nicht von der Polizei angehalten werden.«

Die Fahrt wird ebenso sehr von der Furcht vor Rezas Fahrstil als auch von der Angst vor den Behörden bestimmt: Unsere Reifen quietschen, als wir auf der Straße wenden und in der falschen Richtung eine vierspurige Autostraße entlangsausen. Kirst greift nach meinem Arm, krallt sich regelrecht fest. Auf dunklen und leeren Straßen halten wir nach jedem kleinen Zeichen der Polizei Ausschau, schreien, wenn wir durch enge Gassen holpern, um einer Straßenblockade zu entgehen. Ebenso unheimlich sind die in Schwarz gekleideten Menschenmengen, die Überreste der Ashura-Festlichkeiten, die trauernd mit ihren schwarzen Bannern und hellen Lichtern durch die Straßen wandern. Auch vor diesen verstecken wir uns. Als wir unsere geisterhafte Straße erreichen, schlägt mein Herz mir bis zum Hals. Mit krampfhaft angehaltenem Atem mogeln wir uns an der Hotelrezeption vorbei.

Gottes Wort

Sonntag, 18. Juni, bis Montag, 19. Juni:
Auf dem Weg nach Täbris

Den Morgen haben wir mit der Entdeckung verbracht, dass unsere Reise zurück nach Täbris eine völlige Zeitverschwendung war. Wir kamen hierher, weil wir hofften, an einer jährlich stattfindenden Wallfahrt armenischer Christen zu einer Kirche in den Bergen um Täbris herum teilnehmen zu können, doch nach einem Morgen voller ausdrucksloser Blicke und zuckender Schultern erfuhren wir, dass die Wallfahrt erst einen Monat später stattfindet. Das Einzige, was ich die letzten beiden Tage tatsächlich zuwege gebracht habe, ist mit der Lektüre des Koran zu beginnen. Zuvor war ich jedes Mal eingeschlafen, wenn ich ihn aufgeschlagen hatte.

Wir reisen morgen in Richtung Kaspisches Meer ab. Da wir bis dahin nur wenig zu tun haben, schlendern wir zum Basar zurück und suchen nach Nasser, von dem wir unseren ersten enthusiastischen Willkommensgruß im Iran erhalten hatten.

Wir finden ihn in seinem Laden, wo er von alten Uhren umgeben ist, den alten Standuhren, die fast einen Monat zuvor unserer Unterhaltung mit ihm gelauscht hatten. Damals schien er eine Erfüllung unserer geheimsten Wünsche zu sein, eine Bestätigung dafür, dass der Iran sich nicht als so beängstigend herausstellen würde, wie wir es gefürchtet hatten, ein breites Gesicht voller Freundlich- und Herzlichkeit. Obwohl er nun so liebenswürdig wie immer ist, können wir die Situation besser einschätzen. Wir haben die iranische Gastfreundlichkeit kennen gelernt; sie ist bereits zu einer Erwartungshaltung denen gegenüber geworden, denen wir begegnen. Hinter Nassers Willkommensgruß versteckt sich für uns das traurige Gefühl, dass er seine Gastfreundlichkeit eher als Pflicht denn als Vergnügen betrachtet.

»Also meine Freunde, wie hat euch der Iran bis jetzt gefallen? Der Junge wird uns Tee bringen.«

Nassers Hauptsorge besteht darin, dass seine Landsleute uns gut behandelt haben, wie es sich für ein islamisches Land gehört. Doch er ist während der Unterhaltung unruhig, zerstreut, redet mit seltsamer Förmlichkeit, so als hätte jemand Bedeutenderes soeben den Raum betreten. Seine religiöse Pflicht uns gegenüber hat er einen Monat zuvor erfüllt; nun ist nur noch ein Restinteresse an uns übrig.

»Und Ashura? Habt ihr die Zeremonie gesehen?«

»Die konnten wir nicht übersehen. Wir saßen für eine Woche in Shiraz fest, während die ganze Stadt geschlossen hatte.«

»Hat es euch gefallen? Ich sagte doch, ihr würdet es faszinierend finden.«

»Es war faszinierend.«

Nasser saugt seinen Tee durch ein hartes Stückchen Zucker ein. Nach vier Wochen habe ich es nun auch gerade gelernt. »Jedes Jahr nehme ich an dieser Prozession teil«, sagt er. »Es ist für die Schiiten ein sehr wichtiges Ereignis.«

Nasser ist der erste Bekannte, der an den Ashura-Feierlichkeiten teilnimmt, dem gegenüber ich ein gewisses Vertrauen empfinde. Deshalb warte ich nicht lange und stelle ihm die Frage, die mir seit Shiraz keine Ruhe mehr lässt. Ich möchte wissen, ob das, was uns über die Ashura-Feierlichkeiten erzählt wurde, wahr ist, ob die Teilnehmer tatsächlich von der Regierung gekauft werden, ob der Verdacht und das Misstrauen gerechtfertigt sind.

Er schaut uns ausdruckslos und bestürzt an. »Nein. Das ist nicht wahr.« Er zuckt mit den Schultern, ist verwirrt. Ein verärgerter Ausdruck hat sich auf seinem Gesicht breit gemacht. »Warum sollte es wahr sein? Das ist unsere Religion! Warum sollte die Regierung das tun müssen? Wir bekamen gegrilltes Fleisch, aber…« Er öffnet seine Handflächen, so als wolle er zeigen, wie wenig ihm die Regierung gegeben hatte. Sein Blick wird ausdruckslos, als er aus dem Fenster schaut, sein Gesichtsausdruck ist von der Art Misstrauen erfüllt, das wir von Iranern nun schon fast erwarten. »Welchen Beruf hatten diese Leute, die euch das erzählten?«, fragt er spitzbübisch mit hochgezogenen Augenbrauen. Die Wahrheit zählt im Iran nicht wirklich; es zählt das, was andere Menschen vermuten.

Dienstag, 20. Juni, bis Donnerstag, 22. Juni:
Auf dem Weg nach Sari

Gerade ist eine Ratte neben meinem Bett an der Wand entlanggelaufen. Unser Hotelzimmer ist schmutzig und muffig, voller Kakerlaken, und es riecht so klamm und feucht wie Klamotten, die 50 Jahre in einem Keller eingeschlossen waren. Während ich schreibe, schweifen meine Augen immer wieder durch den Raum.

Die letzten paar Tage waren ein monotones Einerlei. Eine grundlose Reise durch grüne Reisfelder an Irans Küste des Kaspischen Meers entlang, betäubt durch den Kontrast zu der wüstenartigen Trockenheit, aber verzweifelt auf der Suche nach Unterkunft. Ankunft in Sari, die feuchte Hitze des Meeres hängt noch in der Luft. Langweilige Erfahrung, sogar noch langweiliger, sie noch einmal zu durchleben und sie zu beschreiben. Zumindest erlaubte die Reise mir die vollständige Lektüre des Koran, das einzig Substanzielle, um diese letzten Tage zu füllen. An diesem Nachmittag bin ich beim letzten Kapitel angelangt.

Mein erster Eindruck von dem heiligen Buch der Muslime wird von vielen westlichen Lesern geteilt. Seine Argumente scheinen primitiv und vereinfachend zu sein, die Erzählung ergeht sich in übertrieben häufigen Wiederholungen. Montgomery Watt, ein Orientalist, warf dem Koran einen Mangel an Logik und Methodik in seiner Argumentationsweise vor; Thomas Carlyle bezeichnete ihn als »ein ermüdendes, unzusammenhängendes Wirrwarr; primitiv, abstrus«.

Kapitel für Kapitel wird das Paradies als Ort der »durch fließende Bäche bewässerten Gärten« beschrieben, wo die Gläubigen von »dunkeläugigen Huris« umsorgt werden, wo Früchte und Wasser im Überfluss vorhanden sind. Ein Paradies, das sich an die Völker aus der Wüste richtet und das wieder und immer wieder präsentiert wird. Geschichten, die aus biblischen Erzählungen stammen, werden durch ständige Wiederholung vertraut. Mohammeds Argumente für die Existenz Gottes erscheinen allzu simpel: Er beschränkt sich so ziemlich auf das Hinweisen auf die »Zeichen« der Existenz Gottes, und das Seite für Seite:

Eins seiner Wunderzeichen ist euer Schlaf bei Nacht und bei Tage und euer Streben, aus seinem Überfluß euch Unterhalt zu verschaffen; auch hierin liegen Zeichen für Menschen, die hören wollen.

Koran, Sure 30:24

Zu seinen Zeichen gehört auch die Schöpfung der Himmel und der Erde und die lebenden Wesen, welche Himmel und Erde füllen.

Koran, Sure 42:30

Eines seiner Wunderzeichen ist es, daß er euch den Blitz zu Furcht und Hoffen zeigt und Wasser vom Himmel herabsendet, um die Erde nach ihrem Tode dadurch neu zu beleben; ein Zeichen ist das für nachdenkende Menschen.

Koran, Sure 30:25

Doch es ist nicht der Mangel an überzeugender Logik in seiner Argumentation, was stört, sondern seine lächerlichen Wiederholungen: Jede Aussage wird Dutzende von Malen wiederholt, jeder Anspruch auf Gottes Macht auf Erden wieder und wieder paraphrasiert. Die Gesetzgebung ist allerdings interessant, sie stellt Gottes Willen über seine Untertanen in vielen Belangen detailliert dar: Geschlechtsverkehr, Ehebruch, Frauen, Alkohol, Erbschaft, Gebet, Gerechtigkeit – aber diese Diskussionen sind derart dicht in den Text eingeflochten, dass ich mich durch endlose Kapitel von Wiederholungen der gleichen Art hindurchkämpfen muss, um sie zu finden.

Ich weiß natürlich, dass ich dem Koran Ungerechtigkeit widerfahren lassen habe; dass ich, wie Tausende vor mir, bei meiner Annäherung die falsche Herangehensweise gewählt habe. Der Koran war nie dazu konzipiert, ihn in der Übersetzung zu lesen. Er war nie als logische Argumentation beabsichtigt gewesen, durch die Ungläubige von der Existenz Gottes überzeugt werden sollten. Und, das Wichtigste von allem: Er sollte nie einfach nur gelesen werden.

Zu Lebzeiten Mohammeds existierte der Koran nicht in der Form eines Buches. Seine Offenbarungen folgten in unterschiedlichen Abständen aufeinander. Sie wurden ihm nicht in der Reihenfolge zuteil, in der ich sie heute lese, sondern in einer willkürlichen Reihenfolge, als bestimmte Ereignisse ihn dazu inspirierten, auf die Stimme Gottes zu hören. Mohammed konnte weder Schreiben noch Lesen, und die Offenbarungen wurden zu Anfang dem Erinnerungsvermögen der ersten Muslime anvertraut. Sogar heute noch ist das Auswendiglernen des Koran eine Angelegenheit, die Muslime mit Stolz erfüllt. Zu Mohammeds Zeit begann man damit, einzelne Verse auf Palmenblätter, Steine, Keramikscherben und Schulterknochen von Schafen zu schreiben, eben auf jedes zur Verfügung stehende Material. Ihre Sammlung wurde erst nach Mohammeds Tod fertig gestellt, während des Kalifats von Osman, etwa 20 Jahre nach Mohammeds Tod. Die Kapitel oder Suren sind nicht chronologisch geordnet, sondern stattdessen willkürlich nach ihrer Länge angeordnet, wobei die längeren Kapitel zu Anfang und die kürzeren, von denen einige nur aus wenigen Zeilen bestehen, am Ende stehen. Diese Tatsache allein zeigt, dass keinerlei Betonung auf konsequente lineare Erzählung gelegt wird, auf irgendeine Struktur, die zu kohärenter Erörterung geeignet ist.

Für einen Muslim stellt das kein Problem dar, weil der Koran für ihn weder erzählend noch argumentierend ist. Mohammed musste die Existenz Gottes den Koraisch nicht beweisen; die Existenz von *al-Lah* als treibende Kraft in der Welt wurde bereits akzeptiert. Mohammeds Argumente sollen nur eine Erinnerung an den wichtigen Stellenwert der Anbetung Gottes sein, eine Ermahnung daran, dass jene, die Gott nicht die gebührende Achtung zollen, sicherlich vom richtigen Pfad abgewichen sind. Die Existenz Gottes selbst aber steht nie zur Debatte.

Mein Unvermögen, den Koran zu schätzen, basiert jedoch auf weit Grundlegenderem als einem lediglich begrenzten Verstehen der Ziele Mohammeds. Ich verstehe die Ziele. Mein Unvermögen resultiert aus der Form des Koran an sich.

Die frühen Biografen Mohammeds berichten häufig über die Verwunderung, die oftmals an einen Schock grenzte, mit der die ersten Araber zu Anfang dem Koran lauschten. Viele konvertierten auf der Stelle, weil für sie klar war, dass nur Gott für die Schönheit der Sprache verantwortlich sein konnte. Der Koran bezieht sich wiederholt auf dieses Phänomen und beruft sich auf seine Existenz als sicherstes Zeichen von Gott, ein Wunder, das an Magie grenzt. Für jemanden, der diese glühende Schönheit des Arabischen nicht nachempfinden kann, hält der Koran keine solche Erfahrung bereit. Für ihn gibt es keine Kostprobe von der Erhebung der Seele, und der Koran stellt für einen solchen Leser nur wenig mehr dar als ein Wirrwarr von Argumenten und alten Geschichten. Aus diesem Grund sollen die Muslime ihn nicht in der Übersetzung lesen, so wie ich es tue. Auf diese Weise gäbe es zu wenig Gelegenheit zu ehrfürchtiger Würdigung der Sprache. Doch auch die arabische Sprache macht nicht vollständig die Kraft des Buches aus. Sogar in arabischer Sprache war der Koran nicht für privates, penibles Studium gedacht, sondern für die liturgische Rezitation in aller Öffentlichkeit. Das Singen einer Sure in der Moschee kann die Muslime an die Ganzheit ihres Glaubens erinnern, kann sie im Innersten berühren und die Saite ihrer Seele anschlagen, die in dem ständigen Wunder und Bewusstsein Gottes schwingt. Muslimen wird beigebracht, *wie* sie den Koran zu lesen haben; viele singen ihn laut, schwingen dabei tranceartig in Ekstase vor und zurück. Die Erfahrung ist kraftvoller als das einfache Lesen eines Buches; es ist die Erfahrung von Gott selbst. Nicht alle Muslime sprechen fließend genug Arabisch, um sich an der Sprache zu erfreuen, um die Worte als Transkription von Gottes eigenem Wesen in sich aufzunehmen. Die Disziplin in ihrer Herangehensweise an das Buch konzentriert ihren Geist jedoch in gleicher Weise auf Gott, bringt sie in ein Reich der Transzendenz auf eine Weise, die der Meditation verwandter als dem Lesen ist.

Das Lesen des Koran ist eine spirituelle Disziplin. Für Menschen aus dem Westen, deren Geschichte im Christentum wurzelt, ist das ein schwer zu fassendes Konzept, nicht zuletzt, weil wir nichts einer heiligen Sprache Vergleichbares haben, keinen Text, der wegen seiner und in sich selbst heilig ist. Wir haben kein Äquivalent der Kraft, die das Hebräische, das Sanskrit und das Arabisch für Juden, Hindus und Muslime darstellt. Für Christen hat das Griechisch des Alten Testaments nichts Heiliges: Jesus ist das Wort Gottes und das Konzept der Sprache als heiliger Aspekt unbekannt. Als ich mich durch diese letzten Suren hindurchkämpfe, bin ich mir eines Sinnes bewusst, den ich nicht besitze, ein klaffendes Loch in meiner Seele, das es mir unmöglich macht, das Gelesene vollkommen zu schätzen. Ich habe die Grenzen erreicht, die alle außenstehenden Beobachter des Islam antreffen, bin an einer Barriere angelangt, über die ich nicht hinwegsteigen kann oder es nicht wage. Ich weiß bereits, dass diese Barriere ungeachtet der Dauer dieser Reise bestehen bleiben wird, ungeachtet dessen, wie viel ich lerne. Es ist nicht möglich, den Islam völlig zu verstehen, ohne ein Muslim zu sein, nicht möglich, *al-Lah* vollständig zu begreifen, ohne an ihn zu glauben. Ich kann hoffen mich anzunähern, aber ein vollständiges Verständnis werde ich nicht erlangen.

Freitag, 23. Juni, bis Montag, 26. Juni:
Auf dem Weg nach Jesd

Die Wüste heult um uns herum. Sand peitscht durch unser Gesichtsfeld. Draußen ist alles mit Staub überzogen. Autos, Steine, Straßen, Menschen: Sie sind alle mit einem blassen, staubigen Pinselstrich unsichtbar gemacht. Die weiße Hitze der Wüste ist Furcht einflößend. Unsere zweitägige Reise zu den Wüsten im Südosten hat gerade erst begonnen.

Um uns herum hat sich bereits ein Mikrokosmos gebildet; das passiert im Iran auf jeder Reise. Eine Familie auf der anderen Seite

117

des Ganges, ein junges Pärchen hinter uns, ihre Eltern, der Busfahrer, wir. Pausenlos wird uns etwas angeboten: gesalzene Gurken, Pistazien, iranische Süßigkeiten, Kirschen. Sie haben alle viel mehr eingepackt, als sie selbst wahrscheinlich essen, nur damit sie den Mitreisenden auch etwas anbieten können. Wir sind nun lange genug im Iran und haben gelernt, es ebenfalls so zu machen, sodass wir die anderen auch mit unseren eigenen Vorräten versorgen können. Eine völlig unnötige Übung, denn ich möchte nicht so viel essen, doch seltsam beruhigend. Mehr und mehr fühlen wir uns dazugehörig.

Morgens. Wir halten zum Gebet an. Auf einer so langen Reise ist der Rhythmus solcher Unterbrechungen sowohl auffällig als auch willkommen. Ich steige zusammen mit den Gläubigen aus, wasche wie sie meine Füße, wasche meine Hände, meinen Nacken. Es ist eine schöne Zeit, erfüllt vom Gefühl der Gemeinschaft. Und für einen Ungläubigen ist es Zeit eine Pause zu machen, sich zu strecken und zu erfrischen.

»*Shoma mussulman ast?*«

Die Stimme ist trocken und distanziert, bar jeglicher Emotion. Sie fragt, ob ich ein Muslim bin. Ich drehe mich langsam um. Vor mir steht ein Mullah. Wir haben ihn erst kürzlich unter den Mitreisenden ausgemacht. Er sitzt auf einem der hinteren Plätze im Bus. Das ist nun das erste Mal, dass ich ihn richtig wahrnehme. Er ist groß, seine Gesichtszüge lassen eher auf einen nördlichen Mongolen als auf einen klassischen Arier schließen. Zwischen einem kamelfarbenen Umhang und einem teigigweißen Turban ist ein rundes Gesicht zu sehen, das von einem dünner als dünnen Bart eingefasst ist. Seine Augen haben die Farbe von rauchigem Glas und blicken wie die eines Reptils.

Ich verneine seine Frage.

Er nickt mit einem kleinen orientalischen Lächeln. Eine kleine Menge versammelt sich, als wir miteinander sprechen, als wir in gebrochenem Persisch versuchen, uns zu unterhalten. Sein Akzent ist sogar noch seltsamer als das raspelnde Lispeln, das wir an der Küste des Kaspischen Meeres vorgefunden haben, und mir ist es nicht möglich, mehr als grundlegende Höflichkeiten auszutauschen und eine Hand voll nichts sagender Fragen zur Religion. Ich überlasse ihn seinen Gebeten und kehre zum Bus zurück. Ich möchte ihm etwas Symbolisches anbieten, um sein Interesse zu honorieren; ich möchte ihm unsere Ausgabe des Koran zeigen.

Ich weiß, dass Muslime sich vor dem Lesen oder sogar vor dem Berühren des Koran säubern müssen. Das Buch selbst wird in jeder Ausführung als derart heilig betrachtet, dass seine Handhabung durch genaue Verhaltensregelen festgelegt ist. Wie diese Regeln auf Übersetzungen anzuwenden sind, ist ungeklärt. Ich habe gelesen, dass ein Muslim »eher geschockt denn geschmeichelt« wäre, wenn ein Nicht-Muslim einen Koran hervorholt, um einen kurzen Blick hineinzuwerfen, ohne im Zustand des *wudhuh*, dem Zustand der dem Koran entsprechenden Gnade und Anmut, zu sein, doch die Versuchung ist zu groß. Als das Reptiliengesicht zurückkommt, zeige ich ihm meine englische Version des Buches, die lädiert und eingerissen ist und offensichtlich deutlich schlecht behandelt wurde.

Er schaut mich streng mit undurchdringlichen Augen an. Dann nimmt er das Buch in beide Hände, seine Bewegungen sind langsam, von ritueller Bedeutungsschwere. Das schmutzige Cover bewegt sich auf seine Lippen zu, berührt seine Stirn, kehrt zu mir zurück. Und dieser Blick, diese Augen absorbieren Licht wie diejenigen einer Katze.

»*Shoma mussulman*«, sagt er, wieder mit dem orientalischen Lächeln im Gesicht. Du bist ein Muslim. Er stolziert in den hinteren Teil des Busses.

Er irrt sich. Ich bin kein Muslim. Doch es liegt nur eine Sache zwischen mir und der Mitgliedschaft in der *umma*, der weltweiten Gemeinschaft des Islam, der dieser Mann angehört. Und das ist *shahadah*, die erste Säule des Islam, das muslimische Glaubensbekenntnis. Es ist die aufrichtige Erklärung der Worte: »Ich gebe

Zeugnis, dass es keinen Gott außer *al-Lah* gibt und dass Mohammed sein Prophet ist.«

Kein Gott außer Gott. Das ewige muslimische Wortspiel.

Jesd mit seinen gelben, zeitlosen und ewigen Gassen. Der Ort hat eine moderne Fassade mit Hauptstraßen voller Abgase und dem geschäftigen Treiben des modernen Iran. Hinter dieser Fassade verbirgt sich die sanfte Ruhe von ungepflasterten Gassen, die so beruhigend wie eine Droge wirken und so abhängig machen wie Heroin. Das Blau des Himmels ist nahtlos, genauso wie die Lehmwände unserer kamelfarbenen Welt. Weiter südlich in der Stadt Bam besuchen wir eine unglaublich gut erhaltene Zitadelle: einsame strohfarbene Wälle, die angesichts von Hitze, Zeit und einem regenlosen Himmel bewegungslos im sengenden Sonnenlicht verharren. Dort umgeben uns Geister von lange Verstorbenen, doch die Geister, die in Jesd durch die Straßen eilen, sind in Schwarz gekleidet und real. Wir folgen den engen und verzweigten Wegen unter Bögen aus verklumptem Lehm hindurch, an alten, mit Messing beschlagenen Türen vorbei. Schwarze Erscheinungen schweben durch Gänge vor uns, verschwinden plötzlich an verborgenen Ecken, tauchen dahinter wieder auf. Immer außer Reichweite und unerreichbar. Ein Blick durch eine Türöffnung, ein Splitter einer privaten iranischen Welt. Als sich der Tag abkühlt, unterhalten sich Frauen auf den Treppen dieser verborgenen Häuser; junge Mädchen verschwinden bei dem Geräusch von unserem Erscheinen.

Als wir so durch die Gassen laufen, ich weiß den genauen Zeitpunkt nicht mehr, stolpern wir über eine Frau in mittlerem Alter, die sich über einen Haufen Kisten und rostiges Metall beugt. Sie trägt ein ausgeblichenes geblümtes blaues Kleid in der Art, wie man es auf australischen Farmen antrifft; sie ist nicht verschleiert. Ein erschrecktes Verschwinden, nicht aus Überraschung, sondern aus Schuldbewusstsein heraus. Seit über einem Monat haben wir in der Öffentlichkeit kein Frauenhaar mehr gesehen. Der Anblick entsetzt uns genauso sehr, wie er einen Iraner schocken würde. Es ist so, als sähe man eine nackte Frau in der Stadt. Obwohl wir unser Leben lang in Australien gelebt haben, erfüllt uns der Anblick von Frauenhaar nun mit Angst und Furcht: Das ist die Macht der kulturellen Konditionierung. Die Frau ist durch einen Spalt im Raum geschlüpft; sie ist nicht wirklich. Und wie alles andere in diesen Gassen verschwindet sie.

Grausam und traurig

Dienstag, 27. Juni: Jesd

Heute, nach einem Monat in dem Land, begegnen wir der dunklen Seite des Iran. Wir sind angesichts unseres Willkommens hier durch ein Gefühl der Selbstzufriedenheit beruhigt gewesen; die Erlebnisse heute haben uns daran erinnert, dass auch ein anderes Gesicht des Landes existiert.

Eine einsame Frau in einem sich aufbauschenden *tschador* steht uns am Morgen außerhalb des unterirdischen Basars in Jesd gegenüber. Sie hat die raschen Bewegungen eines Vogels; in ihren braunen Augen zeigt sich ein Ausdruck von Besorgnis, der auch völlig Fremde beunruhigen kann. Als sie spricht, hält sie den Stoff ihres Schleiers mit der Faust unter dem Kinn zusammen, sie spielt mit dem Stoff herum, verknotet ihn, ist ununterbrochen nervös. Es kommt selten vor, das eine Frau allein es wagt, uns auf der Straße anzusprechen, aber diese Frau, Nasreen, wirkt auf uns nicht wagemutig, und sie scheint auch nicht die gesellschaftlichen Normen missachten zu wollen. Dann eröffnet sie uns, dass ihr Ehemann sie regelmäßig geschlagen hat, das er von LSD abhängig war. In der unangenehmen Pause, die entsteht, lädt Nasreen uns zu sich nach Hause zum Abendessen ein.

Eine beruhigende Dunkelheit hat sich über Jesd gelegt, als wir uns auf die Suche nach Nasreens Haus begeben. Es liegt in der Altstadt am Rande des irdenen Labyrinths, gerade nahe genug an der modernen Welt, um an einer Straße zu liegen, die für Fahrzeuge breit genug ist. Das Licht eines haltenden Wagens ruft in der staubigen Luft einen goldenen Dunst hervor und erschwert die Sicht. Jungen tauchen auf, um plötzlich in diesem Licht Fußball zu spielen. Das kratzende Geräusch ihrer Füße auf alter festgetretener Erde hallt hinter uns, als wir an den schweren Eisentoren vor Nasreens Haus warten.

Die Tore öffnen sich einen Spalt und lassen ein privates Licht in die Nacht hinausströmen. Unter dem *tschador* kann ich ein einzelnes Auge ausmachen, das von Metall umrahmt ist. Nasreen hält inne und schaut über unsere Schultern hinweg ängstlich auf etwas, dann öffnet sie die Tür gerade weit genug, damit wir hineinschlüpfen können. Wir durchqueren den kahlen iranischen Garten, ziehen unsere Schuhe aus und betreten das Haus. Als sie uns hereinlässt, denke ich wieder, dass Nasreen etwas von einem Vogel an sich hat – pfeilschnell, rabenschwarz, auf nervöse Art lebhaft. Sie hängt sich an Kirsts Arm. »Habt ihr gesehen, wie die Leute euch anschauten, als ihr hereingekommen seid? Waren es böse Blicke? Ich mache mir Sorgen, dass sie hinter meinem Rücken über mich reden.«

Das Haus von Nasreen ist wie die anderen iranischen Häuser: offen, mit handgeknüpften Teppichen auf dem Boden, fast unmöbliert. Die Einfachheit lässt einen mit Verlegenheit daran denken, in welcher Verschwendung wir im Westen leben. Ich denke häufig daran, wie leicht diese Leute durch unser Leben zu schockieren wären, wie überflüssig all unser Besitz ihnen vorkäme. Der Unterschied ist irgendwie noch hervorstechender, als wenn wir von richtiger Armut umgeben wären. Ich bin den Anblick von Armut gewohnt, aber nicht in der Mittelschicht. Nasreens Haus ist mit mehr bestückt als andere Häuser: ein Sofa, ein kleiner Tisch, ein verblichenes Foto von einem bärtigen Mullah an der Wand. Sie besteht darauf, dass wir auf dem Sofa sitzen, während ihre Familie sich auf dem Boden um uns herum gesellt wie ehrfürchtige Kinder. Nasreen stellt uns ihre Familie vor: ihr Onkel, ein straffes Bildnis von einem Mann, gerade und aufrecht; Nasreens Mutter, die Frau mit den beweglichen Augenbrauen, die öfter mal kichert; ihr jüngerer Bruder,

der ernste Jugendliche. Zusammen mit Nasreens Großmutter, die dicke Matriarchin dieser Familie, haben wir drei Generationen vor uns. Großmutter, Mutter und Tochter sehen sich so ähnlich, dass sie eine einzige Frau in drei verschiedenen Stadien ihres Lebens sein könnten. Die Matriarchin kümmert sich von den dreien am wenigsten um islamischen Anstand, sie zupft nur gelegentlich ihren Schleier zurecht, nicht wie die anderen, die sich ununterbrochen an ihren cremefarbenen *tschadors* festklammern und sie ständig nach vorn über ihren Kopf ziehen, damit sie nicht herunterrutschen. Als ihre Zöpfe zum Vorschein kommen, sehen wir ein Schottenkaro aus strohblond und dunkelgrau am Haaransatz, eine Schulmädchenfrisur, die für eine 70 Jahre alte Frau denkbar ungeeignet ist. Sie lacht und kichert wie auch die Mutter und sogar der Onkel. Nur die jüngere Generation, Nasreen und ihr Bruder, scheinen die Ernsthaftigkeit des modernen Iran in sich aufgenommen zu haben.

Nasreen hält sich an einem englisch-persischen Wörterbuch fest, das sie durch das Labyrinth der Unterhaltung führt; sie findet das Wort »depressiv« und zeigt es uns. »Mein Ehemann, er war zu grausam zu mir«, sagt sie. »Er hat mich immer wieder geschlagen, die ganze Zeit. Er hat Drogen genommen, und er hat mich geschlagen. Was kann ich nun tun? Ich bin die ganze Zeit traurig. Doch nun seid ihr hier, und ich bin etwas fröhlicher.«

Ihr Gesicht strahlt vor Freude über unsere Anwesenheit, und doch ist sie stets den Tränen nahe. Es ist ein Gesicht, das ich mir nur mit einem strahlenden Lächeln durch Tränen hindurch vorstellen kann; ein Gesicht, das – wie das einiger Hunde – sich vollkommen zu einem trauervollen Ausdruck entspannt. »Ich kann nur mit meinen australischen Freunden fröhlich sein. Kirsty, die wie Maria aussieht. Ja! So schön, du bist Maria, die Mutter von Jesus. Ich muss noch etwas Tee kochen.« Sie erhebt sich, verlässt den Raum und kommandiert ihre Verwandten zu hektischer Betriebsamkeit. Für den Rest des Abends sind Nasreens Verwandte nur dann und wann einmal zu sehen, wenn sie glauben uns in der Weise bewirtet haben, die sie für ihre Auffassung unserer Bedürfnisse als zutreffend erachten. Ich blicke zu Kirst. Klein, blass, blauäugig, ihr braunes Haar ist nach iranischem Maßstab hell; durch meinen voreingenommenen Blick ist sie schön. Doch für Nasreen und alle iranischen Frauen, denen wir begegnen, ist sie mehr. Für sie birgt sie die gefährliche Essenz der Exotik. Kirst ist für sie so fremd und unerreichbar, wie es jene dunklen Nomadenschatten mit ihren verborgenen schwarzen Augen draußen für mich waren.

Ich schaue mich im Raum um, und meine Augen wandern zurück zu dem verblichenen Gesicht des Mullahs, das bedeutungsvoll auf uns herunterschaut mit dunklen Augen, die sich über einem weißen Bart befinden. Ich frage mich, wer er war und was er davon halten würde, dass Nasreen uns ihre Geheimnisse anvertraut. Immer habe ich es beklagt, dass ich nicht wirklich in der Lage bin, mich in die Haut der Menschen eines anderen Landes zu versetzen, einen wahrhaften Zugang zu ihren Gedanken zu bekommen. Ich habe mich nach dem eingeweihten Blick eines Einheimischen gesehnt, statt nach der kalten Rolle eines Außenseiters. Dennoch ist es bei seltenen Gelegenheiten genau anders herum. In Ländern wie dem Iran, einem Land des Misstrauens, der Verdächtigung und der vorsichtigen Blicke nach hinten, fühlen sich einige Menschen gegenüber Außenseitern eher in der Lage, sich offen zu zeigen, als sie es in der Form jemals untereinander tun würden. Wir befinden uns außerhalb der Normen der iranischen Gesellschaft und hören manchmal verbotene Dinge. So ist es auch mit Nasreen.

Sie kehrt zurück, trägt Tee und Platten voller köstlich pochierter Früchte herein und bedeutet uns mit Gesten, dass wir uns nun auf den Boden setzen sollen. Dort, auf indigo- und purpurfarbenen Teppichen, unter dem beobachtenden Blick des Mullahs erzählt Nasreen uns ihre Geschichte, während sich der Garten draußen mit den nicht identifizierbaren Lauten der Nacht füllt. Ihr Ehemann arbeitete zehn Jahre lang in Amerika, erzählt sie uns. Als er zurückkam, war er LSD-abhängig. Er hatte sich auch in anderer Hinsicht verändert, war grausam geworden. Sie erzählt uns, dass er sie geschlagen, gequält hat, dass sie jahrelang praktisch gefangen und hilflos war. Und sie redet von ihrer Flucht und der Scheidung. Nun ist sie von Schmerz durchdrungen, weil er noch ihre Kinder hat. Sie hatte nicht gewusst, dass das iranische Gesetz nach einer Scheidung ausnahmsweise der Mutter die Kinder zuspricht, wenn der Vater drogenabhängig ist. Während sie ihre Geschichte erzählt, laufen ihr samtene Tränen, iranische Tränen, still über das Gesicht und bahnen sich ihren Weg. Dies sind die Tränen der schiitischen Klage, nur dass sie hier keinen religiösen Ursprung haben. »Mein Ehemann«, weint Nasreen, und ihr Atem stockt irgendwo in ihrer Brust, »hat auf den Armen meiner Tochter Zigaretten ausgedrückt.« Sie hält inne, fährt mit dem Zeigefinger durch das Wörterbuch und sucht nach einem Wort. »Mein Ehemann ist ein *Sadist*.«

Ich fühle mich immer hilflos, wenn ich mit dem Leid eines anderen konfrontiert bin. Das mag von einem Mangel an tragischen Geschehnissen in meiner eigenen Familie herrühren, eine Art Unfähigkeit sein, sich wahren Schmerz vorstellen zu können, sei es der eigene oder der von jemand anderem. Jeder Trost scheint überflüssig, trivial angesichts des Schmerzes, den ich nicht zu lindern hoffen kann. Infolgedessen bleibe ich stumm, wo Worte vonnöten sind. Kirst ist emotional nicht so gehemmt: Sie umarmt diese weiche, hilflose Frau sanft, fragt, ob sie irgendetwas für sie tun kann, damit sie ihre Kinder zurückbekommt.

Nasreen führt mit ihren Schultern eine Geste der Verzweiflung aus. »Seine Familie ist zu reich. Das Gesetz kommt nicht an sie heran, sie haben zu viel Geld.« In einem Land mit so viel Korruption ist eine solche Geschichte nur zu glaubwürdig. »Oder er bringt die Kinder einfach fort. Hier kann ich sie wenigstens gelegentlich sehen. Der Direktor ihrer Schule lässt sie mich manchmal sehen. Ich möchte nicht auch noch das verlieren.«

»Was willst du denn jetzt tun?«, fragt Kirst.

»Ha.« Ein freudloses Auflachen. »Ich versuche, einen anderen Ehemann zu finden. Ich muss für mich sorgen. Aber jetzt sind alle Männer, die interessiert sind,… sie sind entweder zu alt oder zu arm. Oder sie haben vorher im Westen gearbeitet oder dort studiert.«

»Ist das schlecht, dass sie im Westen gearbeitet haben?«, will ich wissen.

Nasreen, eine Schullehrerin, schaut mich an, als wäre ich einer von ihren etwas minderbemittelten Schülern. »Ja! Mein Ehemann war drogenabhängig, weil er im Westen gelebt hat. Und er ist so grausam. Grausam wegen der Drogen, wegen dem Westen. Ich will keinen Mann, der drogenabhängig ist, der grausam ist. Ich will nicht noch einen Mann, der im Westen gewesen ist.«

Für Nasreen ist der Westen ein Ort der Drogen und der Gewalt, und ich frage mich kurz, wie wir ihr erscheinen müssen. Doch ihre Gastfreundschaft kann nicht unecht sein; sie ist wirklich erfreut über unsere Anwesenheit. Ich möchte ihre Ansichten ändern, die Schuld von unserer Kultur nehmen, aber sie will davon nichts hören. »Nein, nein. Ich will das nicht riskieren. Du sagst, nicht alle Iraner kommen so zurück, aber wie soll ich das feststellen? Vielleicht, vielleicht sind nicht alle schlecht, aber wie finde ich das heraus? Mein Ehemann war kein schlechter Mann, bis er in den Westen ging.«

Nasreens Geschichte hat natürlich nichts mit dem Westen zu tun. Es hat mit der dunklen Seite des Iran zu tun, eine Geschichte weiblicher Hilflosigkeit, männlicher Macht, Ungerechtigkeit und Grausamkeit. Das ist das Gesicht des Iran aus Betty Mahmoodys Albtraum *Nicht ohne meine Tochter*. Plötzlich tauchen diese negativen Bilder des Iran, die Bilder, die in den letzten fünf Wochen weggewaschen worden sind, wieder in meinem Bewusstsein auf; Bilder von Furcht erregenden Orten, grausam und krank. Zum ersten Mal ist es möglich, diesen Bildern zu glauben. Ich fürchte plötzlich, dass wir uns durch einfache Freundlichkeit haben irreführen lassen.

Als ich dies schreibe, erkenne ich, dass diese Reaktion auf die Begegnung mit Nasreen ungerechtfertigt ist. Es ist eine Reaktion, die weit größeres Gewicht auf das Furchterregende als auf das Freundliche legt, auf das Negative als auf das Positive, auf das Schlechte als auf das Gute. Es ist die Art von Reaktion, die wir jedes Mal haben, wenn wir Zeuge von etwas Schrecklichem oder Sensationellem werden, wenn wir die Nachrichten sehen – eine Reaktion, die sicherstellt, dass genau das die Art Nachrichten ist, die wir immer wieder sehen werden. Bildhafte, alarmierende Geschichten unterhalten uns nicht nur mehr, sie brennen sich uns auch stärker ins Gedächtnis ein und überlagern alles andere. Es ist eine Reaktion, die es einem einfach macht, den Iran auf das Spektakel einer großen Menge schreiender Fanatiker zu reduzieren. Und das ist falsch. Ich brauche nur Nasreen zuzuhören, wie sie Kirst weiter von ihrer Angst vor dem Westen berichtet. Sie beurteilt die westliche Kultur, meine Kultur, nach einem einzigen schrecklichen Geschehen. Aus meinem Blickwinkel ist ihr Fehler offensichtlich, und dennoch habe ich mir genau diesen Fehler dem Iran gegenüber erlaubt. Wenn ich das ganze Land nach diesem einzelnen Vorkommnis beurteilte, würde ich mich nicht von der iranischen Regierung, von Nasreen selbst unterscheiden, die auf all die Kriminalität, Drogen, Grausamkeit und Traurigkeit in der westlichen Gesellschaft deutet und sie allein danach beurteilt. Ich wäre nicht anders als die Millionen, die den Iran, die Iraner, nur nach der Geschichte von Betty Mahmoody beurteilen. Ich würde die Freundlichkeit außer Acht lassen, die Erinnerung an die Freundschaft und Sanftmut, die uns während unserer Zeit hier entgegengebracht wurden.

Trotzdem fordert Nasreens Geschichte Beachtung. Vorsicht und Skepsis sind geboten und müssen bei meinen Interpretationen in Bezug auf den restlichen Iran Beachtung finden. Wenn ich vorsichtig bin, wenn ich sicherstelle, das ihre Geschichte nicht alles darum herum in den Schatten stellt, so kann ich sogar einen ausgewogenen Blickwinkel einnehmen. Iraner sind keine Zombies, aber Engel sind sie auch nur selten. Sie sind menschlich.

Nasreen wird still, sie scheint plötzlich zu altern. Sie zieht ihren *tschador* um ihren Kopf herum fest, fingert an den herausgerutschten Haarsträhnen herum: Ihr islamischer Anstand ist über jeden Zweifel erhaben. Sie ist eine *hadjdja*, diese Frau vor uns, sie hat die »fünfte Säule« ihrer Religion befolgt, die *hadjdj*, die Pilgerreise nach Mekka, unternommen. Langsam beginnt sie, von Kirst dazu ermuntert, uns ihre Erfahrungen auf der Pilgerreise zu schildern. Sie beschreibt ihre Hoffnung, dass das Einssein mit Gott sie aus ihrer Misere befreien wird, ihr eine Wiedergeburt in ein glückliches Leben ermöglichen könnte. Nasreen ist tief religiös. Voller Stolz erzählt sie uns, wie sie die Erfahrung ihrer Pilgerreise bereicherte. Keine noch so große religiöse Lobpreisung kann jedoch die Tatsache verdecken, dass ihr Leben noch in genauso traurigen Bahnen verläuft wie vorher.

»Als ich dort war, traf ich ein indonesisches Ehepaar. Sie wohnten in meinem Hotel, und wir freundeten uns an. Es sind sehr nette Leute. Sie kümmerten sich um mich, halfen mir bei der *hadjdj*. Ich glaube, sie werden immer meine Freunde bleiben.« Wir sitzen im Schneidersitz auf dem Teppich; Nasreen schaut uns blass und mit roten Ringen um die Augen an. »Aber es waren iranische Spione in Mekka. Sie beobachteten, beobachten ständig Iraner, beobachteten ständig mich. So sahen sie, wie ich meinem indonesischen Freund die Hand schüttelte. Es war ein Fehler! Ich wollte ihm nicht die Hand schütteln. Aber er bot sie mir an ... was konnte ich tun?«

»Als ich zurückkehrte, berichteten die Spione alles der Polizei und den Mullahs. Sie schleppten mich zur Polizei und zu den Mullahs, die ... *verhörten* mich. Fragen über Fragen, sie schrieen mich an. Sie sagten mir, ich sei *pogon*, eine schlechte Frau. Sie sagten der Polizei, ich sei eine schlechte Frau. Und nun ...« – Schmerz und Elend sprechen aus ihren in sich zusammenfallenden Gesichtszügen – »... nun erreichen mich keine Briefe mehr. Die Leute beobachten mich. Ich habe zu viel Angst, um meinen Freunden zu schreiben, obwohl ich nichts Schlechtes schreibe! Ich bin religiös, religiöser als andere Leute. Es war ein Fehler ... Der Islam sagt, dass Fehler vergeben werden sollen. Nun habe ich keine Möglichkeit mehr. Wie soll ich meine Kinder zurückbekommen? Wie kann ich eine bessere Arbeit finden? Wie können sie mir das antun?« Jene Tränen, die stillen iranischen Tränen, die ohne Schluchzen fließen, bahnen sich erneut ihren Weg.

Das Image der Iraner im Westen mag ungerechtfertigt sein, aber das der iranischen Regierung als ein grausames Regime der Unterdrückung ist es nicht. In Isfahan nahm ein Freund Kirsts Hand, als sie diese ausstreckte, dann wich er entsetzt zurück, als er merkte, was er getan hatte. Das Problem sei nicht, erklärte er noch kurz vor seinem fluchtartigen Verschwinden, dass er uns möglicherweise beleidigt hätte, sondern dass er einen seiner Landsleute hätte beleidigen können. Im Iran herrscht die Angst vor dem Beobachtet-Werden, die Angst vor einer grausamen und unbeugsamen Regierung.

Der Abend zieht sich unbeholfen dahin. Der Rest der Familie gesellt sich wieder zu uns. Wir essen, sitzen dabei immer noch auf dem Boden. Wenn ich erwartet hatte, dass sie Nasreens Notlage gegenüber Sympathie bekundeten, Empörung angesichts der Verfolgung von Seiten der Regierung, so werde ich enttäuscht. Unterdrückung durch die Regierung hat hier keine Unzufriedenheit ausgelöst. Ich weiß nicht, ob die Akzeptanz der Unterdrückung eine iranische oder eine islamische Krankheit ist, doch hier, wie an so vielen Orten im Iran, wird eher die wirtschaftliche Lage als die Ungerechtigkeit beklagt. Nasreens Onkel, ein Zwerg, der kerzengerade aufgerichtet sitzt, verachtet die Mullahs nur wegen ihres korrupten Wesens, wegen der Armut, die sie dem Iran beschert haben. Er deutet auf das eindringliche Bild an der Wand, das den Mullah mit dem kritischen Blick zeigt. »Der Mann war Nasreens Großvater«, sagt er. »Er war ein sehr religiöser Mann. Sehr religiös. Das war vor vielen Jahren, vor dieser Regierung, sogar noch vor dem Schah. Damals waren die Mullahs nicht politisch. Nun sind sie nicht religiös. Es sind Politiker; es sind Administratoren. Und es sind schlechte Administratoren.«

Nur Nasreens Mutter ist von der Geschichte ihrer Tochter betroffen. Das erfreute Kichern von vorher ist nicht mehr zu hören. Ihre Tränen spiegeln jene von Nasreen, als diese uns von ihrem Leid erzählt hatte. Sie bittet uns, für Nasreen zu beten, wenn wir den heiligsten Schrein im Iran besuchen, den Schrein des achten schiitischen Imams, Imam Reza, in Meschhed. Sie befürchtet, sagt sie, dass ihre Tochter nie wieder glücklich sein wird.

Nasreen lächelt zaghaft in unsere Richtung. »Sie wird in einer

Woche selbst nach Meschhed fahren, um für mich zu beten. Sie möchte, dass Imam Reza für mich zu Gott spricht, um meine Probleme zu lösen. Ich weiß, Gott ist meine einzige Hoffnung.« Sie berührt ihre Mutter am Arm. »Aber sie macht sich zu viele Sorgen.«

Das Abendessen ist vorüber. Die Familie lässt uns wieder mit Nasreen allein. Der Abend senkt seine Wurzeln tiefer in die Erde. Nasreen zeigt uns ihr Fotoalbum: Nasreen mit Freunden an der Universität; Nasreen bei der Arbeit; Nasreen, wie sie mit ihrer Schwester sittsam im Park sitzt; Nasreen allein an einem Tisch. Keine Fotos von ihrem Ehemann; keine Fotos von ihren Kindern. Die meisten stammen aus der Zeit des Schahs und zeigen Nasreen völlig unverschleiert oder nur mit einem einfachen Kopftuch über Jeans und einem kurzen Pulli. Das ist dieselbe Frau, die jetzt vor uns sitzt und in der Sicherheit der Privatsphäre ihren *tschador* fest um ihren Kopf geklammert hält und einen Horror davor hat, die Grenzen des islamischen Anstands zu verletzen. Dies ist eine Frau, die von einer grausamen und ungerechten Regierung verfolgt wird, die jedoch gleichzeitig die Vorgaben dieser Regierung vollkommen angenommen, die islamische Propaganda völlig geschluckt hat und sich schließlich und endlich verzweifelt an ihrem *tschador* festklammert, dem Symbol der Revolution. Ich finde das schrecklich traurig.

Wir müssen bald aufbrechen. Nasreen versucht, uns dazu zu überreden, ein Paar Kandelaber aus Keramik als Abschiedsgabe anzunehmen, ein Geschenk von einer Frau, die wenig Grund zur Hoffnung auf ein Wiedersehen mit uns hat. »Nein, nein, nicht schreiben. Es ist verdächtig, Briefe zu bekommen, und sie erreichen mich sowieso nicht. Die Polizei wird sie öffnen und lesen. Aber vielleicht können wir eines Tages, eines Tages schreiben. Ich halte das Andenken an euch immer in meinem Herzen.« Nasreen hält ihre Hände fest ineinander verschlungen, sorgt sich laut darüber, was ihre Nachbarn, die Augen, die draußen ständig spionieren, denken werden, wenn zwei Fremde so spät ihr Haus verlassen. Sie umarmt Kirst mehrfach, dann entlässt sie uns in die Nacht, öffnet das eiserne Tor gerade so weit, dass wir uns hindurchquetschen können.

Ein metallisches Geräusch, laut, hinter uns, ein emphatisches Ausrufezeichen, das in die Dunkelheit hinaushallt.

Beobachten uns Augenpaare aus der Dunkelheit heraus, während wir uns unseren Weg durch die engen Straßen suchen? Nasreens Paranoia ist ansteckend. Die irdenen Gassen sind nicht mehr so einladend, wie sie es gestern Abend noch gewesen waren, als wir bei Anbruch der Dunkelheit hindurchgeschlendert sind, und die Umarmung der Dunkelheit ist nicht länger warm.

Verbrechen der Ungläubigen

Mittwoch, 28. Juni: Auf dem Weg nach Meschhed

Die Identität der Provinz Khorasan, deren Name aus alter Zeit stammt, reicht über die Grenzen hinaus, die der heutige Iran ihr setzt. Sie stellte früher eine weit größere Region dar, die Herat in Afghanistan und Merw in Turkmenistan einschloss. Khorasan lag früher am östlichen äußersten Ende des frühen islamischen Großreiches; die Schiiten hatten hier ihre größte Anhängerschaft; die Abbasiden erhoben sich dort und lösten das arabische Reich der Omaijaden ab. Sowohl von afghanischen als auch von turkmenischen Grenzen umgeben, stellt Meschhed das größte Juwel, die heiligste Stadt im Iran und unser letztes iranisches Ziel vor Zentralasien dar. Die Überlandfahrt von Jesd aus dorthin durch die endlosen Salzwüsten Khorasans könnte zwei Tage dauern; oder auch vier Tage. Da wir uns nicht auf eine solch ungewisse Zeitplanung einlassen wollten, flogen wir stattdessen nach Teheran und nahmen den Zug.

Es ist eine Schande, dass wir die Annehmlichkeiten der iranischen Züge erst gegen Ende unserer Reise durch den Iran entdeckten, dass uns das klimatisierte Reisevergnügen im Schlafwagen erst nach fünf Wochen nächtlicher Fahrten in Überlandbussen voller Schweiß, Staub und Schlaflosigkeit zuteil wird. Ich stehe im Gang des Zuges und ergehe mich im goldenen Anblick von Weizenfeldern in der niedrigen Nachmittagssonne. Die Nachmittagssonne in der Wüste ist so viel gehaltvoller als anderswo; hier ist sie geradezu atemberaubend. Über dem zitternden Gold zeigt sich ein dunkler, lilafarbener Himmel, eine Dunkelheit, die nicht von einem nahenden Sturm, sondern von etwas anderem herrührt, wie ein Schatten, der vom Land aus nach oben geworfen wird. Ich stehe dort, lehne am Fenster und studiere meine Empfindungen. Meine Gedanken steigen immer mit einem Gefühl der Freiheit und des Glücklichseins auf, wenn ich unterwegs bin, und die Schönheit der Szene berührt meine Seele, und doch kann ich mich nicht dem Wissen entziehen, dass Meschhed unser letztes Ziel im Iran ist. Unsere Zeit hier wird bald vorüber sein, und ich fühle, wie sich meine Stimmung etwas trübt.

»Es ist wunderschön, nicht wahr?«

Die Stimme ist krächzend und alt, die englische Aussprache tadellos. Ich brauche meinen Kopf nicht weit herumzudrehen, um ihren Besitzer zu erblicken. Neben mir lehnt am Rande des Fensters ein weißhaariger, weißbärtiger Pakistani in einem cremefarbenen pakistanischen *shalwar kameez*. Diese Kleidung, bestehend aus unglaublich ausgebeulten Hosen und einem überlangen Hemd, erinnert schwach an einen Pyjama und verleiht den Pakistanis einen Hauch von irgendetwas zwischen gelassen und schäbig. Ich wende meinen Blick zu der Szenerie, die draußen vorüberzieht, zurück und kann nur zustimmen.

Mein Begleiter stellt sich als Abdul vor. Sein Gesicht ist derb. Er wirkt trotz seines Alters robust. Ich schätze ihn auf über 70. »Wir sind in diesen beiden aneinander grenzenden Abteilen«, teilt er mir mit. »Die Männer in dem einen, die Frauen in dem anderen.« Er lächelt, öffnet seine Handflächen. »Wir sind doch noch Muslime.«

Abdul erklärt mir, dass er und sein Gefolge auf der letzten Etappe einer Pilgerfahrt sind, die sie zu fast allen heiligen Orten des Islam im Nahen Osten geführt hat. »Einige von uns kommen aus Pakistan, einige aus Indien«, fährt er fort. »Wir begannen in Mekka mit der *hadjdj* und wollten dann fortfahren, um alles zu sehen. Saudi-Arabien, Jordanien. Für Israel konnten wir kein Visum bekommen, also fuhren wir in den Irak.« Er schüttelt mit dem Kopf. »Ein schrecklicher Ort. Schlimmere Armut als in Indien. Nein, das ist mein Ernst. Wenn Sie gesehen hätten, was die Sanktionen dem Land angetan haben … Es war deprimierend. Aber wir haben die Schreine im Süden gesehen, die Schreine der Schiiten, von Imam Ali und den anderen. Und nun Iran. Meschhed wird unsere letzte Station der gesamten Pilgerfahrt sein.«

Abdul spricht das beste Englisch, das wir während unserer Reise gehört haben. Es ist das Englisch eines Mannes, der lange Zeit vor der Unabhängigkeit geboren wurde, annähernd ein Oxford-Englisch gemischt mit dem Englisch eines Indien, das schon lange der Vergangenheit angehört. Beachtenswert ist, dass die Sprache auch von vielen der Frauen in seiner Gruppe gesprochen wird. Sie sind alle in Abduls Alter und versuchen, diesen letzten Teil ihres Lebens in Ehren zu halten, diese letzte, alles umfassende Pilgerreise zu genießen, solange sie noch dazu in der Lage sind. Bisher führten wir den größten Teil unserer englischen Unterhaltungen mit Männern; die Frauen mussten mein unbeholfenes Persisch ertragen. Kirst wurde häufig völlig übergangen, sodass es nun für sie die reine Freude ist, als die Frauen einen großen Wirbel um sie machen, sie in ihr Abteil bugsieren, über ihr Leben mit ihr sprechen, ihre Gedanken mitteilen und über den Islam diskutieren. Das Persisch-Sprechen hat uns den Iran geöffnet, aber es ist kein Vergleich zu dem fehlerlosen Englisch dieser Männer und Frauen. Ich stehe draußen, nehme ihre Unterhaltung nur halb wahr und schaue, wie wir die Welt scheppernd hinter unserem Eisenbahnwagon lassen.

Später betritt ein junges Paar unser Abteil. Der Mann ist ernst und trägt einen Bart, die Frau ist in einen schweren *tschador* gehüllt. Bis jetzt waren wir allein gewesen, hatten die Kabine ganz für uns gehabt und gehofft, dass es auch so bleiben würde. Wir wissen nicht, was der islamische Anstand für das Benehmen von Paaren in Schlafwagen vorsieht, wie die Regeln der Geschlechtertrennung anzuwenden sind, und starren so bis zum kompletten Hereinbrechen

der Dunkelheit starr aus dem Fenster und warten auf ein Zeichen
von unseren Mitreisenden. Dann beginnt es.

Der Mann – steht auf, streckt sich –
verdunkelt das Abteil,
lässt die Sonnenblenden herunter,
schließt die Welt draußen aus:
die Agonie und den Sand der Wüste.
Ein Kichern.

Zuerst gleitet der tschador
herab
eine lila Bluse, ein Schimmer
langes
dunkles
Haar
Pornografie vor unseren Augen.

Eine liebevolle Berührung
nichts Ernstes nur ein Reiben des Nackens ein Streicheln des Beins
* eine Berührung des Arms*
Aber

dies ist Iran.
Im Iran
ist das unerhört.
Im Iran
ist das kriminell.

Ein Paar, eine Koje eine enge, liebevolle Umarmung,
nichts weiter als das.
Ihr rabenschwarzes
Haar
hängt

herunter
aus der Koje.
In der Zwischenzeit
liegen
die korrupten schlechten schmutzigen ausschweifenden verdorbe-
*   nen unmoralischen unreinen Westler*
verlegen
in getrennten Kojen,
versuchen nicht zu schauen.

Die ganze Nacht frage ich mich, wie sie sich verhalten hätten, wenn wir Iraner gewesen wären.

Donnerstag, 29. Juni: Meschhed

»Ich weiß, es macht keinen Sinn. Aber dies ist Iran. Dies ist ein verrücktes Land.« Das sind die Worte eines turkmenischen Konsuls in Meschhed, seine Erklärung dafür, warum uns nicht erlaubt wird, auf dem Landweg die Grenze nach Turkmenistan zu überqueren. »Es ist keine *internationale* Grenze. Für Leute aus Turkmenistan oder dem Iran ist das kein Problem. Aber für euch …« Aschchabad, ein Viertel der Strecke nach Teheran, aber wir müssen fliegen.

Zentralasien liegt natürlich reizvoll nahe an Meschhed. Gesichter, die an mongolische Räuber erinnern, mischen sich mit den vollen Bärten und kantigen Kieferknochen der Arier, an die wir uns in diesem vergangenen Monat gewöhnt haben. Runde Köpfe, mandelförmige Augen, die durch Hautfalten am inneren Rand des oberen Lids schließen. Ihrer Kleidung nach zu urteilen, die weich und ausgebeult und durch hohe Schnürstiefel gekennzeichnet ist, handelt es sich um Reiterstämme aus dem Gebirge, Stämme am Rande der Zivilisation, um wilde Nomaden, die bereit sind zu kämpfen und zu sterben. Die turkmenischen Gesichter, die wir auf den Straßen von Meschhed sehen, richten unsere Gedanken auf die Reise, die vor uns liegt, richten sie somit in gewisser Weise auf die Vergangenheit: Alles, was wir über Zentralasien wissen, ist Geschichte. Doch ihre

Gesichter sind nicht die einzigen fremden Gesichtszüge, die durch diese Wüsten streifen: Perser oder Farsi, wie sie in ihrer Sprache heißen, machen gerade einmal gut die Hälfte der iranischen Bevölkerung aus. Der Rest sind Aseri und Gilaner, Masenderaner und Kurden, Araber und Luren, Baktrer und unzählige kleinere Stämme. Obwohl sie in anderen Gebieten des Iran siedelten, hat es die meisten von ihnen zu dieser heiligsten der Städte gezogen, und der ethnische Mischmasch ist hier sehr viel facettenreicher als anderswo. Hier trifft man nicht nur die typischen Gesichter des Iran an. Auf den überfüllten Straßen sehen wir Turbane aus Afghanistan, *shalwar kameez* aus Pakistan, Kappen aus Usbekistan und Türken mit dicken Schnauzbärten, fließende ägyptische Roben, eine Mischung aus Kleidung und Körpern der gesamten islamischen Welt. Sie sind alle aus einem Grund hier, ein Grund, der im Laufe der Geschichte zahllose Pilger angezogen hat, derselbe Grund, der uns hierher geführt hat, durch die Wüsten des Iran. Sie sind alle hier, um den Schrein von Imam Reza zu besuchen.

Meschhed war früher für drei Dinge bekannt: Religion, Handel und Tourismus. Nun ist die Stadt von stark verbarrikadierten Grenzen zu Afghanistan und der ehemaligen Sowjetunion umgeben, was den Handel erstickt und den Tourismus genauso sehr wie im restlichen Iran zusammenbrechen lässt. Meschhed ist nur die Religion geblieben.

In anderen Städten stellten wir für die Bewohner eine Neuheit dar, ein ausländisches Paar, das verwöhnt und umsorgt werden musste. Hier empfängt uns eine ungezwungene Gleichgültigkeit: Wir sind Pilger, unterscheiden uns nicht von allen anderen. Die Kellner im Restaurant unter unserem Hotel bitten uns, für sie am Schrein zu beten. Schwarz gekleidete Fremde mit wilden schwarzen Bärten begrüßen uns auf Arabisch. In unserem Hotel sind alle Ausländer, ebenfalls Pilger. Händler versuchen, uns islamische Erinnerungsstücke zu verkaufen, Andenken an unseren Besuch der heiligen Stätte; Fotografen wetteifern um Kunden für Fotos vor Nachbildungen des Schreins aus Pappe. In den letzten fünf Wochen rasierte ich mir meinen Kopf und kultivierte einen dichten Bart in der Art der sehr leidenschaftlichen Hisbollah-Schiiten. Als wir einem von ihnen begegnen, meint er, dass ich ohne weiteres als ein Mitglied des Komitees durchgehen könnte. Bei einem solchen Aussehen und in der Begleitung einer Frau im sittsamen islamischen Schwarz ist es nicht verwunderlich, dass wir als fromme Muslime angesehen werden, die wie alle anderen hier ihre Pilgerreise zum Schrein unternehmen.

Die Atmosphäre in Meschhed ist gespannt, voller knisternder Erwartung. Wir haben das Gefühl, als müssten wir weich auftreten, uns ruhig und respektvoll bewegen, so als könne ein falsches Wort oder ein falscher Ton einen Spalt zu religiöser Hysterie öffnen. Meschhed ist eine intensive Stadt und nur auf eins konzentriert: auf Imam Reza, den Märtyrer des schiitischen Glaubens.

Ein Morgen voll mit Organisatorischem, eine unvermeidbare Verzögerung, bevor wir zum Schrein pilgern können. Unsere iranischen Visa laufen am Samstag ab, und da der heilige Tag der Muslime morgen ist, besteht heute für uns die letzte Möglichkeit zur Verlängerung. Eine Taxifahrt an den Rand der Stadt, ein höflicher Kampf mit freundlichen Beamten in olivgrüner Militärkluft, die mit Unmengen von Papierkram bewaffnet sind. Schlecht transkribierte Zitate von Khomeini hängen an den kahlen Wänden. Eins verkündet: *Stelle sicher, dass weder Ost noch West dich benutzen, vertraue auf Gott, und verlass dich auf den islamischen Kampf gegen Israel.* Ein anderes lautet: *Wenn die universalen arroganten Kräfte gegen unsere Religion antreten, werden wir gegen die Welt antreten.*

Kirst gibt ihr Passfoto ab und erhält als Reaktion ein grimmiges Kopfschütteln. »Das ist ein sehr schlechtes Foto«, sagt der Beamte mit dem schmalen Gesicht. Er schwenkt es vor uns hin und her. »Sehr schlecht.« Er legt es vor sich auf den Tisch, übermalt ihr Haar auf dem Foto mit flüssigem Tipp-ex, dann huscht ein Lächeln über sein Gesicht. »Hier. Nun ist … ist es ein sehr gutes Foto.« Das ganze Haar ist nun verschwunden; Kirsts blasses Gesicht ist weiß umrahmt. Bei unseren Originalvisa war uns bewusst, dass wir iranischen Anstand beleidigen, wenn wir ein Foto von Kirst mit sichtbarem Haar einreichen, und hatten darauf geachtet, aber diese Fotos wurden mit dem Gedanken an andere Länder gemacht. Kirsts Gesicht verfärbt sich rosarot, als sie bemerkt, dass sie soeben ein obszönes Foto von sich bei der Polizei abgegeben hat.

Neben der Tür steht, von uns unbemerkt, ein rundlicher junger Mann; sein Gesicht hat weiche teigige Züge, mit einem permanenten Grinsen darin, so als gieße er ununterbrochen den Gästen Tee ein. Es ist Mehrdod, ein Mann den man nicht abschütteln kann, den man einfach mögen muss, der sich an unsere Fersen heftet, sobald wir draußen im Sonnenlicht stehen. Überschäumender Enthusiasmus, weit geöffnete, unschuldige Augen; er hat uns innerhalb von wenigen Minuten in seinen Bann gezogen. »Meine Freunde! Ihr wisst gar nicht, wie glücklich ich bin, dass ich zwei ausländische Freunde habe, zwei Freunde aus Australien! Alle meine Freunde bei der Arbeit werden so eifersüchtig sein!« Mehrdod ist Lehrer; er erzählt uns, dass Freunde aus dem Ausland bei Iranern seines Alters zum guten Ton gehören und voller Stolz vorgeführt werden. Es ist nichts Unaufrichtiges an ihm; Mehrdods Freude an unserer Anwesenheit ist völlig rein.

»Nun«, sagt er im väterlichen Tonfall, »ihr dürft jetzt noch nicht zum Schrein gehen. Ihr müsst noch etwas warten, bis später. Es ist zu *heiß*, und die beste Zeit dorthin zu gehen ist bei Sonnenuntergang. Und heute ist Donnerstag. Also geht *jeder* zum Schrein, um zu beten, am Abend vor dem Freitag.« Er streckt seine Hände nach dem imaginären Schrein aus, wie ein Kunstkenner, der ein bedeutendes Werk vor sich hat. »Wir gehen, wenn alle gehen, am Abend.«

Mehrdod ist für einen Iraner in vielerlei Hinsicht extrem; seine Freundlichkeit ist für uns vertraut, aber seine Art nicht. Wenn er spricht, verursacht er stets ein Gefühl der Superlative; seine Gesten sind ausufernd, aufgeregt und dramatisch. Wäre er nicht so offen, würde er affektiert wirken, und wenn wir nicht annehmen würden, dass seine Freude echt ist, würde er uns verärgern. Es ist eine Er

138

leichterung, die gedämpfte iranische Version der islamischen Recht-schaffenheit einmal so vollkommen nicht präsent zu haben. »Wir gehen zu mir«, verordnet Mehrdod. »Ich lade euch zum Mittag-essen ein. Meine Mutter wird sehr stolz sein, euch als Gäste begrü-ßen zu können. Später bringe ich euch dann zum Schrein. Ich kann euch *alles* über Imam Reza erzählen.« Und dann machen wir uns auf zu Mehrdods Haus.

Erst Mittagessen, danach ein Nachmittag, den wir auf weichen persischen Teppichen mit dem Warten auf das Nachlassen der träu-merischen Hitze verbringen. Mehrdod kann nicht still sitzen; er ist durch unsere Anwesenheit zu sehr aufgekratzt. Mit seiner leben-digen Stimme erzählt er uns die Dinge, die wir auch zuvor schon so viele Male gehört haben: Religion, die den Menschen durch die Regierung aufgezwungen wird, ist keine reine Religion, ist kein richtiger Islam, sondern für viele ein Grund sich abzuwenden; die meisten Leute sind gegen die Regierung, die Schuld für ihre Un-beliebtheit ist »die schlechte wirtschaftliche Situation im Land«. Ich erwidere darauf, dass wir dies immer wieder gehört haben, dass aber niemand den Mangel an persönlicher Freiheit beklagt, die Verlet-zungen der Menschenrechte.

Mehrdod sinnt kurz darüber nach. »Ja, ich glaube, du hast Recht. Die Menschen nehmen den Mangel an Freiheit übel, aber... wisst ihr, das Leben muss weitergehen. Viel wichtiger ist... Wohlstand? Ist es das richtige Wort? Viel wichtiger ist für sie der Wohlstand. Die Iraner sind ein sehr habgieriges Volk. Schreckliche Menschen. Lass uns verarmen, und wir sind sehr unglücklich.« Was hatte Farzaneh in Isfahan gesagt? *Nun haben wir immer noch keine Freiheit und sind noch arm dazu.*

Das Lachen, das Mehrdod über sein Volk, über sich selbst aus-stößt, drückt verrückte, barbarische Heiterkeit aus. Lachen ist für ihn die einzige Möglichkeit, die Schwierigkeiten seiner Welt abzu-tun.

»Unser Land hat so viele Probleme«, sagt er. »Nimm mich zum Beispiel, ich studiere Englisch und Wirtschaft. Aber es wird mir nicht viel nutzen. In unserem Land kommen gebildete Menschen nicht voran.«

»Wer kommt denn voran? Religiöse Menschen?«

Mehrdod schreit vor Vergnügen auf. »Aha! Natürlich! Du *musst* seit langer Zeit im Iran sein. Du hast verstanden.«

Im Laufe des Nachmittags wird mir klar, dass Mehrdod sich abgesehen von seiner Überschwänglichkeit nicht von seinen Landsleuten unterscheidet. Seine Heiterkeit überdeckt lediglich eine darunter liegende Traurigkeit – helle Farbe über moderndem Holz. Hinter jedem Lachen über die iranische Notlage verbirgt sich ein Seufzen; hinter jedem Lächeln Traurigkeit. In Mehrdods heiterer Sicht des Lebens fehlt die Hoffnung auf die Zukunft. Er kann über die Vergangenheit lachen, über sein Volk lachen, kann über die Gegenwart lachen, aber wenn er über die Zukunft spricht, verschwindet jeder belustigende Ton aus seiner Stimme. »Ihr seht mich und denkt, ich bin ein junger Mann. Äußerlich bin ich jung, ja, aber innen bin ich alt. Das könnt ihr nicht verstehen. Niemand kann verstehen, was es heißt, Iraner zu sein. Nicht, wenn du diese Dinge nicht durchgemacht hast. Menschen aus eurem Land… ihr könnt nicht verstehen, was es heißt, Folter erlebt zu haben. Den gewaltsamen Tod von Freunden mitzubekommen. Oder das Verschwinden von Eltern. Die Einschüchterung. *Eingeschüchtert, bedroht.* Durch die Regierung, durch das Komitee, durch die Mullahs.« Er lächelt uns an, aber es ist ein trauriges und verzagtes Lächeln. »Aus diesem Grund«, sagt er in langsamem Tonfall, »wenden sich junge Iraner immer mehr von der Religion ab.«

Ich denke an Nasreen, an ihre Akzeptanz des neuen Islam der Regierung, trotz der Zerstörung, die er in ihr Leben gebracht hat; ich denke an die Millionen von Jugendlichen, die unbedarft der Regierungspropaganda folgen und ihr Leben als Märtyrer opfern, für etwas, das ihnen heute als Islam präsentiert wird. Und dann sind da solche Menschen wie Mehrdod. Im Iran ist die Dichotomie extrem.

Die am Nachmittag gesponnenen Fäden entwirren sich langsam. Mehrdod ruft ein Taxi, das uns zum Schrein bringt und verbringt den größten Teil der Fahrt damit, dass er den Taxifahrer ausschimpft, weil der nicht ausgestiegen ist und für Kirst die Tür aufgehalten hat. Ich schaue aus dem Fenster, betrachte das zu der plappernden Stimme von Mehrdod vorbeiziehende Meschhed. Es herrscht nur wenig Verkehr; die Straßen sind weit leerer als gewöhnlich. Nur ab und zu, wenn wir uns dem Zentrum der Stadt nähern, stehen wir in Irans bekanntem Stoßverkehr.

Ich schaue weiter hinaus: ein Obstgeschäft, seine Fassade eine Collage aus hellen Farben und arabischen Zahlen; ein mit rosaroten Rosen umsäumter Park; eine fünfköpfige Familie, die mit komischer Verzweiflung auf einen Roller gepackt ist – der Anblick ist ein typischer Bestandteil des städtischen Bildes im Iran.

Mehrdod fasst meinen Arm. »Siehst du diesen Platz? Es ist der Istiqlal-Platz. Weißt du, was *istiqlal* bedeutet? Es heißt Unabhängigkeit. Die drei Säulen des Iran sind: Freiheit, Unabhängigkeit und die Islamische Republik. Aber wir haben *keine* Freiheit, *keine* Unabhängigkeit!« Er lacht laut. Der Zustand seines Landes – zum Totlachen.

Plötzlich nimmt Mehrdod die Rolle des Fremdenführers ein und legt eine entsprechende Gewichtigkeit in seine Stimme. »Ich erzähle euch etwas über den Schrein. Habt ihr schon einmal von Imam Reza, dem achten Imam gehört? Ihr kennt unsere Imame? Gut. Also hört zu. Imam Reza, er wurde – ich glaube so etwa vor 1000 Jahren – vergiftet. Von dem Kalifen Ma'mun. Die Menschen waren sehr aufgebracht, also begrub Ma'mun ihn in Meschhed neben Ma'muns Vater, Harun ar-Raschid. Ihr kennt Harun ar-Raschid, oder? Ein *sehr* berühmter Mann. Ein berühmter Kalif der Abbasiden. Die Erzählungen aus *Tausendundeiner Nacht* spielen an seinem Hof.«

Die berühmte Märchensammlung ist auch im Westen bekannt: die Geschichten von Sindbad, Aladin, Ali Baba und den 40 Räubern. Mehrdod verlagert sein Gewicht etwas, verändert seine Stimme. »Unter Harun ar-Raschid wurde das Wissen zur *Nummer eins* im Islam gemacht. Religion, Philosophie, Wissenschaft... alles. Er sollte das, denke ich, heute den Mullahs erzählen. Das Einzige, von dem die heute etwas wissen wollen, sind der Koran und Waffen.«

Der Schrein von Imam Reza liegt in der Mitte einer großen Insel eines heiligen Bezirks, der durch eine ringförmige Straße im Herzen von Meschhed eingeschlossen ist. Postkarten zeigen dieses Gebiet als große, friedliche und mit Gras bewachsene Fläche, aber in der Szenerie, die vor uns liegt, ist kein Grün zu sehen. 100 Meter von dem Umgehungsring entfernt enden die Straßen in einer staubigen Ausgrabungsstätte. Die Gebäude in nächster Nähe zum Schrein bestehen nur aus Trümmern. Wir biegen ab und überqueren einen leeren steinigen Platz.

Mehrdod berichtet: »Die Regierung baut die Straße unterirdisch. Hört Ihr? Der Verkehr schallt von da unten schon herauf. Die Regierung hat hier alle Geschäfte aufgekauft und sie niedergerissen. All das«, er wedelt in Richtung der Trümmer, zu den leeren Steinmauern, »war einmal Teil des Basars.« Der Umbau hat einen großen Graben um den Schreinbezirk entstehen lassen, eine Kluft, die durch hohe Stacheldrahtzäune und Gerüststangen geschützt wird. Der einzige Weg hinüber, in den heiligen Bereich, führt über eine der Brücken, die an den vier Eckpunkten des gesamtem Bezirks liegen und streng bewacht werden. »Vor drei Jahren hat es hier einen Bombenanschlag gegeben«, erklärt Mehrdod. »Ein schreckliches Ereignis, ihr habt bestimmt davon gehört. Nein? Das war eine bestialische Tat. Sie haben eine Bombe in den Schrein gelegt. Hunderte von Menschen wurden getötet: Frauen, Kinder – alles Pilger. Deshalb haben wir nun jede Menge Sicherheitsvorkehrungen, besonders jetzt, in der Hauptpilgerzeit des Jahres. Du kannst deinen Fotoapparat nicht mitnehmen.«

Am nördlichen Tor ist der Druck der Körper in der Menge vergleichbar mit dem der schäumenden Brandung beim Surfen in einem Sturm. Männer kämpfen um einen Platz an einem kleinen Fenster in der Mauer, versuchen ihre Habseligkeiten zu deponieren, bevor sie still und angespannt die Körperkontrolle an den Toren passieren. Neben ihnen drückt ein See aus wogendem Schwarz am »Eingang der Schwestern«. Während wir uns umschauen, wird Kirst schlagartig klar, dass sie die einzige Frau ohne *tschador* ist. Bevor wir Mehrdod getroffen hatten, wollten wir noch einen Tag verstreichen lassen, bevor wir uns zum Schrein aufmachten und auch einen *tschador* für Kirst auftreiben, falls das notwendig sein sollte. Mehrdod versicherte uns jedoch mehrmals, dass ein *manteau* mit Kopftuch ausreichend sei. Sein vehementer Widerspruch angesichts unserer Sorge, dass Kirsts Kleidung möglicherweise Anstoß erregen könnte, ließ unsere Befürchtungen völlig verschwinden. Nun sind wir allerdings nicht mehr so sicher.

Wir halten uns abseits und warten. Kirst beobachtet die Menge und hofft auf irgendein Anzeichen dafür, dass die Anwesenheit einer weiblichen westlichen Ungläubigen ohne *tschador* nicht als Beleidigung aufgefasst wird. Sie sucht nach irgendeinem Anzeichen, dass ihre Kleidung eine akzeptable Aufmachung für das Betreten des heiligen Bereichs ist.

Ich schaue über die Köpfe um uns herum hinweg. Auf der anderen Seite sieht der Schrein nicht anders aus als die Baustelle des Umgehungsrings und die zerstörten Gebäude um uns herum: Rohe Steine starren glanzlos zu mir herüber. Erst darüber befindet sich das himmlische Versprechen. Die Kuppeln und Minarette des Schreinbezirks schweben über der staubigen Ruine; einige sind eiförmige Kreationen aus Blau und Creme, andere ein strahlendes Gold im sterbenden Sonnenlicht. Sie sind das einzige Anzeichen dafür, dass wir uns hier am Schrein von Imam Reza befinden.

In vielerlei Hinsicht ist die Popularität des Schreins ein Ergebnis der politischen Manipulation des Islam, die im heutigen Iran nachhallt. Das Grab stellte immer eine weniger bedeutende Pilgerstätte dar, da Imam Reza keine Figur war, die große Verehrung verdiente. Seinen Stellenwert erlangte er erst zurzeit des Safawiden-Reiches, als infolge der Rivalität mit dem Ottomanischen Reich der Besuch der Schreine im Machtbereich der Ottomanen unpopulär wurde und die Safawiden die Schreine auf ihrem eigenen Territorium aufwerteten. Die offizielle Devise lautete, dass eine Pilgerfahrt nach Meschhed gleichwertig mit sämtlichen Pilgerfahrten nach Mekka sei. Den Menschenmengen vor uns nach zu urteilen, die eine Atmosphäre voller religiöser Intensität verbreiten, ging die Rechnung auf.

Schließlich sichtet Kirst ein paar turkmenische Frauen ohne *tschadors*; sie haben ihr Haar unter hellen Kopftüchern zusammengebunden. Das ist unser Zeichen. Die Frauen, die bei dem »Eingang der Schwestern« die Kontrolle durchführen, sind mit ihrer Aufmachung einverstanden, solange sie ihr Haar völlig bedeckt hält. Auch Kirst wird durchgewunken, und wir gehen über die Brücke.

Mehrdod erklärt uns, dass die Bauarbeiten innerhalb des heiligen Bezirks nichts mit dem Bau der Umgehungsstraße draußen zu tun hätten. Seine Erklärungen in englischer Sprache heben sich auffallend von der Stille der uns umgebenden Menschen ab. Diese Bauarbeiten sind Bestandteil der Erweiterung des Schreins, die von der islamischen Regierung vorgenommen wird – ein großzügiges Projekt, das die Tradition der Safawiden fortsetzt. Mehrdod zeigt auf einen schmalen Korridor, der in den exquisiten blauen Kacheln Isfahans gearbeitet ist, die erst kürzlich über den nackten Zement und die Steine verlegt wurden. Die Arbeit ist so perfekt ausgeführt, dass ich keinen Unterschied zu einem der alten Orte sehe, die wir besucht haben. Ich bin beeindruckt: Das architektonische Erbe des persischen Islam lebt weiter. Dennoch ist es die gleiche Regierung, die ihren heiß geliebten Führer in einer Einkaufscenter-Travestie der muslimischen Architektur untergebracht hat, an einem Ort voller Plastik, voller Gerüste mit bunt angemalten Rohren der Klimaanlage. Ein solcher Geschmack ist mir ein Rätsel.

»O nein«, entgegnet Mehrdod, als ich ihm gegenüber meine Verwunderung ausdrücke. »Imam Khomeinis Grab ist nicht dasselbe wie das hier. Das hier ist *richtige* Religion und keine Politik.«

Wir umrunden den Graben und gehen zurück zum Haupteingang, zu den *haram-é motahhar*, den heiligen Bezirken. Einige Frauen gehen auf dem Weg hinaus an uns vorbei. Sie haben ihre Köpfe bescheiden zu Boden gesenkt, aber der große Strom begibt sich ins Innere, zum Schrein.

»Diese Menschen sind gekommen, um zu Imam Reza zu beten, damit er ihnen hilft, Gott zu fragen, ob er ihnen helfe«, erklärt uns Mehrdod. »Sie kommen immer am Donnerstagabend, und viele bleiben die ganze Nacht über. Sie binden sich an das Grab und schlafen dort ... einige versuchen, so lange zu bleiben, bis ihre Gebete erhört werden. Ich habe einen Freund, der im Krieg verkrüppelt wurde. Er kam an einem Donnerstag hierher und schlief hier. Er war bald geheilt.«

»Richtig geheilt? Du glaubst, er wurde wegen des Schreins geheilt?«

Mehrdod schaut mich langsam mit sehr ernstem Blick an, der eine Facette seiner Persönlichkeit zeigt, die sich uns bisher noch nicht offenbart hatte. »Ja«, sagt er zu mir. »Ja, selbstverständlich wurde er wegen des Schreins geheilt.«

Mehrdods Reden hatten mich glauben gemacht, dass er sich selbst als etwas anderes betrachtet als all die Gläubigen um uns herum. All das Gerede über das Abwenden von der Religion, von der Geringschätzung der Mullahs. Aber das ist der Iran. Der grundlegende Glaube an die Macht Gottes ist sogar unter der gebildeten Elite unverrückbar. Wenn Mehrdod über ein Abwenden von der Religion spricht, so meint er dabei nur seinen Glauben an die Mullahs, an diese Form des Islam. Er wäre gekränkt, wenn er wüsste, dass ich es als Verlust seines Glaubens an Gott interpretiert hatte.

Wir biegen um eine Ecke aus glanzlosem Stein, dann bleiben wir wie erstarrt stehen. Der Hof vor uns ist nur ein Außenbezirk des Schreins, aber so voller Kraft, dass er uns Stille gebietet.

Wir betreten dieses große Areal langsam; der Klang unserer Schritte auf der gekachelten Oberfläche verliert sich im versteckten Gemurmel von Tausenden von Stimmen. Wir kommen durch ein kleines Gebäude mit Kuppel, das in Gold und Blau gekachelt ist und in dem den Gläubigen Wasser zur Verfügung gestellt wird, damit sie sich reinigen können; in vier großen achteckigen Becken scheint gebrochenes Sonnenlicht stellenweise auf die Wasseroberfläche. Über allem liegt die schillernde Schönheit eines fremden Glaubens. Doch die Hauptattraktion befindet sich dahinter, am weit entfernten Ende des Hofes; dorthin gehen wir nun.

Vor uns erhebt sich ein großer *eivan*, ein bogenförmiges Portal mit Stalaktiten und Wölbungen, genau wie wir es in Isfahan gesehen haben. Ein großer Rahmen für eine nicht sichtbare Tür, ein goldenes Schauspiel. Jeder Teil davon erscheint in einem flüssigen Licht; bruchstückhafte goldene Blitze werden durch Winkel von kostbarem Metall erzeugt. Um den Rand herum stehen auf weiß-blauen Kacheln die Namen Gottes; ein Mosaik des Glaubens, der blumigen Motive, der geometrischen Muster. Die arabische Kalligrafie formt das zugrunde liegende Motiv, und sogar die Kuppel oben ist mit delikaten Mustern aus metallischem Blau verziert.

Und plötzlich, eine Explosion.

Die Sonne pulst mit einer letzten verzweifelten Kraft. Die Welt ist mit Farbe und Energie angefüllt. Von den blauen Kacheln scheinen nun noch mehr arabische Worte herab, laufen über die Oberfläche wie eine geschmolzene Flüssigkeit, sind erst jetzt zu sehen infolge des neuen Lichts. Die große Wand aus Gold und die Kuppel darüber werden zum Leben erweckt. Wir stehen bewegungslos, gebannt, während der kurzen Zeit, in der die Sonne verweilt, bevor sie sich in der Silhouette hinter uns niederlässt.

Das Gedränge der Körper auf den *eivan* und die goldene Kuppel zu ist sogar noch dichter als das am Tor draußen. Die Tür führt in den Schrein, in das Grab selbst, und ist deshalb für uns verboten. Stattdessen wenden wir uns zur linken Seite der Tür, wo das Meer der Körper aber ebenso dicht ist.

Über die Masse der verhüllten Köpfe hinweg kann ich ein Metallgitter ausmachen, wie wir es schon beim Sarkophag in Shiraz gesehen haben. Dieses hier ist in eine Wand eingelassen und gibt den Blick auf das Innere des Schreins frei. Dutzende von Frauen klammern sich wie an einen Stein in der Brandung daran. Alle klagen, weinen, rufen nach Gott. Sie lassen ihre Hände über das Metall gleiten, streicheln es, führen ihre Hände an ihre Gesichter und ihre Herzen; einige scheinen sich selbst zu umarmen. Ihre Gesichter sind tränenüberströmt, rot, von Leid gezeichnet. Es ist viel extremer als in Shiraz. Andere versuchen, sich an dieses heilige Portal zu klammern, an diesen Blick aufs Paradies, diesen Hoffnungsschimmer. Wieder andere haben sich mit Kleidern daran gebunden, genau wie Mehrdod es beschrieben hatte, und alle sind in dieser Welt versunken, vollkommen eingetaucht in ein Leid aus religiöser Ekstase. Sie weinen um Imam Reza; sie weinen um sich selbst. Neben ihnen sitzt ein bärtiger Mullah im Schneidersitz. Aus ihm strömt seine eigene Klage, die den Ort erfüllt. Ansonsten herrscht Stille. Wir sind nicht die Einzigen, die durch die Atmosphäre blinden Glaubens betäubt sind. Wir stehen da und schauen nur – vielleicht zehn Minuten lang. Frauen treten an das Gitter, streichen darüber, werfen Geld hinein als ihr persönliches Opfer an Gott, ihre persönliche Hoffnung auf ein Wunder. Die Klänge des hysterischen Weinens mischen sich mit der Klage des Mullahs, und als ich hinhöre, habe ich das Gefühl, dass sie sich beide in mein Gedächtnis eingraben. Die Szene ist so unwirklich, sie fühlt sich fast an wie ein Traum.

Das große, viereckige Gebäude des Schreins selbst ist von allen Seiten mit zwei Stockwerken islamischer Bogenportale umgeben, die mit schimmernden blauen Kacheln bedeckt sind. Dieser Hof grenzt an drei weitere an, die ebenso aussehen, wobei jeder einen gigantischen goldenen *eivan* aufweist, jeder seinen eigenen Eingang zum Grab hat. Wir wenden uns im verlöschenden Licht der Dämmerung nun zum nächsten dieser Höfe, während sich die Gläubigen auf das Abendgebet vorbereiten.

Als wir uns nähern, erhasche ich einen vorsichtigen Blick in den zweiten Hof. Die Menge ist dicht; alle Augen sind nach innen, auf den Schrein gerichtet. Wenn auf jedermanns Stirn ein Wort geschrieben steht, so ist es hier *Islam*.

Wir sehen nichts mehr. Ein großer, strenger Wächter, der einen silbernen Zeremonienstab bei sich führt, schreit uns an, dann zielt er uns auf eine Seite. Unsere schlimmsten Befürchtungen haben sich bewahrheitet. Mehrdod ist wenigstens so freundlich und übersetzt uns das zunehmend hitziger werdende Streitgespräch nicht, aber der Anlass ist deutlich: Kirst ist ohne *tschador* unangemessen gekleidet. Der Hinweis auf die turkmenischen Frauen ist nutzlos; nach Ansicht dieses Mannes haben wir auf der Stelle zu gehen.

Wir stehen neben einem Bogengang, dem Eingang zu einem Platz, der mit einer sich bewegenden Menge gefüllt ist. Nun halten all diese Gesichter inne, um dem Streit beizuwohnen, um ihm etwas beizutragen. Die Menge ist augenblicklich angewachsen. Kirst hat einen hochroten Kopf und dreht sich zur Seite: eine Frau in Quarantäne. Kinder schubsen mich aus dem Weg, damit sie einen Blick auf diese unwürdige Frau werfen können, diese Verspottung von allen guten und sauberen islamischen Dingen, diese Ungläubige, die es wagt, in unangemessener Kleidung hierher zu kommen. Ich fühle mich irgendwie krank. Unsere größte Sorge war es gewesen, die muslimische Empfindlichkeit zu beleidigen, und nun drängt sich eine Menge von über 100 Personen um uns herum, jedes Gesicht starrt uns an, viele mit offener Feindseligkeit, alle tragen sie zu der Atmosphäre der Missbilligung bei. In ihren Augen haben wir uns eines Verbrechens schuldig gemacht.

Die Diskussion endet so abrupt, wie sie begonnen hatte. Mehrdod erklärt, dass Kirsts Kleidung nicht angemessen ist; dass wir diesen Bereich nicht hätten betreten dürfen; dass der erste Hof die Grenze für die Ungläubigen darstellt. Wir entfliehen schamvoll der Umklammerung der Menge. Ein paar Schaulustige folgen, einige davon, um Mehrdod zu beschimpfen, um zu behaupten, dass er kein wahrer Muslim sein kann. Andere bieten uns Unterstützung an. Mehrdod winkt ab. Er ist aufgewühlt. »Ich schäme mich so. Wie kann ich mich bei euch gebührend entschuldigen? Diese Menschen sind Ignoranten. Ignoranten! Was bedeutet es ihnen denn schon? Ich schäme mich für meine Landsleute.«

Ich versuche, ihn zu beruhigen, ihm zu sagen, dass wir das verstehen, aber es hat keinen Sinn. Seine Reaktion erscheint mir plötzlich verständlich. Wenn ihm in meiner Gegenwart der Eintritt in eine Kirche verwehrt worden wäre, hätte ich ähnlich aufgebracht reagiert. Doch ich für mich kann diese Menschen nicht beschuldigen, wenn ich selbst von einem überwältigenden Gefühl der Sünde und Überschreitung überschwemmt werde. Mein eigenes Gefühl der Scham und Verlegenheit ist viel zu stark, als dass ich Ärger empfinden könnte.

Wir stehen eine Weile da und versuchen uns erfolglos wieder mit der Menge zu vereinen, damit wir nicht länger so stark auffallen. Mehrdod scheint mit ärgerlichem und angespanntem Gesicht zu schmollen. Dann, plötzlich, kommt ihm eine Idee; er führt uns in die andere Richtung weg, um uns einen anderen Teil des Schreins zu zeigen. Wir protestieren leise; es wurde uns ausdrücklich verboten, den Hauptplatz zu verlassen.

»Nein, kommt mit, macht euch keine Sorge!«, erwidert Mehrdod. »Hier geht es zu den Museen, und es ist euch erlaubt, dorthin zu gehen. Wie kann es also ein Problem geben? Aber«, und er senkt seine Stimme zu einem Flüstern, »ich glaube, ihr solltet vorgeben, Muslime zu sein.« Ohne ein Wort der Erklärung, wie wir das anstellen sollen, schreitet er voran, auf den dritten Hof zu. Uns bleibt nichts anderes übrig, als ihm zu folgen. Ein kleiner Hof, ein verdunkelter Bogen, ein letztes Schlucken, als ich erkenne, wo wir angekommen sind. Vor uns liegt groß, blau und gefährlich der Hof der größten Moschee, die dem Schrein angegliedert ist. Es ist eine Moschee am heiligsten Ort im Iran, in der wichtigsten Zeit des Jahres, am wichtigsten Abend der Woche. Ehrfurcht schnürt mir den Atem ab, als ich eintrete.

Vor uns befinden sich über 1000 Menschen. Sie knien alle auf Hunderten von gemusterten kleinen Gebetsteppichen, die den Platz bedecken. Jedes strahlende Gesicht ist dem *mihrab* zugekehrt, der Gebetsnische, die die Richtung nach Mekka weist. Ich folge dem Blick der Menschen dorthin. Die Moschee ist eine offene Höhle, eine in zwei gespaltene Kuppel, ein Blau von unglaublicher Intensität. Im Inneren sitzen die Heiligsten der Versammlung, alles Männer, viele Mullahs. Eine leichte Bewegung erfüllt die Luft, das Geräusch einer Menge, die von einem machtvollen Gott zur Ruhe gerufen wurde. Auf dem Platz vor der Moschee unter dem sich verdunkelnden Himmel befindet sich die Menge. Ganz vorne sind die Frauen. Ihre Blicke sind nach unten auf die zerlesenen Exemplare des Koran gerichtet, die auf ihrem Schoß liegen, ihre Lippen bewegen sich in ernster Stille. Wir gehen um die Menschen herum, schweben in Richtung des hinteren Teils, entlang der Mauern des Hofes, der sich mit immer noch mehr Seelen anfüllt, die sich auf den Beginn des Gebets vorbereiten.

Am Ende des Hofes befindet sich ein großes achteckiges Becken aus Marmor, das mit Wasser aus Dutzenden von Wasserhähnen gefüllt wird. Wir stehen in seiner Nähe, unter jenen, die bereits ihre Position für das Gebet eingenommen haben. Andere reinigen noch ihre Körper am Becken, schrubben ihre Arme, ihre Füße, ihren Hals.

Ich schaue mich schnell um und versuche, mir die Szene unwiderruflich ins Gedächtnis zu brennen, bevor sie verschwindet. Selten habe ich mich weniger wohl gefühlt, und doch möchte ich dieses Bild nicht missen, das nicht für meine Augen bestimmt war. Jede Art islamischer Zivilisation ist vor mir versammelt: Pakistanis mit rasierten Köpfen und dichten Bärten; schwarz gekleidete Mullahs mit weißen Turbanen; Turkmenen in ihrer wilden Stammeskleidung; barfüßige Araber in weißen Gewändern, die sich straff über zufriedene Wänste spannen; eine Phalanx kniender Frauen in Schwarz, nicht eine ohne *tschador*. Einzelne Geräusche erreichen mich: das Scharren eines Fußes hinter mir, ein Husten, das Spritzen von Wasser. Die Zeit ist erstarrt, kristallisiert, der Augenblick endlos. Und dann zuckt die Welt unter ihm zusammen. Der Augenblick ist vorüber. Wieder ist die Missbilligung stärker auf Mehrdod gerichtet als auf uns – eine kleine Erleichterung. Dieses Mal treten sogar Mullahs heran, um ihre strenge Kritik zu äußern, und wieder ziehen wir unter einer Welle der Scham ab. Doch dieses Mal fühle ich mich nicht so stigmatisiert wie zuvor. Zweifellos sind wir in den Augen derer, an denen wir vorübergehen, schändlich, aber ich habe etwas von dem Schrein erhascht, das das Schuldgefühl wert ist. Die

Erinnerung an den Frieden, an die konkrete Anwesenheit Gottes, die diese große blaue Welt füllten, ist ein Teil von mir, als ich gehe.

Auf dem Weg zum Tor werden wir aufgehalten. Mehrdod ergreift wieder für uns das Wort. Er ist empört, kampflustig. Wir stehen verlegen da, während er die Aufseher überzeugt, dass uns wenigstens die Rückkehr zu einem Besuch der islamischen Museen erlaubt sein sollte, die in diesem Komplex untergebracht sind, wenn Kirst einen *tschador* trägt, und wir schwören, dass wir nicht noch einmal die heiligen Bereiche betreten. Zu früherer Stunde des heutigen Tages hatte ich mir vorgestellt, dass ich in Begleitung eines Muslim bis in das Innere des Schreins selbst gelangen würde. Ich erlaube mir eine leichte Enttäuschung, aber ich weiß, dass das Ergebnis viel schlimmer hätte ausfallen können. Und es spielt keine Rolle. Die Erfahrung von Imam Reza ist bereits sauber und vollständig in meine Erinnerung eingegraben; ich kann mir kaum mehr wünschen.

Der Himmel hat sich schwarz über die Erde gesenkt. Wir umrunden den Schrein, überqueren die leere Parzelle, beobachten wie das Lila am Horizont fein mit der schwarzen Dunkelheit darüber verschmilzt. Der Ruf des Muezzins erschallt. Eine Verhöhnung? Oder ein Abschiedsgruß? Mehrdod möchte uns zu Pizza und Eiscreme einladen, um sich zu entschuldigen, aber ich bin emotional ausgelaugt, physisch erschöpft und fühle mich etwas schwindelig. Ich spüre den Anfang irgendeiner Art von Krankheit und will nur in unser Hotel zurück.

Wir entfernen uns vom Schrein und sind mit jedem Schritt in der Lage, ein Stückchen freier zu atmen und uns weniger schuldig zu fühlen. Wir haben uns zu einem unbeschwerten Gefühl der Religion gegenüber hinreißen lassen, die Art Unbeschwertheit, die durch falsche Vertrautheit entsteht, und das war ein Fehler. Der Islam, die Religion der Reinen, ist ein Glaube, der Außenstehende ausschließt. In den Augen seiner überzeugtesten Anhänger sind Ungläubige *najis*, unrein. Es ist dieses Gefühl, das wir nun in uns tragen. Das Gefühl des Unwillkommenseins, der undurchdringlichen Barriere zwischen uns und den wahren Gläubigen, der Unreinheit unserer See-

len. Es ist ein starkes Gefühl, und es wird lange dauern, bis es vergeht.

Der Kreis schließt sich

Montag, 3. Juli: Meschhed

Wir sitzen mit Mehrdod auf den Teppichen in seiner Wohnung, in
einem leeren Wohnzimmer, wie es nur im Iran vorkommen kann.
Er zeigt uns seine Fotoalben, und wir versuchen zu vergessen, dass
heute unser letzter Tag im Iran ist.

Mehrdod ist auf allen Fotos: Mehrdod am Strand, Mehrdod in
einem Hotel am Golf, Mehrdod in Uniform mit grimmig aussehenden Gefährten, Gesichtern der Revolution. Dieses letzte Foto überrascht mich.

»Ha! Gefällt es dir? Ja, ich war drei Jahre lang beim Militär. Nicht
eigentlich beim Militär, sondern bei den Sepah Pasdaran. Kennst du
die Pasdaran?«

Sepah Pasdaran, die religiöse Armee des Iran, die so sehr von der
Bevölkerung gefürchtet und verabscheut wird. Es bestürzt mich,
dass dieser rundliche Mann mit den weichen Gesichtszügen und
seiner ernsten und liebenswerten Art, mit seiner kritischen Einstellung dem Regime gegenüber einmal ein Teil von ihm war. Es waren die Pasdaran, die solch eine Wut in Farzaneh auslösten, als wir
in Isfahan waren, eine Gruppe von Studenten, deren Privilegien das
Bildungssystem zu einem spöttischen Abbild seiner selbst machten.
Es sind die Pasdaran, die mit militärischer Macht die Ideologie des
Regimes unterstützen. Es sind die Pasdaran, die sicherstellen, dass
die Erben von Khomeinis Revolution an der Macht bleiben.

»Mehrdod! Ich dachte, man müsse religiös – ein Fanatiker – sein,
um bei den Sepah Pasdaran aufgenommen zu werden.« Mehrdod
wedelt mit seiner Hand, weist diese Idee von sich. »Ich weiß. Ich habe
nur vorgegeben, religiös zu sein« Er lächelt verschwörerisch. »Das
machen viele. Man muss nur vorsichtig sein.«

»Aber warum?«

»Warum? Weil das Leben viel einfacher ist als im Berufsheer. Wir müssen auch nicht so lange dienen. Ich wäre immer noch beim Militär, wenn ich nicht zu den Pasdaran gegangen wäre. Und wir haben besondere Privilegien. In vielen Dingen. Als Angehöriger der Pasdaran konnte ich die Universität besuchen. Ich musste einfach nur vorgeben, fanatisch zu sein.«

Der Kreis hat sich geschlossen; ein letztes Stück des Puzzles, das der Iran ist, hat seinen Platz gefunden. Iran, das Land des unerbittlichen Misstrauens, hat uns von Anfang an aus dem Gleichgewicht gebracht, unsicher in Bezug darauf gemacht, wem wir glauben und trauen sollten. Farzaneh nach zu urteilen, verfolgte die religiöse Leidenschaft der Unterstützer der Regierung vollkommen das eigene Interesse, war angetrieben von, wie sie es sah, rein iranischen Qualitäten der Habsucht und Selbsterhaltung. Dennoch hatte die religiöse Leidenschaft, der wir während der letzten sechs Wochen begegnet waren, es uns schwer gemacht, solch einer Behauptung Glauben zu schenken. Nur wenn wir zufällig auf beide Seiten der Geschichte stoßen, können wir ihrer Form einen Sinn beimessen. Das war uns im Iran auch schon begegnet: Seit einiger Zeit schon hatte ich das Gefühl, dass die permanente Verunglimpfung der Geistlichkeit als korruptes Element einfach eine Entschuldigung für den Misserfolg der islamischen Regierung war, eine Möglichkeit, die Schuld vom Islam selbst abzulenken, bis wir Mahmud in Teheran getroffen und die Geschichten über die Bestechlichkeit der Mullahs gehört hatten.

In ähnlicher Weise war ich unsicher, was ich von den Behauptungen halten sollte, dass die Teilnehmer an den Ashura-Märschen willenlose Werkzeuge der Regierung seien, bis wir noch einmal mit Nasser in Täbris gesprochen hatten, einem Ashura-Enthusiasten, der diese Anschuldigungen widerlegen konnte. Doch nichts von all dem – der Verdacht, das nachtragende Misstrauen, sogar die menschenleere Grabstätte Khomeinis – nichts von all dem macht Sinn, solange wir nicht glauben können, dass Menschen wie Mehrdod existieren, die sich damit zufrieden geben, das System zu benutzen. Ich kann Mehrdod keine Schuld zuweisen. Von seinem Standpunkt aus, macht sein Verhalten absolut Sinn und stellt die natürliche Reaktion auf eine unvollkommene Welt dar. Aber für Farzaneh oder Mahmud oder die zahllosen Menschen, die isoliert und machtlos außen vor stehen, ist solch ein Opportunismus unheilvoll und schlecht, ein Symptom der iranischen Krankheit, ein Grund für das Leid des Landes.

Sie haben in vielerlei Hinsicht Recht. Mehrdod, ein liebenswürdiges Rädchen in der Maschinerie der Unterdrückung, stellt einen lebenswichtigen Schlüssel zum Verständnis der Logik des Iran dar. Menschen wie Mehrdod, normale Menschen, die sich um ihr eigenes Leben in einer Welt kümmern, die durch Unterdrückung regiert wird, sind die wahre Kraft hinter Revolutionen und Diktaturen. Mehrdod ist ein guter Mensch, harmlos; dennoch hätte die Revolution ohne Menschen wie ihn nicht überlebt. Mehrdod verleiht mir das Gefühl, dass ich nahe daran bin, etwas Wesentliches über den Iran zu verstehen. Er gibt mir die Antwort auf unausgegorene Vermutungen, die mir keine Ruhe lassen, die mich begleiten, seitdem ich die wenig besuchte Grabstätte Khomeinis gesehen habe. Nichts im Iran, nicht einmal Fanatismus, ist das, was es zu sein scheint.

Mehrdod bemerkt nicht, dass meine Fragen ihn persönlich betreffen. Ich suche nach seinen Gedanken über die Begleiterscheinungen des iranischen Opportunismus, danach, was es heißt, wenn Menschen eines ganzen Landes ihre religiöse Leidenschaft vortäuschen. Für Mehrdod ist das nichts Außergewöhnliches; es ist die iranische Krankheit. »Jeder macht das«, sagt er, »du musst mir glauben. Ein Beispiel. Hast du neulich jene Frauen am Schrein gesehen, die alle weinten? Sie haben das nur gespielt. Das ist mein Ernst. Iraner sind sehr gut, was das Schauspielern anbelangt.«

Es ist früher Abend, als Mehrdod uns in einem Taxi zum Flughafen begleitet. »Seid nur froh, dass ihr nur über Gebiete fliegt, wo es kein Wasser gibt«, sagt er. »Iran Air hat alle Rettungswesten aus ihren

Flugzeugen entfernt, weil die Leute sie immer wieder gestohlen haben. Ich hatte einen Freund, der das getan hat. Als er es mir erzählte, dachte ich sofort: Du wirst nicht länger mein Freund sein. So etwas widert mich an; es ist *widerlich*.«

Wir verabschieden uns außerhalb der Abfertigungshalle von ihm. Um uns herum herrscht wildes Chaos: Die iranische Regierung hatte diese Woche beschlossen, alle afghanischen Flüchtlinge auszuweisen, und es hat den Anschein, dass die meisten von ihnen sich mit ihren Familien und all ihrer Habe auf dem Flughafen von Meschhed niedergelassen haben. Ich bin froh, dass es Mehrdod ist, mit dem wir von all jenen, die wir im Iran getroffen haben, den letzten Abschiedsgruß austauschen. Mit seinem überschäumenden Charakter, der über einen kleinen und traurigen grauen Kern drapiert ist, muss man ihn einfach mögen; und er hat uns vielleicht mehr vom Iran gezeigt als alle anderen.

Ich finde es schwierig, meine eigenen Gefühle gegenüber dem Land und seinen Leuten zu ordnen. Der Iran ist unglaublich gespalten. Viele Länder sind erbittert in identifizierbare Gruppen gespalten – Christen gegen Muslime im Libanon, Katholiken gegen Protestanten in Nordirland –, aber im Iran ist die Spaltung atomar, eine Spaltung zwischen den einzelnen Individuen. Jeder Mensch ist abgeschnitten, isoliert von den anderen, hermetisch abgeriegelt durch eine brütende Atmosphäre aus Furcht und Misstrauen. Allgemeine Unterscheidungen können getroffen werden: zwischen jenen, die am Schrein weinen, und jenen, die sie als Betrüger beschuldigen; zwischen jenen, welche die Regierung zu ihren eigenen Zwecken verwenden, und jenen, die solche Menschen verachtenswert finden; zwischen jenen, die wahrhaft religiös sind, und jenen, welche die Gläubigen als Pfand der Regierung betrachten. Doch innerhalb dieser Gruppen gibt es nichts, was als Einheit bezeichnet werden könnte. Dort ist nur das Gefühl von verängstigten Menschen, die versuchen, mit einer beängstigenden Welt zurechtzukommen.

Ungeachtet dessen, wie wir die Unterteilungen in der iranischen Gesellschaft sehen, hat sich gleichzeitig unser Bild von dieser Gesellschaft für immer gewandelt. Wir können sie uns nicht länger als eine trübe Gesellschaft von hirnlosen Fanatikern vorstellen, in der Terror und schwelender Hass vorherrschen. Es ist stattdessen eine Gesellschaft, in der extreme Freundlichkeit anzutreffen ist, reale Menschen, die stolz auf ihre Geschichte und ihre Religion sind – ein Land, dessen Bild von sich selbst von weit mehr als nur dem Islam geprägt ist. Zwar bleibt der Iran für uns ein Land unter der Herrschaft eines brutalen Regimes, aber zum ersten Mal können wir den Unterschied zwischen seiner Regierung und seinen Menschen sehen.

Wenn wir etwas mit uns nehmen, so ist es die Religion. Der Religion, sowohl der politisierten als auch der reinen, kann man im Iran nicht entkommen. Im Iran ist Religion Politik, sie ist Wissenschaft, sie ist Leben. Sechs Wochen in der kalten Atmosphäre der schiitischen Frömmigkeit und religiösen Intensität haben uns mit einem Gefühl der Vertrautheit mit der Religion zurückgelassen, das ich nicht erwartet hätte. Das Schiitentum, der Glaube an Märtyrertum, Tränen und Dunkelheit brennen hell in unserem Geist. Die Bilder der weinenden Gläubigen, der Selbstbestrafung bei den Ashura-Feierlichkeiten, des religiösen Leids, das über 1000 Jahre aufrechterhalten wird, werden uns immer als lebhafte Erinnerungen an die Säulen des schiitischen Glaubens im Gedächtnis bleiben. Ali, Hussein, Hassan – immer noch als Märtyrer beklagt –, all das werden wir mit uns nehmen. Und nun bereiten wir uns am Ende unserer Reise durch den Iran auf den Eintritt in die Welt der Sunniten vor.

Das Chaos, das in der Abflughalle herrscht, ist genauso groß wie das draußen vor dem Flughafen. Die Menge um uns herum ist seltsam: heimatlose afghanische Flüchtlinge, verängstigt und voller Hoffnung, dass ein Land sie aufnehmen wird; russische Einkaufswütige mit Goldgebiss, mit großem, seltsam geformtem, schwerem Gepäck; geschniegelte iranische Geschäftsleute, die nur mit ihrem Aktenkoffer reisen. Unser Flug hat vier Stunden Verspätung, und wir müssen bis nach Mitternacht auf unsere letzte Leibesvisitation im Iran warten, danach werden wir zur Rollbahn geführt, wo die turkmenische Maschine auf uns wartet.

Ich gehe langsam die Treppen hinauf, viel zu erschöpft, um meine letzte Berührung des iranischen Bodens zu beklagen. Am oberen Ende der Treppe bleibe ich stehen und schaue auf den schwarzen Schatten von Meschhed unter dem Mitternachtshimmel. Dann betrete ich das Flugzeug.

Der Schock ist zweifacher Natur. Vor mir steht eine Stewardess, ihr Kopf ist unverschleiert und zeigt das erste weibliche Haar, das ich seit der Gasse in Jesd in der Öffentlichkeit gesehen habe, innerhalb von sechs Wochen nur die zweite öffentliche Haarpracht. Ich bin genauso sehr von meiner eigenen Reaktion wie auch vom Anblick als solchem geschockt; ich muss feststellen, dass ich glotze. Den Rock der Frau kann man nach westlichem Standard kaum als kurz bezeichnen – eher ein konservativer Schnitt, gerade bis unterhalb des Knies –, aber hier kommt das einer Provokation gleich. Darüber trägt sie eine dünne, durchsichtige weiße Bluse. Doch was mir wirklich den Atem verschlägt, ist ihre schimmernde Mähne aus rotem Haar. Ich blicke zu Kirst; sie ist genauso gebannt. Wir gehen zu unseren Plätzen im vorderen Teil des Flugzeugs, dann drehen wir uns um und beobachten, wie sie durch den Gang geht, starren sie schamlos an. Es geht nicht nur uns so: Wir schauen zurück in ein ganzes Flugzeug voller gewendeter Köpfe, die alle genauso glotzen.

Uns wird Tee in alten, gesprungenen Keramiktassen serviert. Wir warten, wir dösen; dann geht die Reise los. Die Maschine startet, die Beleuchtung wird abgedunkelt, und wir bewegen uns langsam in die Dunkelheit hinein.

Erst als die Räder des Flugzeugs vom Boden abheben, bin ich mir voll bewusst, was passiert; erst dann sehe ich diese Reise als eine einschüchternde, unabänderliche Wahl an. Vertrauen und Sicherheit fallen von mir ab wie das immer dunkler werdende Land unter uns. Das Reisen im Iran ist zu einer bekannten Größe geworden; Turkmenistan muss nun gefürchtet werden. Iran fühlt sich wenigstens wie ein alter, wenn auch etwas verwirrender Freund an. Wir sprechen seine Sprache, wir verstehen seine Kultur, wir haben sogar einen Reiseführer. Über Turkmenistan, über alle zentralasiatischen Republiken wissen wir nichts. Wir haben keine Informationen, kein kulturelles Verständnis, keine Sprachkenntnisse, keine Vorstellung von dem, was uns erwartet. Und wir kommen um drei Uhr morgens an.

ZWEITER TEIL

Zentralasien

Turkmenistan

Fragmente der Geschichte

Dienstag, 4. Juli: Auf dem Weg nach Aschchabad

Feuchte drückende Hitze schlägt uns von der Rollbahn entgegen. Wir schleppen uns so müde wie die anderen um uns herum in den neuen Flughafen von Aschchabad, durch weiße Korridore, die in der klinischen Sterilität eines Albtraums glänzen.

Ein bitterer Geschmack dessen, was der Iran für jene sein muss, die kein Persisch sprechen, nur schlimmer, denn hier finden wir absolut kein Englisch vor. Die kyrillische Schrift beleidigt mehr als das Arabische; sie verhöhnt mich, lässt mir keine Ruhe, ihre Ähnlichkeit mit dem Lateinischen macht mich glauben, dass ich zumindest etwas verstehen kann. Wir tappen weiter.

Draußen zeigt sich kein leuchtender Glanz von der Stadt, der den Horizont blau färbt, kein Licht, das die Dunkelheit zurückweist. Ein leerer Parkplatz. Wir haben kein Geld, keine Informationen über die Stadt, keine Sprachkenntnisse, und es ist drei Uhr morgens. Im Schatten warten verzweifelte Taxifahrer mit den paar wenigen Brocken Englisch auf, die sie beherrschen, ein starker russischer Akzent ist unverkennbar: »Dollar, ja?«

> *Eine dicke russische Frau.*
> *Ein Herantasten ohne Sprache.*
> *Abgemacht, wir sind an Bord.*

Der mit zwei Frauen, uns und einem Gepäckberg beladene Transporter hält an einem unbeschilderten Holztor neben einem niedrigen ländlichen Gebäude, das in Dunkelheit gehüllt ist. Dichte Baumreihen, die entweder zu einem Wald oder zu einem Park gehören, schirmen uns von der Nacht ab. Wir haben keine Vorstellung von Aschchabad, keinen blassen Schimmer, wo wir sind, wissen nicht einmal, ob wir die Stadt erreicht haben – ein totales Gefühl der Orientierungslosigkeit. Diese Frauen, die Teil einer großen Gruppe sind, die im Iran eine Einkaufsorgie veranstaltet hatte, akzeptieren unsere Anwesenheit, können uns aber nichts mitteilen.

Hunde bellen in der Dunkelheit, als wir ankommen; das abgebrochene Krähen eines Hahns antwortet.

Das Tor öffnet sich; ein ergrauter Mann in gestreifter Pyjamahose und schmutzigem Unterhemd erscheint. Sein Gesicht ist quadratisch und eingefallen, missgestaltet und unrasiert – ein rotäugiges Etwas aus weißem Fleisch. Eine Zigarette hängt an seinen Lippen. Er sieht uns, wirft den Frauen einen ärgerlichen Blick zu und beginnt ein Spiel aus gestikulierenden Rufen. Es ist viel zu spät, und wir sind zu müde, um uns darum zu kümmern, was dieser Mann denkt. Wir nehmen unsere Taschen und schieben uns hinter ihm durch das Tor hindurch.

Es gibt kein Licht, und es dauert mehrere Sekunden, bis die schattenhaften Umrisse vor uns sich zu einer halbwegs erkennbaren Szenerie auflösen. Wir stehen im Hof eines nassen und schmutzigen Bauernhauses. Über uns versperrt ein mit Wein bewachsenes Holzgitter die Sicht auf den Himmel. Zu unserer Linken befindet sich ein Holzschuppen, an dem die Farbe abgeblättert ist; zur Rechten drängen sich ähnliche Gebäude um den Hof herum. Die ärgerlichen Umrisse von einem Haufen rostenden Metallschrotts; ein alter Kühlschrank, weggeschmissen; ein Schaf in einem Verschlag im Dreck. Irgendwo speit eine Pumpe, versteckt in der Dunkelheit, Wasser in einen Abfluss; ihr Geräusch ist wie ein Widerhall der Verschwendung des Kommunismus.

Wir sitzen an einem Tisch und sehen zu, wie unsere stummen Begleiterinnen eintreten, der schauerliche Alte schikaniert sie. Ich will nur schlafen. Wir hatten angenommen, dass wir zu einer Art Gasthaus gefahren würden. Wenn das nicht der Fall sein sollte, werden wir dort schlafen, wo wir sitzen. Wir sind zu müde, um irgendwo anders etwas zu suchen, und auch wenn wir die Energie hätten, so könnten wir nirgendwo sonst hingehen.

Ein Husten, ein raues Lachen, und eine Blondine taucht aus einem der Räume auf. Sie setzt sich neben uns und zündet sich eine Zigarette an. Ihr Kleid ist eine armselige Andeutung von Sinnlichkeit und ihr Gesicht von einer dicken Make-up-Schicht überzogen. Mit ihrem flachsblonden Haar, ihren gemeißelten Gesichtszügen, ihren Goldzähnen und ihren abgestumpften Augen ist sie das perfekte Abbild einer russischen Prostituierten, vermittelt verunstaltet die Essenz trauriger krimineller Dekadenz. Sie ignoriert uns, bläst Qualm in die Nacht hinaus. Nach einer kurzen Pause erscheint hinter ihr ein enormer Schatten, eine weibliche Erscheinung in der Größe von zwei Menschen, groß und dickarmig in einem zeltartigen Kleid und Schultertuch, die in dem trüben Licht beide verblasst und unwirklich erscheinen. Ein massiver und gleichzeitig schwereloser Geist, er streift hinter uns vorüber, verschwindet hinter dem Haufen Metallschrott.

Nichts von dem, was wir sehen, erscheint wirklich.

Der Alte verschwindet, kommt wieder, beginnt zu rufen und zu winken, dieses Mal sind wir gemeint. Ich gähne und blinzele mit müden Augen zu ihm hinüber. Mir fehlt die Energie. Nur langsam erkenne ich, dass der verstümmelte russische Klang seiner Stimme sich verändert hat, dass er sich stattdessen in einer rauen Version des Persischen versucht, die nur vage zu erkennen ist. Aber das ist genug. Ich verstehe: Solange wir zahlen, sind wir willkommen.

Innerhalb von Minuten bringen wir unsere verwirrten Gedanken zu Bett. Wir sind orientierungslos und durcheinander. Unser Zimmer ist klein, in den hellen ursprünglichen Farben von afrikanischen Gebäuden gestrichen und mit denselben glaslosen Fenstern ausgestattet, denselben unförmigen Türen, die sich weigern, zu schließen, demselben einzelnen Stück Stoff, das uns vor der Außenwelt schützt. Aber es hat Betten, also ist es perfekt. Draußen öffnen der Alte und die frisch Angekommenen eine Flasche Wodka und starten zu einer langen und lauten Reise ins Morgengrauen. Ich kämpfe gegen ihren Lärm an, gegen die fiebrige, schweißdurchtränkte Hitze und klammere mich an meinen Weg ins Vergessen.

Mittwoch, 5. Juli: Aschchabad

Es wäre wunderbar, die unwirkliche, traumartige Atmosphäre der Nacht beizubehalten, aber mit dem Sonnenlicht ist Aschchabad ins Reich des Möglichen zurückgekehrt.

Im Tageslicht erscheint der Hof draußen vor unserem Zimmer weit weniger bedrohlich, weit weniger entfernt von der Realität. Er bleibt jedoch äußerst fremdartig. Frauen mit zitternden, schlaffen, weißen Fleischringen sitzen um Feuer herum, die in Metallfässern angezündet wurden, und backen Brot. Ihr Haar ist wahllos nach hinten unter ihre Kopftücher gebunden und zeugt eher von praktischen denn religiösen Überlegungen. Der Iran liegt weniger als einen Tag hinter uns, und der Anblick von nackten Armen, egal wie dick und verfallen, erscheint mir anfangs obszön. Der Kulturschock in Turkmenistan wird sicherlich doppelter Natur sein: Ich muss mich sowohl mit der neu erworbenen iranischen Sichtweise als auch mit der mir eigenen daran gewöhnen.

Aschchabad wirkt nicht wie die Hauptstadt eines gerade aus der Wiege gehobenen Landes. Es ist klein, und eng und leer, und ich kann mir vorstellen, dass es niemals die Atmosphäre des Lebens unter sowjetischer Herrschaft verlieren wird, die eines kleinen Vorpostens am Rande eines großen Reiches. Die von großen städtischen Apartmentblöcken gesäumten Straßen sind stalineske Visionen sowjetischer Größe. Sie stammen nicht aus der Ära sozialistischer Plattenbauten, sondern wurden schon früher erbaut. Sie rufen die Erinnerung an einen halb in Vergessenheit geratenen russischen Film hervor, öde und geordnet, aber alt genug, um an einer Atmosphäre von Romantik und Charakter festzuhalten. Alles ist in Farben gestrichen, die einst wohl einen heiteren Eindruck machten, aber nun zu schalen Pastelltönen verblichen sind. Der gescheiterte Versuch an Fröhlichkeit macht einen sehr traurigen Eindruck. Dazwischen finden sich Bäume, Landparzellen und Tiere einer ländlichen Stadt. Selbst das Zentrum wirkt bäuerlich. Der überwältigende Eindruck ist der einer heruntergekommenen Stadt, die sich weit entfernt von irgendetwas Wichtigem befindet.

Wir verbringen den Tag mit einer Entdeckungstour, sind auf der Suche nach neuen Visa, nach Plätzen, an denen es etwas Essbares gibt, auf der Suche nach allem, was sehenswürdig ist. Das Klima erinnert an geschmolzenes Harz. Die Hitze Aschchabads ist entkräftigend. Ein großer nasser Schweißfleck verunstaltet mein Hemd. In diesem Klima macht schon das Atmen Mühe, und mir fallen die Worte des turkmenischen Konsuls in Meschhed wieder ein: »O nein, ihr werdet nicht lange in Aschchabad bleiben. Es ist eine schreckliche Stadt, viel zu heiß. Mein Rat ist, dort so schnell wie möglich wieder abzureisen.«

Bis zum frühen Nachmittag hat uns die Hitze erschlagen. Es ist uns weder gelungen, entweder usbekische oder kirgisische Visa zu bekommen, noch haben wir Geld wechseln können, noch haben wir irgendetwas Sehenswertes entdeckt, noch gab es irgendwo etwas zu trinken; und als wir uns gerade auf den Rückweg zu unserem Quartier machen wollten, fauchte uns hinterrücks wild und wütend ein amerikanischer Akzent an:

»Entschuldigung, was machen Sie hier?«

Die Frau ist klein, weist das verhärtete Aussehen von gespanntem Leder auf. Sie trägt ein dünnes Leinenhemd und Khakishorts; es sind die ersten weiblichen Beine, die wir hier sehen. Sie starrt uns an, ihre Hände auf ihre Hüften gestützt, etwas leicht Wahnsinniges liegt in ihren Augen. Wir sind zu überrascht, um ihr zu antworten.

»Ihr seid vom Hilfskorps, oder?«, fährt die fauchende Stimme fort. »Ihr seid Touristen, stimmt's?« Wir nicken. »Also, was zum Teufel macht ihr in Turkmenistan? Es tut mir Leid, aber ich kann mir *keinen* Grund vorstellen, warum *irgendjemand hierher* kommen will.«

Die Frau stellt sich als Suzie vor, eine Freiwillige aus dem Friedenskorps am Ende einer dreijährigen Stationierung in Turkmenistan. Der Blick in ihren Augen offenbart sich als Hunger nach Gesellschaft, nach Unterbrechung der erdrückenden turkmenischen Langeweile. »Turkmenistan«, erklärt sie, »ist das ödeste Land der Welt. Es ist eine Wüste mit vier Städten, mit wenigen Verbindungen zur Außenwelt, ohne sehenswürdige Naturschauplätze, ohne Restaurants oder Geschäfte, eine der letzten Bastionen kommunistischer Herrschaft, die noch fortbesteht. Reisemöglichkeiten gibt es nicht – der Iran ist für Amerikaner nicht zugänglich, Tadschikistan und Afghanistan werden vom Krieg zerrissen, und die usbekischen Grenzkontrollen verlangen exorbitante Schmiergelder.«

Nach drei Jahren Aufenthalt in diesem unwirtlichen Land sehnt Suzie sich verzweifelt nach einem Urlaub in der Türkei. »Turkmenistan ist ein Ort der Nomaden, flach, heiß und leer, mit nur sehr wenigen Überresten von alten Zivilisationen, wenig identifizierbarer eigener Kultur.«

Suzie kann sich nicht vorstellen, wie es irgendjemanden anziehen kann.

Ihre Frage geht in vielerlei Hinsicht über mein Erklärungsvermögen hinaus. Warum wir hier sind? Was wir vorzufinden hoffen? Ich habe halbwegs gestaltete Hoffnungen, vage Ideen von dem, was ich lernen könnte, aber das heißt gar nichts, wenn ich mich dem gegenüber, was mich erwartet, ignorant verhalte. Vorstellungen dieser alten Sowjetrepubliken sind derart rudimentär, dass wir nur wissen werden, was sie anzubieten haben, nachdem wir es erfahren haben.

Meine einzige Antwort besteht darin, dass wir gekommen sind, um den seltenen Geschmack des zentralasiatischen Islam zu kosten. Denn der Islam existiert trotz seiner Unterdrückung während der kommunistischen Ära noch in allen zentralasiatischen Republiken: Neun Zehntel der turkmenischen Bevölkerung sind nominell Muslime, ähnliche Zahlen gelten für Usbekistan, und mehr als die Hälfte der Einwohner von Kirgisistan sind muslimischen Glaubens. Doch was heißt das? Ein Muslim in Aschchabad zu sein, heißt – sogar nach dem Wenigen, was wir bisher gesehen haben – etwas ganz anderes, als es für die iranischen Muslime im Süden bedeutet. Um diesen Unterschied herauszufinden, die Form und die Realität des Islam in Zentralasien, bin ich hierher gekommen. Solange wir nicht die Erfahrung Zentralasiens gemacht haben, kann ich nur raten, wie sie aussieht, aber ich vermute, dass sie unentwirrbar mit dem grauen Fleck des Kommunismus vermischt sein wird. 80 Jahre Sowjetherrschaft müssen ihre Spuren hinterlassen haben.

Zu Anfang unterstützten die meisten Muslime den Sturz des Zarenregimes. Das Russische Reich hatte sich für die Herrschaft über die Region sehr angestrengt: Es hatte eine schattenhafte Schlacht gegen den britischen Einfluss vom Süden her geführt und während des Ersten Weltkriegs die Revolten in Turkmenistan brutal unterdrückt. Wie so viele Revolutionäre mit unbegründeten Hoffnungen hatten die Muslime geglaubt, dass die bolschewikische Erhebung ihnen schließlich die Möglichkeit zur Freiheit, zur eigenen Regierung geben würde. Das sollte nicht der Fall sein. Es wurde sehr schnell offensichtlich, dass Selbstverwaltung für Turkmenistan absolut nicht auf der Tagesordnung der Bolschewiken stand. Sie reagierten rasch und rücksichtslos, um jede Opposition niederzuschlagen und um ihre eigene Form der Herrschaft über die Region zu errichten, eine Herrschaft, die weit heimtückischer und totalitärer war als das zaristische System zuvor.

Die Russen wussten, dass nur der Islam ein ausreichend realisierbares und zusammenhängendes Netzwerk für die Opposition gegen sie aufbieten konnte, wohingegen die Region ansonsten ein ethnisch und linguistisch gemischtes Gebiet darstellte. Tatsächlich wurde aller Widerstand gegen sie im Namen des Islam geführt. Demzufolge war das Hauptziel der Bolschewiken ein Angriff auf die Stärke der Religion. Ab den frühen 1920er-Jahren begann Stalin, nicht nur die nationalistischen muslimischen Intellektuellen, sondern fast die gesamte vorrevolutionäre muslimische Intelligenzia zu liquidieren, ungeachtet der Tatsache, ob sie sich gegen das Sowjetregime stellten oder nicht. 1928 dehnte sich die Attacke aus und schloss die Infrastruktur des Islam selbst ein: Tausende von Moscheen wurden geschlossen und zerstört, muslimische Kleriker verhaftet, Saboteure und Spione getötet. Islamische Texte wurden verbrannt, Institutionen der religiösen Lehre wurden geschlossen, alle öffentlichen Formen des muslimischen Gottesdienstes und sogar muslimische Namen wurden verboten. Bis 1941 waren nur noch 1000 Moscheen von den 25 000, die noch 1920 geöffnet hatten, übrig; alle der 14 500 religiösen Schulen oder *madrasa* waren geschlossen und weniger als 2000 von 47 000 islamischen Geistlichen hatten überlebt. Das traditionelle religiöse Establishment des Islam in Zentralasien war zerstört worden.

Das kennzeichnet den sowjetischen Umgang mit den Kulturen Zentralasiens. Neue künstliche Grenzen wurden gezogen. Arabisch wurde verboten, stattdessen wurden modifizierte Formen des Kyrillischen angenommen. Lokale Sprachen mussten gezwungenermaßen zu Gunsten des Russischen aufgegeben werden. Der soziale Eingriff der Sowjets bedeutete, dass zentralasiatische Muslime sowohl voneinander als auch von der Außenwelt vollkommen abgeschirmt wurden. Die intellektuelle und kulturelle Isolation der zentralasiatischen Muslime vom Rest der Welt, von ihrem Platz in der Geschichte und von einander erfolgte annähernd total.

Sogar unter solchen Bedingungen überlebte der Islam. Zweifellos war die Religion gezwungen, sich in vielerlei Weise zu verändern. Ihre Essenz jedoch – der Glaube an Gott, an Mohammed als seinen Propheten – konnte nach wie vor unverändert bleiben: eine einfache Formel, zeitlos und ewig. Doch die Religion ist trotz allem ebenso sehr die Kultur, die sie hervorbringt, wie auch ihre Doktrin, und ich kann mir nicht vorstellen, dass der Islam in Zentralasien derselbe Islam ist wie ein Jahrhundert zuvor oder irgendetwas Ähnliches wie der Islam im Rest der Welt. Der Islam mag überlebt haben, aber ich vermute, dass er schwer zu erkennen sein wird.

Donnerstag, 6. Juli: Aschchabad

Wir hoffen, dass wir Aschchabad morgen verlassen und uns auf den Weg zu den legendärsten Städten Zentralasiens machen können: nach Samarkand und Buchara. Diese Orte sind seit Jahrhunderten Legende. Beide dienen ebenfalls als Erinnerung daran, wie wichtig Zentralasien für die Geschichte des Islam war, und es ist die Mühe wert, diese Geschichte vor dem Beginn unserer Reise in Augenschein zu nehmen.

Zentralasien war fast von Anfang an Teil der islamischen Welt. In den Jahrzehnten nach dem Tode Alis expandierte das Omaijaden-Reich rasch. Dieses Reich wurde von Damaskus aus regiert und erweiterte seine Grenzen in nördlicher, östlicher und westlicher Richtung. In allen eroberten Gebieten wurden Garnisonsstädte gegründet, und es wurde ein Reich errichtet, das auf arabischer Überlegenheit über bezwungene Völker basierte. Muslimische Streitkräfte richteten sich fest auf dem Indischen Subkontinent ein, eroberten gewaltsam die Gebiete von Sind und verbreiteten das Bild des islamischen Kämpfers, der mit der Schwertspitze bekehrte. 710 erfolgte die – aus westlicher Sicht – extrem wichtige Landung in Spanien, die die rasche Okkupation des größten Teils der Iberischen Halbinsel nach sich zog. Islamische Heere überquerten zum ersten Mal den Oxus – den Fluss, der heute Amu-Darja heißt und der die Grenze zwischen Turkmenistan und Usbekistan bildet – und nahmen die Städte Buchara und Samarkand ein.

Diese zentralasiatische Region spielte jedoch mehrere Jahrhunderte lang keine größere Rolle in der islamischen Geschichte. In den frühen Jahren musste sich das Großreich um andere Dinge kümmern. Sein Augenmerk lag sowohl auf arabischer als auch auf islamischer Herrschaft, und das erzeugte in einer ethnisch gemischten Umgebung eine bitter geteilte Gesellschaft. Schließlich entluden sich die Frustrationen der nicht-arabischen muslimischen Mehrheit des Reiches in einer Revolution, als die abbasidische Bewegung im Iran an Einfluss gewann und die Omaijaden stürzte, um ein neues Kalifat in Bagdad zu errichten. Ihre Herrschaft, die über fünf Jahrhunderte andauerte, sollte ausschließlich auf den Islam gegründet sein. Das Reich, das sie errichteten, erlebte eine Periode des Lernens, der Zivilisation und Kultur, wie sie vorher noch nicht da gewesen war.

Interessanterweise führte die Rebellion gegen die omaijadische Haltung der arabischen Überlegenheit am Ende zu einer Arabisierung der islamischen Welt. Als die Reinheit des arabischen Blutes seine Bedeutung verlor, veränderte sich die Vorstellung davon, was einen Araber ausmachte. Anstelle des Blutes wurde die Sprache zum Erkennungsmerkmal der arabischen Identität. Unter den Omaijaden musste man der Herkunft nach ein Mitglied des arabischen Stammes sein, um als Araber zu gelten. Unter den Abbasiden war dazu nur die arabische Sprache notwendig. Bald wurde das Arabisch von Persien bis zu den Pyrenäen zur wichtigsten Sprache. Die Städte des Islam wandelten sich von Garnisonsstädten, die über eroberte Völker herrschten, zu richtigen Städten, Orten der Geschäftsabwicklung und des Handels. Das Reich begann, sich in sich selbst zu festigen.

Die Völker Zentralasiens wurden in den späteren Jahren des abbasidischen Kalifats lebenswichtig für die Geschichte des Islam. Im Laufe der Jahrhunderte begann das islamische Ideal zu verschwinden, das von den Abbasiden angestrebt worden war. Der abbasidische Hof wurde zu einem Ort der Verschwendung und Extravaganz, der Korruption und des Luxus. Wundervolle Paläste und kostspielige Herrenhäuser wurden nicht nur in der Hauptstadt, sondern in allen Städten der Provinz errichtet, eine Litanei romantisch klingender Namen: Buchara, Samarkand, Shiraz, Damaskus, Aleppo, Jerusalem, Kairo, Tripolis, Fes, Córdoba. Diese Struktur führte schließlich zum Niedergang des Reiches, endete in einer lang gezogenen Spirale des Verfalls, die in Trägheit und Schwäche ihr Ende fand. Die Kalifen gingen immer mehr dazu über, ihre Autorität an Staats- und Regierungsminister zu delegieren, was ihre Herrschaft über ihre Wächter in Bagdad schwächte. Sie konzentrierten sich auf die religiöse Überwachung des Amtes der Kalifen, und es dauerte nicht lange, da waren militärische Kommandeure und Posten häufig in der Lage, die Kalifen nach ihrem Gutdünken zu ernennen oder abzusetzen.

Dieses Großreich, in dem Türken und Araber und Perser alle um Einfluss an einem gemischten abbasidischen Hof wetteiferten, erlag schließlich drei Angriffswellen, die alle in den Wüsten Zentralasiens ihren Ausgang nahmen. Dreimal – zum ersten Mal durch die Seldschuken, gefolgt von den Mongolen und schließlich durch den Eroberer Tamerlan – stellte Zentralasien seine Bedeutung für das Schicksal des Islam unter Beweis, wobei seine Armeen Großreiche ausrotteten und neue errichteten.

Die nomadischen Stämme der seldschukischen Türken fielen im 10. Jahrhundert aus Zentralasien in abbasidisches Land ein, nahmen den Nordiran ein und traten selbst zum Islam über. Am Ende des 11. Jahrhunderts hatten sie sich zu Beschützern des Kalifats erhoben und weiteten ihre Herrschaft auf Syrien, Palästina und Anatolien aus: Es waren die Siege der Seldschuken über die Byzantiner in Zentralanatolien, wodurch die christlichen Welt so sehr in Alarm versetzt wurde, dass sie den ersten Kreuzzug einleitete.

Die seldschukischen Großsultane werden wegen ihrer Konflikte mit den europäischen Kreuzfahrern und wegen der türkischen Stämme, die nach ihrem Abzug weiterhin in Anatolien verweilten, in Erinnerung bleiben. Ihre Bedeutung war jedoch im Vergleich zu der Eroberungswelle, die nach ihnen folgte, verschwindend gering. 1258 zogen die Mongolen aus Zentralasien in den Iran ein, eroberten Bagdad und schlugen das Kalifat nieder. Sie hinterließen eine Chronik der Zerstörung, stellten eine Invasion dar, welche die islamische Zivilisation in Schutt und Asche legte und sie für zwei Jahrhunderte verkrüppelt und gedemütigt zurückließ. Die Araber waren von wilden Stammeskämpfern vernichtet worden, die genauso wie sie selbst Jahrhunderte zuvor aus den Wüsten angeritten kamen, um etablierte, eingesessene Systeme zu zerstören.

Die Mongolen unter den Nachfolgern von Dschingis Khan sahen deutlich die bröckelnden Fundamente und die Dekadenz der muslimischen Gesellschaft. In der Vergangenheit hatten die Muslime stets angenommen, dass ihr Glaube sie zum Sieg geführt hatte. Der Mongolenanführer Hülägü Khan warnte sie und bezog sich in seiner Argumentation, dass sie sich nicht länger auf Gott verlassen könnten, auf den Koran selbst: *Gebete gegen uns werden nicht erhört werden, denn ihr habt verbotene Nahrung zu euch genommen, und eure Rede ist faul, ihr brecht Schwüre und Versprechen, und unter euch herrscht Ungehorsam und Zersplitterung vor. Lasst euch gesagt sein, dass euer Schicksal Schande und Demütigung ist.* Sein letztes Urteil hatte prophetischen Charakter: *Ihr werdet unter uns das schrecklichste Elend erleiden, und euer Land wird leer von euch sein.*

Die mongolischen Armeen zogen sich in ihr zentralasiatisches Kernland zurück und hinterließen das einst mächtige islamische Großreich als zerstörte Ruine. Ein Zeitalter der Verzweiflung und Armut stand bevor. Das muslimische Leben ging weiter – tatsächlich stellte ein einsetzender politischer islamischer Radikalismus eine Reaktion auf die Mongolen dar, ein Fundamentalismus angesichts der Zerstörung, der die Religion noch heute kennzeichnet, aber die Regierungs- und Zivilisationsstrukturen waren zerstört.

Diese Periode des Verfalls und der Trostlosigkeit hielt über zwei Jahrhunderte lang an, bis die letzte Eroberungswelle sich ihren Weg aus Zentralasien in die Welt des Islam bahnte. Der muslimische Kriegsherr Tamerlan, ein erstaunlicher Mann, der sich sowohl durch Grausamkeit als auch durch Kunstverständnis auszeichnete, machte für sich Siege geltend, die nur denen von Alexander dem Großen nachstanden, und eroberte alle Länder von Indien bis zum Mittelmeer. Erst nachdem Tamerlan wieder von der Bildfläche verschwunden war, konnten die glorreichen Großreiche der Ottomanen, Safawiden und Moguln ihre Herrschaft voll entfalten.

Tamerlan – dessen Name eine europäische Korrumpierung des Namens Timur-i-Längs oder Timur der Lahme darstellt, der wegen seines leichten Hinkens so genannt wurde – war ein brutaler Mann. Er übertrieb nicht, als er Schah Shujah, den Sultan des Iran und des persischen Teils des Irak warnte: »Nimm zur Kenntnis, dass mir drei Dinge vorausgehen: Zerstörung, Unfruchtbarkeit und Pestilenz.« Wenn Städte in seine Hände fielen, wurden sie niedergebrannt; wenn die Bevölkerung in seine Hände fiel, wurde sie niedergemetzelt. In vielerlei Weise war er genauso gnadenlos, blutrünstig und zerstörungswütig, wie die Mongolen es vor ihm gewesen waren. Doch ein wilder Mongole war er nicht. Obwohl er nicht Lesen und Schreiben konnte, liebte er die Kunst. Er sprach zwei oder drei Sprachen, spielte Schach und ließ sich bei den Mahlzeiten gern aus Geschichtsbüchern vorlesen. Seine große Vorliebe galt der Ästhetik: der Architektur, den Gärten, dem Porzellan. Große, fremde Gebäude wie die omaijadische Moschee in Damaskus wurden sogar noch in brennendem Zustand von seinen Künstlern skizziert. Er brachte sowohl Wissen als auch Reichtümer von seinen Eroberungszügen mit und machte aus Samarkand eine Stadt glitzernder Schönheit mit fantastischen Gebäuden und außerordentlichem Reichtum. Sein Reich, dessen Hof sich in Samarkand befand, wurde zu einer wahren Renaissancegesellschaft; Studium, Literatur und Kunst wurden höher bewertet als jemals zuvor, da Timur die ästhetische Empfindsamkeit seines Reiches betonte, ein Reich, das auf Eroberungszüge und Mord gegründet war.

Timur stellte das letzte Glied in der Kette des zentralasiatischen Ruhmes dar. Die Dynastie, die er hinterließ, die Timuriden, waren Herrscher einer hoch entwickelten Kultur. Sie errichteten ein Reich des Wohlstands und der Kultiviertheit, aber ihre Herrschaft war nur von kurzer Dauer. Während ihrer Blützezeit zog die Herrschaft der Timuriden Intellektuelle, Künstler und Dichter aus der ganzen Welt an. Die Timuriden dehnten ihr Reich stärker durch Handel als durch Eroberungen aus und konzentrierten ihre Energien auf die Wissenschaft und das Studium, die Politik und den Handel. Das war natürlich ihr Niedergang. In einem Muster, das sich während der islamischen Geschichte ständig wiederholte, plante die islamische *ulema* den Sturz der Timuriden und beendete das Zeitalter des Ruhms für Zentralasien, das drei Jahrhunderte lang von kleinen Khans und stammesbetonter, nomadischer Herrschaft angeführt worden war.

Doch während Timurs Reich nicht ohne ihn überdauern konnte, blieben seine Städte erhalten. Sein größtes Vermächtnis sind die Städte seines zentralasiatischen Kernlandes, Buchara und Samarkand, die im heutigen Usbekistan liegen. Von dort aus herrschte er, und unter ihm wurden sie zu Orten der Legende, Städte ohne ebenbürtigen Vergleich. Für mich repräsentieren sie die Geschichte von Zentralasien. Wenn alles gut und nach Plan läuft, sind wir morgen in ihre Richtung durch die Wüste unterwegs.

Freitag, 7. Juli: Aschchabad

Die turkmenische Landschaft ist grau und leblos – eine unendliche Weite. Unser Wagen kommt nur schwer vorwärts, lässt mühsam Schmutz, Sand und Kilometer hinter sich. Ich bin von wacher Lebendigkeit erfüllt, eine Empfindung, die mich häufig überkommt, wenn ich aus Freude an einem Leben reise, das zum Leben da ist. Das sind nicht unbedingt in die Tiefe gehende Gedanken, aber genau in diesen seltsamen Momenten, die weit entfernt von irgendeiner von mir zu benennenden Ursache liegen, empfinde ich die essenzielle Freude meiner Kindheit, die überschäumende Freude am Leben. Wenn ich nicht von dieser Metallkiste umgeben wäre, würde ich meine Arme weit ausstrecken und mein Gesicht dem Himmel entgegenstrecken. Sehr seltsam, dass draußen nur die langweilige Erde vorbeizieht.

In den ersten paar Stunden folgen wir dem Kamm dunkler Berge, der uns von Meschhed trennt, aber noch bis vor kurzem bestanden die einzigen Landmarken in schwarzen Drähten, die neben der Straße entlanglaufen. Die Welt um uns scheint flach, tot, ein schimmerndes Bild der Langeweile, die nicht einmal durch das dramatische Schauspiel sich rollender Wüstensandstürme unterbrochen wird. Sogar der Himmel ist von einem fast farblosen Blau, als ob auch ihm durch die Hitze von Aschchabad jegliches Leben entzogen wurde oder das Schreckgespenst des Kommunismus es ihm möglicherweise ausgesaugt hatte.

»In der Dunkelheit kommt die Mafia und beherrscht diese Straßen. Wir versuchen, bis an die Grenze nach Cardzev zu kommen heute Nacht. Wir nicht anhalten, besonders nicht im Dunkeln. Wenn Mafia sehen, dann fahren.«

Das sind die Worte Metens, ein Türke auf dem Weg nach Kasachstan, der uns aus der feuchten Hitze in Aschchabad in die knöcherne Trockenheit dieser Wüste gerettet hat. Wir sind uns auf dem usbekischen Konsulat begegnet, wo Meten eifrig nach Begleitung für seine Fahrt über den halben Kontinent Ausschau gehalten hat, und während ich angesichts der gähnenden Leere dort draußen fast wegnicke, weiß ich auch warum. Er kehrt von einer Geschäftsreise aus der Türkei zurück; sein Firmensitz ist in Kasachstan, dort stellt er Schuhe her.

»Hier, schau dir meinen Reisepass an. Ich bin kasachischer Staatsbürger.«

Im Reisepass stehen kyrillische Schriftzeichen. »Kannst du das lesen?«, frage ich.

Meten schüttelt den Kopf. »Nein. Diese Leute, sie sprechen Türkisch, aber wir können unsere Schrift gegenseitig nicht lesen, wenn wir schreiben. Ich lebe seit fünf Jahren in Kasachstan und kann das immer noch nicht lesen.«

Metens Reise ist in vielerlei Hinsicht eine Art Heimkehr, eine Rückkehr in die Steppen, die sein Volk hervorbrachten. Die Türken Anatoliens – Metens Türken – haben natürlich einen langen Weg von ihren nomadischen Ursprüngen in den nördlich von diesen Sandwüsten gelegenen Ländern zurückgelegt. 1000 Jahre ist sein Volk in Anatolien geblieben wie Strandgut nach einer Flut, die zurückgegangen ist. Sie haben erlebt, wie das mächtige Ottomanische Kalifat zu einem säkularen Staat wurde und wie die Regionen der Stämme Zentralasiens von den Sowjets eingenommen wurden. Trotzdem haben diese beiden Völker ihre Verbindung einer gemeinsamen kulturellen Identität aufrechterhalten. Für Meten mit einer kasachischen Frau und einem kasachischen Heim muss das ein starkes Gefühl der Verbindung sein.

Das 20. Jahrhundert war sowohl für die Türken als auch für die turkmenischen Völker Zentralasiens eine Zeit großer umwälzender sozialer Veränderungen. Atatürks Vision einer säkularen Türkei negierte grimmig die Vergangenheit. Zur gleichen Zeit, als den zentralasiatischen Muslimen die kyrillische Schrift aufgezwungen wurde, nahmen die Türken selbst ein neues, das lateinische Alphabet an. Die Hagia Sophia wurde in ein Museum verwandelt. Der Fes wurde verboten. Sufi- und Derwischorden wurden unterdrückt. Das islamische Scharia-Gesetz wurde durch europäische Gesetzestexte ersetzt und das Kalifat selbst, das seit Jahrhunderten ein Sitz der islamischen Macht war, abgeschafft. Zentralasien wurden die Veränderungen von einer fremden Macht aufgezwungen, während sie in der Türkei aus eigenem Antrieb erfolgten und von ihrem eigenen ungemein populären Führer verordnet wurden, wobei die Resultate in beiden Fällen bemerkenswert effektiv und sehr ähnlich ausfielen. 100 Jahre zuvor hätte Meten die gleiche arabische Schrift wie die turkmenischen Wachleute gehabt, die er nun bei jedem der verschiedenen Wachposten, die sich der Länge nach durch die Wüste zogen, bestechen musste. Nun ist es ein Wunder, dass bei der unterschiedlichen Schrift, den verschiedenen Sprachen und der Last ihrer eigenen neueren Geschichte überhaupt ein Gefühl der Verwandtschaft zwischen Zentralasien und der Türkei vorhanden ist, aber das ist der Fall. Wir fahren in der Obhut eines in Anatolien geborenen kasachischen Türken durch die Wüste und haben das seltsame Gefühl, Teil einer viel größeren, pantürkischen Welt zu sein. Die Nacht ist heiß und still, als sie hereinbricht, eine Wüstennacht im Sommer.

Es ist spät, als Meten von der Straße abbiegt und die Scheinwerfer das erste Gebäude beleuchten, das wir seit Stunden sehen, aber der Sand ist noch warm von der Hitze des Tages. Das Gebäude ist offen und hat keine Scheiben. Kahl und zementiert liegt es in den Dünen. Ich schaue zum Himmel hinauf. Die Euphorie von vorher ist verflogen; nun fühle ich mich nur erschöpft mit vor Sand stechenden Augen. Wenigstens bin ich nicht wie Kirst krank – seit Stunden leidet sie an den krampfartigen Schmerzen der Ruhr. Ich klettere hinter ihr die Dünen hinauf, um in ihrer Nähe zu sein, als sie den Kampf mit ihrer Krankheit ausficht. Im Mondlicht ist der Sand glatt und blau; hinter mir hallt Lachen in die farbige Nacht hinein.

Als wir zurückkehren, hat Meten eine einfache Mahlzeit aus Kebab und warmem Fruchtsaft organisiert. Wir essen auf Stühlen im Freien, die Hitze ist im Gebäude viel zu unangenehm. Die Männer, die unsere Mahlzeit zubereitet haben, sind von Dunkelheit umgeben und hantieren geräuschvoll um einen Haufen brennender Kohlen herum, während Fliegen um unsere Gesichter schwirren.

Meten macht sich weiterhin Sorgen. »Wenn wir auf diesen Straßen halten, erwischt uns mit Sicherheit die Mafia. Es ist mir schon einmal passiert. Manchmal sind es wilde Männer, manchmal die Polizei.« Er schüttelt den Kopf. »In diesen Ländern ist Mafia Polizei, und die Polizei ist Mafia.«

Trotz dieser Befürchtungen, die er uns die nächsten Stunden über bis Cardzev darlegt, beschließt Meten, dass er in der Nacht weiterfahren wird. Seine Furcht vor einem Aufenthalt in der dunklen Grenzstadt scheint noch größer zu sein. Ihre namenlosen und verwirrenden Straßen verschlucken uns, und ein zusehends hektischer werdender Meten ist nur noch auf eine einzige Sache konzentriert: die Grenze finden und die schlaflose Reise nach Usbekistan fortsetzen. Er hat versprochen, uns in Buchara abzusetzen. Wir möchten nicht wieder einmal weit nach Mitternacht in einem zentralasiatischen Land ankommen und vor einer Welt stehen, die genauso unmöglich zu dechiffrieren ist, wie es Turkmenistan war. Doch wir sind zu müde, zu schweißdurchtränkt und zu schmutzig, als dass wir uns darüber jetzt Gedanken machen.

Wir finden die Grenze, eine Reihe von Pontons, die über den Amu-Darja führen, und rollen in dem dämmrigen Licht der entfernten Stadt über schwarzes Wasser. Russische Grenzbeamte winken uns durch, nachdem sie uns misstrauisch gefragt haben, warum wir auf unseren Passfotos lächeln. Und dann passiert sie, die Kollision, die sicherstellt, dass wir nicht in der Dunkelheit auf usbekischem Boden ankommen: Ein Wagen mit Männern in grünen Uniformen mit rotem Besatz, die schreien, lachen, singen und betrunken sind, wirbelt um die Kurve herum und kracht in unseren Wagen. Ein Knirschen von Metall. Stille über dem Geräusch sich drehender Räder. Ein Aufstöhnen von Meten.

Das Purgatorium unserer Haft dauert vier Stunden, bis sechs Uhr am nächsten Morgen. Meten ist zu erschöpft, um uns die Situation in allen Einzelheiten zu kommentieren; seine einzigen, häufig wiederholten Worte lauten »großes Problem«. Dass die Offiziere Meten für den Unfall verantwortlich machen, ist jedoch offensichtlich – und auch nicht verwunderlich: Das hier ist ein gesetzloses Land, korrupt, und mit Mafia hatte Meten Menschen wie diese gemeint. Nun kämpft er darum, den Schaden so gering wie möglich zu halten. Wir sitzen im wahrsten und metaphorischen Sinne des Wortes in einem Niemandsland zwischen zwei Ländern fest, unter summendem elektrischen Licht und in unmittelbarer Nachbarschaft von großen Armeelastwagen. Ich strecke mich im Sand neben der Straße aus und versuche zu schlafen.

Die Strahlen der Morgendämmerung leuchten hell, als Meten dem Bestechungsgeld zustimmt, das uns auf freien Fuß setzt.

Usbekistan

Der Glaube an die Gelehrsamkeit

Samstag, 8. Juli, bis Sonntag, 9. Juli: Buchara

Buchara
ein aus alter Zeit gestohlener Name
kaum ein Bild

in Ruhe versenkt

Ewigkeit, Mythos
Poesie aus Stein.

Buchara ist seit langer Zeit Teil der muslimischen Welt. Es wurde zum ersten Mal zu Beginn des 8. Jahrhunderts von den Arabern eingenommen, war unter den Abbasiden ein führendes Zentrum islamischer Gelehrsamkeit und während aufeinander folgender Wellen muslimischer und mongolischer Eroberungen nahm sein Ruf die Form einer Legende an und behielt ihn, bis es 1555 zur Hauptstadt des usbekischen Emirats ernannt wurde. Als Zentrum der Religion und Gelehrsamkeit hat es seit der russischen und sowjetischen Herrschaft in Zentralasien an Bedeutung verloren, aber der Hauch des Mysteriums und der Unzugänglichkeit, von dem es umgeben ist, hat sich in den letzten 80 Jahren nur noch verstärkt, da die Sowjetrepubliken Zentralasiens zu den am wenigsten zugänglichen Gebieten unter sowjetischer Herrschaft wurden. Auch jetzt ist es für

179

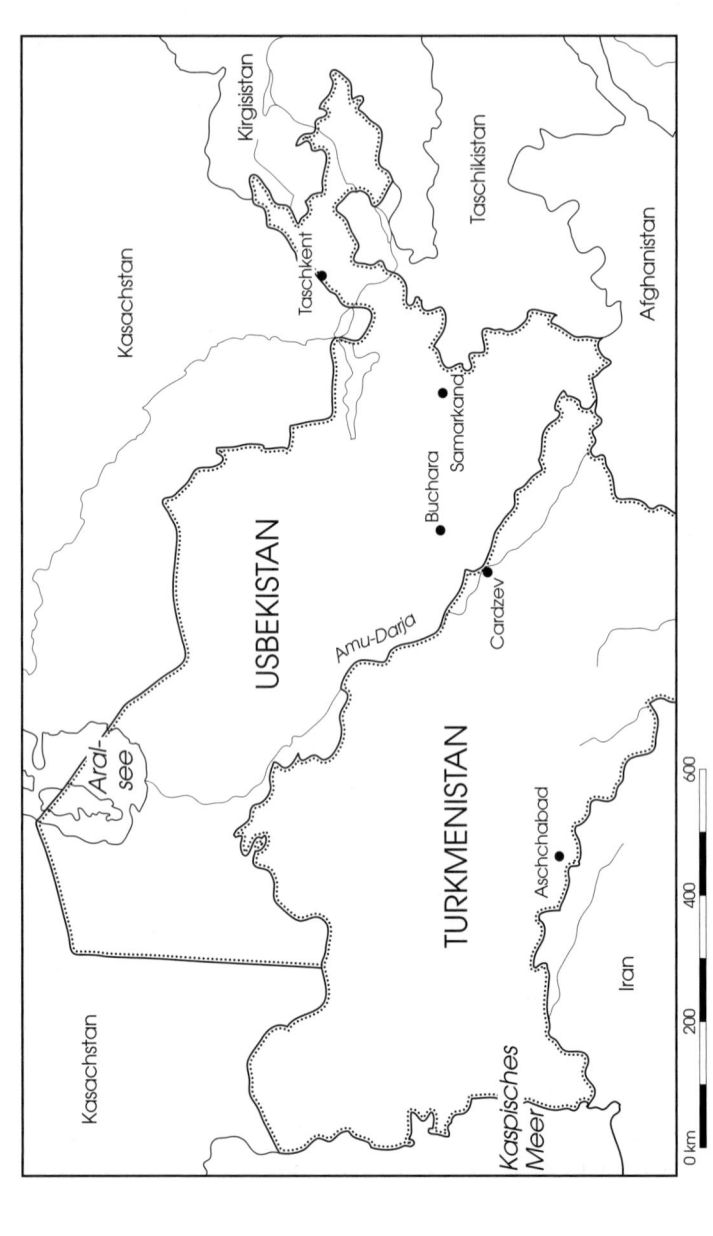

Kirgisistan

Taschikistan

Kasachstan

Afghanistan

Taschkent

Samarkand

Buchara

USBEKISTAN

Amu-Darja

Cardzev

Aral-
see

TURKMENISTAN

Aschchabad

Kasachstan

Iran

Kaspisches
Meer

0 km   200   400   600

Individualreisende fast unmöglich, ein Visum zu bekommen. Nach sechsmonatigen Versuchen war Turkmenistan der einzige Ort, an dem uns unsere Visa ohne weiteres ausgestellt wurden.

Die Stadt ist eine bizarre Mischung aus sowjetischem Beton und altem Gemäuer, und beides befindet sich im Zustand des Verfalls. Sie hat zwei Zentren: Das eine ist geprägt von den Überresten der sozialistischen Vision, das andere repräsentiert die Erinnerung an ein längst vergangenes goldenes Zeitalter des Islam. Wir spazieren durch beide hindurch und suchen nach einer Unterkunft, nachdem Meten uns früh am Morgen verlassen hatte. Sogar bei Tageslicht ist diese einfache Aufgabe kompliziert. Wären wir nicht an der Grenze festgehalten worden, wären wir in der Nacht angekommen, und da hätte sich die Zimmersuche noch schwieriger gestaltet.

Unser Hauptproblem besteht darin, dass Usbekistan sich viel stärker als Turkmenistan weigerte, die Restriktionen aus dem Sowjetzeitalter fallen zu lassen und den freien Markt willkommen zu heißen: Ausländer haben die Wahl zwischen einer Hand voll staatlicher Hotels, von dem jedes einzelne heruntergewirtschaftet und Schwindel erregend überteuert ist. Wir verweigern uns einem solch ärgerlichen Zwang und verbringen den Morgen mit dem Durchkämmen der Stadt auf der Suche nach etwas Besserem.

Die Hitze, die wir dabei zu spüren bekommen, ist sehr verschieden von der in Aschchabad. Hier ist das Grausame nicht die erstickende feuchte Luft, sondern die Sonne selbst, trocken, brennend und gemein. Am schlimmsten ist es auf dem zentralen Platz der Stadt, im sowjetischen Stadtteil. Wir springen rasch über rissige Bürgersteige, aus denen das Unkraut hervorsprießt, wobei uns gelbe Hitze entgegenschlägt. Das Viertel ist groß und wirkt irgendwie leer. Wir sind von riesigen Betongebäuden umgeben, die ruhig in der stillen Umgebung seufzen; rostende Neonschilder und gelegentliche eiserne Statuen von Helden der Revolution im Stil des sozialistischen Realismus runden das Bild ab. Kein Lüftchen regt sich, und die Bäume, die in Reihen im Zentrum des Betonfeldes stehen, kümmern dahin. Übel riechendes grünes Wasser steht in dünnen Kanälen; ein künstlich angelegter Teich, der einmal als Springbrunnen gedacht war, bietet der Sonne seine trockene Betonfläche dar. Kein einziger Mensch ist zu sehen, kein Blatt bewegt sich, noch nicht einmal die Vögel haben Lust auf diesen Himmel. Vielleicht ist das Wochenende daran schuld, aber das Gefühl des Verfalls ist derart präsent, und ich kann mich des Eindrucks nicht erwehren, dass ich auf dem Friedhof des Kommunismus stehe.

Unsere Rettung liegt schließlich in einem Viertel mit engen Gassen und versteckten Türen in Bucharas steinernem altem Herz, das von den Überresten der muslimischen Vergangenheit umgeben ist. Die Kukeldash-*madrasa*, eine alte Schule religiöser Gelehrsamkeit, liegt inmitten der Altstadt und ist eines der vielen Gebäude, die sich um einen Tümpel gruppieren. Hier herrscht zumindest Leben. Dutzende von Männern, die meisten alt, sitzen auf harten Holzliegen neben dem Tümpel, trinken grünen Tee und essen *pilau*, eine Mahlzeit, die aus Reis besteht, der mit Fleisch gekocht ist. Das sind die Usbeken, das ist das, was übrig geblieben ist. Jedes Gesicht schaut unter einer fein gemusterten schwarz-weißen Scheitelkappe hervor. Diese Kappen sind flach, viereckig und leicht gewölbt. Jedes Gesicht ist infolge jahrelanger ernster Gespräche mit Linien durchzogen, eifrig auf den eigenen Tee oder auf eines der vielen Schachspiele konzentriert. Jeder der Männer wirkt unbefangen.

Wir gehen hinter den Männern vorbei, während sie im Schatten der hängenden Zweige sitzen, und steigen die alten Treppen zur *madrasa* hinauf. Es ist ein großes Steingebäude, eine kleine Festung, die um einen Hof herum gebaut wurde. Seine Struktur erinnert an den Basar von Isfahan oder den Schrein von Meschhed. Spitzbögen umgeben den Hof auf zwei Etagen. Jeder Alkoven, die so niedrig sind, dass man sich ducken muss, um einzutreten, hat eine einzelne blassblaue Tür. An einigen Stellen weisen die Wände wie in Isfahan Scherben von blauen Kacheln auf. Die Atmosphäre des Verfalls, die zerbröckelnden Steine, die fehlenden Kacheln – all das lässt den Ort viel älter erscheinen als die Moscheen im Iran, wo der Fokus auf die

Religion, die Sorge um die Elemente des Glaubens nie nachgelassen hat.

Der tadschikische Hausmeister der *madrasa* tritt aus seinem kleinen Büro heraus, um uns zu inspizieren. Er ist gebeugt und alt, sein Gesicht zeigt einen säuerlichen Ausdruck, der sich in ein Lächeln verwandelt, als er herausfindet, dass wir seine Sprache sprechen können: Tadschikisch ist ein afghanischer Ableger des Persischen. Er bietet uns ein Zimmer an, das im Laufe der Jahrhunderte von islamischen Klerikern und Studenten genutzt wurde.

Die *madrasa* hat kein fließend Wasser. Die Toiletten sind öffentlich und außerhalb des Gebäudes, ohne Licht, ohne Kabine, nur eine Rinne, über der man neben wem auch immer sitzt. In den Räumen der *madrasa* ist es, obwohl kühler als der Tag draußen, erstickend heiß. Dennoch hat sie trotz der genannten Mängel die beste Lage für ein Gästehaus: Als wir in unseren weiß getünchten Raum kriechen, klein und alt, mit seinen spitzbogenförmigen Decken und kleinen Fenstern, fühlen wir uns, als ob wir in die Geschichte hineinschlüpfen würden. Das Gefühl ist dem in einem alten griechischen Kloster verwandt. Welche Geister werden heute Nacht hier mit uns weilen? Ich versuche, mir das Studium in diesen alten Mauern vorzustellen, die Schüler allein mit ihrer wissenschaftlichen Arbeit, wie sie sich sowohl säkulares als auch religiöses Wissen aneignen und spüre die Intensität von Zeit, Ort und Geschichte.

Heute wird der Islam nicht mehr als eine der Gelehrsamkeit und dem Wissen gegenüber offene Religion angesehen. Er wird eher als eine Religion verstanden, welche die moderne Welt ablehnt, eine Einstellung, welche die fundamentalistische Lesart des Koran kennzeichnet, die behauptet, dass er und nur er allein das gesamte Wissen beinhaltet. Die Extremisten sagen, dass der Koran alle Wissenschaft enthält, und dass Mohammed alle modernen Entdeckungen vorausgesehen habe. Dennoch vergisst man leicht, dass diese Behauptungen, die ich häufig gehört habe, wenig mit den Grundlagen des Islam zu tun haben. Sie sind neu in der Religion, moderne Reaktionen auf die überlegene westliche Wissenschaft der letzten 100 Jahre. Es war nicht immer so.

Der Prophet betonte in wiederholten Aufrufen die Wichtigkeit der Gelehrsamkeit. »Strebt nach Wissen, sogar über China«, befahl er, während er im Koran an *al-Lah* appellierte: »O mein Gott! Verbessere mein Wissen!« Jahrhundertelang folgten Muslime seinen Worten. Als die frühen muslimischen Reiche in neue Gebiete vordrangen und mit anderen Völkern in Berührung kamen, war der unersättliche Durst nach Wissen, um diese Völker zu verstehen, verständlich. Doch auch als die Expansion unter den Abbasiden ins Stocken geriet und das Islamische Reich sich fünf Jahrhunderte lang in seinem Wohlstand einrichtete, ging die Suche nach Wissen weiter. Unter den Abbasiden gab es eine der wichtigsten Blütezeiten der Gelehrsamkeit, die die Welt jemals erlebt hat.

Eine Geschichte, die in vielen Büchern zitiert wird und die ich viele Monate lang glaubte, erzählt, wie der Kalif nach der arabischen Okkupation Alexandriens die Zerstörung der größten Bibliothek der Stadt befahl. Die Ursache dieser Handlungsweise soll in der Annahme bestehen, dass für die Welt des Islam nur ein Buch von Bedeutung sei. Wenn die anderen Bücher das enthielten, was im Koran stand, dann waren sie überflüssig, wenn sie das aber nicht enthielten, dann dienten sie nicht Gott. Die Geschichte ist unglaubwürdig. Die Bibliothek war bereits infolge von internen Uneinigkeiten zerstört worden, bevor die Araber eintrafen. Und auch wenn sie das nicht gewesen wäre, klänge die Geschichte unwahr. An anderen Orten war die normale Reaktion der Araber, dass sie alles Wissen, auf das sie stießen, ins Arabische übersetzten.

Die islamische Gelehrsamkeit ließ sich von drei alten Quellen der Weisheit inspirieren: den Persern, den Indern und den Griechen. Die Perser hinterließen eine Geschichte der Kunst, Dichtung und Literatur. Die indische Welt inspirierte zu Astronomie, Mathematik und schließlich zum Dezimalsystem. Und im hellenistischen Bereich konzentrierten die Muslime sich vornehmlich auf die griechische Philosophie – auf die Denksysteme von Platon, Aristoteles und

Euklid sowie auf neoplatonische Ideen und das medizinische Werk des Hippokrates, aber sie eigneten sich auch eifrig die griechische Mathematik, Astronomie, Chemie und Physik an. In weniger als 100 Jahren nach dem ersten Kontakt hatten die Araber alle wichtigen griechischen Werke ins Arabische übersetzt. Nur durch diese Mühen konnte Europa auf seine eigene Renaissance hoffen, als das Geschenk der griechischen Gelehrsamkeit durch den Kontakt mit der muslimischen Welt in Spanien und Italien wieder zurückkam. Die muslimische Version der Universitäten in Andalusien, der Heimat der Poesie, Literatur und der Gelehrsamkeit Córdobas und Granadas, lieferte das Modell für jene in Oxford und Cambridge.

Auf solche Fundamente gebaut, war die Ära bis zur Zerstörung durch die Mongolen eine Zeit des muslimischen Genius. Der Philosoph ibn Sina (Avicenna), Ende des 10. Jahrhunderts in Buchara geboren, wird als einer der größten Philosophen der östlichen muslimischen Welt angesehen. Avicenna vollbrachte den größten Teil der systematischen Integration von griechischem Rationalismus und islamischem Gedankengut und behauptete, dass die Religion nur Philosophie in metaphorischer Form sei, was sie für die Massen akzeptabel mache, die keine rationalen philosophischen Argumente erfassen konnte. Der Physiker al-Razi (der in Europa als Rhazes bekannt ist) kam aus dem Iran und widmete sich dem sorgfältigem Studium der Medizin. Er listete 176 Methoden zur Empfängnisverhütung und zur Abtreibung auf, für die er in vielen der *hadith* Unterstützung fand. Omar Chajjam, der am besten als Dichter für sein Werk *Rubáiyát* bekannt ist, war einer der größten Mathematiker, die wir aus dem 4. und 5. Jahrhundert kennen. Muslimische Analysen der Geschichte fanden in dem Werk von ibn Chaldun ihren Höhepunkt, der vielleicht der größte historische Denker des Mittelalters ist, einer der ersten, der geschichtliche Abläufe analysierte. Diese Denker waren nur selten Spezialisten in einer einzelnen Disziplin, in der Regel beherrschten sie verschiedene Gebiete: Literatur, Medizin, Mathematik, Philosophie, Astronomie. Die islamische Zivilisation brachte Universalgelehrte hervor, noch Jahrhunderte, bevor dieser Begriff in Europa gebräuchlich wurde.

Die Gelehrsamkeit war natürlich nicht von der Religion getrennt. Tatsächlich führte das Anwachsen des Wissens für die muslimischen Araber zu einer intellektuellen Krise, weil die Vertreter der Religion, die *ulema,* sich sowohl durch die Philosophen als auch durch die Sufi-Mystiker bedroht fühlten. Ihre Differenzen wurden schließlich von al-Ghazzali geglättet, dessen Schriften den Zenit der muslimischen religiösen Denkweise darstellen. Sein Hauptwerk, *Die Wiederbelebung der religiösen Wissenschaften,* legte eine vereinte Sicht der Religion dar, in die drei Elemente aufgenommen wurden, die zuvor als konträr angesehen wurden: der orthodoxe Islam, der Mystizismus und der Intellektualismus der Philosophen. Das Werk überwand eine Kluft im Islam, die gedroht hatte, ihn zu spalten. Von diesem Werk sagte man: »Wenn alle Bücher des Islam zerstört würden, wäre das ein kleiner Verlust, wenn nur das Werk von al-Ghazzali erhalten bleibt.«

Doch wenn al-Ghazzali auch den Höhepunkt des muslimischen Denkens verkörpert, so kündigt er ebenso den Beginn seines Niedergangs an. In späteren Jahren seines Lebens wurden die Ansichten al-Ghazzalis den unterschiedlichen Zweigen des Islam gegenüber weniger aufnahmebereit, und er arbeitete an einer Zurückweisung der neoplatonischen Theorien vieler muslimischer Philosophen wie beispielsweise Avicenna. Ihre Ideen wurden von vielen orthodoxen Muslimen als radikal und abstoßend angesehen, da sie die Doktrinen über die Erschaffung und Unsterblichkeit der Seele ablehnten. Al-Ghazzalis Werk *Zerstörung der Philosophen* war in vielerlei Hinsicht verantwortlich für den letztendlichen Niedergang des rationalen Intellektualismus im Islam: Der Mann, der die Kluft in der Religion geschlossen hatte, war auch der Urheber vieler der Argumente, die zur Ablehnung des modernen Wissens aufgeführt wurden. Seit al-Ghazzali nahm die Betonung der Religion und der religiösen Formen gegenüber dem rationalen Denken immer mehr zu. Am Ende war es das Gebiet der Rechtswissenschaft, nicht das der

Philosophie oder Naturwissenschaft, das innerhalb der islamischen Gelehrsamkeit dominierte, und die orthodoxen Denker des Islam triumphierten über die Philosophen und Mystiker. Das orthodoxe muslimische Gedankengut entwickelte sich parallel zur Arbeit der Philosophen und konzentrierte sich hauptsächlich auf das Konzept des islamischen Legalismus. Darin sah man eine Chance, die erste muslimische Gemeinschaft zu erhalten und das muslimische Leben in einer Form zu strukturieren, die dem Propheten Mohammed würdig war. Nach der Führung durch die ersten Kalifen hatten die Muslime sich in einer anderen Welt wieder gefunden, in einem wachsenden Großreich, das weit von Mohammeds ursprünglicher Vision entfernt war. Die Muslime suchten nach einer Möglichkeit, um diese Vision zu erhalten, um Verhaltensregeln aufzustellen, die sie durch eine schwierige Zeit führen konnten, durch eine Zeit ohne großartige moralische Führung. Die populärste Lösung bestand in einem Versuch zur Rückkehr zu den Idealen des Propheten, indem seine Aussprüche und Taten, die *hadith* und die *sunna*, als formalisierte Gesetzestexte festgeschrieben wurden. Die Gesetze, die daraus hervorgingen, wurden als Scharia bekannt und artikulierten Verhaltensregeln für die Gemeinschaft. In der islamischen Gesellschaft nahm der Begriff Gesetz eine weiter reichende Bedeutung an als im Westen. Er umfasst sowohl moralische Gesetze als auch die Rechtsprechung. Infolgedessen kann nicht jedes islamische Gesetz durch Gerichte vollstreckt werden, da viele von ihnen allein vom Gewissen abhängig sind.

Im 8. und 9. Jahrhundert war eine verwirrende Anzahl von mündlich überlieferten Traditionen über Mohammed und seine Begleiter im Umlauf. Diese wurden gesammelt, untersucht und ausgewählt, um dann das grundlegende System der Scharia zu bilden. Aus dieser gelehrten Untersuchung des *hadith* und der überlieferten Berichte des frühen Islam gingen vier Hauptschulen der sunnitischen islamischen Gesetze und Gebräuche hervor. Die Rechtsschulen zu den verschiedenen Auslegungstraditionen, die daraufhin in der islamischen Welt aus dem Boden schossen, führten wiederum zu der Einrichtung tausender kleinerer Studienzentren, wie der *madrasa*, in der wir jetzt untergebracht sind.

Im Zuge der Einrichtung dieser Rechtsschulen erklärten die Muslime, dass »die Tore des unabhängigen Urteils fortan geschlossen seien«. Diese Einstellung triumphierte schließlich über die intellektuellen Errungenschaften der großen muslimischen Gelehrten. Die Scharia und die verschiedenen Rechtsschulen sind erhalten geblieben, islamische Philosophie und Wissenschaft jedoch nicht. Das intellektuelle Zeitalter der Muslime dauerte fünf Jahrhunderte an, aber am Ende wurde es von dem alleinigen Wunsch nach den Formen des Islam bestimmt, wobei Gedankenfreiheit Misstrauen hervorrief, was schließlich während des Niedergangs des letzten großen muslimischen Reiches zu intellektueller Stagnation führte.

Der Rückgang des unabhängigen Gedankenguts innerhalb des Islam setzte sich weit bis in das 20. Jahrhundert fort. Erst vor 20 Jahren unterstützte der saudische Islam die im Koran geäußerte Ansicht, dass die Erde flach sei. Deshalb ist es verständlich, dass heute viele Menschen die islamische Geschichte nicht mit Kultur und Gelehrsamkeit auf einer Ebene ansiedeln, die derjenigen der alten Griechen vergleichbar ist. Stattdessen assoziieren viele die Religion mit einem fundamentalistischen Weltbild, Ablehnung der modernen Gelehrsamkeit und der fatalistischen Akzeptanz, dass alles der Wille Gottes ist. Bei einem solchen Stand der Dinge könnte man zu der Annahme neigen, dass der Islam für die intellektuelle Stagnation der muslimischen Gesellschaft verantwortlich ist, dass die Struktur der Religion selbst die heutigen Probleme hervorgerufen hat, doch das ist nicht korrekt. Sogar ein Verständnis der Grundzüge der Geschichte der islamischen Gelehrsamkeit reicht aus, um zu zeigen, dass ein Bild des Islam als einer regressiven, rückständig denkenden Religion falsch ist. Der Islam war einst eine Religion der Gelehrsamkeit, vielleicht in stärkerem Maße als jede andere große Weltreligion.

Rufe vom Minarett

Mittwoch, 12. Juli: Samarkand

Es ist nun später Nachmittag. Kirst ist draußen und wäscht die Wüste aus ihrer Kleidung, wobei sie wieder eine wortlose Unterhaltung mit unserem Gastgeber führt; ich kann ihr sprudelndes Lachen über dem Geräusch von laufendem Wasser tanzen hören. Wir sind so verschieden. Bei Kirst gärt eine allzeit zum Hervorbrechen bereite Freude dicht unter der Oberfläche, und ein Lachen ist nie fern. Wenn sie es loslässt, ist es locker, frei und fast verrückt, eine kaum beherrschte Hysterie, die von ganz innen kommt, als gäbe es eine geheime Verbindung zwischen der Realität und dem Vergnügen in ihrem Gehirn. Für mich, dessen Lachen wahrscheinlich eher sanftmütig, als verrückt ist, stellt sie, die sich bewusst zwischen Lachen und Stille entscheiden kann, ein permanentes Wunder dar. Das Reisen mit ihr hat etwas von dem Studium eines faszinierenden Wesens, das wunderbar und schön und fremd ist.

Ich liege, wie schon den ganzen Tag über, auf einem schmalen Bett in einem schmalen Raum. Ich habe die meisten der letzten 24 Stunden in einem fieberhaften Delirium irgendwo zwischen hier und der Toilette verbracht; diese grauen Wände machen mich verrückt. Ein unverändert gleich bleibendes Bild der Trostlosigkeit: braune Flecken an der Decke, als sei ein chemisches Experiment fehlgeschlagen; Spinnen, die zwischen dem Fliegengitter und meiner Sicht auf den Aprikosenbaum draußen gefangen sind; drei, von ihrer Größe an Särge erinnernde Betten stehen auf dem Boden. Wenigstens geht es mir wieder so gut, dass ich lesen kann, aber mir wird immer noch schwindelig, wenn ich versuche aufzustehen. Ich bin mit der sinnlosen, frustrierten Energie erfüllt, die als Kehrseite einer Krankheit auftritt, bin von dem klaustrophobischen Wunsch nach Aktion besessen, die noch nicht erfolgen kann. Also schreibe ich.

An diesem Nachmittag habe ich Edward Saids *Berichterstattung über den Islam* ganz gelesen, eine Kritik an der Art und Weise der

Präsentation des Themas Islam durch westliche Medien und Gelehrte, die zwei Jahre nach der Iranischen Revolution geschrieben wurde. Said ist der Autor von *Orientalismus*, einer schöpferischen Arbeit, die für viele die Geschichte der westlichen Eindrücke vom Islam neu bestimmt. Historisch gesehen ist Orientalismus ein legitimer Forschungsbereich. Anfang des 20. Jahrhunderts waren Orientalisten in ihrem Fach sehr bewandert – in der Geschichte, in der Sprache –, so wie sich die Gelehrten in der griechischen Antike auskannten. Seit Said hat der Begriff jedoch eine andere Bedeutung angenommen: Er wurde mehr und mehr dazu verwendet, um eine *falsche* Darstellung und ein *Missverständnis* der östlichen Kulturen und Gesellschaft zu bezeichnen, und nicht ihr unvoreingenommenes, objektives Studium. Das ist in vielerlei Hinsicht bedauerlich: Für jemandem in meinem Alter war der Begriff Orientalismus stets nur ein abwertender Begriff. Said liegt mit seiner Einschätzung der Vorurteile, die in dem Werk führender Orientalisten – Gelehrte, die auch die Einstellung ihrer Zeit und Kultur in ihr Werk einbrachten – enthalten sind, zweifelsohne richtig, aber solche Fehler sollten nicht notwendigerweise alles, was sie taten, ungültig machen. Unstimmigkeiten dieser Art treten immer auf, wenn sich eine Kultur oder Gesellschaft mit einer anderen befasst.

Berichterstattung über den Islam setzt sich stärker mit der Gesellschaft auseinander als mit der Gelehrsamkeit, insbesondere mit dem Umgang des Islam in den Medien; an dieser Stelle stimme ich mit Saids Bedenken über die beschränkten und irreführenden Interpretationen des Islam stärker überein. Natürlich würde ich selbst auch in Saids Schusslinie geraten, nicht zuletzt wegen meiner liberalen Verwendung des Begriffs Islam, so als stelle er eine objektive Entität dar, einen leicht ersichtlichen Existenz- oder Glaubenszustand, etwas, das klein und fassbar genug ist, um in einem einzigen Wort ausgedrückt zu werden. Kein Wort ist umfassend genug, um solch eine Gesamtheit der Geschichte, Kultur, Philosophie und Religion von ganzen Gruppen sehr verschiedener Völker an sehr unterschiedlichen Orten zu sehr verschiedenen Zeiten zu bezeichnen. In dieser Beziehung hat Said Recht. Durch den Gebrauch eines einzigen Begriffs für etwas so Umfassendes neigt meine Sprache wahrscheinlich zum Reduktionismus und verleitet meine Leser dazu, Islam als etwas Einheitliches und Eindeutiges zu sehen, was sie zu einem falschen Bild führen würde.

Dasselbe gilt jedoch für all diese Begriffe. »Der Westen« und »westliche Zivilisation« sind nicht weniger unklar definiert. Diese Begriffe rufen im Westen keinen Groll hervor, weil wir mit ihnen als vage Definitionen umgehen, die nicht viel ausdrücken, sie als Etiketten für Vorstellungen benutzen, die bestenfalls unbestimmt und unvollständig sind. Ein Problem entsteht nur, wenn wir etwas für uns Unangenehmes in dieser Form etikettieren, insbesondere andere Kulturen oder Gesellschaften. Wir sind nicht vertraut genug mit solchen Dingen, als dass wir instinktiv wüssten, dass die Begriffe, die wir wählen, eine reduktive Sicht der Welt hervorrufen.

Das trifft insbesondere beim Islam zu. Von allen Begriffen, die wir zur Beschreibung anderer Kulturen verwenden, ist »Islam« der am stärksten für Missinterpretationen anfällige. Kein anderer Begriff oder kein anderes Konzept kann zur Beschreibung einer so weit gefassten Reihe von religiösen Überzeugungen, Kulturen, Geschichten, Politiken und Völkern verwendet werden. Das Christentum bestimmt nicht annähernd in derselben Weise die Gesamtheit der Existenz in der christlichen Welt, wie sie für die Muslime durch den Islam festgelegt ist. Der Islam, so hören wir immer und immer wieder, ist mehr als nur eine Religion: Es ist eine gesamte Art zu Leben. Er ist Liebe und Gesetz, er ist Krieg und Gerechtigkeit, er ist Politik und Gebet. Wenn also der Begriff »Islam« zur Beschreibung eines einzelnen Aspektes einer islamischen Gesellschaft verwendet wird, wie z. B. für die Behandlung der Frauen in einem bestimmten Land oder der extremen Gewalt in einem anderen, so ist es kaum verwunderlich, dass dies nur unsere Sichtweise des Islam als Ganzes verzerrt. In vielen muslimischen Gesellschaften wie auch im Westen ist der Islam zu einer politischen Tarnung für vieles geworden, das nicht religiös ist, und daher neigt jede Analyse der

Politik in muslimischen Ländern dazu, die Religion an sich zu beschmutzen. In ähnlicher Weise sind die Geschichten über Gräueltaten und Ungerechtigkeit in islamischen Ländern wahrscheinlich für die Beeinflussung unserer Sichtweise des muslimischen Glaubens verantwortlich; sie verändern möglicherweise sogar unseren Eindruck von einzelnen Muslimen.

Im Hinblick auf den Westen treten solche Parallelen nicht auf. Niemand bringt den letzten Massenmörder mit dem Christentum in Verbindung, niemand sieht den neuesten christlich fundamentalistischen Kult als charakteristisch für die gesamte westliche Gesellschaft an.

Wir können das durch den Hang zu Xenophobie, der Angst und dem Misstrauen gegenüber etwas Unbekanntem, erklären, der in jeder Gesellschaft vorhanden ist. Die amerikanische Gesellschaft und Kultur sind uns unweigerlich vertraut, da wir sie jeden Tag vor Augen haben. Andere uns unbekanntere Kulturen hingegen empfinden wir weit einfacher als bedrohlich und verbrecherisch. Ein Film wie *Nicht ohne meine Tochter* kann uns dazu verleiten, alle Iraner als Schurken zu betrachten, aber wir können Millionen von Horrorgeschichten, die unseren eigenen Kulturen entspringen, übersehen, die Filme ignorieren, die jeden Tag unter Vorlage der Horrorgeschichten aus dem wahren Leben gedreht werden. Die Gleichung zwischen Individuen und Gesellschaften, zwischen Politik und Religion ist für uns aus einigen Gründen so viel einfacher aufzustellen, wenn das Thema der Islam ist. Verantwortlich dafür ist in vielerlei Weise die Darstellung des Islam in der alltäglichen Berichterstattung der Medien. Im Laufe der Jahre haben wir uns an das Denken gewöhnt, dass die westlichen Medien insgesamt verlässlich und sachlich berichten, während den Medien der nichtwestlichen Länder ein Hang zum Propagandistischen und Ideologischen zugeschrieben wird. Wenn islamische Tageszeitungen sich über die Desintegration der westlichen Gesellschaft entrüsten, ignorieren wir sie wahrscheinlich, aber wenn immer wieder Bilder von schreienden fanatischen Muslimen über unsere Bildschirme laufen, dann schauen wir hin. Dennoch sind Objektivität, Faktentreue und Sorgfalt reine Ideale, Ideale die nur selten realisiert werden, auch wenn wir die Worte so häufig hören, dass wir sie instinktiv mit unseren eigenen Gesellschaften assoziieren.

Ein Hauptaspekt zum Unterschied zwischen Ideal und Realität steht in Zusammenhang mit der Tatsache, dass fast alle Mediengesellschaften profitorientierte Organisationen sind. Natürlich sind sie das, sagen wir, das ist Teil unserer Gesellschaft. Doch die ideale Präsentation einer Sache in einer ausgewogenen, objektiven Weise konvergiert fast nie mit dem Wunsch, eine Geschichte zu präsentieren, die sich verkauft. Mit Ausnahme weniger Fälle von hoher Qualität sind Nachrichten Unterhaltung, und die Nachrichten, die wir sehen, sind die Nachrichten, die Menschen zum Schauen bringen; das hat nichts mit Einschaltquoten zu tun, sondern mit den idealisierten journalistischen Standards, die selten erreicht werden.

Wir alle sind Produkte unserer Gesellschaften, und wir wissen alle instinktiv, welche Story sich verkauft. Sogar meine Briefe nach Hause haben sich an die Regeln des modernen Journalismus angepasst. Meine Briefe sollen genauso unterhalten wie informieren, und es ist nur natürlich, dass die Geschichten, die ich erzähle, so ausgefallen wie möglich sind. Die westlichen Medien werden von denselben Prinzipien bestimmt, nur in weit größerem Ausmaß.

Das ist die Struktur der Medien in einer kapitalistischen Gesellschaft, und ihre Unzulänglichkeiten sind offensichtlich. In Bezug auf den Islam bedeutet das, dass wir die negativen Bilder in der Regel am häufigsten zu sehen bekommen. Sensationell, erstaunlich und überwältigend negativ. Das bedeutet, dass die reguläre Übertragung der Fernsehbilder des »islamischen Mobs«, der nach der Zerstörung der USA und Israels schreit, der Fanatiker, die im Südlibanon Bomben an ihre Körper schnallen, der fiebernden Menschenmengen, die nach ihren revolutionären Führern schreien, der grausamen Bestrafungen in Saudi-Arabien – all diese Bilder sowie die Unvertrautheit mit dem Thema und seine Distanz zu uns beschränken den Islam, so wie wir ihn kennen, allein auf diese Charakteristika. Das ist so, als betrachte man die Gesamtheit der amerikanischen Gesellschaft durch die hasserfüllten Augen eines sich ereifernden weißen Rassisten. Das Betrachten einer Menge islamischer Extremisten wird möglicherweise keinen großen Unterschied zu dem Betrachten eines Aufmarsches von Neonazis oder des Ku-Klux-Klans darstellen. Doch da diese letzten Bilder nicht die einzigen sind, die wir aus Amerika erhalten, können wir sie als nur einen Teil der Wahrheit verwerfen; sie existieren, aber werden kaum für das Gesamtbild gehalten. Die Bilder des Islam sind jedoch derart selektiert, infolge der Konzentration auf Sensationelles derart vorurteilsbeladen, dass uns angesichts unserer Vorstellung von ganzen Gesellschaften, die allein aus schreienden Fanatikern bestehen und Frauen unterdrücken, vergeben werden muss. Warum sonst sollte ich durch das Gefühl des Willkommens, das ich im Iran erfahren habe, derart ins Schwanken geraten? Wie sollte ich sonst nach und nach verstehen, warum mich der bloße Anblick von glücklichen Familien beim Picknick so sehr erstaunt hat?

Auch wenn man sich der Gefahren, die das Schreiben über den Islam mit sich bringt, bewusst ist, bleiben Schwierigkeiten immer noch bestehen. Hinter der Absicht, die häufig vernachlässigten, positiven Aspekte der muslimischen Gesellschaft zu zeigen, verbirgt sich die Gefahr, die negativen Seiten zu übersehen, die wir sooft vor Augen haben. Die größte Gefahr und meine größte Angst bestehen darin, dass ich leicht als eine Art Verteidiger der Religion falsch verstanden werden kann, der bei seinem Versuch, das zu zeigen, was am Islam richtig ist, das beschönigt, was falsch ist. Solch eine Interpretation wäre ebenso falsch wie die Beschreibung aller Araber als Ölscheichs oder Terroristen. Die negativen Aspekte existieren trotz alledem. Sie sind keine Erfindung der westlichen Medien; es besteht lediglich eine Fixierung darauf. Im Kielwasser von Saids Werk sind viele Muslime auf den orientalistischen Zug aufgesprungen. Zum Teil gerechtfertigt schieben sie die Schuld für die Probleme in islamischen Gesellschaften auf den Kolonialismus, auf vorislamische Sitten und Gebräuche, auf die beduinische Tradition, auf die Kurzsichtigkeit der westlichen Medien. Dennoch dürfen sie nicht vergessen, dass der Islam selbst auch beschuldigt werden muss. Es gibt keinen Zweifel daran, dass er eine Religion mit vielen positiven Seiten ist: Der Koran garantiert den Frauen Rechte, die sie vorher nicht hatten; er legt eine Struktur aus Gesetzen nieder, die weitaus fortgeschrittener und ausgewogener sind als alles, was in dieser Hinsicht vorher da war; der Glaube bringt eine Kultur der Großzügigkeit und des Gemeinschaftssinns hervor. Dennoch können Autoren über den Islam nicht außer Acht lassen, dass der Koran ebenfalls über das Schlagen der Frau spricht, über Todesurteile bei Apostasie, oder dass innerhalb des *hadith* Rechtfertigungen für die schreckliche Behandlung von Frauen in Arabien und Pakistan zu finden sind. Es gibt lobenswerte, aber es gibt auch verdammenswerte Aspekte des Islam. Die große Herausforderung besteht in einer ausgewogenen Darstellung, in einem Blick auf die Religion, der in gewisser Weise mit der Realität übereinstimmt.

Viele muslimische Apologeten lehnen die Notwendigkeit einer solchen Ausgewogenheit ab, wobei sie sich auf einen Unterschied zwischen dem wahren Islam und dem Islam, wie er im Laufe der Geschichte praktiziert wurde, berufen. Der Islam könne nicht für irgendetwas, das wir heute sehen, verantwortlich gemacht werden, da das nicht der wahre Islam sei. Das ist eine Entschuldigung, die wir auf unserer Reise unzählige Male gehört haben. In Jesd wurde uns sogar erzählt, dass Ali selbst kein richtiger Muslim gewesen sei, da er auf seine Weise von den ihn Umgebenden beeinflusst war, und dass der einzig wahre Muslim in der Geschichte Mohammed gewesen sei. Wenn wir diesen Menschen Glauben schenken würden, dann bestünde der Islam lediglich aus dem Leben einer einzigen historischen Figur: Die Leben von über einer Billion Gläubigen und das Gewicht von über 1000 Jahren Geschichte könnten vollkommen ignoriert werden.

Diese Ansicht ist beinahe kindlich und allzu vereinfachend. Eine Religion ist keine Aneinanderreihung von abstrakten Idealen, die vor 13 Jahrhunderten in Stein gemeißelt wurde und seither nicht wieder hervorgeholt wurde. Wenn das der Islam ist, dann handelt dieses Buch hier nicht von ihm. Eine Religion ist etwas Lebendiges. Der Islam kann nicht von dem getrennt betrachtet werden, wie er geglaubt, praktiziert und gelebt wird; er kann nicht von der Gesellschaft isoliert werden, die ihn hervorgebracht hat. Wenn man über den Islam urteilt, dann muss man darüber urteilen, wie er heute angewendet wird, wie er heute die Leben seiner Gläubigen regelt, nicht danach, wie ein einzelner Mann einmal sein Leben lebte.

Auf die Gefahr hin, dass ich von westlichen Lesern als Apologet in Sachen muslimischer Ungerechtigkeiten angesehen werde und von den Muslimen als ein ungläubiger Kritiker der Religion und Teil der westlichen Kurzsichtigkeit, möchte ich mich am Ende dieser Reise zu einem solchen Urteil in der Lage sehen.

Donnerstag, 13. Juli: Samarkand

> *Wo Wissen anfängt, hört Religion auf.*
> Ulug Beg, Vizekönig von Samarkand (1410-1449)

Die Krankheit, was auch immer es war, hat sich zu nichts mehr als einer Hand voll beunruhigender Träume bei Anbruch der Nacht verflüchtigt, und am Morgen war sie verschwunden. Mit Freude verlasse ich schließlich unseren stickigen Raum und mache mich noch einmal zur Erkundung der Stadt auf den Weg.

Am Stadtrand von Samarkand, gleich hinter den alten Stadtmauern, liegt Shah-é Zinda, ein Mausoleumkomplex, der vor sechs Jahrhunderten von Timur errichtet wurde. Den Mittelpunkt bildet ein Grab, das weit älter als der Rest ist, es ist das von Kusam ibn Abbas, einem der Vettern des Propheten, dem »Lebenden König«, nach dem das Mausoleum benannt wurde. Der Legende zufolge betete er gerade, als Anhänger des zoroastrischen Glaubens sich von hinten an ihn heranschlichen und ihm den Kopf abschlugen. Er beendete seine Gebete, nahm seinen Kopf und sprang in einen Brunnen. Danach wurde sein Grab zu einer muslimischen Pilgerstätte; die religiöse

Bedeutung des Ortes veranlasste dann Timur zum Bau der Nekropolis, die hier nun steht. An diesem Morgen machen wir uns unter einem posaunentonhell erklingenden Himmel zu unserer eigenen Wallfahrt auf.

Halbkugeln blauer Kuppeln tanzen auf den Hügeln hinter uns, als wir einen letzten Abhang zu dem Komplex hinuntergehen. Eine von ihnen, wir können jedoch nicht sagen welche, ist ein Observatorium, das von Ulug Beg, Timurs Enkel, gebaut wurde. Kirst berichtet mir, während wir gehen, seine Geschichte, die sie gestern entdeckte, als ich krank war. Ulug Beg war ausgesprochen säkular eingestellt, und sein einziges Interesse galt dem Studium. Er kann nicht wirklich als Muslim bezeichnet werden, da er die Religion als nichts anderes als ein Hindernis bei dem Streben nach Wissen ansah, was ihn dementsprechend bei der muslimischen Bewegung zu einer verhassten Figur machte. Er war ein hervorragender Mathematiker und Gelehrter, ein Revolutionär auf dem Gebiet der Astronomie: Sein Observatorium beherbergt einen großen Sextanten für die Bemessung der Winkel der Himmelskörper zueinander, und seine Sterntafeln waren bis ins 17. Jahrhundert die genauesten und vollständigsten der Welt. Er entwickelte seine eigenen kosmologischen Theorien über die Entstehung der Planeten, und wenn der Westen von seinen Entdeckungen gewusst hätte, so wäre er möglicherweise anstelle von Kopernikus als der Vater der modernen Astrologie betrachtet worden. (Kopernikus, der von der Katholischen Kirche zum Häretiker erklärt wurde, weil er behauptete dass die Erde sich um die Sonne dreht, hätte ihm möglicherweise zugestimmt, dass die Religion das Wissen behindert; bis 1984 gestand die Katholische Kirche nicht ein, dass seine Verfolgung ein Fehler war.) Ulug Begs Ansichten zur Religion würden die meisten Muslime sogar noch heute empören, und sein Schicksal ist ein treffendes Symbol für den Niedergang der Gelehrsamkeit, die einst das Herz der islamischen Zivilisation darstellte: Sein Sohn Abd al-Latif, ein frommer Muslim, der von der muslimischen Bewegung in Samarkand unterstützt wurde, ließ ihn 1449 ermorden. Doch es ist nicht das Ende der Geschichte, das mich stört –

es schien unvermeidbar zu sein –, sondern ich bin überrascht, dass Ulug Beg solche Ansichten überhaupt kundtun konnte. Es sind keine Ansichten, die ich heute gern öffentlich im Iran oder in Saudi-Arabien äußern würde.

Wir sind am Mausoleum angekommen. Seine Tore führen zu 50 sandfarbenen Steintreppen hinauf in eine offene Nekropole, die mit einer Atmosphäre von Zerfall und Tod erfüllt ist.

Vor uns liegt ein schmaler Durchgang aus achteckigen Steinkacheln, der von beiden Seiten von dicken Wänden aus Stein umgeben ist. Im Gang – ein Lichtspiel: hell, dunkel, hell, dunkel. Die Schatten werden durch gewölbte Gräber hervorgerufen, die 20 Schritte entfernt von uns beginnen; groß und am Verfallen, flankieren diese Gräber den Gang auf einer Länge von mindestens 200 weiteren Schritten. Der Gang ist schmal, eine enge Kluft zwischen hohen, zusammengedrängten Mauern aus festem Stein und Verputz. Wir gehen zu den Schatten.

Die Gräber sind in unterschiedlich schlechtem Zustand. Jedes trägt die Kacheln des Islam auf seiner offenen Fassade: dunkelblau und weiß, einfache Rhombus-Formen, ineinander verwobene Sternmuster in Blau und Gold oder fein gearbeitete Blumenmosaike. Weiße arabische Schriftzüge auf Basrelief verflechten sich mit aufsteigenden Mustern blauer Blätter. Die Gewölbe aus verwittertem Stein und Verputz sind gleichermaßen dem Zerfall nahe; nur einige halten sich noch an den Kacheln aus tiefem Blau fest, das uns vom Himmel über der Stadt auf unserem Weg hierher anstrahlte. In dem Durchgang ist ein schwacher Abglanz der Nekropole erhalten geblieben, doch sogar an diesem Ort gafft uns weißer Verputz an – überall Verfall.

Wir betreten das erste Grab durch einen islamischen Spitzbogen. Innen ist es kahl und dunkel, und das gebrochene Licht, das sich über uns hereinfiltert, ist körperlos. Raue Steingräber tauchen langsam aus der Finsternis vor mir auf; sie drängen sich auf einem unebenen Boden, der in jede Richtung 4,5 Meter misst. Die Luft innerhalb des Gewölbes wirbelt umher, ihr Geräusch ein entfernter

Widerhall vom Tosen der Brandung während eines Sturms. Nach dem letzten Echo tritt Stille ein.

Ich schaue zurück nach draußen. Gegenüber von uns liegt ein anderes Grab; es ist identisch mit dem, in welchem wir uns befinden, aber stärker verfallen: Die meisten der farbigen Kacheln sind verschwunden, und übrig ist nur der bloße Stein. Eine Frau mit einem Kind geht vorüber. Ihr Gewand leuchtet lila, und sogar von hier aus kann ich ihr Parfum riechen. Es erinnert mich an etwas Entferntes, etwas Verlorenes, aber ich kann nicht benennen, was es ist. Ich stehe für einen Augenblick da, gefangen irgendwo zwischen der Erinnerung, die ich nicht fassen kann, und einem Geräusch, das ich nicht hören kann, hinweggeschwemmt von einem Gefühl des Verfalls von allem, was mich umgibt.

Draußen sehe ich, dass die Frau nicht nur eins, sondern zwei Kinder bei sich hat. Ein kleines Mädchen hüpft an ihrer Seite entlang, etwas sich undeutlich Bewegendes mit zwei Beinen, während sich in dem Kinderwagen neben ihr die entstellten Arme einer zerebralen Kinderlähmung winden. Straffe, klauenartige Finger wedeln abwesend durch die Luft, als die Frau ihren Sohn, der schon im Pubertätsalter ist, langsam den Weg hinunterschiebt. Wir folgen langsam, während wir die uns angaffenden Gräber anschauen.

Am Ende des Weges gelangen wir an ein großes Gebäude, ein letzter Bogen vor einem kleinen Hof. Die Tür des Gebäudes ist schwer und hölzern, mit dramatischen Mustern in feinem Relief verziert. Ein riesiges Schloss, das größer als meine geschlossene Faust ist, zeigt an, dass nicht geöffnet ist. Davor steht, als ob er auf uns gewartet hätte, der Hüter des Grabes. Es ist ein harscher, weißbärtiger Mann, der mit seiner Kappe und seinem grauen Mantel sehr usbekisch wirkt. Er ist alt, und wenn er die Augen schließt, zeigt sein Gesicht so viel Leben wie eine Statue; er könnte genauso gut seit Jahrhunderten hier sein. Wir warten, stille Teilnehmer, während die Frau in Lila ihn bittet, die Tür zu öffnen.

Weiche Geräusche gemurmelter Gebete dringen zu uns, als wir

in den kurzen Korridor treten und unsere Schuhe ausziehen. In der Luft hängt eine Art angespannter Erwartung, die schwer zu dechiffrieren ist, sie bezieht uns weder mit ein noch verlangt sie, dass wir gehen. Kein Wort wird gesprochen, als wir den anderen in einen großen weißen Raum folgen.

Von hier kommt das Gebetsgemurmel. Steinerne Gitter in der Wand lassen behauene Lichtstrahlen von der Welt draußen herein. Sie scheinen auf die zwei Figuren, die sich beim *mihrab* des Raumes zusammengekauert haben, der Nische in der Wand, die ihre Gebete in Richtung Mekka lenkt. Es sind zwei Frauen; sie weisen uns den Rücken zu; ihre Körper sind in weiße Schleier gehüllt. Über ihren Schultern kann ich das Leuchten von kleinen Kerzen ausmachen. Die beiden Frauen geben nicht zu erkennen, dass sie unsere Anwesenheit bemerkt haben.

Die Atmosphäre ist dicht und stark mit Gefühl übersättigt, als ob ein achtloses Flüstern eine Emotionswelle auslösen könnte. Wir folgen stumm, als der Mann zwei weitere Türen öffnet. Er führt uns in den inneren Schrein, zum Grab selbst. Es liegt in seinem eigenen Raum – ein schmales Steingrab, das von einem geschnitzten Holzgitter umgeben ist. Die Wände bestehen aus weißem Putz und sind völlig kahl; keinerlei dramatische Verzierungen wie im Iran. Dafür ist der Raum mit Emotionen aufgeladen. Wortlos betritt die Frau mit dem Wächter den Schrein. Ihre Bewegungen sind langsam und überlegt, so als führe sie ein Ritual aus, das sie schon viele Male wiederholt hat. Sie beugt sich vor, schiebt ihre Hände unter die Arme ihres Sohnes und hebt ihn aus dem Wagen. Dann beginnt sie ihn mit einer langsamen Traurigkeit halb um das Grab herum zu tragen, halb zu schieben. Seine verqueren Beine schleifen über den Stein.

Die Luft in dem Schrein scheint hermetisch versiegelt. Ich wage kaum zu atmen.

Ich weiß nicht, wie lange die Neugier das Schuldbewusstsein in Schach hielt; der Augenblick ist privat, aber meine Augen verweigern meinem Körper sich abzuwenden und zu gehen. Dann, plötzlich, blicke ich in das Gesicht der Frau. Tränen strömen still über ihre Wangen, als sie um die weiße Steintafel herumstolpert, während sie mit ihrer Seele zu Gott um Hilfe ruft. Etwas bewegt sich in mir, versetzt mir einen Stoß. Ich fühle einen leichten Druck in meiner Magengrube, als mir die volle Schuld unseres Eindringens bewusst wird. Es ist nicht so wie bei dem Klagen im Iran. Hier ist es unmöglich zu bezweifeln, dass die Tränen dieser Frau echt sind, und ihr Schmerz hat nicht den Blick von Fremden verdient. So geräuschlos wie möglich bewegen wir uns zum Eingang.

Pilger wie diese Frau kamen einst aus ganz Zentralasien nach Shah-é Zinda. Nun hat der Ort seinen Ruhm und seinen heiligen Platz im Glauben der Muslime verloren. Die Pilger kommen nicht mehr so zahlreich hierher. Doch sie suchen noch immer diese Stätte auf.

Wir reden nicht. Beide sind wir von dem bewegt, was wir gerade gesehen haben, wahrscheinlich mehr als von der religiösen Hysterie, deren Zeuge wir im Iran waren. Dort hatte uns ein Gefühl der Ehrfurcht erfüllt; hier ist es das der Traurigkeit. Die Frau hat uns mit ihrem eigenen Schmerz berührt. Auf ihrer Stirn standen all die mildernden Träume, die sie einmal für ihr Kind hatte, all der Kampf und Kummer, den sie Gott bat, ihr abzunehmen. Das Erleben dieser Frau mit ihrem kranken Kind ist an meinen Vorbehalten vorbei in mein Herz eingedrungen.

Ich denke zurück an all die heiligen muslimischen Orte, die wir nun schon besucht haben, an die muslimische indische Pilgergruppe, die wir im Zug nach Meschhed getroffen hatten. Zweifellos werde ich weiterhin jeden heiligen muslimischen Ort in Asien als Teil dieser Reise suchen, mein Interesse an der Religion führt mich zu jedem Platz von religiöser Wichtigkeit. Genauso wie die Inder, genauso wie diese Frau, genauso wie jeder Muslim bin ich auf meiner eigenen Pilgerreise. Doch im Gegensatz zu jedem von ihnen, im Gegensatz zu den zahllosen Pilgern, mit denen mein Weg während der kommenden Monate verschmelzen wird, bin ich kein Muslim. Meine Pilgerreise ist möglicherweise länger und ausgeprägter, als die meisten von ihnen es anstreben werden, doch das kann nicht verglichen werden. Ich bin ein Pilger ohne den Islam, ohne einen eigenen Glauben. Ich bin ein Pilger, der die Rufe vom Minarett auf sich wirken lässt.

Kirgisistan

Teufelstrunk

Der Islam kann unter des Lesens und Schreibens unkundigen
Menschen ohne Mullahs keine Wurzeln haben; er ist nichts als
ein Geräusch, eine Phrase, welche die alten Vorstellungen der
Schamanen verbirgt.

Ch. Valikhanov, kasachischer Reisender in Kirgisistan (1880)

Karakol, 19. Juli
Liebes Zuhause,

Wir sind nun seit fast einer Woche in Kirgisistan. Hoffentlich
kann dieser Brief euch ein wenig darüber informieren, was wir bis-
her erlebt haben und euch eine erste Einschätzung des Landes ge-
ben – bei den zeitlichen Abständen, in denen ich diese Briefe nach
Hause schicke, wird es wahrscheinlich die letzte Möglichkeit sein,
die ihr dazu bekommt. Kirgisistan ist ein besonders interessanter
Ort für einen Bericht an euch, denn obwohl es in vielerlei Hinsicht
einfach zu mögen ist, stimmt es fast in jeder Hinsicht traurig. Von
allen zentralasiatischen Republiken scheint es am stärksten un-
ter seinen 80 Jahren Sowjetherrschaft und dem aufgezwungenen
Atheismus gelitten zu haben. Das Land erscheint fast vollständig
von seiner ursprünglichen Kultur abgetrennt mit Ausnahme einer
Hand voll bedeutungsloser Artefakte: Die Männer tragen immer
noch ihre traditionellen Filzhüte, die kulpuks, und die Mongolen-
zelte, bekannt als Jurten, die aussehen wie große, gekochte Mehl-

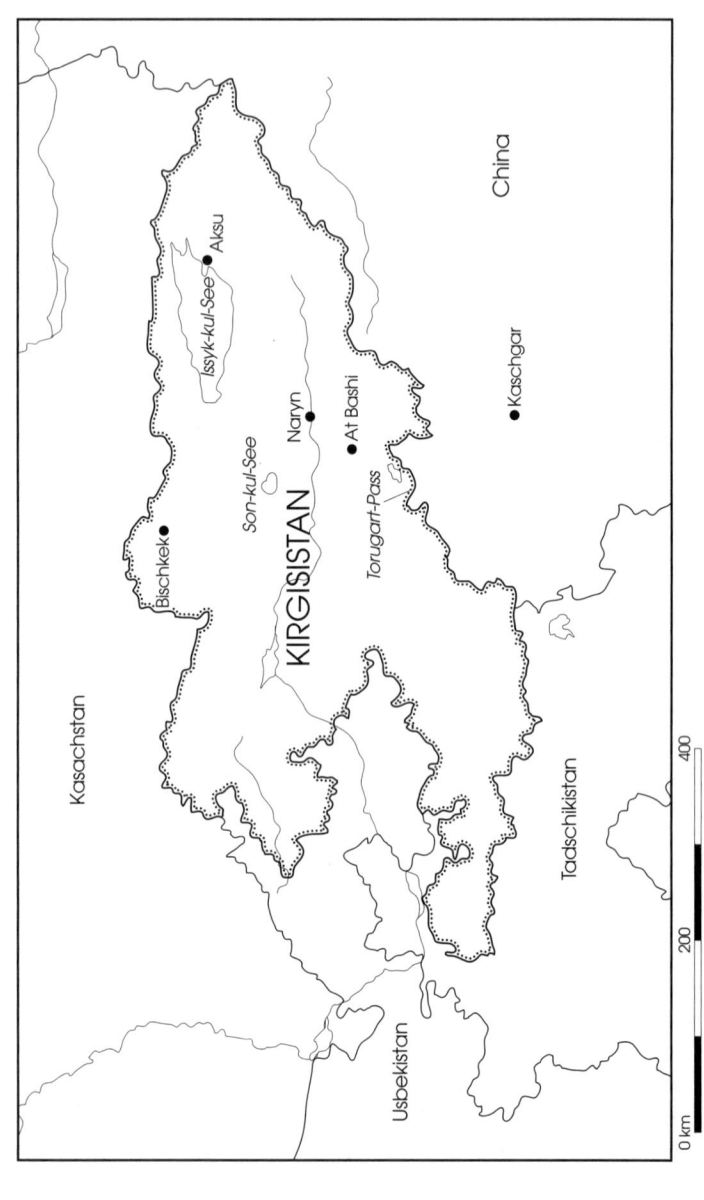

klöße, prägen immer noch das Landschaftsbild, sogar in den Städten. Es scheint jedoch keine Spur vom Islam zu geben, keinen Gemeinschaftssinn, der über eine störende Alkoholabhängigkeit hinausgeht. Erinnert Ihr Euch daran, als wir nach Ägypten fuhren und das Tal der Könige besuchten? Etwas in Kirgisistan löst dasselbe Gefühl wie jene Gräber aus: Es sind Orte, die mehrere Male ausgeraubt wurden.

Ich bin sicher, dass ein Teil dieses Eindrucks der Abwesenheit einer Kultur von der Tatsache herrührt, dass die geschrumpfte Bevölkerung der Kirgisen nur noch knapp über die Hälfte der Bevölkerung des ganzen Landes ausmacht. Die Kirgisen haben nie eine überschwängliche Hingabe an den Islam gezeigt – der Islamisationsprozess der kirgisischen Nomadenstämme war erst am Ende des 19. Jahrhunderts abgeschlossen –, aber das bisschen, das einmal vorhanden war, wurde von den Jahren des stalinistischen sozialen Eingriffs zerstört. Ich würde nicht unbedingt sagen, dass die Sowjets die kirgisische Kultur völlig zerstört haben, aber das, was davon übrig geblieben ist, stellt eine beängstigende Verzerrung der früheren Form dar. Hinzu kommt, dass die Ethnie der Russen, die hier lebt, fast ebenso von ihrem kulturellen Hintergrund abgeschnitten ist. Viele sind seit Generationen hier und gehören daher nicht länger nach Russland, doch Kirgisistan wird bald schrittweise die Verwendung der russischen Sprache abschaffen, und viele der Russen werden sich plötzlich mit der Tatsache konfrontiert sehen, dass sie nirgendwo mehr hingehören. Bei dem Gefühl des Auseinanderdriftens der beiden Bevölkerungsgruppen ist es in gewisser Weise nicht verwunderlich, dass der Ort den Eindruck hinterlässt, den er hinterlässt.

Wir wurden von einem russischen Kirgisen namens Volodia mit nach Karakol genommen. Er war annehmbar freundlich und zeigte uns eifrig seine Versuche, sich auf den Kapitalismus einzulassen: gescheiterte Vorschläge für Jointventure-Unternehmen in Billionenhöhe mit ausländischen, multinationalen Gesellschaften, die in dürftigem Englisch auf zerfetzte Papierschnipsel geschrieben waren. Irgendwie witzig und traurig zugleich, wirklich, wir konnten nicht umhin, ihn zu mögen. Dennoch löste auch er in uns die Frage aus, wie gut wir auf Kirgisistan vorbereitet waren, als er uns mit der russischen Herangehensweise an den Alkohol bekannt machte. Ich vermute, dass so etwas zu jeder Zeit beängstigend ist, aber nach einem so langen Aufenthalt im Iran fand ich es vollkommen schrecklich. Zerschepperte Wodkaflaschen, betrunkene, tobende und kämpfende Irre, versteckt lüsterne Versuche Kirst anzugrapschen – die transformierenden Effekte der Droge waren nie offensichtlicher. Volodia war ein ruhiger und freundlicher Mann, als er uns gestern hier absetzte, aber nach einer Flasche Wodka wurden er und seine Freunde zu Kreaturen voller Hass und Gewalt. Und genauso schlimm wie unsere Erfahrung mit ihm war der Schock, als sie sich mit der einheimischen kirgisischen Bevölkerung draußen vor unserem Hotel wiederholte. Ausländer sind eine Attraktion für die rotgesichtigen, anzüglich grinsenden Alkoholiker in diesem Land, und wir konnten uns noch nicht einmal in unserem Hotel vor ihnen in Sicherheit bringen; ein paar Betrunkene folgten uns von der Straße aus bis zu unserem Hotelzimmer. Es gibt sie überall in Kirgisistan, diese kleinen, durchgedrehten Männer mit ihren charakteristischen roten Augen und ihrer betrunkenen Angeberei.

Das alles zu sehen ist einigermaßen faszinierend. Wenn die Leute lange genug nüchtern bleiben, können sie richtig nett sein. Doch sie unterliegen äußerst rasch dieser Art von alkoholischer Transformation, und die Tatsache, dass wir uns in keiner Sprache mit ihnen unterhalten können, macht es für uns nur noch unbequemer, wenn wir hinausgehen. Ich nehme an, es ist nicht verwunderlich, dass uns die Kultur Kirgisistans bisher weniger zusagt als die des Iran.

Ich weiß, dass dieser Alkoholkonsum nicht notwendigerweise das Spiegelbild dieser Kultur oder Religion ist. Ich denke aber, dass es gut möglich wäre, dass ein Iraner das, was wir gesehen haben, als ausreichenden Beweis dafür ansehen würde, dass Kirgisistan eine vollkommen gottlose Nation ist. Er würde damit wohl nicht sehr falsch liegen. Die Sowjets förderten in allen ihren zentralasiatischen Republiken aktiv den Atheismus, und er hat in Kirgisistan seit langer Zeit an Boden gewonnen, während er in der weiteren muslimischen Welt fast keine Beachtung fand. Wir haben, seitdem wir angekommen sind, selbstredend nur wenige Anzeichen für Religiosität gesehen. Die Sonne geht unter, während ich dies schreibe, aber ich erwarte nicht, dass ich den Ruf zum Gebet hören werde.

Für den nächsten Tag haben wir eine Wanderung in den Bergen geplant und hoffen, dass es das erste Mal seit Monaten kühler sein wird. Ich freue mich schon richtig darauf. Danach werden wir zu einem Fest, das in der kirgisischen Kultur seinen Ursprung hat, hinüber in die Nähe der kasachischen Grenze fahren, bevor wir gemächlich unseren Weg aus dem Land antreten. Ihr könnt wieder mit einer Nachricht von mir rechnen, wenn wir in Pakistan ankommen. Bis dahin: Haltet die Ohren steif! Kirst und ich werden ebenso unser Bestes tun.

Alles Liebe,
Ich.

Samstag, 22. Juli, bis Sonntag, 23. Juli:
Auf dem Weg nach Aksu

Die alte Frau lacht. Hinter ihrer Stimme ist irgendwo das schnaufende Geräusch des Motors von vorne zu hören. Hier, in unserer verdunkelten Holzkiste, erscheint das alles meilenweit entfernt. Die Frau verlagert ihr Gewicht auf das Stroh, lehnt sich gegen Kirst. Ihr offener Mund ist scheußlich. Die schwarze, in ihr Zahnfleisch eingebettete Masse sieht wie geschmolzener Kautschuk aus; in dem schwachen Licht haben die Überreste ihrer Zähne die klebrige Konsistenz von Melasse. Und dort, oben in der linken Ecke, glitzert ein einzelner Goldzahn in der Dunkelheit. Wir befinden uns auf der Ladefläche eines Lastwagens, der zu der Feierlichkeit *Manas 1000* unterwegs ist, dem 1000-jährigen Jubiläum des berühmtesten Dichters der Region. Als Teil einer Reihe nationaler Feierlichkeiten wird der Jahrmarkt von Karakol, an dem auch Kasachstan beteiligt ist, an der Grenze gefeiert, dort, wo die Steppe beginnt. Ich schaue mich auf der Ladefläche um. Die Metalltür hinter mir ist verriegelt. Das einzige Licht dringt weich und wässrig durch gelbes Plexiglas nahe der Decke in diese blau-dunkle Box hinein. Uns wurde verboten, während der Fahrt hinauszuschauen, da unsere Anwesenheit im rückwärtigen Teil des Lastwagens scheinbar nicht ganz legal ist. Es ist mit Sicherheit die armseligste Art des öffentlichen Transports weit und breit. Die Wände bestehen aus rissigem blauen, mit Schmutz beschmiertem Holz, und eine dünne Schicht Stroh auf dem Boden ist das einzige Zugeständnis an Komfort.

Wir sind nicht die Einzigen auf dieser Ladefläche. Ein alter zusammengeschrumpfter Mann sitzt am anderen Ende gegen die Wand gelehnt; er wirkt so passiv und hölzern, dass er mich an die Puppe eines Bauchredners erinnert. Zwei jüngere Männer, die beide lustige weiße *kalpaks* tragen, kauern sich neben mir zusammen und zünden sich aus Zeitungspapier gedrehte Zigaretten an. Drei Frauen sitzen auf dem harten Boden; eine stillt ein Baby. Ein heftiger Stoß, und wir werden einander in die Arme geworfen, kurze Augenblicke des Gelächters. Als sie lachen, entblößen sie alle Goldzähne. Die Muster sind außergewöhnlich – ein Schachbrett aus Gold und Elfenbein bei der einen, oben alles Gold bei der anderen –, Goldzähne in Kirgisistan, die sowjetische Mode: ein störender Anblick, kein Vergnügen.

Kirst und ich sitzen beide auf unseren Rucksäcken. In den letzten paar Tagen sind wir in den Bergen rumgezogen. Diese Mitfahrgelegenheit haben wir in einem kleinen Dorf, fernab von der großen Hauptstraße, bekommen. Wir müssen auf dieser selten befahrenen Straße über einen einsamen Pass reisen, bevor wir die Steppe erreichen, bevor wir auf den Rest der Menge stoßen. Eingepfercht und schmutzig in die Dunkelheit verbannt, verbringen wir einen endlosen Morgen.

In der letzten Woche ist jede Art von Transportmittel, das wir in Kirgisistan in Anspruch genommen haben, zusammengebrochen: jeder Bus des öffentlichen Nahverkehrs, jeder angehaltene Wagen, jedes Taxi. Dieser Lastwagen bildet keine Ausnahme. Wir hören, wie der Motor den Pass hinauffächzt, spüren den Aufstieg und dann

Kirchenruine in Ani, Türkei

Eines der vielen Portraits
von Khomeini, hier in
Täbris, welche die iranische
Landschaft übersäen

Eine kurdische Familie im Iran:
Die Frau riskiert durch das
Zeigen ihrer traditionellen
Kleidung bestraft zu werden

Rechts;
Junges Mädchen in Meschhed,
Iran

DOWN WITH U.S.A

Luxushotel in Shiraz, Iran

Relief in den Ruinen von Persepolis, der Hauptstadt des alten Persien

Kirst in einer iranischen
Moschee

Turkmenische Frauen auf dem Sonntagsmarkt von Aschchabad, Turkmenistan

Ein Relikt aus der Ära der
Sowjetunion in Kirgisistan

Unten:
Schrein in Uch Sharif, Pakistan

Bettelmönch in Uch Sharif,
Pakistan

Pfahlbauten in Sylhet,
Bangladesh

Sufi aus Kushtia,
Bangladesh

Islamische Uhr in
Indonesien

Eine alte Frau in Indonesien, die noch dem animistischen Kult anhängt

Andrew und Kirst

den Verlust an Höhe, fühlen das unsagbare Schaudern, als der Motor aufgibt. Jedes Geräusch, jede Bewegung erlischt: Wir sitzen fest. Eine Stange wird hervorgeholt, eine Kurbel gedreht und schließlich, nach drei Stunden des Ausharrens in der Dunkelheit, überflutet das Licht von draußen unsere erbärmliche Unterkunft. Wir tauchen in einer Landschaft aus Träumen auf. Vor uns erstreckt sich einsam und farblos die Straße Richtung Kasachstan: ein gerader Streifen aus Staub. Auf jeder Seite befindet sich das flache Land eines schmalen Tals. Wenige hundert Meter hohe mit Gras bewachsene Hügel erheben sich um uns herum – alles ein einziger Grünton. Es gibt keine Bäume. Wir befinden uns am Rande der Steppe, haben das Land der mongolischen Reiterstämme mit seinen weißen, teigartigen Zelten erreicht. Die Erde wirkt nackt und leer, so kahl, dass sie kaum wirklich ist. Es hat den Anschein, als sei, wer immer diese Welt auch geformt hat, unterbrochen worden, bevor sie fertig gestellt war. Gras und Straße und Himmel und Hügel, mehr nicht. Es sieht so klinisch rein aus, dass es ein Albtraum sein könnte. Das Gras beugt sich unter einem bockigen Wind.

Weiße Wollballen wurden in den Himmel abgeladen, ihre Schatten fliehen in dieser niedrigen Landschaft vor uns her. Wir folgen ihnen der Straße entlang, lassen unsere Mitreisenden hinter uns, da es keinen Sinn macht, in einer Gruppe von zehn Personen auf eine Mitfahrgelegenheit zu hoffen.

Wie die Kirgisen hinter uns husten wir im Staub der wieder anfahrenden Wagen, die uns nicht mitnehmen. Ich bin jedoch nicht beunruhigt. Diese künstliche Landschaft mit ihrer traumartigen Einfachheit hat mich bezaubert, und ich bin glücklich, einfach nur hier zu sein. Kirst ist ebenso heiter. Ich weiß jedoch, dass unsere Heiterkeit von mehr herrührt als nur der Umgebung um uns herum. Wir sind beide von dem Bewusstsein erfüllt, dass wir das, was wir tun, genießen sollen, bevor es zur Erinnerung wird und verloren ist. Wenn wir dieses Gefühl doch nur an jedem Tag unserer Existenz erhalten könnten: Es ist viel zu häufig nur auf Reisen vorhanden. Die Reisenden wissen mehr als jeder andere, dass sie jetzt schauen müssen, denn sie werden jenes Gesicht, jene Stadt, jenes im Staub spielende Kind nie wieder sehen. Wenn ich reise, bin ich mir magisch der Veränderung der Existenz bewusst, der Wichtigkeit des Augenblicks. Dieser Augenblick – jetzt! – wird nie wiederkommen. Diese Bewusstheit geht auf tragisch einfache Weise verloren, wenn wir von einer uns vertrauten Welt umgeben sind, wenn jeder Augenblick wie der nächste ist, unbeachtet und verloren.

Der Jahrmarkt ist bei unserer Ankunft voll im Gange. Die wogenden Hügel ebnen sich zu einer offenen, weiten und endlosen Ebene. Staub – sein strenger Geruch vermischt sich mit dem der grasbewachsenen Ebene – hängt permanent in der Luft über Autos und Bussen, über Menschen und den unzähligen Pferden. Es hat zuerst den Anschein, als sei die Hälfte der Menge beritten; einige davon sind Kinder, die nicht älter als fünf sein können. Das Geräusch der galoppierenden Hufe dringt von überallher zu uns. Es beschwört vor meinem irgendwie zu regem inneren Auge Horden von räuberischen Mongolenreiterscharen herauf.

Der Jahrmarkt zieht sich über eine große Fläche hin, und es ist kaum ein Mittelpunkt auszumachen. Am weit entfernt gelegenen anderen Ende der Ebene, erkenne ich unter Starkstromleitungen eine dünne Linie von Hunderten weißer Jurten. Ihre regimentartige Kolonne lässt mich an die Zelte eines einfallenden Mongolenheeres denken. Zu unserer Linken liegt ein improvisierter Markt; zu unserer Rechten stehen hastig aufgebaute Buden für die wenigen Zuschauer, die sich mit einer ruhigen Betrachtung des Schauspiels zufrieden geben. Im Zentrum der Ebene steigt eine kreisende Staubsäule in die Luft, die von den Hufen der Pferde aufgewirbelt wird. Vor uns sammelt sich die größte Menge von allen um zwei Männer auf Pferderücken herum, die einander zu Boden zu stoßen versuchen. Hierhin gehen wir zuerst.

Um uns herum herrscht eine aufgeregte und fieberhafte Angespanntheit. Pferde und ihre Reiter sammeln sich, und der strenge Gestank nach Pferdeurin füllt die Luft. Bei dem einfachen und gewalttätigen Spiel scheint es keine Gewinner, sondern lediglich mehrere

Verlierer zu geben. Nach jedem Wettkampf bricht die Menge los, läuft in alle Richtungen, ruft und pfeift und kämpft mit sich selbst – eine lärmende Orgie aus Verwirrung und Unfug, die nur durch den Beginn des nächsten Wettkampfs unterbrochen wird.

Es ist schwer vorstellbar, dass wir wegen seiner Verbindung zum Islam in diesem Land sind. Dieses Fest hier gehört den Reitern der Steppe, den Nachkommen der Mongolen. Es hat nichts mit Religion zu tun, sondern geht auf die Zeit lange vor dem Islam zurück. Schätzungen besagen, dass die Bevölkerung Zentralasiens im Jahre 1200 n. Chr., zurzeit der Mongolen, die Hälfte dieses Reitervolkes ausmachte. Die Liebe der Mongolen zu Pferden war eine Hauptursache für ihre Siege in der Welt. Ihre Armeen waren nicht groß, und sie waren nicht besonders gut bewaffnet; es war die große Anzahl ihrer Remonten und ihre außerordentliche Geschicklichkeit im Sattel, die sie zu den Eroberern machte, die sie waren. Ihre Leidenschaft für Pferde lebt, nach den Rufen und dem lauten berittenen Feiern um uns herum zu urteilen, in Kirgisistan weiter. Hier haben wir es mit einer Feier der nationalen Kultur zu tun, und die ist bei weitem eindeutiger mongolisch als muslimisch.

Wir schlendern zu den Jurten hinüber. Hier verbringen wir den Rest des Nachmittags, wobei wir immer wieder in wortloser Gastfreundschaft zu einer Tasse grünem Tee eingeladen werden.

Als wir spät am Nachmittag aus dem dritten Zelt hinaustreten, sehen wir, dass sich die Welt draußen verändert hat. Wir hatten vorgehabt, hier in der leeren Steppe zu campieren, da uns gesagt wurde, dass die Feierlichkeiten bis zum nächsten Tag andauern würden. Doch nun werden im schwindenden Licht die meisten der Jurten abgebaut. Die Menge hat sich verzogen und die Atmosphäre einen bedrohlichen Charakter angenommen.

Wir staksen vorsichtig über das Feld. Um uns herum donnern wie zuvor Pferdehufe hin und her, aber ihre Reiter sind nun außer Kontrolle geraten, und es gibt eine Razzia berittener Polizei. Ein wild aussehender Mann mit fliegendem Haar springt hinter einem Paar vom Pferd herab, spuckt sie an. Sein Gesicht ist durch den Al kohol hochrot angelaufen, seine Augen bestehen nur aus grimmigen roten Höhlen. Diese Männer haben den ganzen Tag getrunken. Neben den leeren Ständen drängen sich kleine Gruppen im Gras neben ihren Pferden zusammen, singen und trinken warmen Wodka. Gestalten liegen mit dem Gesicht nach unten im Schmutz, wie Schiffe, die halb im Schlick stecken. Ein Mann stolpert auf uns zu, sein Gesicht lila und roh. Er redet laut und betrunken auf uns ein und schwenkt eine Flasche Wodka in der Luft.

Ein Schrei. Hinter uns kämpfen zwei Männer; das Auge des einen ist voller Blut. 100 Meter weiter brüllt sich eine Gruppe ochsenartiger Männer gegenseitig an, Gewalt spritzt aus ihren Worten. Wir wenden uns ab, kehren dorthin zurück, wo wir unsere Sachen neben den Jurten zurückgelassen haben. Zu unseren Füßen liegen jetzt noch mehr berauschte Gestalten am Boden. Wir reagieren nicht auf die Rufe, die uns über den offenen Platz entgegengeschleudert werden; wir wissen, was sie beabsichtigen. Bei all dem, all der uns umgebenden Gewalt und dem Chaos, sind wir uns bewusst, dass wir die auffallendsten Menschen in dieser Steppe sind. Und wir können mit niemandem kommunizieren.

Ich bin nicht mehr an starkes Trinken gewöhnt. Jede Art von Rausch erscheint nach dem Erleben der ruhigen, alkoholfreien iranischen Gesellschaft fremd und seltsam. Was uns hier umgibt, entsetzt mich. Man muss sich eine Gesellschaft vorstellen, in der Heroin eine akzeptierte Droge ist, wo sich überall Junkies auf dem Rasen ausstrecken, nur schlimmer, denn Heroin ist keine Droge, die sich in Gewalttätigkeit äußert. Mehr als jemals zuvor in meinem Leben macht mir der Alkohol Angst.

Wir bitten um unsere Rucksäcke und eilen in dem schwindenden Licht zur Straße, in der Hoffnung, einen Platz in einem der Busse ergattern zu können, die noch von diesem nun wilden Platz aus abfahren. Die Ebene hat sich geleert, und es sind nur die Betrunkenen zurückgeblieben. Mir fällt ein Stein vom Herzen, als der Mann, der am Straßenrand auf uns zukommt, nüchtern zu sein scheint. Er ist klein, wie die meisten Kirgisen, und macht den Eindruck, als sei er mehr zufällig zusammengesetzt worden; sein mondartiges Gesicht deutet auf Milde hin. Mit Gesten und Gegrunze zeigt er uns an, dass er uns eine Transportmöglichkeit nach Karakol beschaffen kann.

Er führt uns zu einem alten gelben Bus, der mit lächelnden Kirgisen gefüllt ist. Wir steigen ein und kauern uns im Gang auf unser Gepäck.

Ich bin von Erleichterung und Dankbarkeit erfüllt, doch selbst jetzt können wir dem Schreckgespenst des Alkohol nicht entrinnen. Der Bus beginnt sich vorwärts zu bewegen, will abfahren, da bricht in seinem Innern Gewalt aus. Unser mondgesichtiger Retter hat Kirsts Arm ergriffen. Seine Hand sieht wie eine zusammengeballte Faust aus, die bereit ist, sich gegen jeden in diesem Bus zu erheben. Die Frau neben mir räuspert sich und rollt mit den Augen – das ist das kirgisische Signal für Trunkenheit, und wir haben es schon zu häufig gesehen –, damit will sie mir bedeuten, dass der Mann blau ist.

Die anderen Passagiere springen in den Gang, fangen wild an zu schreien, schieben ihre Körper zwischen den Mann und Kirst. Hinter ihnen allen kann ich nur beobachten. Der Mann dreht sich herum und schlägt den Busfahrer. Der verpasst ihm einen Hagel von Hieben auf Kopf und Schultern. Eine dicke Frau zerrt am Arm des Betrunkenen, und er setzt seinen Angriff in ihre Richtung fort. Drei Männer gehen zu Boden, klettern über Kirst, springen den Mann an. Unter Schlägen wird er zur Tür hinausbefördert. Er beschimpft uns von draußen weiter; seine wütenden Schreie werden durch das Geschrei der dicken Frau übertönt. Ich fühle, wie ich am ganzen Leib zittere.

Die Türen des Bus schließen sich. Wir lassen den Albtraum langsam hinter uns.

Wir sind kaum 30 Meter gefahren, als ein Betrunkener – zuerst glaube ich, dass es sich um denselben Mann handelt, aber er ist es nicht – die Türen eintritt, seine Fäuste schwingt, um sich seinen Weg in den Bus zu erzwingen. Wir rollen durch einen Kordon von gewalttätigen Betrunkenen hinaus. Alles, was sich bewegt, ist ein Funken, der ihre Aufmerksamkeit erregt. Ich ziehe den Kopf ein und erinnere mich an das Hervorkriechen aus Kämpfen bei Football-Spielen. Der Unterschied ist natürlich, dass wir mit diesen Menschen keine gemeinsame Sprache sprechen, ihre Kultur nicht verstehen und auf einer leeren Ebene am Rande der kasachischen Steppe verloren sind.

Das Tageslicht beginnt grün zu glimmen, als wir endlich zu unserem Aufstieg aus der Ebene ansetzen. Ich schaue zurück, als das Chaos hinter uns weitergeht. Ich bin angewidert und traurig, geschockt von der Macht des Alkohols, der eine ganze Kultur zerstören kann. Ich bin versucht, mich angesichts unserer gelungenen Flucht erleichtert zu entspannen, aber die Reise ist noch lange nicht vorüber. In der Dunkelheit macht unser Fahrer aus den ursprünglich zwei Stunden Fahrt durch den schluckweise erfolgenden Konsum einer Flasche Wodka sechs Stunden. Alle Passagiere kippen gläserweise *kumis*, das kirgisische Nationalgetränk, das aus gärender Stutenmilch hergestellt wird und nach verfaulter Salami schmeckt. Ich schaue verzweifelt zu, wie ein Tag des Trinkens sich in die Nacht fortsetzt.

Dennoch können wir uns nicht beklagen. Wir fürchteten in der Steppe um unsere Sicherheit, verängstigt von der Wildheit, die uns umgab. Wir fürchten jetzt um unsere Sicherheit, verängstigt durch die Trunkenheit des Mannes am Steuer auf dieser schmalen Straße. Aber danach haben wir gesucht. Wir wollten unsere Reise in die Steppe, die uns einen Blick auf die kirgisische Kultur ermöglichen sollte, und das hat sie auch getan. Wild und beängstigend, wird dieser Eindruck nur schwer zu vergessen sein.

Montag, 24. Juli: Issyk-kul-See, in der Nähe von Karakol

Hier, in diesem anonymen Dorf am See, in diesem kleinen Haus, schauen wir zurück in die Vergangenheit Kirgisistans, auf alte vergilbte Fotografien, ausgeblichen und namenlos: Eine muslimische Großmutter steht verschleiert und anständig neben einer winzigen Hütte; ein mit russischen Militärorden voll behängter Vater; junge

Männer, deren Köpfe von bauschigen russischen Pelzhüten bedeckt sind, bereiten sich auf den Krieg vor – Verbindungen zu einer längst vorübergezogenen Vergangenheit.

Die Fotos gehören Mahabat, einer der Frauen aus dem Bus von gestern. Sie hat darauf bestanden, dass wir mit zu ihr kommen, in dieses Haus, das nur aus drei Räumen besteht, die ihre Schwester, ihren Bruder und ihre Mutter beherbergen. Mahabat ist eine typische Kirgisin: Ebenholzfarbenes Haar, tiefe, dunkle, mandelförmige Augen. Sie hat ein liebenswürdiges Gesicht. Sie rafft die Fotos zusammen, während im Fernsehen eine russische Show in haarsträubendem Schwarzweiß vor sich hin plärrt.

Mahabat ist Medizinstudentin und kämpft darum, in eine der am niedrigsten bezahlten Berufsgruppen Kirgisistans aufgenommen zu werden. Verglichen mit ihren westlichen Kommilitoninnen, scheint sie Pech gehabt zu haben, aber als eine Muslimin hat sie Glück gehabt: Die Alphabetenrate unter sowjetischen Musliminnen beträgt fast 100 Prozent, eine umwerfende Abweichung von den anderen muslimischen Nationen der Welt; eine gebildete Frau gehört in den meisten muslimischen Ländern zur Seltenheit.

Mahabat kocht für uns: Eine einzige Kochplatte steht auf ein paar Steinen im Flur. Die Toilette ist ein Loch im Boden am Ende ihres Gartens; fließendes Wasser gibt es nicht. Die Umstände stellen zu Millionen von anderen auf der Welt keinen Unterschied dar, von Tausenden von Orten, wo ich selbst gewesen bin, aber dennoch bin ich überrascht. Ich erwarte immer noch mehr von einem Ort in einem Land, das einmal eine der Supermächte der Welt darstellte.

Nach dem gestrigen Tag ist es eine Erleichterung, von dieser Frau unterhalten zu werden, von ihrem Bruder und ihrer Schwester, dieser mit Lachen verbrachte Abend ein zerbrechliches Geschenk. Wir kommunizieren in Klischees, die wir einem russisch-englischen Wörterbuch mit Redewendungen entnehmen, das wir in Samarkand gekauft haben. Es ist ein Abend voller »möchten Sie noch etwas Tee« und »es regnet in Strömen«, eine Zeit, die mit dem Gekicher über die Absurdität der Unterhaltung angefüllt ist. Nach unseren bedrückenden Erfahrungen in der Steppe ist diese Reinheit und Unschuld sehr beruhigend. Dies ist der erste Abend, den wir mit Kirgisen verbracht haben, ohne dass der Alkohol sein grässliches Haupt erhoben hat.

Vor dem Abendessen danken wir Gott. Unsere Gebete enden mit dem gemurmelten Wort *amin*, als wir unsere Hände über unsere Gesichter reiben, um das Ritual des Reinigens vor dem Beten zu symbolisieren. Zum ersten Mal ein Zeichen bei den Kirgisen, dass wir uns noch in der muslimischen Welt befinden; ich sah sie mittlerweile als eine völlig gottlose Nation an. Natürlich besagen solche Rituale überhaupt nichts, da sie häufig in die Kultur übergehen und dort noch lange zu finden sind, auch wenn die Religion untergegangen ist. Der sowjetischen Gelehrte Ilhan Basgoz sagt in Bezug auf Kirgisistan, dass »obwohl bestimmte muslimische Praktiken wie das Rezitieren von Gebeten nach einer Mahlzeit fortbestehen, diese ihre religiöse Bedeutung verloren haben. Es wäre ein Fehler, in ihnen die Weiterführung muslimischer Praktiken zu sehen. Die Menschen sehen sie als Teil des traditionellen Lebens an, als ein ethnisches Erbe«.

Die den Islam kennzeichnenden Rituale, die »fünf Säulen«, welche die anerkannten Grundpfeiler der Religion sind, scheinen verschwunden zu sein. Die Säulen des Islam sind die elementaren Regeln, durch deren Befolgung ein Muslim behaupten kann, dem Weg Mohammeds zu folgen. Es sind *shahadah*, der Glaube an die Existenz und die Einheit Gottes und an Mohammed als seinen Propheten; *salah*, die fünf täglichen Gebete; *sawm*, das Fasten im Monat Ramadan; die jährliche *zakat*-Steuer, die das Ungleichgewicht zwischen Arm und Reich ausgleichen helfen soll; und die *hadjdj*, die Pilgerreise, die einmal im Leben nach Mekka unternommen wird. All diese Regeln verlangen viel mehr, als die Kirgisen zu geben fähig sind. Wir werden frühmorgens immer noch nicht von dem Ruf zum Gebet geweckt. Die *zakat* existiert nicht mehr, und bei ihrer Geschichte der Isolation und jetzigen Armut ist die *hadjdj* für die meisten Kirgisen unmöglich. Die Säulen, welche den Muslimen in der

Welt zur Identifizierung mit ihrem Glauben dienen, sind aus Kirgisistan verschwunden. 80 Jahre lang wurden sie von der sowjetischen Besetzung und durch die Isolation des Landes vom Rest der Welt vernichtet. Alles was nun geblieben ist, sind sanfte Dankesworte am Ende einer Mahlzeit, das Reiben des Gesichts mit den Händen vor dem Essen, eine Handlung, deren Bedeutung ebenso sehr kulturell wie religiös ist. Vom Islam sind nur tote und wertlose Relikte übrig geblieben, wie billige Beigaben eines exhumierten Grabes.

Draußen laufe ich im Nieselregen vorsichtig über Holzplanken, die in einem überschwemmten Garten ausgelegt sind. Mein Ziel ist das Toilettenhäuschen am Ende des Gartens. Der Garten steht voller Apfelbäume, ihre grünen Äpfel sind so beeindruckend wie verrückte impressionistische Kunst. Bei schwachem blauen Licht schaue ich durch den Riss in der Toilettentür auf sie und höre, wie eine Kuh im Regen muht. Ich bin glücklich. Nach einem Abend sanftmütiger Freude scheint die Existenz der Welt einen Grund zum Fröhlichsein zu bieten. Ich gehe lächelnd zum Haus zurück.

Im Innern des Hauses ist die Ruhe des Abends zerstört; seine süße Reinheit verschwunden. Die Familie sitzt in gedämpfter Stimmung in der Gesellschaft von zwei kirgisischen Männern, die offensichtlich betrunken sind – rote Gesichter und Münder voller Gold. Bei meinem Eintreten lachen und johlen sie, schmeißen Gläser um und schlagen Mahabat auf die Schenkel. Ich setze mich, als sich die vordere Tür öffnet, in der eine große Frau steht, barfuß, mit verfilzten Haaren und schmutzbeschmiert. Sie schwankt in den Raum, bringt den kalten deprimierenden Regen mit sich herein und mustert uns mit einem schauerlichen gehässigen Grinsen. Die Atmosphäre um uns herum spannt sich an; dies ist Mahabats Mutter. Sie setzt sich neben mich, ihr Atem ist Ekel erregend, und ich würge fast. Mahabat, die vorher ein Bild des Lebens und voller Enthusiasmus war, steht auf und nimmt die Teller, ihre Bewegungen sind so steif wie die eines alten Mannequins. Sie lässt uns mit den Betrunkenen allein.

Verbrannt, erfroren

Donnerstag, 27. Juli: Auf dem Weg zum Son-kul-See

Es war unser Plan gewesen, über den Torugart-Pass im Süden direkt von Kirgisistan aus nach China zu reisen. Diese Route ist mit all ihrer romantischen Anziehungskraft der entlegenen Berge und angesichts der Feindseligkeiten des Kalten Krieges eine gute Wahl, aber sie hat ein großes Manko: Sie ist illegal. Die Grenze ist, wie uns berichtet wird, ein Zone der Konfrontation infolge einer nuklearen Anlage auf der chinesischen Seite und für Touristen gesperrt, sofern sie nicht die ausdrückliche Genehmigung des Auswärtigen Amtes von China selbst haben. Ein Sperrgebiet, das 80 Kilometer breit ist, bildet den einzigen Zugang zum Pass. Die einsame Straße Richtung Süden durch die Stadt Naryn ist unpassierbar.

Doch, wenn auch illegal, so ist die Überquerung dennoch nicht unmöglich. Wir haben Geschichten von Touristen gehört, die von Kirgisistan herüberkamen und im Niemandsland durch die starrköpfige chinesische Weigerung festgehalten wurden, Angehörigen einer fremden Nationalität Eintritt zu gewähren. Manchmal saßen diese Leute tagelang fest. Dennoch haben manche es hinübergeschafft oder sind zumindest in Richtung Torugart aufgebrochen, ohne wieder zurückzukommen. Uns gefällt die Vorstellung von der Grenze als einem romantischen und gefährlichen Ort, und die Herausforderung, es drauf ankommen zu lassen, reizt uns beide. Die Illegalität macht uns die Sache nur noch schmackhafter. Wir sehen einer möglichen Übernachtung im Niemandsland für ein oder mehrere Tage ins Auge, und ohne öffentliche Transportmittel könnte die Reise bis zur Grenze lang und beschwerlich werden. Obwohl unsere kirgisischen Visa noch eine Woche gültig sind, haben wir unsere Aufmerksamkeit also schon gen Süden gerichtet.

Wir meinen jedoch, dass noch genug Zeit vorhanden ist, um dem Son-kul-See einen Besuch abzustatten, der uns in Bischkek als magischer Ort beschrieben wurde. Dieser See liegt extrem hoch, auf 3500 Metern, schmiegt sich in einer großen Ebene in die Berge und ist einer der abgelegensten und unzugänglichsten Orte in ganz Kirgisistan. Er befindet sich genau neben der Straße nach Naryn.

Wir verbringen den frühen Teil des Morgens damit, bis zur Abzweigung nach Son-kul zu trampen. Der Morgen ist die einzig sichere Zeit in Kirgisistan, die einzig sichere Zeit auf der Straße, die einzig sichere Zeit für einen Ausländer in der Öffentlichkeit. Ab Mittag wird das Trinken eingesetzt haben, und bis zum späten Nachmittag sind viele der Fahrer, die wir um eine Mitfahrgelegenheit ersuchen, betrunken. Die Abzweigung ist ein toter Platz – trocken und steinig inmitten zerklüfteter Berge. Die Berge erheben sich trocken und unpersönlich überall um uns herum; der Himmel ist tiefblau und weit weg. Die Hauptstraße rauscht hinter uns vorbei, steigt an und schlängelt sich außer Sichtweite. Der Weg nach Son-kul führt einen steinigen Berg hinauf und verschwindet dann ebenso schnell. Unsere Welt ist von Steinen begrenzt, und wir sind weder von Vegetation noch von Wasser umgeben. Wenigstens haben wir Schatten durch die rostenden Überreste von etwas, das einst eine Bushaltestelle gewesen sein muss.

Zeit totschlagen. Zeit totschlagen.

Wir warten sieben Stunden. In dieser Zeit fahren nur drei Autos an uns Richtung Son-kul vorbei, und alle sind voll. Die Monotonie ist dicker Schlamm, der sich in meinem Gehirn absetzt und all meine Gedanken verlangsamt. Am frühen Nachmittag haben wir allmählich Freude daran, Steine auf andere Steine zu werfen.

Aufstehen und sich strecken. Sitzen, warten. Wieder aufstehen.

Um fünf Uhr, nachdem sieben Stunden in dieser grausam langweiligen Landschaft an uns vorübergezogen sind, beschließen wir, dass es Zeitverschwendung ist, weiter auf eine Mitfahrgelegenheit nach Son-kul zu warten. Wir würden erst am Abend ankommen und müssten am Morgen bereits wieder fahren, wenn wir sichergehen wollen, dass wir Torugart mit genügend großem Zeitpolster erreichen. Unser Tag am See wurde durch stundenlanges Warten am

Straßenrand ersetzt. Wir bringen unsere Sachen zur Straße nach Naryn.

Warum kommt ausgerechnet in dem Moment ein Wagen mit dem örtlichen Polizeipräsidenten und seiner Ehefrau, um Richtung Son-kul abzubiegen, wo wir doch in den letzten fünf Stunden kein einziges Fahrzeug gesehen hatten? Warum erscheint es unvermeidbar, dass wir das Mitfahrangebot annehmen, obwohl wir gerade übereingekommen waren, dass ein Abstecher zum Son-kul-See idiotisch wäre. Ich bin angesichts unserer eigenen Dummheit irritiert.

Als wir aber unterwegs sind, steigt meine Laune. Wir sind sicher, dass wir genug von dem magischen Ort sehen werden, was unsere Fahrt dorthin der Mühe wert ist. Die Tage sind lang, und ich bin zuversichtlich, dass uns einige Stunden Tageslicht bleiben werden, wenn wir erst einmal angekommen sind. Ich stelle mir einen kleinen alpinen See vor, der von schneebedeckten Gipfeln umgeben ist – klar und malerisch. Ich sehe uns neben den Zelten der Bergnomaden campieren, und ich kann klar die Straße Richtung Süden nach Naryn winken sehen, Richtung China. Die Gleichförmigkeit des Tages hebt sich auf, als ich mir die Schönheit dieser Szenerie vorstelle; sogar die öde grüne Landschaft um uns herum erscheint langsam interessant.

Platter Pneu
Reifenpannen-Stimmung
An der Straßensperre
Wir warten
Auf eine Pumpe

Dem bunten Durcheinander ihrer Uniformen nach zu urteilen, könnten die zwölf Soldaten an der Straßensperre eine Stunde von der Abzweigung entfernt rotgesichtige Wegelagerer oder rebellische Soldaten in einem Bürgerkrieg sein. Warum zwölf Männer dazu notwendig sind, ein einziges Drahtseil zu bedienen, das über eine einsame Straße gespannt ist, geht über meinen Verstand. Sie sind alle betrunken, was selbstverständlich ist, denn in welch entlegenem Gebiet wir uns auch aufhalten, wir befinden uns immer noch in Kirgisistan. Die Soldaten mustern uns lüstern mit ihren gierigen roten Augen, während sie unser Gepäck plündern und die Sachen, die ihnen gefallen, als Geschenk einfordern. Sie halten uns Plastikflaschen mit *kumis* unter die Nase und verlangen, dass wir mit ihnen im Gras sitzen, während sie Wodka trinken und sich gackernd sowohl am Alkohol als auch an ihrer Macht über uns berauschen. Ein unerwünschter Abend ergießt sich langsam in das Tal.

Als die Drahtschranke sich hebt, liegt die grüne Landschaft um uns herum völlig im Schatten. Das Auto fährt einen großen Abhang hinauf, der grün, aber kahl ist wie die Steppe. In der Nähe des Gipfels, am Zugang zu einer Art Pass, ist der Boden mit Schneeverwehungen bedeckt. Als Son-kul sich vor uns ausbreitet, ist mir im Kopf ganz schwindelig von den Auswirkungen der Höhe. Die Frau vorne im Wagen übergibt sich.

Doch sollen wir uns beklagen? Endlich haben wir den Son-kul-See vor uns. Er liegt in einer weiten offenen Ebene, die mit Gras bewachsen, aber baumlos ist – eine wogende grüne Fläche. An ihren Rändern neigt sich das Land leicht nach oben und formt ein seichtes Becken. Es gibt keine schneebedeckten Gipfel, keine turmhohen Berge; wir befinden uns zu weit oben, als dass sich noch irgendetwas dramatisch über uns erheben könnte. In der Mitte dieser Hochebene befindet sich nur dieses seichte Gewässer, das eher nach einer immens großen Pfütze als nach einem See aussieht.

Der beunruhigendste Aspekt an dieser leeren Landschaft ist der, dass es kein Anzeichen für irgendeine Art von Behausung gibt. Jetzt verstehe ich, warum wir so wenig Fahrzeuge gesehen haben, denn ab hier ist absolut kein Lebenszeichen auszumachen. Ich sehe keine Möglichkeit, wie wir einer solchen Welt wieder entkommen können. Zufrieden, dass ich den See aus dieser Entfernung gesehen habe, verspüre ich keinen überwältigenden Drang, ihm noch näher zu kommen. Aber es ist zu spät, der Augenblick der Entscheidung ist bereits vorüber. Unser Fahrer hat die Straße verlassen, unsere einzige Verbindung zur Außenwelt, und wir rumpeln durch das lange Gras zum See.

Nach 20 Minuten holpernder Fahrt erkenne ich, dass die Landschaft des Son-kul-Sees nicht so platt ist, wie sie vom Pass aus erschien. Die Straße, der Pass und jede erkennbare Landmarke sind bereits verschwunden. Ich klammere mich an alles, was ich als Bezugspunkt nutzen könnte, aber die formlose Erde schmilzt und verändert sich, weicht meinem mentalen Erfassen aus. Die Vorstellung, dass wir uns hier auf dieser Ebene verirren könnten, macht mich ganz krank. Und immer noch bleibt der Ort, während der See sich weiter entfernt und nicht näher kommt, unglaublich, unbeschreiblich, beängstigend unbewohnt.

Dunkelheit umgibt uns langsam und bringt etwas Unheimliches mit sich. Wir sind weit weg von jeder Straße, von jedem Gefühl der Sicherheit, und so ist es eine Erleichterung, als wir endlich am See ankommen und auf eine einzige Jurte treffen, die neben einem verlassenen Gebäude aus Stein steht. Das Gebäude ist voller zerbrochener Glasscheiben. Der Boden ist staubig und voller Dung. Die Menschen in der Jurte erscheinen ebenso verlassen, wie wir uns fühlen. Dennoch ist ihre Anwesenheit beruhigend. Der Polizeipräsident setzt uns an diesem Ort ab und weist darauf hin, dass er möglicherweise in einer Woche zurückkommt, dann verschwindet er in der zunehmenden Dunkelheit. Ich fühle mich gefühllos und taub, isolierter, als ich mich jemals zuvor gefühlt habe. Selbst auf langen Bergwanderungen ist es mir nicht so ergangen. Wir befinden uns in dem abgelegensten Winkel eines der isoliertesten Länder der Welt, und ich sehe kein Entkommen.

Die Temperaturen sinken mit dem Herannahen der Dunkelheit, und ich verstehe plötzlich, wie es auf den Hügeln um uns herum zu Schneeverwehungen kommen kann, obwohl die Tage so heiß sind. Da wir in dünner Baumwollkleidung hier angekommen sind, wühlen wir in unserem Gepäck krampfhaft nach irgendetwas Warmem, das wir dabeihaben. Während wir noch dabei sind, tauchen Fischer mit schmutzigen Gesichtern und wild zersausten Haaren aus der Dunkelheit auf, um uns die Hände zu schütteln, bevor sie genauso ruhig wieder verschwinden, wie sie aufgetaucht sind. Kinder mit völlig verwarzten Gesichtern kommen angelaufen und starren uns an, doch es dauert nicht lange, und die Kälte treibt sie wieder fort. Wir zwängen uns in unser winziges Zelt, versuchen, den Geruch nach Pferdedung und gammeligem Fisch nicht einzuatmen, und bibbern uns in den Schlaf.

Freitag, 28. Juli: Son-kul-See

Reisen ist der Vorgeschmack auf die Hölle.
Sprichwort aus dem alten Turkestan

Ich kann nicht glauben, dass dieser Ort in der Nacht so kalt gewesen ist. Die Sonne, in diesen Bergen nah und gnadenlos, röstet uns in der schattenlosen Ebene. Die einzige magische Aura, die diesem Platz anhaftet, rührt von seinem Status als einer Art Hölle.

Das Gebiet um den Son-kul-See ist sumpfig, und die Anzahl der Insekten, die das Land um uns herum bevölkern, ist erschütternd. Ein schwarzer, stechender Wirbel folgt uns, wo immer wir auch hingehen; bevor wir nach unserem einzigen Bad noch richtig aus dem Wasser gestiegen sind, lässt sich der Schwarm nieder, um unsere nasse Haut zu zerstechen. Eine Spezies von Moskitos so groß wie meine Hand, die durch zwei Lagen Kleidung hindurchstechen kann; Pferdebremsen mit Augen aus bösem metallischem Grün; und Dutzende anderer, deren Namen wir nicht kennen – alle hassenswert. Ihr Angriff ist weit schlimmer als alles andere, was ich bisher – sogar in Afrika – erlebt habe. Ich musste niemals zuvor Insektenabwehrmittel für meinen gesamten Körper benutzen – für meinen Schädel, mein Hinterteil, meine Leistenbeuge. Wenn ich auch nur ein Hautfleckchen nicht größer als eine Münze vergesse, so ist es innerhalb von Minuten zerstochen; meine Beine sind mit Streifen blutiger Stiche überzogen. Unser einziges Entkommen ist das Innere unseres Zeltes, die erstickende Hitze eines Nylongrabes, das von der Sonne gehäutet wird. Wir haben keinen Schatten, keine Erleichterung, doch alles ist besser als die Folter, die uns draußen erwartet.

Ein Falke kreist über uns, sein Schatten verfolgt uns.

Keine Fahrzeuge, keine Menschen, keine Hoffnung in dem Land um uns herum. Wir haben keine Erklärung dafür, wo die Fischer vom Abend zuvor abgeblieben sein können, nur die schreienden Kinder sind von irgendwo zu hören. Seit neun Stunden sind wir hier, voller Verzweiflung. Wir sitzen weiterhin fest in dieser gottverlassenen Gegend und sehen einer zweiten Nacht auf einem von Insekten befallenen Haufen Dung entgegen und auch der sehr realen Gefahr, es nicht mehr vor Ablauf unserer kirgisischen und auch unserer chinesischen Visa bis zum Torugart-Pass zu schaffen. Was mich nun beängstigt, ist der Umstand, dass ich mir nicht einmal vorstellen kann, wie wir hier wegkommen sollen. Ab und zu hören wir aus der Ferne Fahrzeuggeräusche und eilen schreiend und winkend aus dem Zelt hinaus. Aber es ist vergeblich. Die Fahrzeuge materialisieren sich nicht. Abgesehen von ihrem Geräusch, bleibt die Ebene leer, doch selbst das ist bald verschwunden. Also setzen wir uns, warten und schwitzen. Meine Haut ist von der Sonne verunstaltet und mit Stichen übersät, und ich frage mich, ob es irgendwo auf der Erde einen unangenehmeren Ort als den Son-kul-See im Juli gibt.

Zu unserer Verzweiflung gesellt sich das grausame Gefühl, dass wir den Sinn unserer Reise aus den Augen verloren haben, dass wir von der kulturellen Leere, die Kirgisistan darstellt, verraten wurden. Ich habe mich nie weiter von der lebenden Realität des Islam entfernt gefühlt als heute. Eine Woche jenseits von China wartet Pakistan, das Land der Reinen, das Land der besten als auch der schlechtesten Eigenschaften des Islam; wir sollten dort sein. Eine große Panik steigt in mir auf und will mich nicht wieder loslassen. Mit unserem Festsitzen an diesem verhassten Ort ist unsere Reise aus dem Ruder gelaufen, verloren.

Die Anspannung angesichts der Falle, in die wir getappt sind, nagt an uns beiden, schlägt sich auf die Art und Weise unserer Kommunikation nieder. Lachen über unsere missliche Lage im einen Augenblick; Streitgespräche im nächsten. Wir fachsimpeln über die Religion, über das Christentum.

Ich war nicht auf die Auswirkungen vorbereitet, die meine Untersuchung des Islam auf meine Ansichten zum Christentum haben würde. Das Graben in den theologischen Bereichen der Universitätsbibliothek war eine neue Erfahrung für mich, die mir nicht nur den Islam, sondern auch die Forschung der westlichen Gelehrten zu den Ursprüngen der Kirche und der Frage offenbarte, wie Außenstehende den christlichen Glauben sehen könnten.

Jesus spielt eine auffallend wichtige Rolle im Islam. Er ist einer der Propheten Gottes, ein Wunderheiler, ein Mann, der durch den Heiligen Geist »gestärkt« ist. Mohammed war der letzte in einer langen Reihe von Propheten – 124 000 an der Zahl –, von denen viele nichts anderes als gute, vorbildliche Menschen waren. Jesus ist einer der wichtigsten dieser Propheten, zusammen mit Figuren wie Abraham, Isaak, Hiob, Salomon und David, doch für die Muslime stellt er keinen Unterschied zu ihnen dar. Die Propheten beanspruchten keine Heiligkeit. Sie waren Menschen, denen Gott die Verbreitung seines Wortes anvertraut hatte sowohl durch Taten als auch durch Predigten. Tatsächlich unterstreicht Mohammed häufig sein eigenes Menschsein. Im Gegensatz zu Jesus ist er kein Wunderheiler; der Koran ist ein Wunder, das groß genug ist. Für die Muslime im 7. Jahrhundert n. Chr. war das Christentum lediglich ein eigensinniger Kult, einer, der aus dem Gefolge eines einzigen Propheten erwuchs, eines Mannes, der nicht heilig war und das auch nicht behauptete.

Und wenn Allah einst Jesus fragen wird: »O Jesus, Sohn der Maria, hast du je zu den Menschen gesagt: Nehmt, außer Allah, noch mich und meine Mutter zu Göttern an?«, so wird er antworten: »Preis und Lob nur dir, es ziemte mir nicht, etwas zu sagen, was nicht die Wahrheit ist.

Koran, Sure 5:117

Für die Muslime war die Doktrin des christlichen Glaubens vollkommen fehlerhaft. Die Vorstellung sowohl der Trinität als auch die eines einheitlichen allmächtigen Gottes mit einem Sohn stand im Widerspruch zu ihren Ansichten. Für die absolut monotheistischen Muslime mit ihrer starken Abneigung gegen Götzenverehrung musste der Akt der Verehrung von Manifestationen Gottes anstößig sein. Sie wussten, dass solche Lehren nicht Teil der Originalbotschaft von Jesus waren, und mit Mohammeds Religion, die sich an solchen Konzepten von Anfang an maß, drückte der Koran Bestürzung angesichts dessen aus, was er als völligen Unsinn betrachtete.

> *Wahrlich, der Messias Jesus, der Sohn Marias, ist ein Gesandter Allahs, und das Wort, das er Maria niedersandte, eine Erfüllung Allahs und sein Geist. Glaubt daher an Allah und seinen Gesandten, sagt aber nichts von einer Dreiheit. Vermeidet das, und es wird besser um euch stehen. Es gibt nur einen einzigen Gott. Fern von ihm, daß er einen Sohn habe! Sein ist, was in den Himmeln und auf Erden ist.*
>
> Koran, Sure 4:172

Für Mohammed war der einzige Gott, der verehrungswürdig war, viel zu groß, als dass er auf diese Weise teilbar sein konnte. Zu behaupten, etwas von Gott zu wissen, war für die Menschen das reinste Sakrileg, eine Gotteslästerung, die Mohammed in erster Linie dazu ermuntert hatte, mit dem traditionellen Glauben Mekkas zu brechen, und deshalb war es kaum verwunderlich, dass Muslime die Vorstellung von dem Sohn Gottes derart abstoßend fanden.

Die Muslime hatten ideologische Gründe für ihre Überzeugung, dass Jesus niemals Heiligkeit für sich beansprucht hatte. Jesus ist eine Hauptfigur im muslimischen Glauben, und es kann nur angenommen werden, dass Mohammed jeden Anspruch auf die Heiligkeit von Jesus gern zurückgewiesen hätte. Ungeachtet der ideologischen Gründe stimmen westliche Gelehrte hier jedoch zu. Namen wie die Bestseller-Theologen Karen Armstrong, John Hick und sogar der konservative Gelehrte Vincent Taylor haben sich alle über das Thema ausgelassen. Wie der Theologe Geza Vermes schreibt, erkennen biblische Gelehrte in der Regel an, dass Jesus niemals für sich in Anspruch nahm, heilig zu sein.

Diese Entdeckung war für mich ein regelrechter Schock. Es war so, als hätte ich entdeckt, dass die Gelehrten die Ursprünge des Universums ein Jahrhundert zuvor herausgefunden hatten, während der Rest der Welt immer noch ohne Ergebnis über die Frage nachdenkt. Am meisten überraschte es mich, dass der größte Teil der akademischen Arbeiten von gläubigen Christen geschrieben worden war. Es waren Bischöfe, Theologen und Priester, alle mit einem profunden Glauben an ihre Religion. Ich hatte mir unter solchen Menschen Anarchisten vorgestellt, die mit fragwürdigen und verborgenen Motiven von außerhalb angreifen. Stattdessen sind dies Männer und Frauen, die bereit sind, dem strengen Blick historischer Forschung standzuhalten, die außerdem dem historischen Zuwachs der christlichen Religion entfliehen möchten, damit ihr Glaube für eine sich verändernde Welt relevanter wird. Sie haben das Christentum auf wenig mehr als den Glauben an Gott reduziert und möchten den Fokus auf das richten, was die ursprüngliche Botschaft von Jesus war. Doch ihr Glaube ist ungerührt von dem Establishment, das seit 2000 Jahren besteht, von dem, was sie als erfundene Doktrin bezeichnen. Jesus wird von vielen als ein *Symbol* für die heilige und unsagbare transzendente Realität akzeptiert, in keiner Weise als heilig mit Gott verknüpft, während sie weiterhin darauf beharren, dass die Kirche eine gültige Institution ist. Zu dieser Lage der Dinge schreibt Michael Goulder, ein Professor für Biblische Studien: *In den Augen der Philosophen kam der christliche Glaube intellektuell in Verruf, weil er nicht länger irgendetwas behauptet.*

Zu der Erörterung der Heiligkeit von Jesus gibt es eine ganze Reihe von Aspekten. Allgemein eingestanden wird, dass er nie direkt oder spontan behauptete, dass er der Messias sei; die Ausdrucksweise »Sohn Gottes« hatte nie die Absicht Heiligkeit zu bezeichnen, und den Begriff, den Jesus häufig für die Bezeichnung von sich selbst wählte, »Menschensohn«, unterstreicht scheinbar einfach die Schwäche und Vergänglichkeit des menschlichen Zustands. Jesus setzte alles daran, um zu betonen, dass er ein zerbrechliches menschliches Wesen ist, das eines Tages leiden und sterben müsse. Die extensive Arbeit der Gelehrten während der letzten 40 Jahre zeigt, dass Jesus für sich keine Heiligkeit in Anspruch nahm.

Die Grundlagen der derzeitigen Forschungen bestehen in dem, was wir heute über den historischen Kontext des Lebens von Jesus kennen. Die Juden hatten schon lange auf einen Messias gewartet, auf einen Gesalbten, den Erlöser der Menschheit. Seit der Herrschaft König Davids – der als Monarch und gleichzeitig als religiöser Führer das erste unabhängige jüdische Königreich in Jerusalem gründete – war die Konzeption einer solchen Figur stets die eines Retters nach dem Vorbild Davids gewesen: ein Mann, der mit einer Mischung aus Talenten ausgestattet war, die sich aus der Tapferkeit eines Soldaten, aus Rechtschaffenheit und Heiligkeit zusammensetzten und der ein neues Zeitalter für die Juden ankündigen würde. Der Messias wurde als ein Nachfahre König Davids gesehen, und sowohl im Alten wie auch im Neuen Testament wird sich auf den Messias als auf den Sohn Davids bezogen. Jeder Mann, der zu biblischer Zeit für sich in Anspruch nahm, der Messias zu sein oder dazu ausgerufen wurde, musste seine Behauptungen innerhalb dieses Rahmens verstanden wissen.

Die Identifikation von Jesus nicht nur mit *einem*, sondern mit *dem* erwarteten Messias des Judentums war für den frühen christlichen Glauben grundlegend. Die wörtliche griechische Wiedergabe des semitischen Messias, *Christos*, führte nach der Kreuzigung von Jesus innerhalb einer Generation zu dem Begriff Christen. *Jesus, der Christ* wurde so häufig in den nichtjüdischen Gebieten verwendet, die von Paulus evangelisiert wurden, dass daraus in der Kurzform *Jesus Christus* oder einfach *Christus* wurde. Jesus nahm den Titel selten selbst in Anspruch, aber sein messianischer Status war das Hauptthema der ersten Lehren des Christentums. Tatsächlich zog

Jesus die Bezeichnung Prophet der des Messias vor. Dieser Begriff wurde jedoch sehr früh durch die Kirche abgelegt, die Jesus von Anfang an mit dem Titel Messias ausstattete. Es war auch diese Anrede, die erhalten blieb, trotz der Tatsache, dass sie wenig bedeutsam für die nichtjüdische Welt war, welche die neue Religion mit solch einer Inbrunst aufnahm.

Jesus war jedoch nicht der politische Messias, der von den Juden erwartet wurde. Von allen Juden, einschließlich derer, die Jesus unterrichtet hatten, wurde in jener Zeit angenommen, dass der wahre Messias – der mutige, soldatenähnliche Führer, den sie sich vorstellten –, wenn er kam, im Kern jüdisch bleiben, den jüdischen Gesetzen und der jüdischen Tradition entsprechen würde. Jesus sah sich selbst hingegen anders. Er sah sich als einen Propheten, als Gottes Vizeregenten, der seinen eigenen Wünschen entsprechend handeln konnte. Und er hatte den Wunsch zu predigen und nach den Prinzipien der Liebe zu handeln, ein Königreich auszurufen, das auf nichts anderem als auf der Liebe basierte. Auf diese Lehren, auf die ursprünglichen Lehren von Jesus, möchten die Theologen von heute ihren Glauben ausrichten.

Wir müssen beachten, dass die Konzepte zu jener Zeit vom jüdischen Denken geprägt waren. Jesus war ein Jude und sah seine Mission nie in einem weiteren, nichtjüdischen Kontext. Dementsprechend muss die Sprache, die in Bezug auf Jesus angewendet wird, in diesem Licht gesehen werden. Und es ist nicht der Titel des Jesus als Messias, der für die neue Religion Probleme darstellte – tatsächlich erklärte Rabbi Gamaliel diese Doktrin zu jener Zeit als authentisch jüdisch –, sondern seine Interpretation als der Sohn Gottes. Diese letzte Idee entsetzte sowohl die jüdische als auch die muslimische Welt jahrhundertelang. Diese Idee schien jedoch irgendwie für die erstaunliche Ausbreitung der Religion in der nichtjüdischen Welt verantwortlich zu sein, und sie benötigte schließlich die komplexen Doktrinen der Trinität.

Der Sohn Gottes war ein den Juden der Zeit geläufiges Konzept. Es war ein gebräuchlicher Ausdruck; für die Juden, strenge Monotheisten, wies er auf keine heilige Natur hin. Im Alten Testament wurde von der sehr menschlichen Figur des Königs David als Gottes Sohn gedacht: *Ich werde für ihn ein Vater sein, und er will für mich ein Sohn sein.* Sowohl für König David als auch für den Messias ist das eine Form, ihre Nähe zu Jahwe auszudrücken, dem jüdischen Gott. Doch diese Redewendung war sogar noch weiter verbreitet als ein einfaches zum Ausdruck bringen von Vertrautheit. In der jüdischen Literatur existieren zahlreiche Beispiele, in denen von Rabbis oder anderen heiligen Männern als den Söhnen Gottes die Rede ist. Diese Ausdrucksweise bezeichnete häufig auch einfach nur die Israeliten im Allgemeinen. Jeder Jude konnte als *Sohn Gottes* bezeichnet werden, aber der Titel wurde vorzugsweise nur dem gerechten Mann verliehen, und insbesondere dem rechtschaffendsten von allen Männern: dem Messias.

Im Neuen Testament wird auf Jesus häufig als auf den Sohn Gottes angespielt, ein Titel, der verständlicherweise mit der Vorstellung von Heiligkeit gleichgesetzt wird. Doch Jesus wurde im jüdischen Sinne als Sohn Gottes bezeichnet, zur Unterstützung seiner Rolle als Messias. Er deutete nie auf sich selbst als Sohn Gottes hin; die Doktrin des Sohnes spielte nie eine Rolle in seiner öffentlichen Proklamation als Prophet. Was Jesus tatsächlich von anderen Bettelmönchen seiner Zeit unterschied, war sein Gebrauch des Begriffes *Abba*, um Gott anzureden, ein Begriff, den Kinder verwendeten, um ihren Vater anzusprechen, und der vorher in diesem Kontext nicht gebräuchlich war. Abgesehen davon, gab es zu jener Zeit kaum eine Verkündung, dass Jesus heilig sei. Nicht einmal die synoptischen Evangelien von Markus, Matthäus und Lukas, die so benannt wurden, weil sie die gleichen grundlegenden Ansichten über das Leben von Jesus mitteilen und lange nach seinem Tod mit der Absicht geschrieben wurden, in erster Linie zu bekehren statt zu berichten, versuchen die Lücke zwischen dem Begriff Sohn Gottes und Gott selbst zu umgehen. Für einen palästinensischen Juden des 1. Jahrhunderts n. Chr. wäre es unvorstellbar gewesen, eine historische Figur, die zu der Zeit predigte, als heilig zu bezeichnen. In einer jahrhundertelang von unerschütterlichem Monotheismus geprägten Umgebung wäre es unmöglich gewesen, von einem Mann aus eben jener Zeit zu behaupten und zu predigen, geschweige denn zu glauben, dass er die Inkarnation Gottes darstellt. Sogar Paulus, ein Jude, der mit der griechisch-römischen Welt pantheistischer Mythen vertraut war, nahm von einer solchen Behauptung großen Abstand.

Der Beschluss der Anhänger von Jesus über seine Heiligkeit brauchte Zeit. Tatsächlich wurde die Doktrin, dass Jesus Gott in menschlicher Form darstellte, nicht vor dem 4. Jahrhundert n. Chr. zum Abschluss gebracht. Erst als Nichtjuden den hellenisierten Völkern des Römischen Reichs das Evangelium predigten, verflüchtigte sich das Zögern in Hinblick auf die Heiligkeit von Jesus. Die Beschränkungen der Sprache und Kultur waren verschwunden. Paulus konnte das Bild von Jesus nicht über ein *Bild von Gott*, das *den Stempel von Gottes bloßer Existenz* aufwies, hinausheben, aber im 2. Jahrhundert n. Chr. beschrieb Ignatius von Antiochia Jesus als *unseren Gott* und *der Gott, der uns solche Weisheit verliehen hat*. Mehr und mehr verlagerte sich die Betonung auf die heilige Natur von Jesus, die zunehmend heilige Figur, bis wir bei dem heutigen Heidentum angekommen sind, das durch das Abkommen veranschaulicht wird, einen Weltkirchenrat zu bilden, der über die doktrinäre Grundlage der *Anerkennung unseres Herrn Jesus Christus als Gott und Erlöser* wacht. Bei dem, was angeblich eine monotheistische Religion ist, wird Gott selbst nicht mehr als erwähnenswert erachtet.

Jesus, der Jude, ein Mann des unerschütterlichen Monotheismus, wäre wahrscheinlich entsetzt gewesen angesichts solcher Entwicklungen; wir werden es nie erfahren. Wir können jedoch sicher sein, dass die Lehren des christlichen Glaubens letztlich nicht auf die reine Sprache und Lehre des galiläischen Jesus und auch nicht auf Paulus, den Juden in der Diaspora, gegründet wurden, sondern infolge der nichtjüdischen Interpretation des Evangeliums entstanden, das bei seiner Kollision mit dem Heidentum der hellenistischen Welt Veränderungen erfuhr.

Eine solche Eventualität sollte nicht überraschen. Der Gründer des Buddhismus, Gautama, war eine ebenso reale historische Figur wie Jesus. Er lebte ungefähr 500 Jahre vor der Geburt von Jesus im Nordosten Indiens. Gautama verzichtete auf seinen Reichtum, um spirituelle Wahrheit zu suchen, erlangte schließlich die Erleuchtung und reiste weit herum und predigte seine Botschaft. Dieser Gautama erhob keinen Anspruch auf Heiligkeit. Er predigte einfach eine Botschaft des Friedens und der Liebe mit dem Ziel, den Egoismus zu beseitigen, um mit einer transzendenten Realität zu verschmelzen. Nach seinem Tod entwickelte sich jedoch etwa zur selben Zeit wie das Christentum der Mahajana-Buddhismus. In ihm wurde der Buddha dann nicht als normaler Sterblicher verehrt, als ein Mann, der eine wichtige Botschaft gepredigt hatte, sondern mehr als ein Gott, eine Inkarnation der himmlischen Macht auf Erden. Die Parallelen zu Jesus sind offensichtlich.

Zweifellos war sich Mohammed bewusst, dass sich das Christentum weit von seinen Ursprüngen als ein wahrer monotheistischer Glaube entfernt hatte. Die Christen hatten ihre begründeten Ansichten, dennoch waren sie weit abgeschweift:

> »O ihr Schriftbesitzer, überschreitet doch nicht gegen die Wahrheit die Grenzen euerer Religion und folgt nicht dem Verlangen der Menschen, welche schon früher geirrt und manchen verführt haben. Sie sind von der rechten Bahn abgewichen.«
>
> Koran, Sure 5:78

Der zentrale Punkt in der Botschaft Mohammeds war die Einheit Gottes; sogar eine undeutliche Idee über die Ursprünge des Christentums hätte ihm ausgereicht, um es als blasphemisch zurückzuweisen.

Ich erwähne das, was ich gelesen habe, Kirst gegenüber. »Wer sind diese Gelehrten? Das ist reine Interpretation der Geschichte. Warum vertraust du ihnen? Die Autoren haben verborgene Motive. Diese ganze Art von Forschung ist ideologisch begründet«, bekomme ich zu hören.

Ich verstehe ihre Reaktion völlig: Wenn die Positionen umgekehrt wären, wäre ich es, der ihre Quellen anzweifeln würde. Hier handelt es sich um heilige Quellen, und der Gelehrsamkeit darf man in solchen Angelegenheiten nicht trauen.

Dennoch müssen wir uns fragen, warum wir auf diese Weise reagieren. Wenn ich ihr über die neuesten Ergebnisse in Bezug auf die letzten 40 Jahre Forschungsarbeit der Ägyptologen etwas berichtet hätte, wäre sie fasziniert gewesen. Wir würden eine lebhafte Diskussion führen, auch wenn die Gelehrten nicht mit dem übereinstimmen würden, was sie als Kind gelernt hat. Sie hätte nie das Gefühl, dass ihre vorgefasste Meinung stärker wiegen würde als die Meinung der Gelehrten. Sie würde nie einem 2000 Jahre alten Buch, einem Buch, das zum Zwecke der Bekehrung geschrieben wurde, den Vorrang über die moderne Forschung geben. Und sie würde im Falle der islamischen Geschichte sicherlich nicht dieselben Einwände machen. Wie tief sitzt unsere kulturelle Voreingenommenheit?

Samstag, 29. Juli, bis Montag, 31. Juli:
Auf dem Weg nach Kaschgar

> ... von der politischen Rhetorik »der Errungenschaften des Sozialismus« und »des Nutzens der brüderlichen Hilfe« entkleidet, repräsentiert das Schicksal des sowjetischen Zentralasiens vielleicht eines der tragischsten und unwiderruflichsten Beispiele des Fehlschlags des sowjetischen Experiments, das im Namen ideologischer Ziele annähernd zur Zerstörung einer Region, seines Volkes und seiner Kultur geführt hat.
>
> Teresa Rakowska-Harmstone, Vorwort,
> *Sowjetisch Zentralasien*

Das Unbehagen, die Hilflosigkeit und die Präsenz von Alkohol um uns herum, ständig, ununterbrochen.

Wir entflohen Son-kul am späten Nachmittag. Ein Armeelastwagen hatte uns mitgenommen. Wir saßen zwölf Stunden lang dicht gedrängt mit einem halben Dutzend wahnsinniger Betrunkener – auch der Fahrer war betrunken – auf der Ladefläche, während wir in der Dunkelheit auf Schwindel erregenden Bergstraßen unterwegs waren und vor Angst fast verrückt wurden. In der verhassten Stadt Naryn schikanierten uns Taxifahrer, die so betrunken waren, dass sie kaum stehen konnten, drei Stunden lang, als wir auf eine Mitfahrgelegenheit Richtung Süden warteten. In At Bashi bestand unsere Begleitung aus Polizisten, die uns trotz unserer Proteste zwangen, warmen Wodka zu trinken, und von uns ein Bestechungsgeld in Höhe von 1000 US-Dollar verlangten, um uns zur Grenze zu bringen. Am Stadtrand gesellte sich ein einarmiger Alkoholiker zu uns, während wir 30 Stunden lang auf den ersten Lastwagen zur Grenze warteten, und er wurde zusehends beunruhigter, als wir uns weigerten, mit ihm zu trinken. Außerdem versammelten sich freudlose Jugendliche um uns herum, um zu trinken, auszuspucken und zu glotzen, wobei sie uns mit ihren Blicken nachjagten und Kirst Küsse zuwarfen. Als wir die Grenze, mit den Männern in grauen Mänteln und den Kalaschnikows, erreichten, den dampfenden Wolken, die sich aus russischen Atemzügen aufblähten, wollten wir dem allen verzweifelt entfliehen, verzweifelt Kirgisistan entkommen.

Dann stand uns natürlich noch der Kampf um die Erlaubnis für das Verlassen des Landes bevor, das eintägige Warten im Angesicht von unnachgiebigen Chinesen in der dünnen Luft des Niemandslandes, die Bestechung, die uns schließlich unseren Weg nach China erkaufte. Erst dann waren wir tatsächlich von Kirgisistan befreit.

Es ist schwer, zu glauben, dass wir das Land ursprünglich als Teil einer Betrachtung zum Thema Islam bereisten. Mir ist natürlich bewusst, dass Menschen in vielen islamischen Ländern trinken, wenn auch nicht in einem solch seelenzerstörenden Ausmaß. Hinter der Realität des Alkoholismus ist Kirgisistan jedoch eine Nation, deren kulturelles Gewebe zerstört ist, deren Kenntnis ihrer selbst ausgelöscht ist infolge von 80 Jahren Sowjetherrschaft. Kirgisistan wurde mehr als alle anderen Nationen Zentralasiens vom Kommunismus zerstört. Es hat keine Erinnerungen an das Land, das es einmal war, keine Artefakte, die als kulturelle Anker für die Gesellschaft dienen könnten. Vor 80 Jahren war das Land bevölkert mit muslimischen Nomaden; nun ist es ein Ort herumsitzender Alkoholiker, die keine augenfällige Hingabe an Gott aufweisen. Die Sowjets haben das Land mit nichts zurückgelassen. Keine Wirtschaft, kein Stolz, keine Kultur, keine Religion. Das Reisen in Kirgisistan war frustrierend, manchmal entsetzlich, aber nun darüber nachzudenken macht einfach nur traurig.

DRITTER TEIL:
Süden

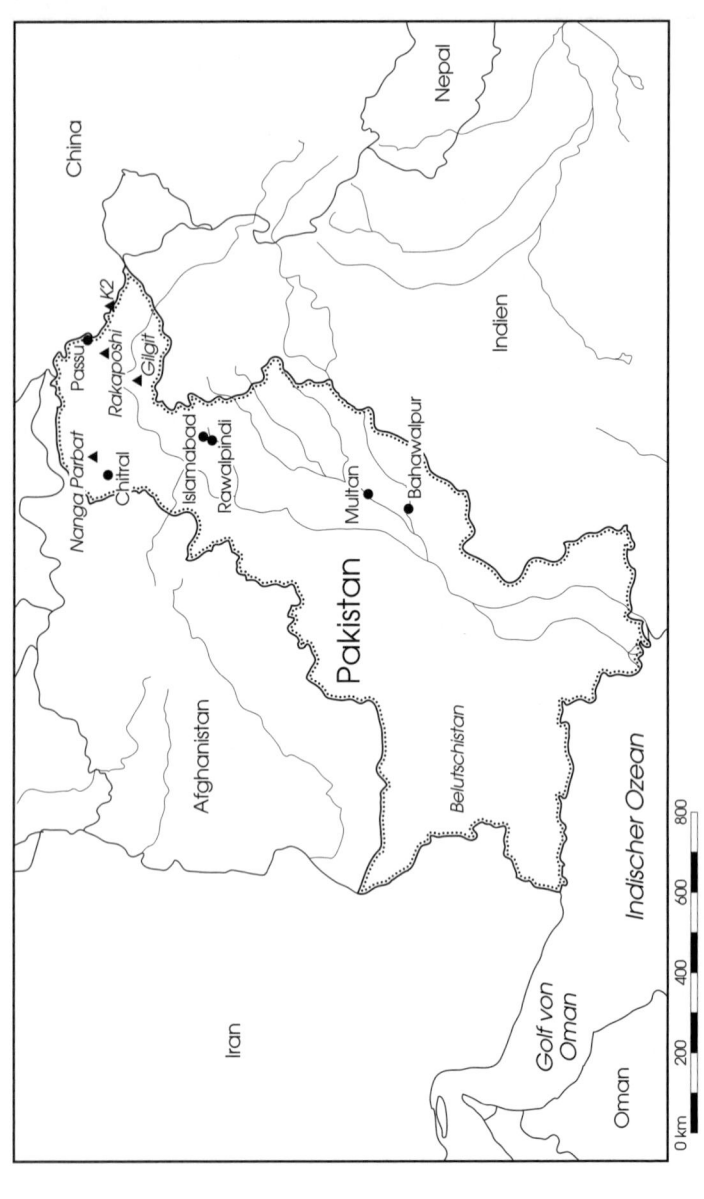

Pakistan

Dunkel grollend, donnerndes Weiß

Sonntag, 6. August, bis Montag, 7. August: Passu

Das Universum besteht in Passu aus Felsen. Sie lagen einst auf dem Grund des Meeres, nun ragen sie ohne Erklärung vor uns monolithisch und grau auf. Als der indische Kontinent vor 50 Millionen Jahren mit dem Rest Asiens kollidierte, waren es Felsen, die dazwischen festklemmten.

Diese Berge gehören nicht zum Himalaja, dem berühmtesten Spross des unerbittlichen Vordringens des Indischen Subkontinents nach Norden gen Asien. Das Dach der Welt, das Hochland, das Tibet und die Berge von Nepal umfasst, stellt das Ergebnis einer Kollision von zwei Kontinenten dar. Wie die Nahtstelle, an der zwei Massen aus weichem Lehm zusammengepresst werden, verzog sich das Land im Himalaja und wurde himmelwärts geschoben, eine große tropische Ebene, die in die dünne Atmosphäre der Höhe katapultiert wurde: die höchste Wüste der Welt – steril und leblos. Die sich um uns herum neigenden Titanen sind ebenfalls leblos, aber sie könnten nie Teil einer auch noch so hoch gelegenen Ebene sein. Sie gehören zum Karakorum-Gebirgszug Nordpakistans, der dichtesten Konzentration hoher Gipfel weltweit.

Die Karakorum-Bergkette verhielt sich bei dem 50 Millionen Jahre lang andauernden, zeitlupenartigen Zusammentreffen von Indien und Asien nicht vorhersehbar. Der größte Teil Indiens rutschte in und unter die größere Masse und schob sie hoch genug, um den Himalaja zu formen, aber in der Region von Pakistan wurde die oberste Schicht des Kontinents abrasiert, blätterte von Indien durch die kolossale Macht Asiens in einer Schicht aus hartem Fels ab. Dieser Fels scherte nach oben aus, wurde ebenso hoch wie der Himalaja katapultiert, das jedoch in einem chaotischen Wirrwarr aus abgebrochenen Spitzen und zerklüfteten Winkeln. Die Narben sind noch in den Bergen um uns herum zu sehen: Die Schicht in den Felsen ist häufiger vertikal als horizontal; die messerscharfen Kämme sind zerklüftet und spitz; die Gipfel bestehen aus Granitspitzen. Das alles in einem Ausmaß, das für die menschliche Vorstellungskraft fremd ist.

Dieser Prozess formte die Karakorum-Bergkette zu den am stärksten zerklüfteten Bergen der Welt. Und hier, in den nördlichsten Gebieten Pakistans, zeigt sich dieser Gebirgszug von seiner brutalsten Seite. Hier trifft er auf drei andere Gebirgszüge – den Himalaja, den Hindukusch und den Pamir Tadschikistans –, um eine Landschaft von erschütterndem Ausmaß und massiven Höhenunterschieden zu formen. Weiter unten erwartet uns der Gipfel des Nanga Parbat. Über 6,5 Kilometer fällt dieser Berg vom Gipfel zum Tal des Indus ab – der größte Höhenunterschied auf der Welt. Der Südhang des Nanga Parbat ist eine 4000 Meter hohe Wand, so steil, dass sich kein Schnee darauf ablagern kann. Im Norden befindet sich der K2, der am schwierigsten zu erklimmende Gipfel der Erde, der von den längsten Gletschern außerhalb der Polarregionen umgeben ist. Um uns herum haben wir vereiste Gebirgsgrate im Blickfeld, die das Dorf Passu umgeben und in der Morgensonne strahlen.

Sie liegen unserem Tal gegenüber. Der Hunza-Fluss schneidet uns von ihnen ab, eine tosende Wassermasse mit der Farbe und der Undurchsichtigkeit von nassem Zement. Dicht und dunkel wirbelt er gewaltig über die Felsen. Dieser Fluss ist ein riesiges, dröhnendes, graues Chaos, ein pulverisierter Berg, der aus für uns unvorstellbaren Höhen hinabsteigt – mehr Fels als Wasser. Und über allem ist wie das Rufen einer mit Wind und Seufzern gefüllten Regenrinne das stürzende Geräusch der Luft zu vernehmen, die dem Fluss hinunter ins Tal folgt.

Passu selbst scheint das dramatische Schauspiel um sich herum nicht wahrzunehmen. Es ist ein winziges friedliches Dorf mit nicht mehr als einigen hundert Einwohnern. Im Angesicht einer derart monumentalen an die Ewigkeit gemahnenden Szene beruhigt sich etwas in der Seele. Wir erkunden den ganzen Morgen die engen Gassen von Passu, und eine stille Freude begleitet uns dabei.

Die Wege des Dorfes ziehen sich an kleinen Landparzellen entlang, in denen Gemüse, Obstbäume und goldener Weizen wachsen. Herrliche Aprikosenbäume lassen ihre Zweige über den Weg hängen und legen ihre farbigen Schätze vor unseren Füßen nieder. Alle Parzellen sind von losen Haufen großer Steine umgeben, das Rohmaterial, das überall rundum zu sehen ist. In diesen Steinwällen und Gebäuden drückt sich ein Bewusstsein von Tradition und Beständigkeit aus, von stillstehender Zeit. Abgesehen von der schmalen Autostraße, die dem Fluss nach Norden und auch nach Süden folgt, könnten wir uns in einem anderen Jahrhundert befinden.

Die Straße ist Teil des Karakorum-Highways, dem berühmten KKH, einem wertvollen Band, das zwischen China und Pakistan in die Berge gehauen ist. Passu liegt am äußersten nördlichen Ende des Highways, ist eines der letzten pakistanischen Dörfer vor der chinesischen Grenze. Angesichts der großen unbekannten Masse Pakistans, die sich von uns aus südlich erstreckt, kann ich nicht glauben, dass wir das Land tatsächlich betreten haben. China liegt hinter uns, aber Pakistan scheint uns noch nicht gegenwärtig zu sein; dieser Ort ist so abgelegen, so winzig, kommt so überraschend, dass ich nicht das Gefühl habe, dass wir irgendetwas von dem Land gesehen haben.

Sogar die Dorfbewohner tragen zu diesem Gefühl bei. Das Bild, das ich von Pakistanis habe, zeigt dunkeläugige Männer, die ihre Frauen wegschließen. Hier sehe ich jedoch überall Frauen und Kinder. Beide Geschlechter tragen die fließende Tracht der Landeskleidung Pakistans, den *shalwar kameez*, ausgebeulte Hosen und ein überlanges Hemd in der gleichen Farbe. Die Männer tragen gedeckte Farben – Grau, Braun, Creme –, doch die Frauen schillern in hellen Farben, ihre leuchtende pinkfarbene, blaue oder grüne Klcidung zaubert Farbkleckse in eine ansonsten graue Landschaft. Viele der älteren Frauen tragen große, mehrfarbige Fes in Form einer Pillenschachtel, die mit dünner weißer Gaze drapiert sind. Alle, die uns begegnen, zeigen uns ein breites Lächeln.

Ich bin überrascht, hier im Norden eine viel hellere Haut vorzufinden, als ich es erwartet hätte. Viele haben braunes Haar und nicht schwarzes; manche können sogar als blond bezeichnet werden. Das sind die genetischen Überreste von Alexanders Eroberungen – er hatte seine Truppen zu gemischten Ehen ermutigt. Solche Gesichter sind in einzelnen Landstrichen Asiens zu finden, doch sie stellen stets eine Überraschung dar, eine Kuriosität inmitten der ansonsten vorherrschenden dunklen Haut- und Haarfarbe.

Die Anwesenheit von Frauen in der Öffentlichkeit fasziniert mich jedoch am meisten. Der größte Teil Pakistans steht immer noch unter dem Gesetz der *purdah*, der kulturellen Tradition des muslimischen Indien, nach dem muslimische Frauen seit der Zeit der Moguln bis heute völlig abgesondert werden. Ich habe nicht damit gerechnet, außerhalb einer der größeren Städte viele pakistanische Frauen zu sehen, und sicherlich habe ich nicht erwartet, sie unverschleiert auf der Straße anzutreffen.

Der Grund dafür ist, so entdecke ich bei unserer Rückkehr zum Gästehaus am Abend, dass die Menschen in Passu wie auch die meisten Menschen aus dem Hunza-Tal weder Sunniten noch »Zwölfer«-Schiiten sind. Diese Menschen sind Ismailiten.

Karim, der knopfgesichtige Eigentümer unseres Gästehauses, erklärt uns den Unterschied mit einfachen Worten.

»Ismailiten sind kluge Köpfe. Nicht wie die Schiiten. Die Schiiten wollen nicht, dass ihre Frauen frei sind. Ismailiten sind gut ausgebildet. Sie haben gute Arbeit.«

»Ist das der einzige Unterschied?«

»Das ist der einzige Unterschied.«

Wir sitzen auf den vorderen Stufen zu Karims kleinem Gästehaus und beobachten, wie Schatten in der Größe von ganzen Bergen sich über das Tal stehlen und eine eisige Kühle mit sich bringen.

Ich betrachte Karim. Sein Kopf ist kahl und rasiert, eine glatte bronzene Kuppel über seinem kleinen Gesicht. Seine Züge sind hart, der Landschaft angepasst, die ihn hervorbrachte, so als sei unter seiner Haut nur der Knochen. Dennoch ist es eine Härte, die sein Leben widerspiegelt und nicht sein Herz, das in seinen Augen und seinem Lächeln aufscheint: Seine weichen braunen Augen tragen eine Freundlichkeit in sich, sein Lächeln eine Wärme. Wie jeder, den wir in diesem kleinen Dorf treffen, macht seine Anwesenheit mich glücklich; nach dem rauen Willkommen in Kirgisistan und der Gleichgültigkeit in China sind die Menschen in Nordpakistan eine willkommene Abwechslung.

Der Unterschied zwischen Ismailiten und anderen muslimischen Sekten ist natürlich komplexer, als es Karim dargestellt hat. Zu Anfang, etwa um 765 n. Chr., waren die Ismailiten eine Splittergruppe der schiitischen Sekte. Damals herrschte Uneinigkeit über die Nachfolge von Imam Ja'far, dem spirituellen Führer der schiitischen Gemeinschaft. Die große Mehrheit der Schiiten favorisierte Imam Ja'fars jüngeren Sohn Musa. Jene, die seinen ältesten Sohn Ismail unterstützten, wurden zu einer verfolgten Minderheit, einer Sekte. Ihnen gelang es nur durch einen strengen Geheimhaltungscode und einer Hierarchie im Stil der Freimaurer, ihre radikale Ideologie zu entwickeln und aufrechtzuerhalten. Die Ismailiten, wie sie bald genannt wurden, sahen ihren siebten Imam, Ismails Sohn Mohammed, als den letzten in einer direkten Abstammungslinie vom Propheten an, und sie werden häufig die »Siebener« genannt.

Das Schicksal war den Ismailiten mal mehr, mal weniger hold. Ihre größten Erfolge hatten sie im 10. Jahrhundert in Nordafrika, als sie ihre glorreiche, wenn auch kurzlebige Dynastie der Fatimiden begründeten. Damals erbauten sie die neue Stadt Kairo als ihre Hauptstadt und errichteten die große Moschee Al-Azhar als das Zentrum ihres Glaubens (Al-Azhar wurde Jahrhunderte später sunnitisch und eine der ersten Universitäten der Welt, ein Ort der islamischen Studien und Rechtswissenschaft, der noch heute die

Lebensart des größten Teils der Sunniten bestimmt). Unter den Ismailiten gab es eine Anzahl von bekannten Splittergruppen: Eine Gruppe, die im Westen als die Assassinen bekannt wurde, erbaute im 12. Jahrhundert eine Festung in den Bergen des nördlichen Iran und führte terroristische Angriffe und tödliche Attentate gegen religiöse und politische Führer der Sunniten aus. Die Kreuzfahrer berichteten über den Schrecken, den diese Gruppe in der Region verbreitete, woher sich das französische Wort *assassin* für Mörder herleitet.

Die Ismailiten stagnierten jedoch nach den Invasionen der Mongolen als kleine Gruppe von Ketzern und erlebten nur in den östlichen Ländern des Islam – in Indien und Pakistan – schließlich eine Blütezeit. Hier blieben die Ismailiten jahrhundertelang eine Gruppe, die an ihren Überzeugungen festhielt und in einzelnen Gebieten als isolierte Inseln in einem große Meer des Sunnitentums überlebte. Dort erhielten die Ismailiten mit Hilfe der Briten im 19. Jahrhundert auch einen Führer: Hassan Ali Schah. Dieser war ein früherer Provinzgouverneur des Iran, der sich nach einem missglückten Versuch, die Macht des Landes an sich zu reißen, auf der Flucht befand. In Pakistan half er den Briten bei ihren Versuchen, die Stämme im Grenzgebiet zu kontrollieren; als Belohnung wurde er zum spirituellen Führer der Ismailiten ernannt, der erste in einer religiösen Dynastie, die sich durch Ismail als Nachfahren des Propheten ansahen. Sein Titel: der Aga Khan.

Der heutige Aga Khan ist Prinz Karim, der Ururrenkel von Hassan Ali Schah, ein Mann, dem die Ismailiten in aller Welt als ihrem unfehlbaren spirituellen Führer Respekt zollen. Sein Foto hängt in mehrfacher Ausgabe an den Wänden unseres Gästehauses. Große Willkommensbotschaften schmücken die Berge auf der gegenüberliegenden Seite des Tals, Anzeichen eines Besuchs, den er Passu vor fünf Jahren abstattete. Schulen und Gemeindeprojekte im ganzen Tal tragen seinen Namen, und wir haben bereits so viel verstanden, dass die Ansichten dieses Mannes für den augenscheinlichen Unterschied der heutigen Ismailiten zu den anderen Formen des Islam verantwortlich sind. Die progressiven Ansichten eines einzelnen Mannes haben die einer ganzen Gesellschaft geformt, und das bei einer Religion, die kaum für ihre liberalen Ansichten berühmt ist. Der Einfluss des Aga Khans auf die Ismailiten Nordpakistans ist genauso bedeutend wie der Khomeinis im Iran.

Das Interessante an Aga Khan sind jedoch nicht seine Ansichten, sondern wer er ist und wie seine Ansichten in diesem einsamen Tal so weit abgelegen von jedem anderen Ort der Welt überhaupt jemanden beeinflussen können. Denn der Aga Khan lebt nicht in Pakistan, sondern in der Schweiz, und genießt dort einen Lebensstil, der seinem Status als einem der reichsten Männer der Welt entspricht. Er wurde in Genf geboren, nicht in Indien oder im Jemen. Die Menschen an seiner Seite sind keine religiösen Männer, sondern Berühmtheiten und Filmstars. Die Tatsache, dass ein solcher Mann bei einem Mann wie Karim überhaupt irgendeine Glaubwürdigkeit aufrechterhalten kann, verblüfft mich.

Als ich mich nach den Ehrenbezeigungen für den Aga Khan auf der gegenüberliegenden Seite des Tals erkundige, erteilt Karim gern Auskunft.

»Als der Aga Khan kam, war das für Passu der glücklichste Tag«, erzählt er. »Er ist ein großer Mann.«

»Ist es schwer, einem Mann zu folgen, der so weit entfernt lebt?«, frage ich. »Für den Aga Khan muss es schwer zu verstehen sein, wie das Leben in Passu ist, wenn er in der Schweiz lebt.«

»O nein, das ist für ihn überhaupt nicht schwierig. Unser Imam kann das verstehen. Er ist ein großer Mann.« Wieder diese Phrase. Karim schaut mich direkt an, sein Gesicht glüht vor Stolz. »Unser Imam ist der siebtreichste Mann der Welt.« Die Feststellung ist bar jeder Spur von Groll, kein Anzeichen von irgendetwas anderem als Stolz und Respekt.

»Aber denkst du nicht, dass er näher bei den Muslimen leben sollte, vielleicht in Karachi oder so?«

Karim ist bestürzt. Er schüttelt rasch seinen Kopf, als versuche er, diesen Vorschlag gleich wieder aus seinem Kopf zu entfernen.

»Karachi ist zu gefährlich. Und was würde passieren, wenn er erkrankte? Nein, es ist viel besser, dass er in Genf lebt. Seine Eltern stammen aus Indien, also weiß er, wie es hier ist. Und von Genf aus kann er organisieren. Das Rote Kreuz, die Weltgesundheitsorganisation, alles ist in Genf. So kann er für die Ismailiten in Pakistan Gutes tun.«

Karim erhebt sich, geht in den Garten und winkt uns, ihm zu folgen. Der Garten ist üppig und gepflegt, ein geordnetes Grün inmitten des Chaos aus Felsen. Mit leiser Stimme erzählt Karim von der kolonialen Vergangenheit Pakistans, über die Leidenschaft der Briten für Effizienz und Ordnung. Karim bleibt am Tor stehen und deutet auf ein niedriges Gebäude aus Stein in 100 Meter Entfernung hin.

»Die Aga-Khan-Schule. In jedem Dorf errichtet er Schulen wie diese. Er macht vieles. Er baut Dämme, Wasserpumpen. Und nicht nur in ismailitischen Dörfern, sondern auch in anderen Dörfern. Für die Ismailiten ist er der beste Führer.«

Wir kehren zu den Stufen des Gebäudes zurück, wo uns ein kleiner Junge – dunkel, freudlos, professionell – Tee gebracht hat. Es ist der süße Tee Indiens und Ostafrikas, der mit Milch serviert wird, eine plötzliche Abweichung von den grünen Blättern Zentralasiens, ein weiteres Überbleibsel der britischen Tradition. Ich muss lächeln: Ich kann nicht länger sagen, ob diese Dinge hier in dieser märchenhaften Welt fehl am Platz sind oder nicht. Karim führt die Unterhaltung eifrig fort, um uns von der Stärke seiner Religion zu überzeugen. Ich höre zufrieden zu, versuche aus der Form des Glaubens dieses Mannes einen Sinn herauszuziehen, zu verstehen, wie er von einem so weit entfernt lebenden Mann gelenkt werden kann.

»99 Prozent der Ismailiten sind gebildet. Das ist für Pakistan etwas sehr Besonderes. Wir sind ein sehr intelligentes Volk. Unser Imam sagt, dass Bildung *die* wichtigste Sache ist. Deshalb gründet er in allen Dörfern Schulen.« Seine Augen blitzen; er hat gerade eine Idee angesprochen, von der er weiß, dass sie Eindruck macht. »Unser Imam sagt, wenn ihr euch entscheiden müsst, entweder euren Sohn oder eure Tochter zur Schule zu schicken, dann schickt eure Tochter. Warum? Weil sie ihre Kinder unterrichten wird, und dann haben wir eine gebildete Gesellschaft.«

»Ihr werdet bald nach Gilgit kommen. In Hunza bilden die Ismailiten die Mehrheit, aber in Gilgit sind wir in der Minderheit. Wir sind fast überall eine Minderheit. Und ihr werdet sehen, dass es mit Ismailiten besser ist. In Gilgit gibt es Sunniten, Schiiten und Ismailiten. Wisst ihr warum? Weil wir nicht erobern möchten. Wir sind mit einer stabilen Bevölkerungszahl zufrieden, das sagt uns unser Imam. Nicht wie die Schiiten, sie wollen immer mehr Kinder und Kinder, und wollen die Welt mit Babys erobern. Wir haben Familienplanung, aber die Schiiten vermehren sich einfach.«

Die islamische Welt hat sich unerschütterlich gegen internationale Anstrengungen geweigert, die Armut durch die Einführung von Familienplanung zu reduzieren. Ich muss zugeben, dass es eine Überraschung für mich ist, hier in einem der kleinsten Dörfer Pakistans darauf zu stoßen.

»Sagt der Aga Khan euch, dass Familienplanung Teil des Islam ist?«, frage ich Karim. Er nickt. »Unser Imam sagt uns, dass es besser ist, nur dann Kinder in die Welt zu bringen, wenn wir auch für sie sorgen können. Gott möchte nicht, dass wir Kinder haben, wenn wir nicht für sie sorgen können. Wenn du darüber nachdenkst, ist das verständlich. Das ist nicht das, was die Schiiten denken, aber sie haben Unrecht. Sie sagen, der Koran ist gegen Familienplanung, aber der Koran ist von Gott, und Gott ist nicht grausam.«

Der Aga Khan ist im Westen geboren und ausgebildet worden, also ist es kein Wunder, dass seine Lehren mehr dem Westen entsprechen als denen der anderen muslimischen Führer. Dennoch staune ich immer noch darüber, dass dieser arme pakistanische Bauer, der eine ganze Welt von Genf entfernt lebt, sich seine Worte so sehr zu Herzen genommen hat.

Abgesehen davon, was Karim uns erzählt, kann ich nicht beurteilen, bis zu welchem Grad Aga Khans Lehren den Rest der Bevölkerung von Passu beeinflusst haben. Doch wir sehen unweigerlich das Auftreten der ismailitischen Frauen in der Öffentlichkeit, ein weiteres Verdienst des Aga Khans, wie Karim behauptet. Dies ist wenigstens ein Aspekt, den wir selbst beurteilen können. All unsere Lektüre im Vorfeld besagte, dass Frauen in ländlichen Gebieten Pakistans abgesondert werden, nicht in der Öffentlichkeit zu sehen, praktisch Gefangene in ihren Häusern sind.

»Ihr werdet das sehen, wenn ihr in den Süden kommt. Ihr werdet keine Frauen sehen. Sie sind *purdah*; sie dürfen sich nicht zeigen. Aber hier seht ihr Frauen. Seht ihr? Ihr seht sie überall. Ismailiten sind viel besser für Frauen als Schiiten oder Sunniten.« Karim trinkt seinen Tee aus und entschuldigt sich: Er muss unsere Mahlzeit vorbereiten. Es ist das Letzte, was wir mit ihm über Religion gesprochen haben, doch er hat uns einen wichtigen Blick auf die Verschiedenartigkeit des Islam eröffnet. Karim hat uns daran erinnert, dass der Islam nie als eine einzige, homogene und monolithische Entität betrachtet werden soll. Diese Erinnerung hat ihren Wert.

Während der Abend anbricht, gehen wir zum Fluss und beobachten, wie der Himmel mit den Bergen verschmilzt. Auf dem Weg begegnen wir Dorfbewohnern; alle bleiben stehen, um uns zu begrüßen und freundlich anzulächeln. Ich muss warten, bis wir uns weiter südlich befinden, um die Unterschiede zwischen den verschiedenen Richtungen des Islam in Pakistan auszumachen, aber ich sehe bereits einen Effekt, den die Religion selbst hatte. Heute Abend sind wir zum ersten Mal seit einem Monat wieder in einer Umgebung, in der Gott etwas bedeutet, an einem Ort, der nicht vom Alkohol umnebelt ist. Wir können nicht nur beruhigt jeder Begegnung entgegensehen, sondern wir können uns darauf verlassen, dass sie angenehm wird. Die Einfachheit und Unschuld einer solchen Atmosphäre ist eine unglaubliche Erleichterung.

Dienstag, 8. August, bis Samstag, 12. August:
Rakaposhi und Hunza-Tal

Drei dieser Tage
mit dem Aufstieg
zum Rakaposhi verbracht,
diesem von der Straße aus eisigen Anblick,
ein leidenschaftsloser Vorfahre, der die gesamte Talsohle verschlingt.

Drei Tage,
gefangen zwischen Hitze
und Eis
und Felsen
und Raum.

Krankhafter Schwindel, begleitet von unruhigem Schlaf:
Gepeinigt durch Ruhr und Höhenluft, trocken und verwirrt und
    hellwach,
die Haut der Erde nah,
stoße ich auf
tränenreiche Leidenschaften,

träume ich
von einer entfernteren Zeit
eines höheren Ortes.

Der unversöhnliche Gletscher, ein Ausblick beim Klettern,
ist ein Zug weißer Grabsteine,
ein melancholisches Regiment gefrorener Silben,
zerbrochene Überreste purer Wildnis,
die den Berg hinuntermarschiert.

Wir wandern durch vorüberziehendes Grün
– alpin, ausgehungert –
ziehen unsere Erschöpfung in eleganten Strömen

hinauf zum tosenden Kamm,
hinauf zum Kamm, wo wir zuerst
mit unseren Augen
den Gletscher
verschlingen.

Unter uns
40 Fußballfelder aus unheilvollem Eis,
eine antarktische, unwirtliche Welt,
die wie ein trüber Spiegel mit Grau überzogen ist.

Über uns
die augenblicklich weißen Gipfel, glatt,
unbezwungen und kalt,
drängelnde Steine
und wilde Täler
trennen uns von der Außenwelt ab.
Als wir schauen, sehen wir das Monster stürzen,
in Zeitlupe:

zehn Tonnen Schnee und Eis
geräuschlose Substanz
auf ihrem Weg hinunter ins Leere.

Unter uns
am gebrochenen Fuß der herausragenden Erde:
ein Morast aus Steinen und Moskitos,
das dürftige Becken, wo wir campen.
Wir sitzen und atmen die Luft ein, gefrorene Farbe
während

Um uns herum
demütige Schatten,
das Tal mit ihrer Frische erfüllt,

das finstere Echo von allem, was uns umgibt,
und die rollenden Donnergeräusche von Lawinen,
abwesender Lärm,
gemurmelte Traurigkeit,
ohne Zusammenhang mit dem Chaos vor unseren Augen,
abgeschnitten von jeder Bewegung,
lebendige, aus sich selbst heraus entstandene Geräusche.

(der Gipfel,
so grausam,
so tödlich weiß)

und dann
geht es an den Abstieg,
drei Tage nach dem Aufstieg.

Purdah

Montag, 14. August: Auf dem Weg nach Gilgit

Lebe wie Ali. Sterbe wie Hussein.
Aufschrift auf einem Schild am Stadtrand von Gilgit

In Gilgit bilden die Ismailiten nicht länger die Bevölkerungsmehr-heit. Das Schild, das an eine vereinzelt stehende Pappel in einem der vielen Dörfer um Gilgit herum genagelt wurde, zeigt an, dass wir in ein Gebiet zurückgekehrt sind, in dem die »Zwölfer«-Schiiten stark vertreten sind. Wir wissen aber, dass hier auch viele Sunniten leben. Es ist ein Bezirk, der von sporadisch ausbrechender sektiererischer Gewalt gekennzeichnet ist. Gilgit ist eine Stadt, in der die gelassene Atmosphäre, die wir im Norden angetroffen hatten, langsam ver-schwindet.

In Gilgit bin ich auch gezwungen, ein Thema anzusprechen, das ich lange gemieden habe, dass ich aber nun nicht länger ignorieren kann. Ich muss mich schließlich mit der Behandlung der Frauen im Islam auseinander setzen. Keine Untersuchung des Islam ist ohne die Berücksichtigung der Behandlung der Frauen in dieser Religion vollständig, und es könnte nirgendwo einen geeigneteren Ort für eine solche Untersuchung geben als die durch Stammeskultur geprägten Gebiete Pakistans. In Gilgit treffen wir zum ersten Mal während unserer gesamten Reise auf einen Ort, in dem die Frauen abgesondert sind.

Am Stadtrand befindet sich einer der Hunderte von Kontrollpunkten, die hier überall in der Landschaft anzutreffen sind: Das Kriegsgebiet in Kaschmir liegt nicht weit entfernt. Unser Minibus wird kurz nach der Mittagszeit durchgewunken, und wir beginnen uns durch die Fußgängermassen und an den stecken gebliebenen Jeeps vorbei ins Stadtzentrum zu schlängeln.

Gilgit ist eine Touristenstadt, das größte städtische Zentrum im Norden. Die Stadt befindet sich im Herzen von Pakistans bergigster Region, fast am Knotenpunkt der drei Flüsse: Indus, Hunza und Gilgit. Die Stadt Gilgit liegt in der Nähe von allen höchsten Gipfeln in dem Gebiet, ist gut versorgt und wird von Tausenden von Touristen als Basislager genutzt, die im Sommer über den Norden herfallen, um von der einfachen Bergwanderung bis zum durchorganisierten Aufstieg zu den höchsten Gipfeln der Erde alles in Angriff zu nehmen. Gilgit hat nichts mit dem gemeinsam, was ich erwartet hatte.

In meiner Vorstellung hatte ich einen Ort vor Augen, der im Begriff ist, zu einer Stadt zu mutieren, irgendetwas mit einer Annäherung an Infrastruktur, einen Ort mit geregelter Geschäftigkeit mit dem Sinn für seine eigene Zukunft. Stattdessen treffen wir auf eine unübersichtliche Stadt, die schmutzig und unförmig ist. Wir kommen zwei Tage nach plötzlichen Überschwemmungen an, weshalb viele der umliegenden Dörfer evakuiert worden sind. Gilgit bietet eine Atmosphäre vollständiger Konfusion.

Wir klettern aus unserem Minibus, treten in den frischen Schlamm am Rande des Marktes von Gilgit und suchen uns mühsam durch habgierige Straßen unseren Weg zu unserem Hotel. Willkommen im *Madina*-Gästehaus, dem größten Reisetreffpunkt von Gilgit! Es ist ein Treffpunkt, der durch die Haschischrauchende Subkultur der Asienreisenden charakterisiert ist, durch Ruhe und Bequemlichkeit und den völligen Ausschluss der äußeren Welt, ein Ort der Bananen-Pfannkuchen und westlichen Frühstücke. Hier treffen sich all jene, die wegen seiner Berge nach Pakistan gekommen sind, jene, die damit zufrieden sind, zwischen ihren Wanderungen Tage voller abgegrenzter westlicher Zuflucht im Herzen von Gilgit zu verbringen. Es ist die Art Treffpunkt, die häufig ein unangenehmes Gefühl bei mir hinterlässt – wahrscheinlich, weil ich daran erinnert werde, wie durchschnittlich wir sind; die Konfrontation mit Dutzenden von Reisenden, wie wir selbst es sind, schmälert die Einzigartigkeit unserer Erfahrung. Dennoch finde ich den Ort erstaunlich akzeptabel. Nach drei Monaten ohne Kontakt zu anderen Reisenden erscheint deren Gegenwart nun wie eine willkommene Abwechslung. Hier sitze ich nun bequem in einem schattigen Hof und trinke englischen Tee mit Milch, während ich schreibe.

Über die dicke Mauer dringen Geräusche zu mir, unterdrückter Lärm von den Straßen draußen. Durch diese Straßen mussten wir uns unseren Weg hierher suchen. Die Straßenränder sind mit parkenden Jeeps gesäumt, mit geduldigen Lastwagen verstopft, die auf ihre Ladung warten. Die Atmosphäre ist von der Erwartung auf einen baldigen Handel geprägt. Wir kamen durch Straßen mit Märkten, an primitiven Ständen vorbei, die blau und grün gestrichen waren und alles, von Keksen bis zu Fahrradpumpen, von Gas bis gefriergetrockneter Nahrung, von Teppichen und Silber bis hin zu Kleidung und Edelstahltöpfen, anboten. Der Verkehr bewegte sich willkürlich durch sie hindurch, durch den Schlamm, Staub und Müll; Hunde und zottige Krähen machten sich über Haufen mit angesammeltem Abfall her. Abseits stehen Männer, die Melonen- und Kokosnussstücke verkaufen und mit schmutzigen Stofflumpen die Fliegen verscheuchen; Ansammlungen von Männern, die sich um die Sicherung ihres Lebensunterhalts kümmern, alle in ihren staubigen *shalwar kameez.* Der seltsame Anblick eines Polizisten, der den Verkehr in tadellos weißen Handschuhen lenkt, die chaotische Ausbreitung einer Grenzstadt, eine lässige Gemächlichkeit bei allem, ein Gefühl, träge Bergluft erobert zu haben. Und noch etwas: Bei jedem Schritt nehme ich wahr, dass Kirst das einzige weibliche Gesicht um uns herum ist.

Einige wenige Frauen trotzen mit ihren Ehemännern der Straße, stöbern in den Läden, während andere in der trockenen Stille von Regierungsfahrzeugen vorbeikutschieren. Keine zeigt ihr Gesicht. Alle folgen dem fundamentalistischen Ideal des Islam, haben ihre Gesichter hinter weißen Schleiern verborgen, ihre Augen schauen durch Schlitze im Stoff auf die Welt. Das sind die »Frauen des Islam«. Das Leben dieser Frauen verursacht im Westen eine so große Empörung.

Viele Jahre lang war mein Bild dessen, was ein muslimischer Schleier zu sein hat, von diesen Schleiern geprägt gewesen, ein Bild, das von Filmen über Sultanspaläste mit Harem und tanzenden Mädchen geprägt war. Ich weiß nun, dass der ursprüngliche Schleier nur das Haar bedeckte, dass Verfügungen des Koran in Bezug auf die Verschleierung nicht das Gesicht einschlossen. Tatsächlich ist es weiblichen Pilgern während der *hadjdj* verboten, ihr Gesicht in der Weise zu verschleiern. Sie müssen einfache weiße Gewänder tragen mit einem Schleier, der ihr Haar bedeckt, der aber ihr Gesicht, ihre Hände und ihre Füße für die Welt sichtbar lässt in der Art des *tschadors* im Iran. Mohammed verordnete niemals, dass Frauen sich vollständig verschleiern sollten. Das Verhalten im heutigen Pakistan und in Dutzenden anderer Länder in der Welt geht nicht auf den Islam zurück, wie Mohammed ihn vorgesehen hatte, sondern basiert auf nachfolgenden Re-Interpretationen der alten Sitten und Gebräuche. Sogar in Saudi-Arabien, wo Schleier wie diese gebräuchlich sind und Frauen Handschuhe tragen, um »islamischer« zu sein, war die Verschleierung auf diese Weise bis zur Entdeckung von Öl nicht erforderlich.

Im Süden ist der Islam Pakistans dem Status der Frauen überaus abträglich. Dieser Zustand hält seit Jahrhunderten an. *Purdah*, das Prinzip der Absonderung aller Frauen vor musternden Blicken in der Öffentlichkeit, gehörte zur Tradition des indisches Mogulreichs. In diesem Jahrhundert haben sich Reformer dagegen gewehrt, darunter auch der Gründervater Pakistans, Mohammed Ali Jinnah, doch in ländlichen Gebieten besteht die Tradition fort. Viele Häuser sind von 2,5 bis drei Meter hohen *purdah*-Mauern umgeben. Das private Gelände von jeder Familie ist durch Schutz und Absonderung gekennzeichnet. Fast alle Fenster sind Richtung Innenhof, nur wenige im Erdgeschoss weisen zur Außenwelt. Jene, die hinauszeigen, befinden sich entweder nahe der Decke oder sind mattiert, damit kein vorübergehender Mann einen Blick auf die Frau im Inneren werfen kann. In der NWFP, der nordwestlichen Grenzprovinz, die an Afghanistan grenzt, ist es nicht erlaubt, ein Haus zu bauen, dessen Fenster auf ein benachbartes Haus hinausgehen.

Die meisten der pakistanischen Sitten und Gebräuche haben wenig mit dem Islam zu tun. Ihre Ursprünge sind im Stammesleben und nicht in der Religion zu suchen. Doch wie die Geschichte gezeigt hat, besteht im Islam ein Hang zur Aufnahme von frauenfeindlichen Praktiken in die Doktrin, und die größte Zahl der Pakistani glauben, dass ihre Ansichten gegenüber Frauen direkt dem Koran entspringen. Heute sind es die islamischen Kräfte, die sich dem sozialen Wandel am stärksten widersetzen.

Die Ehre einer muslimischen pakistanischen Familie, so die landläufige Meinung, hängt von dem Anstand und der Sittsamkeit ihrer Frauen ab, die den größten Teil ihres Lebens in ihren Häusern abgesondert sind. Ihre Ehemänner und Brüder verrichten alle öffentlichen Aufgaben, wie beispielsweise das Einkaufen auf dem Markt. Der Brauch ist bekannt als *chador va chardiwari*: »der Schleier und die vier Wände«. Er besagt, dass eine Frau nur dreimal in ihrem Leben das Haus verlassen soll: das erste Mal, wenn sie geboren wird; das zweite Mal, wenn sie heiratet und weinend zum Haus ihres Mannes gebracht wird; das dritte Mal, wenn sie stirbt und beerdigt wird.

Während eine solche Kultur auf der Vorstellung des Wertes der eigenen Frau basiert, werden die Frauen in Pakistan paradoxerweise entsetzlich behandelt. Ehemänner lassen sie bettelarm zurück, um sich anderen Frauen zuzuwenden, und profitieren von den unfairen Scheidungsgesetzen im Islam; Ehefrauen können bei dem leisesten Verdacht auf geschlechtsbezogenes Fehlverhalten getötet oder verstümmelt werden; junge Mädchen werden von ihren religiösen Lehrern belästigt. Den Verbrechen der Männer wird mit Nachsicht begegnet; der Brauch sieht ihnen gegenüber eine tolerante Handhabung vor.

In den Nomadengebieten Belutschistans im Süden Pakistans sind die Frauen, die eines Ehrverschuldens bezichtigt werden, dafür bekannt, dass sie sich an dem niedrigen, einzigen Deckenbalken ihres Zeltes aufhängen. Zelte sind in Belutschistan so niedrig, dass diese Frauen ihre Knie dabei beugen müssen, damit sie sterben. Der Mut, der angesichts einer solchen Tortur erforderlich ist, lässt einen erschüttern. Solche und ähnliche Bräuche gestalten sich in den Stammesgebieten des Landes – im südlichen Belutschistan und in der NWFP, die beide an Afghanistan grenzen – am wildesten.

Den Frauen wird beigebracht, dass ihr Schicksal von Gott befohlen ist, dass die Heiligkeit ihrer Ehre und ihre zweitklassige Rolle im Leben von Mohammed verordnet wurde. Das ist hingegen nicht der Fall. Sowohl der *hadith* als auch der Koran enthalten Passagen, die diese Frauen angesichts ihrer Behandlung empört aufschreien lassen müssten: gesetzgebende Passagen, die ihre Rechte im Islam behandeln, was Scheidung, Erbschaft und Gleichbehandlung betrifft. *Behandelt eure Frauen gut, und seid freundlich zu ihnen,* hatte Mohammed gepredigt. *Männer und Frauen sind so gleich wie zwei Zähne eines Kammes.* Dennoch wird diesen Frauen nichts davon vermittelt. Ihr Glaube ist stark, aber sie sind Analphabeten und nicht in der Lage, den Koran selbst zu lesen; sie haben keine Möglichkeit, zu erfahren, wie Mohammed das Leben für sie vorgesehen hat. Sie erfahren stattdessen das über ihre Religion, was die Männer aus ihrer Gemeinschaft ihnen erzählen. Und was ihnen erzählt wird, ist selten von Vorteil für sie.

Die Ironie dabei ist, dass Mohammed weltweit einer der größten Reformer zu Gunsten der Frauen war. Unter den Ersten, die sich zu seinem Glauben bekannten, waren Frauen, und ihre Emanzipation war Teil seiner Mission. Er schaffte Geschlechter diskriminierende Praktiken, wie das unter den Arabern zu der Zeit verbreitete Töten von weiblichen Neugeborenen, ab und ermahnte die Araber angesichts ihres Entsetzens bei der Geburt eines Mädchens. Er schrieb die Ehegesetze zu Gunsten der Frauen um und führte Gesetze ein, die Frauen das Recht auf Erbschaft und das Recht auf Hinterlassen von Erbschaften sowie das Recht auf eigenes Eigentum und dessen Verwaltung einräumten. Möglicherweise ist der Islam die einzige Religion, die das Recht der Frauen formalisiert und Gesetze zu ihrem Schutz entwirft. Wir assoziieren häufig das Christentum mit dem Westen und unterstellen ihm progressivere Ansichten zu den Rechten der Frauen, aber das ist irreführend. Solche Rechte sind ein soziales Phänomen, kein religiöses. Das Christentum war trotz der Lehren von Jesus über die Gleichheit der Geschlechter während der meisten der 2000 Jahre eine extrem frauenfeindliche Religion. Nach dem Tod von Jesus behauptete sich das patriarchalische System noch einmal, und die Kirche wurde und blieb eine patriarchalische Institution.

Der Prozess lief beim Islam ähnlich ab. Als der Islam sich ausweitete, wurden sogar noch schrecklichere Bräuche in die Religion aufgenommen, als sie die Araber schon mitgebracht hatten. Von Indien bis Afrika zeigte sich der Islam Dutzenden von Praktiken gegenüber aufnahmebereit, die den Status der Frauen in der Gesellschaft verringerten und Männern sogar noch mehr Kontrolle über sie einräumten oder auf andere Weise die Appelle Mohammeds unterminierten, der die Muslime zu einer guten Behandlung der Frauen aufgerufen hatte.

Die weibliche Beschneidung ist hierfür ein typisches Beispiel. Sie wird häufig als ein »uraltes muslimisches Ritual« bezeichnet und sogar von einigen Mitgliedern der islamischen Geistlichkeit als *sunnat* befürwortet, was einen lobenswerten Akt in den Augen Gottes bezeichnet. Dennoch wird diese Praktik nicht im Koran erwähnt. Sogar der *hadith* – die mehr als zweifelhafte Aufzeichnung der Taten und Aussprüche von Mohammed – erwähnt sie nur einmal und das missbilligend.

Die weibliche Beschneidung scheint ihre Wurzeln im Zentralafrika der Steinzeit zu haben und nach Norden am Nil entlang bis ins alte Ägypten vorgedrungen zu sein. Hier nahmen zum ersten Mal Muslime diese Praktik in ihre Bräuche auf. Mancherorts werden heute noch stumpfe Steine für die Operation benutzt, der dann ein Zunähen der Vagina mit Dornen aus der Wüste folgt. Es gibt kaum grausamere Praktiken auf der ganzen Erde. Dennoch übernahm der Islam sie in manchen Gebieten auf dieselbe Weise, wie Dutzende anderer Praktiken in die Religion aufgenommen wurden. Solch eine Flexibilität machte den phänomenalen Erfolg des Islam aus. Die weibliche Beschneidung erfolgt heute in vielen afrikanischen Ländern sowie in Pakistan und Indien. Sie hat sich bis nach Malaysia und Indonesien ausgedehnt und ist sogar in ländlichen Gebieten Saudi-Arabiens gebräuchlich. Es sind nicht nur Muslime, die sie anwenden – sowohl koptische Christen als auch animistische Stämme in Afrika haben sie angenommen –, aber es war die Ausbreitung des Islam, die diese Praxis in der Welt verbreitet hat.

Ähnlich verhält es sich auch mit der Sitte der Polygamie. Das Vorkommen der Polygamie hat heute in der muslimischen Welt stark abgenommen, aber in der Vergangenheit hat sie dem Status und dem Leben der muslimischen Frau unermesslichen Schaden zugefügt. Die Passagen zur Polygamie im Koran wurden kurz nach einer größeren Schlacht aufgezeichnet, in der viele muslimische Männer getötet worden waren. Mohammed hatte die Absicht, den hinterbliebenen Witwen und Waisen Schutz zu gewähren, die Not gelitten hätten, wenn die überlebenden Männer keine zusätzlichen Frauen genommen hätten. Die Regeln sind durchaus gebieterischer Natur:

Fürchtet ihr, gegen Waisen nicht gerecht sein zu können...
(betet und bessert euch). Überlegt gut und nehmt nur eine,
zwei, drei, höchstens vier Ehefrauen. Fürchtet ihr auch so
noch, ungerecht zu sein, nehmt nur eine Frau.

Koran, Sure 4:4

Es kann nicht sein, daß ihr alle eure Weiber gleich liebt, wenn
ihr es auch wolltet;

Koran, Sure 4:130

Der Koran – an keiner Stelle eine strenge, konsistente Abhandlung – scheint sich häufig an vielen Stellen selbst zu widersprechen. Mohammed empfing seine Offenbarungen über eine Zeitspanne von 20 Jahren, und die Ansichten und Haltungen, die darin zum Ausdruck kamen, mussten sich verändern. Dennoch ist die Betonung klar: Polygamie ist nur in Ausnahmesituationen erlaubt.

In der vorislamischen Zeit der arabischen Gesellschaft, die als *djahiliyya* bekannt ist, war die Polygamie eine für beide Geschlechter anerkannte Institution, und zwar als Polygynie und Polyandrie: Sowohl Männern als auch Frauen waren mehrere Ehegatten erlaubt. Mohammed verurteilte beide Praktiken. Seine Einführung der Polygynie war keine Rückkehr zu vorislamischen Sitten und Gebräuchen, sondern entstand aus seiner Sorge für das Wohlergehen von Witwen und Waisen.

Eine Generation nach Mohammeds Tod, als das frühe islamische Kalifat von den Omaijaden eingenommen wurde, nutzten wohlhabende Männer ihren Einfluss in der *ulema*, um die entsprechenden Passagen im Koran in der Weise zu interpretieren, dass die Praxis der Polygynie wieder eingeführt wurde. Die Polyandrie für Frauen blieb jedoch weiterhin verboten. Die Vorbedingungen wurden ignoriert; anstelle der Heirat unbeschützter Witwen wurde und blieb es ein Brauch für Männer, der es ihnen ermöglichte, junge, unverheiratete Frauen als ihre nächste Ehefrau zu nehmen.

259

In der islamischen Geschichte finden sich zuhauf solche Beispiele von politischen oder persönlichen Angelegenheiten, die sich über jene der Religion hinwegsetzen. Genitalverstümmelung und Polygamie sind nur zwei Beispiele. Dutzende von Bräuchen, die zur Unterdrückung von Frauen beitrugen, haben sich in der muslimischen Welt verbreitet. Dort, wo sie praktiziert werden, rechtfertigen ihre Befürworter sie als Teil des Islam.

Warum ist das geschehen? Warum hat sich der Islam als so aufnahmebereit für frauenfeindliche Ansichten erwiesen? Viele feministische Muslime legen ihr Augenmerk nur auf die Veränderung der Religion seit der Zeit Mohammeds, entlasten den »wahren Islam«, suchen den Fehler darin, wie die Religion manipuliert wurde, aber wagen es nicht, den Islam selbst zu kritisieren. Sie suchen nach den Rechten der Frauen innerhalb des Islam und nicht nach deren Ablehnung. Sogar westliche Quellen nehmen einen ähnlichen Blickwinkel ein, suchen Passagen aus dem Koran, welche die Frauen unterstützende Haltung des Islam demonstrieren und Mohammeds Wunsch nach Reform ausdrücken. Sie stellen am Ende fest, dass Mohammed vor der heutigen Entwicklung entsetzt zurückschrecken würde, dass seine Reformen durch die Gesellschaft zu jener Zeit beschränkt wurden und dass er zweifelsohne eine Weiterführung seiner Reformen gewollt hätte. Sie setzen sich für einen Erhalt des Geistes statt der Traditionen der Religion ein. Jan Goodwin schreibt: *Für politische Zwecke wurde die Einstellung des Propheten Frauen gegenüber sowohl falsch interpretiert als auch falsch angewendet, und seine Sympathie den Frauen gegenüber spiegelt sich häufig nicht mehr in dem Gesetz und in den Praktiken der modernen Regierung wieder.* Natürlich stoßen solche Argumente bei der orthodoxen *ulema* auf wenig fruchtbaren Boden. Sie betrachtet den Koran als die Offenbarung Gottes: perfekt und unveränderbar. Wenn Gottes Offenbarungen vorschrieben, dass das Erbe einer Frau ein Zehntel dessen eines Mannes sein sollte, dann ist das für alle Ewigkeit Gottes Wunsch. Diese Argumentationsweise ist jedoch viel zu beschränkt.

Es ist einfacher, die Praktiken, die sich seit Mohammed einge-
bürgert haben, als den »nicht authentischen« Islam anzugreifen, als
den Islam selbst zu kritisieren. Verlockend ist auch, nur jene Passagen herauszusuchen, die den Koran in einem frauenfreundlichen
Licht zeigen, da dies unterstreicht, wie weit der Islam von seiner
ursprünglichen Religion abgewichen ist. Doch es gibt Besorgnis er-
regende Passagen im Koran, die nicht ignoriert werden sollen, Passagen, die seit Jahrhunderten die Verbreitung von frauenfeindlichen
Einstellungen als Teil des Islam vorantreiben. Auf diese Passagen
weisen die Mullahs hin, wenn sie nach muslimischer Tradition rufen. Die Interpreten religiöser Texte innerhalb der islamischen Welt
– einer fast ausschließlich männlichen Welt – unterstreichen Passagen im Koran, welche die patriarchalischen Aspekte untermauern,
während sie seine klaren Verfügungen zu Gleichheit und Gerechtigkeit unterbewerten, wohingegen aber nicht bestritten werden
kann, dass die Passagen, auf die sie sich berufen, existieren. Der Islam selbst hält den Funken für das frauenfeindliche Feuer bereit.
Der Koran mag an vielen Stellen visionäre Gleichheit garantieren,
doch an anderen setzt er dem widersprechende Zeichen:

> *Männer sollen vor Frauen bevorzugt werden (weil sie für diese*
> *verantwortlich sind), weil Allah auch die einen vor den anderen*
> *mit Vorzügen begabte und auch weil jene diese erhalten. Recht-*
> *schaffene Frauen sollen gehorsam, treu und verschwiegen sein,*
> *damit auch Allah sie beschütze. Diejenigen Frauen aber, von*
> *denen ihr fürchtet, daß sie euch durch ihr Betragen erzürnen,*
> *gebt Verweise, enthaltet euch ihrer, sperrt sie in ihre Gemächer*
> *und züchtigt sie. Gehorchen sie euch aber, dann sucht keine*
> *Gelegenheit, gegen sie zu zürnen.*   Koran, Sure 4:35

Eines der umstrittensten Themen in Bezug auf Frauen im Islam ist
das Diktat der Verschleierung. Eine Passage, welche die Absonderung der Frauen unterstützt, findet sich in der Sure mit der Über-
schrift *Die verbündeten Stämme*:

Sage, Prophet, deinen Frauen und Töchtern und den Frauen
der Gläubigen, daß sie ihr Übergewand (über Ihr Antlitz) zie-
hen sollen, wenn sie ausgehen; so ist es schicklich, damit man
sie als ehrbare Frauen erkenne und sie nicht belästige.

Koran, Sure 33:60

Feministische Interpretationen wollen hier häufig nur Mohammeds Frauen angesprochen sehen, da die Offenbarung zu einem Zeitpunkt kam, als das Eindringen seiner Anhänger in sein privates Leben überwältigende Ausmaße anzunehmen drohte. Doch der Einbezug der *Frauen der wahren Gläubigen* kann nicht außer Acht gelassen werden; er hat zur Unterstützung jener beigetragen, die Frauen gern seit 1000 Jahren abgesondert sehen. Der Punkt ist nicht der, dass der Islam in sich frauenfeindlich ist. Er beinhaltet zu viele Reformen zu Gunsten der Frauen, betont dazu die Gleichheit zu stark. Jedoch behält er viele Ansichten bei, die für das Arabien des 7. Jahrhunderts typisch sind. Diese Ansichten wurden aufgrund des heiligen, unveränderlichen Dokumentcharakters des Koran in der Religion festgeschrieben. Genau diese Ansichten erlauben seit Jahrhunderten eine Blütezeit der Unterdrückung der Frauen im islamischen Kontext.

Hier, in der trägen Hitze Nordpakistans ist mir bewusst, dass ich gerade erst mit der Betrachtung dieser Seite des Islam begonnen habe. Iran mag für viele Frauen ein Ort der Not sein, aber Pakistan ist weit schlimmer. Und morgen machen wir uns auf eine Reise nach Chitral, der isoliertesten Provinz des Landes. Chitral, eine der letzten Regionen, die den Briten zufiel, wurde erst 1949 vollständig mit Pakistan vereinigt und zeichnet sich als ein Gebiet aus, in dem die Stammesgesetze und Gebräuche noch dominieren. Die Reise an sich wird uns die zerstörten Leben von Frauen in den wilden Regionen Pakistans offenbaren; das Ziel Chitral verheißt sogar noch Schlimmeres. Wenn wir nach Chitral kommen, betreten wir die Nordwestliche Grenzprovinz, ein Gebiet, wo das pakistanische Gesetz und die Menschenrechte nichts gelten.

Chitral ist eine im Tal gelegene Provinz, die durch zwei hohe Pässe von der Außenwelt abgeschlossen ist. Beide Pässe sind während der meisten Zeit im Jahr geschlossen. Der Shandur-Pass auf 3810 Metern Höhe ist das Tor nach Gilgit; der Lowari-Pass führt Richtung Süden nach Peshawar. Die Straße, die wir morgen nehmen, ist kaum ein Weg, der vom Karakorum-Highway abzweigt, um dem Fluss Gilgit nach Westen zu folgen. Es ist eine Reise über nur 130 Kilometer, dennoch wird sie drei Tage dauern. Das ist ein Anzeichen dafür, wie schlecht die Straße sein muss, eine Messlatte für die Isolation von Chitral. Unser Reiseführer beschreibt die Strecke als »schließmuskelkräftigend«. Bis wir in einer Woche den Lowari-Pass Richtung Süden nach Peshawar überqueren, werden wir uns in abgelegenem Stammesgebiet von Pakistan befinden, wo sich der Islam am furchtbarsten gebärdet.

Dienstag, 15. August, bis Mittwoch, 16. August:
Von Gilgit nach Mastuj

> *Eine Frau wurde mit einem Beil attackiert, nachdem sie ihrem Mann gegenüber ungehorsam war und aus dem Haus trat…*

> *Tariq Ismail steinigte seine Mutter und seine Ehefrau in Daira Din Panah aus geringfügigem Anlass zu Tode…*

> *Vier bewaffnete Personen entführten ein junges Mädchen, Naziran, und ihr kleineres Kind, und verkauften sie an einen Süßigkeitenverkäufer…*
>
> Berichte aus pakistanischen Tageszeitungen

Ein langer und ermüdender erster Tag und nun ein lohnender Morgen, an dem wir zum Dorf Phander hinaufklettern. Unsere Straße führt uns durch Korn- und Weizenfelder, die willkürlich in dieser steinigen Landschaft liegen. Frauen und Kinder arbeiten auf den Feldern, schneiden von Hand Weizen und binden es zu tipiartigen Bündeln. Scheinbar dürfen Frauen sichtbar sein, wenn es Arbeit zu verrichten gibt. Die Frauen sind verschrumpelt, gebeugt und winzig und aus der Entfernung leicht mit Kindern zu verwechseln. Alle winken uns zu, als wir vorbeifahren. Männer, Frauen, Kinder.

Auf dem letzten Streckenabschnitt vor Phander ist unsere Straße von Steinmauern und Pappelreihen gesäumt. Die Welt scheint fast nur aus hartem, zerklüfteten Schiefer zu bestehen. Er ist schwarz und unheilvoll, eine feierliche Substanz, die von Asche und völligem Untergang erzählt, und am Rande des Dorfes formt er sich zu einem traurigen Gebiet namenloser Gräber. Dünne gezackte Grabsteine, Haufen aus scharfkantigen Steinen. Viele von ihnen sind winzig, eindeutig jene von Kindern.

Phander bietet Mittag, Rast, einen Blick in ein Tal unten. Trotz meiner Müdigkeit bin ich äußerst glücklich: Der Morgen des Empfangs hat mich berührt, und ich bin von der Intensität meiner Freude überrascht. Während ich meine Ration luftgetrocknetes *paratha*-Brot verschlinge und Tee dazu hinunterstürze, realisiere ich nicht, dass der Empfang bereits wieder zu Ende ist.

Nach Phander wenden wir uns vom Fluss ab, biegen in graue Hügel ein. Der Weg zum Shandur-Pass führt ewig aufwärts, langsam, unerbittlich. Wir biegen um eine uneinsehbare Kurve und stehen dem Lächeln und Winken einer Hand voll junger Mädchen gegenüber, die mit ihren hellfarbenen *shalwar kameez* in Blau, Orange und Pink wie blühende Bergblumen zwischen den Felsen wirken. Wie bei allen Mädchen im Norden haben ihre Hosen die gleiche Farbe wie ihre flatternden Hemden, einförmig in ihrer hellen Einfachheit. Sie winken noch lange, nachdem wir vorbeigefahren sind.

Das ist die letzte Freundlichkeit, der wir für lange Zeit begegnen werden. Die Dorfbewohner hinter Phander werden merklich grimmiger. Es dauert nicht lange, und die ersten Steine fliegen. Meine Freude ist dahin: Von Dorf zu Dorf weichen wir den großen Steinen aus, die Kinder von den Felsen über uns und zu uns herunterschleudern, und ich stelle fest, dass ich die Menschen immer weniger mag. Wir haben Geschichten über den südlichen Abschnitt des Karakorum-Highways gehört, nach denen Radfahrer von Dorfbewohnern gesteinigt wurden, die Radfahren als obszön erachteten. Tatsächlich wird in den meisten Orten Pakistans eine breitbeinig auf einem Fahrrad sitzende Frau als so unanständig betrachtet, dass sie eine Steinigung verdient. Hier kann das Thema nicht der Anstand sein, sondern stattdessen reine Feindseligkeit Außenstehenden gegenüber. Vielleicht hat solch eine Haltung diesen grimmigen Bergstämmen ermöglicht, so lange zu überleben. Was auch immer der Grund sein mag, wir brauchen am Nachmittag auf jeden Fall nicht viel zu winken.

Der letzte steile Aufstieg zum Shandur-Pass ist alles andere als Ehrfurcht gebietend: ein Durcheinander von scharfkantigen Steinen, dann ein weites offenes Gebiet aus grünem Torfmoor, auf dem Miniaturziegen und anderes Vieh weiden. Dann geht es – innerhalb von Minuten – wieder bergab.

Willkommen in Chitral!

Von Palmen und Pflaumenbäumen eingefasste Parzellen:
einsam, grün und hell
Fragmente des Lebens.
Turmhohe Berge steigen um uns herum auf, schwarz und ewig,
verwirrend, karg.
Wir schlängeln uns durch ihren Canyon
Durch den kalten Geruch von altem Stein, verdorrtem Staub.

Felsen umgeben uns
So hoch wie Wolken.

Auf den Feldern
und in finsteren Dörfern: kritische Blicke.
Feindseligkeit schwappt wie ein Meer um uns herum.
Schatten: bittere Augen, Stille.
In der Falle.

In Mastuj fühlt sogar unser Fahrer die Bedrohung, als Männer mit Falkengesichtern sich um den Jeep versammeln und starren, ausspucken, fluchen.

Ein in mir aufsteigendes Unbehagen spannt mich an.

Wir sind froh, dass wir in das einzige Gästehaus von Mastuj verschwinden können, wo ein mit Läufern ausgelegter Flur und ummauerter Hof Zuflucht bieten. Die Feindseligkeit, die wir hier vorfinden, hat natürlich mehr mit den lokalen Gebräuchen zu tun als mit irgendeiner globalen pakistanischen Haltung Fremden gegenüber. Bis hierher unterschied sich Pakistan nicht von der Gastfreundschaft, der wir in den meisten Ländern des Islam begegnet sind, und andere Reisende hatten uns berichtet, dass wir – in der Regel – auch hier Gastfreundschaft erwarten konnten. Die Atmosphäre außerhalb des Gästehauses ist beunruhigend, aber wir werden morgen verschwunden sein. Als Dunkelheit die Welt einhüllt und wir uns zum Essen um eine einzige Gaslaterne versammeln, beschäftigt mich der Empfang in Chitral langsam immer weniger.

Stattdessen kehren meine Gedanken zum Thema Frauen zurück: nicht zu Frauen im Islam im Allgemeinen, sondern zu dem Status der Frauen in Pakistan. Ich habe an diesem Nachmittag nichts gesehen, das Grund zur Beunruhigung geben könnte. Ungerechtigkeit kann nicht aus der Entfernung beurteilt werden. Sogar in den Straßen der Dörfer ruft nichts meine Empörung hervor. Die Frauen sind schließlich auch verborgen: Ich kann nicht von einem Leben entsetzt sein, das ich gar nicht wahrnehme. Doch gerade ihre Abwesenheit beunruhigt mich. Sie erinnert mich an alles, was ich gelesen habe. In den Dörfern in diesem verdunkelten Tal erleiden die Frauen die Art Leben, die mich mit Entsetzen erfüllt. Ein Sprichwort der Paschtunen bringt es auf den Punkt: *Ehemann ist ein anderer Name für Gott. Für eine Frau entweder das Haus oder das Grab.*

Den meisten Menschen mag der Iran einfallen, wenn nach dem Land gefragt wird, in dem Frauen am meisten unterdrückt werden. Einige Veröffentlichungen von Vorkommnissen haben ihm weltweit den Ruf eines Landes eingebracht, in dem die Frauen am schlimmsten unterdrückt werden. Für mich war das Image von Pakistan immer anders gewesen. Benazir Bhutto, Pakistans frühere Premierministerin, reichte aus, um mein ungutes Gefühl diesem Land gegenüber in Bezug auf Freiheit, Liberalismus und Gleichheit zu beruhigen. Die Realität ist natürlich weitaus komplexer und grausamer. In Pakistan bedeutete die Möglichkeit einer weiblichen Führungsperson für die Rechte der Frauen in dem Land absolut nichts: Bhutto war so weit von dem Leben einer Frau in den ländlichen Gegenden Pakistans entfernt wie Kirst und ich. Der Vergleich mit dem Iran ist hilfreich. Ich hatte dort das Gefühl, dass das düstere Bild des iranischen *tschadors* ein bereitwillig akzeptiertes Symbol für alles war, was am Islam falsch ist; Benazir Bhutto hingegen stand für mich immer für das, was richtig ist. Für muslimische Frauen in Pakistan – und ebenfalls in vielen der strengeren Teile der islamischen Welt – stellt jedoch eine iranische Frau, die auf einem Motorroller zur Arbeit fährt, eine zu beneidende Figur dar, auch wenn sie ihren *tschador* dabei fest zwischen ihren Zähnen hält, während sich dieser hinter ihr aufplustert.

Die momentane Lage der Frauen in Pakistan ist nicht von einem Tag auf den anderen entstanden. Die westliche Welt verbindet die letzten 50 Jahre mit bedeutenden Fortschritten hinsichtlich der gesellschaftlichen Bedingungen und der Menschenrechte, aber das war nur in wenigen islamischen Ländern der Fall: In der gleichen Zeitspanne gab es in diesen Ländern einen fast einheitlichen Rückwärtstrend zu den Sitten und Gebräuchen der Vergangenheit. In wenigen Ländern war der gesellschaftliche Rückschritt dabei schlimmer als in Pakistan.

Vor etwa 50 Jahren entstand Pakistan als Land, während sich die vorherrschend muslimischen Gebiete Indiens um ihre Unabhängigkeit bemühten. Die treibende Kraft hinter der Teilung war Mohammed Ali Jinnah, der Führer der muslimischen Liga Indiens, der in Pakistan heute als der Qaid-i-Azam, als der »Große Führer« verehrt wird. Er war der erste Generalgouverneur des Landes und kann mit einiger Berechtigung als Pakistans Gründervater bezeichnet werden.

Jinnah strebte für Pakistan einen säkularen Staat an: 1947 war die islamische Bewegung weit weniger stark, als sie es heute ist. Jinnah rief seine muslimischen Mitbürger wie Atatürk in der Türkei vor ihm auf, »ihre Frauen in jedem Bereich des Lebens als Kameraden an ihre Seite zu nehmen«. Er war ein leidenschaftlicher Bekämpfer vieler pakistanischer Stammesbräuche und wies darauf hin, dass nichts im Koran auf die Notwendigkeit der Absonderung der Frauen deute. »Wir sind die Opfer schlechter Sitten«, sagte er. »Es ist ein Verbrechen gegen die Menschheit, dass unsere Frauen wie Gefangene zu Hause in ihren vier Wänden eingeschlossen sind.«

Jinnah hätte die neue Nation möglicherweise gut nach seinen Ansichten formen können. Atatürk hatte in der Türkei aus dem Ottomanischen Kalifat einen säkularen Staat geschaffen; wir haben selbst gesehen, wie die Ansichten eines einzelnen Mannes im ismailitischen Hunza eine ganze Gesellschaft formen können. Unglücklicherweise kam es nie dazu. Jinnah lebte nur gerade so lange, dass er seinen Traum wahr werden sehen konnte. Er starb nur ein Jahr nach der Entstehung Pakistans.

Während der nächsten 30 Jahre wurde Pakistan ein Land der Staatsstreiche, Korruption und des Kriegsrechts. Angesichts zunehmender Armut und eigensinniger Führung konnten die gesellschaftlichen Bedingungen des Landes sich nicht verbessern. Die Stammesgebiete blieben unkontrolliert und von Gewalt beherrscht, während die Wirtschaft ins Stocken geriet und die Menschen sich Hilfe suchend dem Islam zuwandten.

Der Islam war immer eine Religion der Zuflucht, der Neubelebung gewesen. Angesichts von Not und Entbehrungen kehren die Muslime ihrer Religion nicht den Rücken; stattdessen strömen sie ihr in Scharen zu. Der Islam ist ein komplettes von Gott verordnetes System für das Führen des eigenen Lebens. Wenn solch ein System fehlschlägt, so die Argumentationsweise, dann kann das nur bedeuten, dass der Glaube nicht stark genug ist und deshalb Gottes

Ideal nicht erreicht wurde. Daher bewirkte der Fehlschlag in Pakistan eine größere statt eine geringere Hinwendung zur Religion. Der Kreis setzte sich fort: Je stärker muslimische Länder in Not gerieten, desto lauter wurde der Ruf nach einer stärkeren Hinwendung zur Religion. In Pakistan bedeutete das den düsteren Aufstieg der fundamentalistischen islamischen Bewegung. 30 Jahre nach Pakistans mühsamer und schmerzlicher Geburt war die Religion zur stärksten Macht im Lande geworden.

Seit der Teilung bis in die späten 1970er-Jahre hatten die gesellschaftlichen Reformen in Pakistan nirgendwohin geführt. Im Nachhinein könnte das sogar als eine bescheidene Errungenschaft angesehen werden. 1977 riss General Zia ul-Haq mit der Unterstützung sowohl des Militärs als auch der mittlerweile mächtigen islamischen Bewegung die Macht von Benazirs Vater, Zulfikar Ali Bhutto, an sich. In seiner ersten Rede an die Nation erhob Zia Anspruch auf Legitimität mit der »Erfüllung von Pakistans Mission, ein islamischer Staat zu werden«. Es war ein alarmierender Hinweis auf das, was nachfolgen sollte.

Zia stellte die Uhren weiterhin in Bezug auf jeden Aspekt des gesellschaftlichen Lebens zurück. Die Frauen hatten die Hauptlast seiner Reformen zu tragen. Er verordnete, dass die Zeugenaussagen von zwei Frauen bei Anhörungen vor Gericht notwendig waren, um die eines einzigen Mannes aufzuwiegen. In Kompensationsfällen wurde dementsprechend der Wert des Lebens einer Frau als gleichwertig mit dem halben Leben eines Mannes erachtet. Neue Gesetze wurden in Bezug auf Unanständigkeit und Pornografie erlassen, die eine Kultur förderten, die mit Frauen Unanständigkeit, Unmoral und Korruption assoziierte. Die Ansari-Kommission, die von Zia eingesetzt wurde, um das politische System Pakistans zu »islamisieren«, empfahl, dass das oberste Staatsamt nicht von einer Frau bekleidet werden sollte und dass weibliche Mitglieder der Nationalversammlung über 50 Jahre alt sein und die Zustimmung ihrer Ehemänner zur Teilnahme haben sollten. Zia befürwortete die Rückkehr zur »Verschleierung und den vier Wänden«, zu einer völligen

Verbannung der Frauen aus dem öffentlichen Bild. Wenn Frauen auf den Straßen schikaniert, getötet oder vergewaltigt wurden, dann deshalb – so hieß es –, weil sie diese Handlungen provoziert hatten. Der Theologe Doktor Israr Ahmad, ein Mann, der von Zia für den das Land regierenden Bundesrat ausgewählt wurde, verkündete im staatlich kontrollierten Fernsehen, dass niemand für den Angriff oder das Herfallen über eine Frau bestraft werden könne, bis eine islamische Gesellschaft geschaffen worden sei. Die Gewalt von Seiten der Polizei nahm zu; es waren immer mehr Geschichten von sadistischen Vergewaltigungen und Folterungen durch Vertreter der Staatsmacht zu hören. Die Frauen waren dem gegenüber machtlos. Viele besaßen zu wenig Bildung, um zu verstehen, welche Verbrechen im Namen des Islam begangen wurden. Tatsächlich konnten sich viele nur fügen, als man ihnen sagte, dass all diese Gesetze im Namen Allahs erlassen wurden.

Das heimtückischste aller von Zia eingeführten Gesetze betrifft *zina*, den Sex außerhalb der Ehe. Das Gesetz wurde derart verfasst, dass solche Verbrechen wie Ehebruch, Unzucht und auch Vergewaltigung darunter fielen, und die Höchststrafe war das Zu-Tode-Steinigen für diejenigen, die verheiratet waren. Für die nicht Verheirateten bestand die Strafe in 100 Peitschenhieben und zehn Jahren Haft. Das islamische Gesetz verlangt in Bezug auf den Ehebruch zur ausreichenden Beweisführung vier Zeugen »mit gutem Ruf«. Die entsprechende Textstelle im Koran macht deutlich, dass dadurch verleumderische Behauptungen hinsichtlich ehebrecherischem Verhalten vorgebeugt werden sollen – jene, die falsche Behauptungen des Ehebruchs ohne die Anführung von vier Zeugen erheben, machen sich selbst eines Verbrechens schuldig. Unglaublicherweise hat Pakistan sogar dieses Dekret zum Nachteil der Frauen verdreht. Frauen, die vergewaltigt wurden, brauchen ebenfalls vier Augenzeugen. Da es noch unwahrscheinlicher ist, dass vier männliche Zeugen von gutem Ruf dastehen und einer Vergewaltigung zuschauen als einem simplen Ehebruch, ist es für eine Frau nahezu unmöglich, diesem Gesetz Genüge zu tun. Während der angeklagte

Mann demnach nicht der Vergewaltigung für schuldig befunden werden kann, verurteilt das Gesetz die Frau, die damit einen Ehebruch eingestanden hat, wofür sie grausam bestraft wird. Eine Bezichtigung der Vergewaltigung ist dieser Logik zufolge nichts anderes als ein öffentliches Eingeständnis von verbotenem Sex.

Die Gesetze zeigten deutlich die Einstellung sowohl der Regierung als auch der *ulema* den Frauen gegenüber: Frauen waren hilflos, ohne Rechte. Angaben einer nationalen Frauenrechtsorganisation zufolge werden 70 Prozent aller Frauen in Polizeigewahrsam physisch und sexuell missbraucht. Genauso schockierend ist die Tatsache, dass sich drei Viertel aller Frauen im Gefängnis wegen Anklagen in Bezug auf *zina* dort befinden.

Zia schadete fast allen pakistanischen Frauen, aber die Frauen auf dem Lande litten am meisten unter seinen Gesetzen. 1985 urteilte die Pakistanische Kommission zum Status der Frauen, dass *Frauen im ländlichen Pakistan eher wie Besitztum behandelt und nicht als selbst handelnde Menschen mit Selbstvertrauen betrachtet werden. Sie werden ungestraft mit gesellschaftlicher Akzeptanz ge– und verkauft, geschlagen, verstümmelt und sogar getötet. Sie sind entgegen gesetzlichem Schutz enteignet und enterbt, und die große Mehrheit wird zu 16 bis 18 Stunden Arbeit pro Tag ohne Bezahlung gezwungen … die durchschnittliche Frau wird in Pakistan nahezu in Sklaverei geboren, führt das Leben eines Schwerarbeiters und stirbt gleich bleibend in Vergessenheit.*

Bei einer solchen Lebenssituation von über 75 Prozent der pakistanischen Frauen erscheint die Anwesenheit einer Frau als Regierungschefin paradox. Doch die Situation der Frauen in Pakistan ist bei weitem nicht einheitlich, wobei die Zustände je nach geografischer Herkunft und sozialer Schicht sehr unterschiedlich sind. Pakistan hat einige wenige Privilegierte sowie seine Mittelschicht, und Frauen, die in diese Schichten hineingeboren werden, ergeht es wesentlich besser als ihren Schwestern auf dem Land. Die stärkste Gegenwehr gegenüber Zia kam aus den Reihen solcher Frauen, als sie erkannten, wie sehr zerbrechlich der Fortbestand ihrer Rechte war.

Benazir Bhutto war jedoch mehr als nur eine Vertreterin der pakistanischen Oberschicht. Ihr sozialer Status allein hätte niemals ausgereicht, um ihr Handikap des Frau-Seins zu überwinden, nicht einmal als eine Frau, die von der Welle der Unzufriedenheit mit Zias Gesetzen getragen wird. Benazir wurde nicht wegen ihren eigenen Errungenschaften oder ihrer politischen Philosophie gewählt, die unklar umrissen war, sondern weil sie die Tochter und politische Erbin ihres Vaters – dem früheren Premierminister Zulfikar Ali Bhutto – war, der nun als ein *shaheed*, ein Märtyrer für den Islam, bezeichnet wird. Sein Bildnis hängt überall, und sein Geburtstag wurde zu einem Anlass öffentlicher Feierlichkeiten. Das Paradox in Pakistan geht auf das politische Vermächtnis, nicht auf soziale Gerechtigkeit zurück.

Seit Zia hat sich die Situation in Pakistan nicht verbessert, ausgenommen der zwei Amtsperioden, die Benazir Bhutto am Ruder war. Bhuttos Wahlversprechen, die *zina*-Gesetze von Zia aufzuheben, war sehr populär, aber nach ihrer Wahl wurde deutlich, dass die Frauenrechte hinter dem Erfordernis, das delikate Gleichgewicht zwischen verschiedenen politischen Kräften aufrechtzuerhalten, zurückstecken mussten.

Die Partei Bhuttos hatte keine Mehrheit und musste mit den kleineren Parteien Kompromisse eingehen, wobei auch konservative religiöse Werte beibehalten wurden. Es gelang ihr nie, auch nur ein einziges von Zias Gesetzen zur Islamisierung rückgängig zu machen. Und im Jahre 1991, zwischen den Amtszeiten von Bhutto, verabschiedete das Land die Gesetzesvorlage für die Scharia, die das islamische Gesetz über das des Staates stellte und ihm somit Vorrang vor der Verfassung einräumte. Es mag 50 Jahre gedauert haben, aber die Hoffnungen Jinnahs auf einen säkularen Staat waren schließlich gestorben. Ohne viel Aufhebens und ohne die Empörung, die den Übergang im Iran begleitete, wurde Pakistan eine Islamische Republik.

Die Transformation im Iran von einem Tag auf den anderen war ein Ausbruch der Gewalt, ein Drama, das sich auf der Weltbühne abspielte, das zum Hauptthema wurde und die Welt schockierte. Die Transformation in Pakistan gestaltete sich viel heimtückischer. Die Übernahme der schlimmsten islamischen Auslegungen ging in Pakistan langsam aber gründlich vonstatten. Und ebenso wie die Notlage der pakistanischen Frauen wurde sie von der Welt weitgehend ignoriert.

Solch ein blinder Fleck ist nur natürlich und nichts anderes als meine Betrachtung der isolierten nördlichen Regionen: Es ist viel einfacher sich über etwas zu empören, das man sehen kann. Wenn mir nicht bewusst wäre, wie Pakistan seine Frauen behandelt – Geschichten über die Brutalität und Vergewaltigung durch die Polizei; über Bräute, die lebendig verbrannt werden; über Missbrauch von jungen Mädchen; über die herzlose Regelung durch Gesetze, mit deren Hilfe all diese Ungerechtigkeiten als natürliche Vorkommnisse zurückgewiesen werden können –, dann würde mich die Abwesenheit von Frauen auf den Straßen von Mastuj nicht im Mindesten beunruhigen.

Angriff auf die Sinne

Samstag, 19. August, bis Montag, 21. August:
Auf dem Weg nach Peshawar

Die Feuchtigkeit. Ich triefe. Wir haben unsere Kleidung vor 48 Stunden gewaschen, und sie ist immer noch nicht trocken. Die Seiten dieses Tagebuchs haben so viel Feuchtigkeit aufgenommen, dass sie gewellt sind. Rauch, Lärm und Feuchtigkeit: Peshawar ist ein unmöglicher Ort.

Von der Stadt Timargarha im Norden fahren wir in einem hellen, roten Minibus nach Peshawar. Der Bus trägt auf seiner Rückseite in großen goldenen Lettern die Aufschrift »Gott hilf mir!«. Möglicherweise der Ausruf eines in Panik geratenen Passagiers? Wir steigen ein und setzen uns schwitzend nach hinten. Obwohl es erst sieben Uhr am Morgen ist, herrscht schon eine furchtbare Hitze. Es ist nicht die trockene Hitze der nördlichen Berge, sondern eine viel drückendere, feuchte Hitze.

Auf dem Vordersitz befindet sich die einzige weitere Frau in dem Bus. Für uns ist sie nur eine blasse, violette *burqa*. Die *burqa* ist ein Bild der Unterdrückung, ein Umhang aus extrem dickem Material, der den gesamten Körper umhüllt und vor dem Gesicht ein Gitter aus Stoff lässt. Alles bleibt unserer Imagination überlassen. Das Einzige, was einem sofort in den Sinn kommt, ist die Hitze, die sie darunter zu erleiden hat. Als wir weiter in den Süden kommen, schlägt uns die Hitze förmlich nieder, erfüllt den Bus mit ihrer drückenden Präsenz; die Frau verbringt den größten Teil der Fahrt zusammengesunken gegen die Tür gelehnt. Wir befinden uns auf der letzten Etappe unserer Fahrt durch Chitral. Die Reise führt uns aus den entlegenen nördlichen Bergen Pakistans zum Puls der pakistanischen Gesellschaft. Gestern, als wir den gewaltigen Lowari-Pass überquerten, schlug uns eine riesige Masse aus heißer feuchter Luft entgegen – der südasiatische Monsun. Der Wechsel war dramatisch, schwächend. Die Wolken des Monsuns werden während der nächsten vier Monate mit mir Richtung Süden und Osten ziehen, wenn ich nach Indonesien reise. Ich weiß, dass ich monatelang in einer Welt aus verdunkeltem Sonnenlicht, monumentalen Stürmen und konstanter Feuchtigkeit gefangen sein werde, aber im Moment kümmert mich das wenig. Der Übergang von dem trockenen Land der Felsen und des Sonnenlichts im Norden ist zu plötzlich, zu aufregend. Wir haben eine andere Welt betreten. Die Landschaft öffnet sich wie ein Ozean vor uns, und ich bin von der Ebene um Peshawar in Bann gezogen. Plötzlich ist die Welt smaragdfarben, eine durch Regen aufgeweichte Landschaft mit nassen und grünen Reis- und Weizenfeldern. Ihre pulsierende Lebendigkeit erschreckt ein australisches Hirn, das sich monatelang an Sand und Felsen gewöhnt hat. Mein Bild von Pakistan ist das eines Wüstenlandes, in dem wir den Staub vorfinden, den wir von Iran und Usbekistan erwartet haben, oder das einer Mondlandschaft wie im bergigen Norden des Landes. Solch eine Üppigkeit überfällt einen wie ein Schock.

Die Straße führt durch Dörfer, die voller Leben sind. Ich bemühe mich darum, alles in mich aufzunehmen. Mangoverkäufer strahlen über ihrer goldenen Ware; Minibusfahrer rufen im stockenden Verkehr nach Passagieren; Verkäufer schlängeln sich vorbei – rufende Gesichter erscheinen im Fenster –, bieten Eiscreme und geröstete Maiskolben feil. Weiße Kühe grasen auf den Gleisen eines verlassenen Bahnhofs neben einer Hilfsstation.

Im Schatten von Bäumen folgen wir der Bahn Richtung Süden, die Gleise sind von mit Canvas bespannten Zelten gesäumt, ein Strom dahinziehender Fußgänger. Büffel trotten nebenher, kämpfen sich durch die Felder. Groß, schwarz und anmutig sind sie, von einer Art träger Eleganz, die von der langsamen Bedächtigkeit ihrer Bewegungen herrührt: Sie sind prachtvoll. Wir fahren weiter, folgen Bündeln mit großen Tabakblättern, die hinten auf einen Lastwagen geladen sind.

Und dann sind wir in Peshawar. Es ist wie ein Schlag ins Gesicht.

Von der Bushaltestelle am Rande der Stadt aus fahren wir weiter mit einem Bus, der bis ins Detail mit psychedelischen Farben bemalt ist. In seinem Innern: Verzierungen aus Zinn und Lametta, rasselnde Ketten aus silbernem Metall schleifen auf dem Boden; blitzende Fragmente aus Spiegel und Chrom; handbemalte Holzrahmen in so hellen Farben, dass ein Fünfjähriger stolz darauf wäre. Vögel, Ranken, Sonnenaufgänge, wahnsinnige Bilder von beliebten pakistanischen Filmen: alle sind schreiend, alle sind knallig, alle sind von der respektlosen Qualität, die dem Hüter der Autorität entgegenlacht. Eine Collage aus Aufregung, manischen Farben und schlechtem Geschmack. Wir schauen ehrfürchtig auf das Chaos um uns herum. In jedem Augenblick realisiere ich, dass wir bisher erst einen winzigen Ausschnitt von Pakistan gesehen haben, und das bricht genauso über mich herein wie die 100 000 Autohupen, die um uns herum tönen. Das ist eine *Stadt*. Sie wimmelt voller Leben, Lärm, Verschmutzung und Energie, sodass uns der Verkehr auf dem Weg stadteinwärts plötzlich ruhig erscheint.

Zu Fuß macht in Peshawar das bloße Innehalten Mühe.

Lärm, Abgase, mit sich bewegendem Metall überfüllte Straßen. Wir kämpfen mit der Hitze, verspeisen Mangos, trinken Mangosaft, Cola und grünen Tee, während wir die Straßen nach einem Hotel absuchen. Die Fassaden der Geschäfte ergießen sich auf den Gehweg, und sowohl der Verkehr als auch die Fußgänger verstopfen die Straßen. Auto-Rikschas, die schwarzen Rauch ausstoßen, folgen uns, wo immer wir auch hingehen, blockieren unseren Weg über die Straße – ihre Fahrer tyrannisieren uns, in der Hoffnung auf Fahrgäste. Kundenwerber lehnen an kunterbunten Bussen, versuchen uns irgendwie an Bord zu bringen, egal, in welche Richtung wir gehen. »Chalo! Chalo!«, rufen sie – »Los geht's!« auf Urdu. Zahnchirurgen versammeln sich an rußigen Straßenecken neben großen grinsenden Plakaten mit Gebissen und schmutzigen vergilbten Plastikzähnen in Glasvitrinen und preisen ihre Dienste an. Namenlose afghanische Restaurants machen klirrenden Lärm und brüllendes Feuer vor ihren Eingängen. Seitenstraßenhausierer bieten alles von Stiften bis zu Plastiktaschen an, von Kämmen bis zu afghanischen Tüchern und kleine Zweige aus Akazienfaser, die an den Enden gespreizt sind, um als Zahnstocher Verwendung zu finden. Die abgehackten Geräusche einer Stadt. Melonenverkäufer, die Fliegen verscheuchen. Einige wenige Frauen, ihre *burqas* schließen sie sowohl von der Welt als auch von jeglichem Anschein von Komfort und Freiheit ab. Kirst geht in der Menge vor mir her, da das die Anzahl der Männer zu reduzieren scheint, die sie höhnisch angrinsen, nach ihr tasten oder sie anrempeln. Mein drohender Blick schreckt alle bis auf die hartnäckigsten Freier ab. Zuckerrohrgetränke; Verkäufer von Mango- und Limonensaft; Kupferschmiede, die neben lodernden Flammen hämmern; sich zersetzender Schmutz. Kokosnuss in Stücken; Weintrauben und Granatäpfel, die in Plastiktüten verkauft werden; zerzauste Krähen, die sich auf den Abfall stürzen. Mein Gott, diese Hitze! Dichte, undurchdringliche Märkte, labyrinthartig und faszinierend. Glänzende Frauenkleidung, die aus Silber- und Goldspitze gearbeitet ist; Gemüse und Gewürze; Silber, Messing und Kupfer; Teppiche, Kleidung und Schuhe; Nüsse und Getreide; der Gestank nach Aas. Lärm und Rauch, Lärm und Rauch.

Und allem liegt eine verrückte Gewalt zugrunde, eine Gewalt, die in der pakistanischen Gesellschaft alles zu verderben scheint, aber die hier stärker gegenwärtig zu sein scheint als irgendwo sonst. Es mag seine Ursache in der Lage Peshawars zu den nahen Stammesgebieten der Paschtunen haben, die sich in der Nähe zur afghanischen Grenze befinden und sich keinem Gesetz außer ihrem eigenen unterwerfen. Oder es mag von Peshawars Status als Kriegsstadt herrühren, als Zentrum für viele Mudschaheddin aus Afghanistan und Heimat für zahlreiche der Kriegsflüchtlinge. Menschen ohne ein Zuhause, ohne jeden Sinn für die Zukunft können genau die Art verzweifelter Energie mit sich bringen, die uns aus den Straßen von Peshawar entgegenspringt.

75 Prozent der Flüchtlinge weltweit sind Muslime, was in der Weltöffentlichkeit oft ignoriert wird. Von Algerien bis Bangladesh, von Afghanistan bis zum Sudan wird die islamische Welt durch Armut, Krieg und unsichere Regierungen beherrscht, und angesichts der höchsten Bevölkerungswachstumsrate auf der Welt wird das Problem nur noch schlimmer werden. Als Pakistan 1947 gegründet wurde, hatte es zum Beispiel 30 Millionen Einwohner; in weniger als einem halben Jahrhundert hat sich diese Zahl auf 130 Millionen mehr als vervierfacht. Muslimische Gesellschaften haben eine Bevölkerungszuwachsrate von drei Prozent – zweimal so hoch wie der Weltdurchschnitt –, damit verdoppelt sich Pakistans Bevölkerung alle 23 Jahre. Jedes Jahr werden mehr als 80 Millionen muslimische Kinder geboren: 150 pro Minute. Viel zu häufig besteht die Welt, die sie sehen, aus Chaos, Krieg und zunehmender Armut. Und wie die afghanischen Kinder der Flüchtlingsbevölkerung in Peshawar zeigen, kann es auch eine Welt ohne Zuhause sein.

Der Afghanistankrieg war einer der tragischsten Konflikte der letzten Jahrzehnte. Nicht weil mehr Menschen als irgendwo anders gestorben sind oder weil mehr Häuser zerstört wurden oder weil mehr Menschen in die Nachbarländer geflohen sind; Afghanistan ist in dieser Hinsicht nicht schlimmer als zahllose andere Konflikte. Was dem Krieg in Afghanistan seine Tragik verleiht, ist die unwiderrufliche Veränderung der afghanischen Gesellschaft. Sogar mit dem Ende des Krieges, angesichts der beginnenden Heimkehr der afghanischen Flüchtlinge in überfüllte Zeltdörfer überall entlang der pakistanischen Grenze besteht keine Möglichkeit, dass sie wieder die Gesellschaft aufbauen können, die sie einst hatten. Die Verbreitung des islamischen Radikalismus als Begleiterscheinung des Krieges trennt das Land vollkommen von seiner ehemaligen toleranten Vergangenheit ab. Die Art und Weise, wie das vonstatten ging, dient als grausame Warnung für die Zukunft des moderaten Islam.

Jahrelang wurden afghanische Mudschaheddin-Gruppen im Westen als »Freiheitskämpfer« gefeiert, als tapfere Widersacher, die für die Befreiung ihres Landes gegen die sowjetische Unterdrückung kämpften. Aus dem Westen, hauptsächlich aus den USA, flossen Gelder zu den Rebellengruppen, die über Pakistan, vor allem Peshawar, an ihr Ziel gelangten. Pakistan machte viel politischen Wind über seinen Status als westlicher Alliierter in einem Gebiet mit sowjetischem Einfluss, dabei war es weithin bekannt, dass viele Mitglieder der pakistanischen Regierung Millionen von den Waffenbeträgen abschöpften, als sie durch das Land flossen.

Weniger bekannt dagegen war vielleicht, dass Saudi-Arabien die amerikanische Hilfe für Afghanistan Dollar für Dollar konsolidierte. Die Hilfe der Saudis war an Bedingungen geknüpft. Während die amerikanischen Gelder über Pakistan geschleust wurden, finanzierte Saudi-Arabien die Widerstandsbewegung direkt, was eine viel größere Kontrolle über das Ziel der großen Geldsummen ermöglichte. Die Amerikaner unterstützten jede Gruppe, die sich gegen die Sowjets stellte, und die Saudis gaben ihr Geld nur den Gruppen, die genauso erzkonservativ waren wie sie selbst. Gemäßigte Mudschaheddin-Gruppen hatten da keine Chance. Als die Gelder spärlicher flossen, verschwanden diese Organisationen entweder ganz, oder sie wechselten zum Lager der fundamentalistischen Widerstandskämpfer über und schworen deren Führern Treue, die sie dann mit Waffen versorgten. Am Ende des Krieges gegen die Sowjets hatten die gemäßigten Gruppen sogar Schwierigkeiten mit der Bezahlung ihrer Telefonrechnungen, ganz zu Schweigen von dem Versuch, einen Krieg zu führen.

An das Geld der Saudis waren noch andere Bedingungen geknüpft. Ihre Abmachungen beinhalteten häufig die Versorgung mit puritanischen Wahhabiten-Kämpfern, die sowohl missionierten als auch kämpften. Die Wahhabiten waren finanziell und auch was die Bewaffnung betraf extrem gut ausgerüstet, und ihr Einfluss auf afghanische Soldaten war enorm stark. Die Ironie lag darin, dass der Wahhabismus den Menschen in Afghanistan vollkommen fremd war. 80 Prozent der Afghanen sind Hanafiten, eine der gemäßigteren muslimischen Sekten, die an sich völlig uneinig mit den fanatischen strikten Ansichten des saudischen Wahhabismus ist. Die Doktrin der Wahhabiten ist radikal und regressiv: Von den Wahhabiten ausgebildete Guerillas waren in das Bombenattentat auf das World Trade Center und in terroristische Anschläge in Ägypten und Algerien verwickelt. Es sind die Männer, die versuchten, das Grab Mohammeds zu zerstören, weil es zu unangemessener muslimischer Verehrung ermutigte. Ihre Haltung dem Westen, Ungläubigen und einer flexiblen Interpretation ihrer Religion gegenüber ist ebenso kompromisslos wie gefährlich. Die Neuerschaffung einer Gesellschaft und einer Kultur, die einst der Liebling war und als hip unter den Touristen in der Region gegolten hatte, wo Frauen stolz und unverschleiert durch die Straßen von Kabul gelaufen waren, ist eine der Furcht erregenderen und weit reichenderen Auswirkungen des Krieges.

Die Auswirkungen der Wahhabi-Missionare sind in den Flüchtlingscamps rund um Peshawar und den Khyber-Pass am deutlichsten sichtbar. Von fundamentalistischen Klerikern unter der Herrschaft von Organisationen, die Saudi-Arabien finanziert hatte, wurde zum Beispiel antiwestliche Stimmung geschürt. Büros von Hilfsorganisationen erhielten Todesdrohungen. Das Lager einer australischen

Agentur wurde von einer wütenden Menge niedergebrannt, die von einem extremistischen Mullah aufgewiegelt worden war, der behauptete, dass den weiblichen Flüchtlingen nur deshalb Seife gegeben wurde, weil westliche Männer aus der Agentur mit ihnen Sex wollten. Es zirkulierten Pamphlete, in denen behauptet wurde, dass westliche Frauen, die bei den Hilfsorganisationen beschäftigt waren, an Aids litten und nach Peshawar gekommen waren, um Muslime zu infizieren.

Gefährlich waren auch die Veränderungen innerhalb der provinziellen Flüchtlingsgesellschaft. Fundamentalistische Lehren wurden zum Allgemeingut; radikale Interpretationen des Koran die Norm. Ein Volk, das einst für seine progressive Haltung bekannt war, erließ nun Fatwas oder religiöse Regeln, die es Frauen verboten »Parfüm oder Kosmetika zu benutzen, ohne die Erlaubnis ihres Mannes hinauszugehen, mit Männern oder mit anderen männlichen Verwandten zu sprechen, stolz einherzuschreiten oder in der Mitte des Bürgersteigs zu gehen«.

Während unserer Reise, 1996, tobt immer noch ein Bürgerkrieg zwischen rivalisierenden islamischen Fraktionen, ist weit und breit keine gemäßigte afghanische Gruppe in Sicht. Es ist sehr wahrscheinlich, dass diese afghanischen Familien bei ihrer Rückkehr in ihr eigenes Land – so sie denn zurückkehren – nicht nur ein Land mit zerstörten Gebäuden und Straßen vorfinden, sondern ein Land, dessen Gesellschaft sich nach dem Bild des arabischen Extremismus neu geformt hat. Sie hatten eine offene Gesellschaft verlassen, islamisch aber tolerant, kehrten dann aber in eine Islamische Republik zurück, die nicht von authentischen afghanischen islamischen Idealen inspiriert wird, sondern von der schwelenden extremistischen Glut, für welche die Wahhabi-Fundamentalisten Saudi-Arabiens eintreten.

Auf dem Spiel steht natürlich mehr als nur das Schicksal der afghanischen Nation. Der Radikalismus in den Flüchtlingslagern springt auf die pakistanische Gesellschaft über. Der fieberhafte Puritanismus, der durch die Kriegsmärsche in den Straßen von Peshawar selbst erzeugt wird. Die lang anhaltende Instabilität an der Grenze hat Auswirkungen auf Pakistan, insbesondere in den westlichen Regionen, und es sind keine positiven Auswirkungen. Eine Ausweitung des islamischen Fundamentalismus ist nur ein Teil des Problems. Gesetzlosigkeit und Gewalt sind ansteckende Krankheiten, und die Verbreitung von Waffen, Gewalt, Drogen, Kriminalität und radikaler Politik von diesen extremistischen Gebieten aus hat den Rest der Gesellschaft beeinflusst. In Karachi sind in den letzten vier Jahren über 10 000 Menschen als Folge der Kämpfe zwischen Rebellengruppen und der Regierung getötet worden. Ganze Stadtviertel stehen unter Kriegsrecht; in anderen Teilen der Stadt ist durch Waffenträger, die sich mit der Regierung im Kampf befinden, das Leben zum Erliegen gekommen, und die Einwohner fliehen in die nördlichen Berge, um der Gewalt zu entkommen. In der südlichen Provinz Sind wurden Banditentum und Kidnapping zu einem derart häufigen Phänomen, dass viele Straßen ohne eine bewaffnete Eskorte nicht sicher befahren werden konnten. Die Probleme in diesen Gebieten sind seit Jahren angewachsen, doch nun fließt ein ständiger Nachschub von Waffen aus den Regionen, die an Afghanistan grenzen, was das Problem beträchtlich verschärft. Wenn wir die NWFP verlassen, können wir damit rechnen, von der Polizei durchsucht zu werden.

Peshawar und die es umgebende Provinz sind für ihren Teil praktisch gesetzlos. Die Stammesgebiete wurden von den Briten nie vollständig unterjocht und gehorchen traditionsgemäß keinen anderen Gesetzen als ihren eigenen. Als Folge davon wurden sie zum Herzstück von Asiens Waffen- und Drogenhandel, durch das Drogen aus den Mohnfeldern Afghanistans – nun der größte Heroinproduzent der Welt – in den Westen fließen und die Waffen, Panzerfäuste und Mörser hergestellt werden, die den Kampf im Süden Afghanistans und auch Pakistans in Gang halten. Die Regierung versucht das Problem verspätet in den Griff zu bekommen, aber ohne viel Erfolg. Gerade bevor wir ankamen, wurde eine Gruppe deutscher Touristen entführt aus Protest gegen die Pläne der Regierung, welche die Anwendung der staatlichen Gesetze in der Region durchsetzen will.

Während wir nun in unserem grauen Hotelzimmer unter dem vergeblichen Kreisen eines Ventilators liegen und dem ermüdenden Wahnsinn draußen zuhören, frage ich mich, wie irgendjemand in solch einer Stadt, in solch einer unmöglichen Umgebung leben kann. Die pakistanische Gesellschaft hat ein Problem: Bei der korrupten Regierung, dem geringen Wert der Gesetze und der wirtschaftlichen Stagnation ist es kein großes Wunder, dass Wut aufkommt. Lärm, Rauch, Staub und Gewalt, alles mit einer gefährlichen Schärfe. Hitze und Feuchtigkeit, Abfall und Armut. Die Kakophonie, die von den Straßen draußen in unser Hotelzimmer dringt, ist die Klage einer verzweifelten Gesellschaft.

Mein Gott, diese Hitze!

Dienstag, 22. August, bis Donnerstag, 24. August:
Auf dem Weg nach Lahore

Das leichenblasse frühe Morgenlicht ist zu schwach, um unseren Korridor zu erhellen. Unser Zimmer ist dunkel und total feucht, als wir zu den Geräuschen des Chaos von Peshawar aufwachen. Die Gastfreundschaft der Paschtunen verzögert unsere Abfahrt: von zwei Schuhverkäufern, die wir auf der Straße treffen, bekommen wir mehrere Tassen grünen Tee und geröstete Maiskolben spendiert, sodass wir viel später als erwartet an der Bushaltestelle ankommen.

Als wir in den Minibus einsteigen, der uns bis nach Rawalpindi bringen wird, bemerke ich, dass man als Frau in Pakistan sowohl Vor- wie auch Nachteile hat: Die Menge im Bus rückt hin und her, um für Kirst einen Fensterplatz frei zu machen, sodass sie nicht neben irgendwelchen fremden Männern sitzen muss, während ich einen harten Holzstuhl ohne Rückenlehne erhalte und mich die ganze Fahrt über nach vorn lehnen muss. Zum Trost zeigt Kirst mir ihr vergnügtes Lächeln, das sie für alle meine Missgeschicke bereithält. Wenn ich nicht hier wäre, würde sie nicht bemerken, dass sie anders behandelt wurde. Sogar solche Gesten der Höflichkeit erinnern mich jedoch daran, wie geschlechtsspezifisch unterdrückend die islamische Kultur sein kann. In Ägypten lehren die Fundamentalisten, dass Männer sich nicht auf einen Sitzplatz im Bus setzen sollen, der nicht mindestens zehn Minuten zuvor von einer Frau verlassen wurde, damit ihre Körperwärme nicht länger spürbar ist. 1992 wurde der ägyptische Autor Farag Fouda getötet, weil er solche fundamentalistischen Exzesse kritisiert hatte.

Wie Fouda, wie fast alle Kommentatoren des Islam, benutze ich den Begriff Fundamentalismus und habe das während des gesamten Schreibens in diesen Tagebüchern getan. Fundamentalismus ist jedoch ein unklar definierter Begriff, der von verschiedenen Menschen verschieden verstanden wird, obwohl er extensiv von allen verwendet wird. Das ist das Wesen der Sprache: Ein Wort kann so weitläufig verwendet werden, dass es sich heimtückisch in die alltägliche Konversation einschleicht, egal wie irreführend, wie unakkurat, wie ungenau es definiert sein mag. Fundamentalismus war ursprünglich eine Idee der protestantischen Christen, die sich auf den Glauben bezog, dass die Bibel als das von Gott offenbarte Wort vollkommene Unfehlbarkeit besitzt. Diese Vorstellung negiert, dass Motive, Glaube und Kreativität des Menschen den Text der Bibel beeinflusst haben könnten. Es stammt aus einer Reihe von Traktaten unter dem Titel »Die Fundamentalisten«, die zwischen 1909 und 1915 in den USA veröffentlicht wurden. Die Anwendung des Begriffs auf den Islam macht jedoch keinen Sinn. Für jeden gläubigen Muslim ist der Koran bereits die Offenbarung Gottes, sodass eine Bewegung, die auf diesem Glauben basiert, kaum revolutionär ist. Auf den Islam angewendet, bedeutet Fundamentalismus sehr wenig.

Viele von jenen, die heute über den Islam schreiben, scheinen sich des Ursprungs dieses Begriffs nicht bewusst zu sein. Einige schrecken aus anderen Gründen vor seinem Gebrauch zurück, insbesondere da er eine Rückkehr zu den Fundamenten der Religion impliziert. Sie glauben, dass diese Implikation einer Rückkehr zu der

Essenz des Islam irrig ist, dass Fundamentalisten weit von dem Weg entfernt sind, den Mohammed predigte. Ihrer Auffassung nach ist Fundamentalismus ein Begriff, der vermieden werden sollte, da er einer unnachgiebigen, eifernden und häufig gewalttätigen Sektion der muslimischen Gemeinschaft Legitimität verleiht. Einige ziehen den Begriff Islamismus vor, aber für mich verleiht er der Bewegung eine sogar noch größere Legitimation, indem er sie im Kern der Religion ansiedelt. Extremismus ist wahrscheinlich der korrekteste Begriff, aber wie dem auch sei, Fundamentalismus hat sich in die englische (und auch in die deutsche) Sprache eingeschlichen. Die meisten würden damit eine regressive, wörtliche und enge Interpretation der Religion verbinden. Ungeachtet seiner Begrenzungen beschwört der Begriff ein definitives Bild herauf, ein Bild, das jenem nahe kommt, das ich zu vermitteln suche, und das allein macht ihn zu einem nützlichen Begriff. Wenn ich abschließend eine brauchbare Definition zu dem Begriff Fundamentalismus liefern sollte, so wäre das wahrscheinlich die von dem islamischen Kommentator Shonia vorgeschlagene, nämlich, dass islamischer Fundamentalismus auf dem Islam basierende Politik bezeichnet.

Unsere Reise führt uns über die große Hauptfernstraße des Landes mit den 130 Millionen Menschen. Es ist eine von Geschichte durchdrungene Straße. Einst – sowohl unter den Mogeln als auch unter den Radschas – war sie die Hauptachse des Subkontinents, eine Handels- und Verkehrsader, die sich von Kabul bis nach Kalkutta erstreckte. Angesichts einer solchen Vergangenheit enttäuscht sie mich etwas: ein zerklüfteter Streifen Asphalt durch raues Grün, der an den Rändern zerfällt und kaum breit genug für zwei Busse ist. Wir sausen in einem mörderischen Tempo dahin, wobei unser Vorsprung durch häufige Polizeisperren, bei denen nach Waffen und Drogen gesucht wird, schattenhafte Symptome dessen, was weiter südlich vor sich geht, stets wieder zunichte gemacht wird.

Wir überqueren den Indus – breit, grau und geräuschlos. Er markiert die Grenze zwischen der NWFP und dem Punjab, und der Übergang zwischen den zwei Regionen ist abrupt und offensichtlich. An der Stelle der allgegenwärtigen blau und grün gescheckten Mudschaheddin-Turbane von Peshawar befinden sich nun Taschentücher, Wolltücher, helle Baumwolldrucke. Plötzliche genetische Variation unter den Männern: mit den hakennasigen Arierstämmen Afghanistans mischen sich so dunkle Hautfarben wie jene in Afrika. Zum ersten Mal sehen wir Frauengesichter in städtischem Gebiet: Die *burqas* sind verschwunden, durch dünne weiße Tücher ersetzt, die elegant über rabenschwarzes Haar drapiert sind. Die Tücher sind dem Islam geziemend, doch nach unserem Aufenthalt in der NWFP reicht die Tatsache, dass sie Frauengesichter zeigen, für einen Schock unsererseits aus. Wir fahren langsam an der Fußgängermenge vorbei und starren sie an.

Ich registriere, dass jeder, der sich in unseren voll gepackten Kleinbus zwängt, ein einzelnes Mantra spricht, so wie es üblich ist; derselbe Satz wird auch beim Aussteigen reflexartig gemurmelt. In Pakistan wird diese Phrase vor jeder Ausführung einer Handlung gesprochen. Ein Fahrer murmelt sie, bevor er sich in den Verkehr stürzt, ein Bauer, bevor er zum Feld aufbricht, ein Schreiner, bevor er sein Werkzeug ergreift. Sie lautet *bismillah ar-rahman ar-rahim*, die Phrase, die vor jeder Sure des Koran steht: *Im Namen Gottes, des Mitfühlenden, des Gnädigen*. Sie wird jeden Tag von Millionen als Teil eines Gebets rezitiert, als Erinnerung daran, dass Gott in jeder Handlung präsent ist, dass jede Handlung für *al-Lah* ausgeführt wird. Diese Formel wird fast beiläufig geäußert, ist eine so grundlegende Reflexhandlung, die als bloßes Murmeln aus dem Atemstrom hervorgeht. Häufig ist die Phrase nur ein Seufzer von *bismillah*, doch wie immer sie auch geäußert wird, sie klingt permanent in unseren Ohren, eine beständige Erinnerung, dass Gott selten das Bewusstsein eines gläubigen Muslim verlässt.

Pakistan überrascht uns immer wieder: Um uns herum ist das ganze Land nun grün, strahlend smaragdfarben unter einem Himmel in der Farbe von Blaubeeren. Der Monsun hat wahrhaftig eingesetzt, und der Tag ist schwer, Regen hängt in der Luft. In der Ferne aufleuchtende Blitze sind überraschend orange. Als sich die Faust des Himmels schließlich öffnet und uns mit Regen schlägt, wird unser Gepäck vom Dach des Wagens gerettet. Die drei Männer auf den vorderen Sitzen bestehen darauf, sich in der freundlichen pakistanischen Behandlung von Ausländern, an die wir uns schon gewöhnt haben, den Rest der Fahrt bis zu unserer Ankunft in Rawalpindi um unser Gepäck zu kümmern. Wir mögen die Pakistanis für ihre Gastfreundschaft ebenso sehr, wie wir sie für ihre Einstellung Frauen gegenüber und ihren lüsternen, Kirst geltenden Blicken hassen.

Wir sehen von den beiden Zwillingsstädten Islamabad und Rawalpindi nur wenig, werden stattdessen zwischen den beiden Städten im Schlamm der Bushaltestelle von Pir Wadhai abgesetzt. Wir reisen direkt nach Lahore und finden sofort einen anderen Bus. Anhalten, einsteigen, anhalten, einsteigen, und auf geht's, durch stark verschmutzte Vorstädte, die voll mit englischen Schildern sind, auf denen für alles Reklame gemacht wird: von Rechtsschulen bis zu Kinos, von Workshops bis zu Wahrsagern, von Reifenlagern bis zu Institutionen, die sich selbst als »Amüsier- und Heiratscenter« bezeichnen. Pferd und Gespann, die als *tongas* bekannt sind, klipklap-klipklappern vorbei. Ein Schlangenbeschwörer zieht eine Menge an. Der Gestank nach verfallendem Gemüse und den Ausscheidungen von Hunden, Menschen und Büffeln ist derart streng für unsere Nasen, dass wir dankbar sind, dass uns auf der Rückfahrt ein Aufenthalt in diesen Vorstädten erspart bleibt. So hoffen wir jedenfalls. Ein einzelner Mann führt einen Pelikan vor und hat reichlich Zuschauer bei einem so seltsamen Tier so weit im Inland. Ein barfüßiges Kind verkauft gebrauchte Zahnprothesen, die auf Plastiktütenfetzen im Staub vor ihm liegen.

Wir werden von der schweren Luft verschluckt: Es geht weiter nach Lahore.

Freitag, 25. August, bis Mittwoch, 30. August: Lahore

Ein mystischer Ort zwischen Zeit und Schatten, der Schrein
von Ali al-Hujwiri, dem Data Ganj von Lahore, dem heiligsten Sufi
des Landes. Andächtige Szenen
so überladen und aufgewühlt wie im Iran: barfüßige Menge,
die klagende Asche, die Tränen von Bettlern und Frauen.
Eine Blumengirlande um meinen Hals, silberfarbenes Gebäck
zu meinen Füßen,
eine undurchdringliche Szene, sowohl physisch als auch spiri-
tuell:
der Zusammenbruch von Körpern, die Tränen des Mystikers.
Der warme Ruf des Sufismus,
das sich sehnende Juwel des Interesses in mir
muss nun warten,
bis ich allein bin.

Mein Herz ist grenzenlos:
Ich kann nicht akzeptieren,
dass Kirst abfahren muss.
Wir bewohnen die dunklen Paläste unserer Herzen getrennt,
entfernter nun denn je und vermeiden die Zukunft voll-
ständig.
Ziehen Schweigen
der Verlassenheit vor, deren Gefühl wir beide erwarten.

Donnerstag, 31. August: Rawalpindi

Meine Tagebücher waren stets ein Bericht des *Was* und nicht des *Wie*: was ich tue, was ich denke, nicht eine Beschreibung, wie ich fühle. Jeder Eindruck des blassen Fadens der Emotion ist viel zu schwer greifbar, viel zu schwer für mich in Worte zu fassen. Ich weiß jedoch von früheren Zeitungserfahrungen, von dem Versuch, zurückzugreifen, um ein früheres Ich von mir zu entdecken, dass es

Emotionen sind, die ich brauche. Besonders an diesem Tag mehr als an allen anderen. Manche sagen, dass nichts anderes als Gott ein adäquates Bild von Gott sein kann. Manchmal fühle ich in derselben Weise in Bezug auf meine Emotionen. Ich weiß, dass ich die Beschaffenheit dieser Gefühle nicht durch bloße Worte wieder aufleben lassen kann, dennoch schulde ich es einer Zukunft von mir, diesen Versuch zu machen.

Heute war der Tag, an dem Kirst mich verlassen hat.

Eine graue Mischung aus Furcht und Unwillen legt sich am Morgen über uns, als wir packen. Die unbekannte Zukunft, die noch immer unmöglich ins Auge zu fassen ist, hängt in den Hallen unserer Gedanken, betäubt unsere Unterhaltungen, auch wenn sie zu vage ist, um Kummer zu bereiten. Wir bewegen uns mit einem geistesabwesenden und körperlosen Gefühl durch den Morgen. Mir ist es einfach nicht möglich, mir bildlich vorzustellen, wie mein Leben sich in den nächsten paar Stunden verändern wird. Ich bin ein weicher und hoffnungsloser Automat, der sich durch ein Meer aus Unglauben und ausgelaugter Imagination bewegt.

Es ist Kirst, die eine Veränderung herbeiführt. Als wir zur Tür gehen, um zu fahren, deutet sie zu einer auf dem Bett liegenden Karte zurück.

»Du musst sie lesen, wenn du zurückkommst«, sagt sie.

Die Kluft zwischen der Gegenwart und einer einsamen Zukunft ist abrupt überbrückt. »Wenn ich zurückkomme« ist plötzlich zu einer vorstellbaren Zeit geworden. Eine Karte auf dem Kissen, eine Nachricht aus einer Zukunft, die nur Stunden entfernt ist, wartet auf mich. Ich werde zu dem Hotelzimmer zurückkehren; ich werde die Karte öffnen; ich werde sie lesen. Und ich werde dabei allein sein. Die Zukunft durchbricht das Unfassbare. Das Bild der Einsamkeit, das mir eben noch unmöglich vorstellbar gewesen war, ist nun bedrückend klar. Ein harter Schluchzer fährt von meinen Lippen, ein zerklüfteter Anfang des Heulens, das ihm folgt, erfüllt mich, erfüllt den Raum. Kirst schaut bestürzt, unvorbereitet auf irgendetwas in dieser Art. Die Rollen in unserer Beziehung stehen seit Jahren fest:

Ich bin der Tröster, und sie ist diejenige, die weinen sollte. Sie hat keine Worte, steht stumm da. Ihre Arme hängen steif und unnütz an ihren Schultern. Sie schaut mich mit großen, nassen, weichen Augen an und wartet auf ein Abklingen des Kummers, des Ausbruchs, des Verrückten, was immer es ist. Ihr Blick offenbart ein Erstaunen angesichts dieser verborgenen nun hervorbrechenden Emotion, das genauso groß wie meines ist, und ich weiß nicht, ob dieses Gefühl, das sich da zeigt, einer Bitte zu Bleiben entspricht, oder ob ich dankbar bin, wenn es vorüber ist. Als die unterdrückten Schluchzer abklingen, weiß ich, dass dieser Anfall mich stark geschüttelt hat. Er kam völlig ohne Vorwarnung, und ich habe das Gefühl, dass ich mir selbst nicht länger trauen kann, dass ich nicht mehr weiß, was in mir auf mich wartet. Ich möchte Kirst erzählen, wie ich mich fühle, ihr ein Gefühl davon vermitteln, was für ein Verlust ihre Abwesenheit für mich darstellen wird, aber Worte und Ideen stellen sich zwischen mich und das Gefühl. Liebe und Einsamkeit, beides unvollkommene Gefühle, keines der beiden passt in das Gefäß der Sprache.

Kirsts eigene Reaktion auf den Abschied ist Minuten später ebenso überraschend. Als wir zusammengezwängt in einem glänzenden Suzuki auf dem Weg zum Flughafen sind, spielen ihre Nerven verrückt, und ein schluckaufartiges Kichern bricht aus ihrem Mund hervor, das sich zu einem manischen, fast geistesgestörten Kreischen verändert. Mein letzter Genuss von Gelächter. Das Alleinreisen mag, was die Konfrontation mit anderen Kulturen und die Aufnahmebereitschaft für neue Erfahrungen betrifft, jeder anderen Form des Reisens überlegen sein, doch diese Vorzüge haben einen hohen Preis, den Verlust des ständigen Lachens, des immerwährenden humorvollen Vergnügens in der unmittelbaren Umgebung, das nur dann entsteht, wenn Erfahrungen geteilt werden. Unsere Zuversicht auf eine letzte gemeinsame Stunde vor Kirsts Abreise schwindet am Flughafen von Rawalpindi. Eine drängende Menge aus Männern und Frauen in *shalwar kameez* ist vor dem Eingang des Gebäudes versammelt und schaut an den grimmigen Wächtern vorbei, die sie in Schach halten. Nur Ticketinhabern, so wird uns gesagt, ist der Zutritt zum Terminal-Gebäude gestattet.

Die Enttäuschung ist groß. Wir haben uns unsere letzten Abschiedsworte für den Flughafen aufgehoben, haben auf unsere letzten Minuten an diesem Platz vertraut. Nicht dass irgendetwas von wesentlicher Bedeutung auf einem fremden Flughafen geäußert werden könnte, doch dieser Gelegenheit beraubt zu sein erscheint schrecklich grausam. Unsere letzten Abschiedsworte müssen nun fallen, während wir von der wogenden Flut einer pakistanischen Menge hinweggespült und von allen Seiten von fremden dunklen Männern angerempelt werden.

Der letzte Abschied ist kurz und seltsam, unzureichend, um von Bedeutung zu sein. Kirst zeigt mir ein in Traurigkeit getauchtes Lächeln und ist dann verschwunden, um sich durch das Chaos aus Körpern und Gepäck zu kämpfen, das in dem Gebäude herrscht. Als ihr Rücken den dunklen Korridor hinunter verschwindet, behalte ich eine Vision von ihren blassblauen Augen.

Es überrascht mich am meisten, dass ich plötzlich, als ich mich von dem Terminal-Gebäude abwende, nichts empfinde. Ich habe mich nicht zum ersten Mal in fremden Landen von Kirst verabschiedet. Bei den Gelegenheiten zuvor fühlte ich genau bis zum Augenblick ihrer Abreise nichts, nur um dann umso stärker hinweggerafft zu werden, weil ich mich nicht auf eine Trennung vorbereitet hatte. Dieses Mal klingt die Welle der Emotion ab wie das traurige Saugen einer auslaufenden Tide, die mich mit einer feigen Leere in meinem Herzen zurücklässt.

Ich fühle mich plötzlich sehr alt.

Pfade durch den Staub

Montag, 4. September: Multan

Asketentum bedeutet nicht, dass du nichts besitzen sollst, sondern dass nichts von dir Besitz ergreifen soll.

Imam Ali

Ich erwache, verwirrt, nach einem Nachmittagsschläfchen, das mich nach der nächtlichen Busreise erfrischen sollte. Strecke meinen Arm nach Kirst aus. Mehrere Minuten vergehen, bevor ich realisiere, wo ich bin, eine schlafbeladene Überbrückungszeit voller Elend. In den Tagen seit Kirsts Abreise bin ich in den vom Tageslicht durchfluteten Stunden gut zurechtgekommen. Lediglich einige Augenblicke der Schwäche und Verwirrung bringen etwas Zerbrechliches und Hoffnungsvolles an die Oberfläche, etwas, das zerdrückt wird, wenn ich mich daran erinnere, dass ich allein bin.

Ich bin nun nicht nur auf meiner Reise allein, sondern auch als Tourist in der Stadt: Angesichts der allseits bekannten Gesetzlosigkeit in Karachi und der umliegenden Provinz Sind wagen sich nur wenige Touristen in den Süden. Ich habe natürlich keinen gesehen. Die meiste Zeit gibt es hier wenig Anziehendes für sie in dieser flachen Ebene aus Staub, Hitze und Gewalt, während die Ehrfurcht gebietende Berglandschaft des Nordens weiterhin greifbar bleibt. Im Gegensatz zu ihnen ist meine Reise nicht auf exquisite Landschaften oder auf Komfort ausgerichtet. Die vier Tage in Islamabad, als ich mein Visum verlängerte, dienten der Bestandsaufnahme bis zum jetzigen Punkt der Reise und zur Planung des restlichen Trips. Ich bin hier, um nach islamischem Mystizismus Ausschau zu halten.

Multan gehörte zu einem der ersten Orte auf dem Subkontinent, die an den Islam fielen. Als die Armeen der ersten Araber Sind im frühen 8. Jahrhundert einnahmen, mit dem Schwert bekehrten und die Kriegerkaste der Hindus abschlachteten, wurde Multan über Nacht von einer hinduistischen Pilgerstätte in ein muslimisches Zentrum verwandelt. Für die Ausbreitung auf dem Rest des Subkontinents brauchte der Islam lange Zeit, aber Sind war von Anfang an Teil der islamischen Welt und Multan selbst ein Anziehungspunkt für die Mystiker und heiligen Männer, die den Islam in Indien seit Jahrhunderten charakterisieren.

Um diesen Männern zu folgen, bin ich hierhergekommen. Der Sufismus war für die Ausbreitung des Islam auf dem größten Teil des Subkontinents verantwortlich; abgesehen von Eroberungen wie der von Sind entsprechen die weit verbreiteten Vorstellungen von muslimischen Armeen, die immer mit Todesdrohungen bekehren, nicht den Tatsachen. Sogar die mächtigen Moguln konnten ihre Untertanen nicht wirklich durch Zwang bekehren. Es waren die wandernden Mystiker, welche die wahren Helden des Islam in Südasien waren, Männer, welche die Botschaft von *sulh-i-kul* oder Friede mit allem verbreiteten, die flexibel genug waren, um den Islam einer Hindu-Mentalität schmackhaft zu machen.

Der Sufismus bleibt für viele westliche Menschen der unergründlichste Teil des Islam. Das Verständnis dessen, was Sufis sind, ist eine Sache; es ist aber eine ganz andere zu verstehen, was sie denken. Das liegt wahrscheinlich daran, dass das westliche Christentum von allen Hauptzweigen monotheistischer Religionen die einzige war, die den Mystizismus niemals vollkommen akzeptierte. Unsere Gesellschaften sind nicht auf ein Verständnis der philosophischen Konstruktion und der mentalen Disziplin ausgerichtet, die einen wahren Mystiker antreiben. Dagegen nahmen das Judentum, das Ostchristentum und der Islam alle zu einer bestimmten Zeit ihre eigenen Formen von mystischer Tradition an. Bis zur Rückkehr zu strengeren religiösen Interpretationen in diesem Jahrhundert, war es der Gott der Mystiker, nicht der Gott der orthodoxen und nüchternen Geistlichkeit, der schließlich zur Norm unter den Gläubigen aus allen drei Religionen wurde. Das Fehlen einer mystischen Tradition erklärt möglicherweise auf gewisse Art die Popularität östlicher Religionen wie dem Buddhismus im Westen während der vergangenen Jahrzehnte.

Matschiger Boden, Gestank nach Abwässern und die grau-grüne Hitze des Monsuns, nass und feucht. Ich bin auf dem Weg ins Zentrum der Stadt und suche nach dem Schrein eines Sufi-Scheichs, der als Rukn-i-Alam bekannt ist. Ich spaziere mit einem schwarzen Regenschirm über meinem Kopf, der mich vor der Sonne schützen soll, durch einen Schwall von Beschimpfungen und Schikanen (es hört sich sogar beim Schreiben komisch an, aber tragbarer Schatten ist eine pakistanische Modeerscheinung in diesen südlichen Öfen und eine verdammt gute Idee). Ladenbesitzer zischen; Umstehende lachen und johlen; Bettler ziehen an meinen Ärmeln; kleine Jungen spotten. Auf einmal, nach Wochen solcher Behandlung mit Kirst, ist die Schikane eine Erleichterung. Sie deutet für mich auf eine erforderliche Neubewertung dessen hin, was wir die ganze Zeit in seiner Absicht missinterpretiert haben; möglicherweise wird diese Behandlung allen Ausländern zuteil und hat nichts damit zu tun, eine Frau zu sein.

Nach der erschlagenden Menschenmenge am Grab von Ali al-Hujwiri in Lahore, wo die Straßen voller Gläubiger, Ladenbesitzer und Bettler waren, die alle von ihm profitieren wollten, stellt der Schrein von Rukn-i-Alam eine Überraschung dar. Er steht aufrecht in einem Hof in seinem eigenen Bereich eines Hügels – eine Wache über den Rest der sich um ihn erstreckenden Stadt, groß, verlassen, mit einer Kuppel versehen. Es sind weit weniger Bettler dort, als ich erwartet hatte, dennoch ist ihre Zahl immer noch größer als die der Gläubigen, die gekommen sind, um ihrem Heiligen zu huldigen. Eine Menge mit steifen Armen und leeren Augen hat sich am Tor versammelt, einige Gläubige und ich. Ich gebe meine Schuhe bei einem Mann ab, der unter einer Plastikplane sitzt. Behände und würdevoll bindet er sie zusammen und nummeriert sie mit professioneller Anmut. Nur ein Dutzend anderer stehen auf seinen Regalen, die deutlich auf eine viel größere Menge eingerichtet sind.

Ich gehe über die heißen Steine des Hofes zum Monument. Es

erinnert an Samarkand: Der pinkfarbene Stein und die ausgearbeitete Architektur von Lahore sind der Enthaltsamkeit blassen Steins gewichen, der leblosen Farbe der Wüste. Ein blaues geometrisches Mosaik schmückt den oberen Bereich – schmale Säulen und Spitzbögen aus Himmel und Sand, die in Kachelarbeit erhalten sind. Trotzdem ist das Gebäude weniger inspirierend, als ich gehofft hatte. Es beeindruckt stärker durch sein Alter als durch seinen architektonischen Glanz und ist weit davon entfernt, ein steinernes Bildnis des Wunders Gottes zu sein. Ich folge einem jungen pakistanischen Paar, offenbar auch Touristen, zum Eingang.

Das Innere des Gebäudes ist fast völlig verlassen. Eine hohe, hölzerne Decke. Zwei gebeugte Frauen legen Blumenkränze auf ein Grab in der Mitte. Der leere Widerhall der Ruhe. Ich bin enttäuscht. Die Wände sind kahl, und trotz des Farbkleckses, den das Grab darstellt, das von den abwesenden Gläubigen mit rosa Stoff und Rosenblättern drapiert wurde, liegt eine Atmosphäre der Verlassenheit über dem Ort.

Die anderen Schreine, die ich in der Stadt besuche, machen keinen erfreulicheren Eindruck. Es sind tote Orte, ohne den Glauben am Werk, zu dessen Auffindung ich gekommen war. Ich denke, dass ich morgen fahren sollte. Multan entspricht nicht meinen Erwartungen, und je eher ich mit diesem Teil Pakistans abschließe, umso länger kann ich in Bangladesh bleiben. Bangladesh, die große Unbekannte: Noch immer habe ich niemanden getroffen, der dort war. Ich kann nur hoffen, dass der Sufismus, der für die Ausbreitung des Islam in diesem Gebiet verantwortlich war, in Bangladesh noch vorhanden ist.

Der Sufi-Mystizismus begann wie der aller monotheistischer Glaubensrichtungen als eine Reaktion auf eine anthropomorphe Vision von Gott, die aus der frühen orthodoxen islamischen Doktrin hervorging. Alle drei monotheistischen Religionen entwickelten die Idee von solch einem personalisierten Gott, und es schien selbstverständlich, besonders im Westen, dass dieser personalisierte Gott mit dem Konzept des Monotheismus selbst assoziiert wurde. Die Worte des Koran und die orthodoxen Lehren sowohl des Judentums als auch des Christentums kreieren ein Bild von Gott, der alles tut, was wir tun: Er liebt und hasst, bestraft und belohnt, erschafft und zerstört, sieht, spricht und hört. Das Christentum führte eine solche Personalisierung zum Extrem: Es machte eine menschliche Figur zum Mittelpunkt seiner Religion und entwickelte die Vorstellungen vom Sohn Gottes, die unweigerlich die Idee eines personalisierten Gottes verstärken mussten, von einem Gott, über den wir etwas wissen müssen, einem Gott, den wir uns vorstellen können. Es mag sogar der Fall sein, dass Religion ohne eine gewisse Identifikation und Empathie dieser Art nicht existieren kann. Die weit entfernte erste Ursache der Philosophen zieht wenige Verehrer an, während ein personalisierter Gott, der Qualitäten besitzt, mit denen wir uns identifizieren können, Religionen hervorgebracht hat, die Tausende von Jahren andauerten.

Ein personalisierter Gott kann jedoch schwer wiegende Unzulänglichkeiten aufweisen. Gott kann zu einem bloßen Idol werden, das in unser Bild von ihm gefasst ist, ein Wesen, das nicht größer als unsere eigenen Vorstellungen ist, und das daher eine unvermeidbare Projektion unserer eigenen Vorurteile, Bedürfnisse und Wünsche darstellt. Der Glaube, dass Gott »planen« kann, bedeutet, dass eine größere Katastrophe oder persönliche Tragödie ihn gefühllos oder grausam erscheinen lassen kann, unbeteiligt und der Verehrung nicht wert. Eine personalisierte Sichtweise Gottes ist in sich reduktiv: Gott wird als Ergebnis unserer eigenen Begrenztheit begrenzt, ist infolge unserer eigenen verstandesmäßigen Unzulänglichkeiten unzulänglich. Wenn nichts anderes als Gott ein adäquates Bild für Gott sein kann, dann ist ein in Wort gefasstes Bild von eben dieser sprachlichen Abhängigkeit zum Scheitern verurteilt. Von genau diesen sprachlichen und konzeptionellen Begrenzungen haben sich die Mystiker abgewendet und sich auf die Suche nach einer erfüllenderen, transzendenten und spirituellen Version Gottes begeben. Ihr Einfluss auf den Islam war bedeutender als auf jeden anderen monotheistischen Glauben.

Mohammeds Hauptaugenmerk lag auf den praktischen Aspekten seiner Revolution: auf der Errichtung einer gerechten und geordneten Gesellschaft für die Araber. Er und seine engsten Begleiter hielten jedoch ein Gleichgewicht aufrecht zwischen dem, was die Muslime *dunya* nennen, den weltlichen Aspekten des Lebens, und dem *din*, der Religion und einem Leben in Frömmigkeit. Mohammed führte fast das Leben eines Asketen: Er lebte in einfachen Lehmsteinvierteln und erlegte seinem Haushalt Enthaltsamkeit auf, und der Koran an sich beinhaltet viele mystische Untertöne. Die mystischen Fundamente des Islam wurden ganz zu Anfang gelegt.

Der unglaubliche Aufstieg und die Verbreitung des Islam in den Jahrhunderten nach Mohammeds Tod veränderte die Gesellschaft für viele Menschen zu schnell. Die anfängliche Frömmigkeit von Mohammeds Vision ging rasch unter dem Gewicht des Reichtums verloren, den der Erfolg des Islam auf dem Schlachtfeld mit sich brachte. Der Aufstieg der Schiiten war selbst eine Reaktion auf den Reichtum und den Hedonismus des Hofes. Das Kalifat hatte sich auf Kosten der Religion auf *dunya* konzentriert, und die Schiiten und viele Gruppen wie sie forderten eine Rückkehr – eine Forderung, die auch heute zu hören ist – zu der Enthaltsamkeit und Frömmigkeit der frühen Muslime, eine Wiederbelebung der wahren islamischen Haltung und Lebensart.

Während des 8. und 9. Jahrhunderts konzentrierte sich eine dieser Gruppen auf eine eher asketische und spirituelle denn revolutionäre Weise auf diese Rückkehr. Ihre Mitglieder versuchten zu dem einfacheren Leben der ersten Muslime in Medina zurückzukehren und kleideten sich in grobe Wollgewänder, die – so wurde angenommen – auch der Prophet bevorzugt hatte. Das arabische Wort für Wolle ist *suf*, und diese Asketen wurden als Sufis bekannt. Ihre Kleidung war, in einer Zeit, in der Seide und Brokat die Mode der Reichen bestimmten, ein Symbol für ihren Verzicht auf weltliche Werte und ihren Abscheu vor physischem Komfort.

Die Sufis rebellierten niemals in der Weise gegen die etablierte Ordnung wie die Schiiten oder die Ismailiten. Die Wirkung, die sie erzielten, war aber ebenso nachhaltig. Ihr Motto des Friedens mit allem zog Anhänger aller Pfade des Lebens und der Religion an. Die Sufis lehnten die vorherrschende, gruppeninterne Doktrin ab, die sich in der Orthodoxie entwickelte und dazu überging, den Islam als den einen wahren Glauben zu sehen, den einzigen Weg zu Gott, wobei sie sich auf die Passagen des Koran konzentrierte, in denen andere Religionen verachtet wurden. Für die Sufis hatte jeder Weg zu Gott seinen Wert. Gott war ein Gott der Liebe, nicht der Gerechtigkeit und der Vergeltung, ein Gott, den jeder erfahren konnte, wenn er tief genug in sein Innerstes blickte. Mohammed stellte in der Tat eine Inspiration für die Sufis dar, die hofften, Gott in ähnlicher Weise zu erfahren wie Mohammed, als er seine Offenbarungen erhielt.

Die Sufis entwickelten die Techniken und Disziplinen, die Mystikern aus fast jeder Religion bei dem Erreichen eines transzendenten Bewusstseinszustands hilfreiche Dienste geleistet haben: Fasten, Nachtwachen, Gesang und Tanz, Trance – alles gehörte zum Sufi-Repertoire, alles zielte darauf ab, den Sufi-Mystiker an eine Vision von Gott anzunähern, an eine Vereinigung oder Wiedervereinigung mit dem Erschaffer, der in allen Dingen gegenwärtig ist. Beschreibungen von unglaublichen Szenen der tiefen Verehrung der Sufis haben mich lange Zeit in Staunen versetzt. Ich habe sie in Multan vermisst und hoffe, sie in Bangladesh zu finden.

Der Sufismus wurde von der *ulema* jahrhundertelang mit Misstrauen betrachtet, was aufgrund seiner abgöttischen Vorstellung der Einheit mit Gott und auch wegen seiner Tendenz geschah, einen Rückzug aus der Gesellschaft und somit die einsame Kontemplation zu fördern. Viele Sufis glaubten, dass die vollkommene Kommunikation mit Gott nur entstehen kann, wenn die Seele sich in einem Zustand der Ruhe befindet, wenn man aufhörte, zu diskutieren und über sich selbst oder über Gott zu reflektieren. Das Befolgen eines solchen Glaubens veranlasste viele Mystiker zu einem Rückzug aus der Gesellschaft, zu einer inneren Suche nach Gott. Dieses Verhalten stand im Konflikt, so sah es die *ulema*, mit den Verfügungen des

Propheten an die Muslime, die einen aktiven Part in ihrer eigenen Gesellschaft einnehmen sollten. Die Instruktionen aus dem Koran waren deutlich: Im Islam sollte es kein klösterliches zurückgezogenes Leben geben. Das 8. und 9. Jahrhundert war deshalb eine Zeit des großen Konflikts. Die wichtigsten orthodoxen islamischen Juristen lehrten die Jurisprudenz des Islam in einer formalen, trockenen und legalistischen Weise, während die Sufis ihre Rolle in der lebendigen Erhaltung des Geistes der Religion sahen und nicht so sehr der Form und dem Ritual der Staatsreligion entsprechen wollten, welche ominös Gestalt annahmen. Es dauerte noch mehrere Jahrhunderte, bis die Spaltung zwischen den beiden Schulen überwunden war. Erst dann konnten die Sufis mit der Verbreitung ihrer Botschaft in Indien richtig beginnen.

Als Bewegung war der Sufismus vielleicht im Iran am stärksten ausgeprägt, doch er war nirgendwo wichtiger als auf dem Indischen Subkontinent. Die Bekehrung durch das Schwert brachte Sind unter den Omaijaden zum Islam, doch der Großteil Indiens konnte, wie sich zeigte, nicht mit einem derart schnellen Schlag eingenommen werden. Es waren die Sufis und nicht die Eroberer, die für eine große Verbreitung des Islam in Indien sorgten. Mit ihrer Toleranz anderen Glaubensrichtungen gegenüber waren die Sufis weit aufnahmefähiger gegenüber dem etablierten Glauben in den einzelnen Regionen, in denen sie predigten. Im hinduistischen Teil Indiens trafen ihre Doktrinen auf ein aufnahmebereites Publikum: Der wandernde Sufi-Fakir wies dem Hindu-Yogi gegenüber eine bemerkenswerte Ähnlichkeit in seinen Lehren und seiner Erscheinung auf. Die Prinzipien der Askese waren bereits ein Bestandteil des Hinduismus, also mussten die Worte der Sufis bei der etablierten Spiritualität der Region auf Gleichklang stoßen, wenn sich der Sufi-Gedanke den lokalen Bedingungen anpasste. Sogar unter den muslimischen Eroberern kam den Sufi-Orden die größte Verantwortung für die Konvertierungen zu. Als die Moguln den Islam in weniger dicht besiedelte Gebiete wie Bengalen verschoben, schafften die Sufis Zonen mit hybrider Religion, wobei der Glaube eine

Kombination aus vorislamischen Sitten, Aberglaube, Mystizismus und den Lehren Mohammeds war. Diese Zonen blieben über Jahrhunderte bestehen, bis die Kommunikationsrevolution dieses Jahrhunderts über sie hinwegfegte und die arabische Orthodoxie stürmisch in der Welt verbreitete, eine Rückkehr zum strengen und reinen Islam, eine Wiederbelebung der Erneuerung und Re-Interpretation. Ich hoffe nur, dass der Mangel an Gläubigen in Multan nicht ein Anzeichen dafür ist, dass ich zu spät gekommen bin.

Ich kehre in der Dunkelheit in mein Hotel zurück. Ein entsetzlicher Ort mit Ratten und feuchten dunklen Flecken. Der Besitzer und seine Lakaien begrüßen mich im Hof, laden mich zum Sitzen und Fernsehen mit ihnen ein. Ihr Interesse gilt vor allem dem zusammengeschrumpften alten Mann, der den ganzen Tag im Hof des Hotels herumwandert. Er ist klein und meistens abwesend, ein Mann, der kaum jemandem etwas zu Leide tut. Den ganzen Nachmittag über geisterten Geschichten über belästigte männliche Reisende in meinem Kopf herum. Ein Scherz, ein Lachen, ein Griff an seine Leistenbeuge, ein entwürdigendes verzweifeltes Gefühl der ganzen Sache gegenüber. Bis jetzt hatte ich mich gefragt, ob ich einfach überempfindlich war, aber das scheint nicht der Fall. Sie bringen ihn zu mir, der junge Mann von der Rezeption kichert, als er versucht, die Hose des alten Mannes herunterzuziehen. Sein älterer Bruder lacht.

»Willst du ihn ficken? Fick, fick. Sehr gut.«

Gelächter von allen Seiten. Der Abend setzt sich in dieser Stimmung fort. Der junge Mann reibt sein Geschlecht an dem alten Mann, der unverwandt auf das Fernsehen starrt. Ich kann es nicht mehr länger ertragen, kann nicht mehr auf erzwungen höfliche Weise lächeln und kehre in die träge Hitze meines Zimmers zurück. Wenn nur der verzweifelte Gedanke an diese Männer verschwinden würde. Wenn ich mich nur davon überzeugen könnte, dass all das gut gemeinter Spaß gewesen ist. Wenn nicht diese ständige unterschwellige Wut und sexuelle Unterdrückung in der pakistanischen Gesellschaft vorhanden wäre, dann wäre es ein wunderbares

Land. Sein Wohlwollen, seine Gastfreundschaft, seine Freundlich-keit völlig Fremden gegenüber sind manchmal erstaunlich. Deshalb bin ich traurig, dass ich stattdessen in meinem Bett liege und an die Schikanen denke, an die starrenden Blicke, an die Grausamkeit Frauen gegenüber und an die Männer draußen im Hof.

Dienstag, 5. September: Bahawalpur

Dieser Tag war lang, ermüdend, aber dennoch äußerst lohnenswert. Zum ersten Mal kann ich seit Kirsts Abreise einen Tag in dieser Weise beschreiben. Zu meiner Unterhaltung trug zusätzlich bei, dass die Menschen, denen ich begegnete, wiederholt annahmen, ich sei ein Japaner.

Ich bin auf dem Weg zu einem letzten Sufi-Monument, bevor ich mich auf Indien zubewege. Das winzige Dorf Uch Sharif, das am Rande der Wüste Cholistan wie gestrandet liegt, war einst ein mit Multan vergleichbares religiöses und kulturelles Zentrum. Es brachte einen der wichtigsten Sufi-Orden des Subkontinents her-vor, beheimatete Dutzende von *madrasa* und zog Gläubige aus aller Welt an. Jene Tage gehören schon lange der Vergangenheit an. Nun beherbergt der Ort nur die überaus Gläubigen oder die über-aus Engagierten: hauptsächlich Pilger, die auf dem Weg zu einer Hand voll Sufi-Schreine sind und ab und zu, ganz selten, einen ei-gensinnigen Reisenden.

Die Landschaft zwischen Multan und Bahawalpur, der in nächs-ter Nähe zu Uch Sharif gelegenen Stadt, hat etwas vom ländlichen Iran an sich: völlig verzweigte, schlammige Wege und Dattelpal-men. Doch im Gegensatz zu solchen Gegenden im Iran findet sich hier plötzlich auftauchendes Grün und bewässerte Vegetation, die das trockene Klima verhöhnen. Baumwollfelder ziehen sich, zusam-men mit einer eklektischen Mischung aus Palmen, Eukalyptus und Akazien, nahe am Fluss neben der Straße entlang. Hinter ihnen aber erheben unablässig Sanddünen hartnäckig ihre Köpfe und erinnern daran, was das Land ohne seine Gletscher 100 Kilometer weiter im Norden wäre.

Es sind nicht die Dünen einer sandigen Wüste, die ich gesehen habe, sondern das blasse Grau des Gerölls, das der Indus anschwemmte. Es scheint, als hätte der Fluss einen ganzen Berg abgetragen.

Massive weiße Herrenhäuser mit Kolonnaden bieten einen bizarren Anblick, seltsame Mischungen aus südlichen Plantagen und griechischen Ruinen, von denen viele direkt dem Weißen Haus in den USA nachgebildet sind. Im Kontext der Armut der Wüste wirken sie völlig außergewöhnlich. Ich kann nur an große Industrien oder reiche Landbesitzer denken, um ihre Anwesenheit zu erklären. Die Provinz Sind und der ländliche Punjab sind überwältigend feudalistisch, und die Familien der Großgrundbesitzer üben in der Region noch große Macht über ihre Untertanen aus. Die Bhutto-Familie ist eine der wichtigsten, Teil eines Systems, dem Pächter und Dorfbewohner in einer Weise unterstehen, die in westlichen Ländern seit Jahrhunderten nicht mehr existiert.

Bahawalpur ist nach dem Schlamm, dem Schmutz und der hartnäckigen Feuchtigkeit von Multan eine angenehme Abwechslung. Eine helle und kleine, gut erhaltene Stadt, die einen Vorstoß in die Wüste wagt. Ich mag sie, bevor ich noch durch das große rosafarbene Farid-Tor geschritten bin, das einst den Hauptzugang zur Stadt bildete. Das Tor wird nun von großen Obstständen, einem Restaurant und ein paar Jugendlichen bewacht, die in heißem Öl gebackene scharfe und würzige *pakoras* verkaufen. Das Hotel *Al Hamra*, das eine Gasse hinunter am Rande dieses ganzen Chaos liegt, wird in meinem Reiseführer »nur denen mit äußerst knappem Budget« empfohlen, ist aber weit besser als das, in dem ich in Multan gewohnt habe.

Sogar das Wetter zeigt sich in Bahawalpur von seiner schönen Seite. Man spürt den Atem der Wüste. Es ist hell und klar, ohne auch nur das kleinste Anzeichen eines grimmigen Monsuns mit dem tief hängenden Himmel, wie ich ihn aus den nördlichen Gegenden kenne.

Als ich wieder aus dem Hotel draußen bin, stopfe ich mich mit meiner ersten Ration von *pakoras* voll und lerne das Schicksal derjenigen kennen, die in Bahawalpur einen Augenblick zu lange innehalten. Ich werde von Wohlwollenden bedrängt, die mit mir reden und mir die Hand schütteln wollen – und sie nicht wieder loslassen –, obwohl fast in der ganzen Stadt kein Englisch gesprochen wird. In zehn Minuten passiert mir das nicht weniger als ein Dutzend Mal, und ich werde von einer Menge zerquetscht, die sich sehnlichst nach einem Übersetzer verzehrt. Die eifrige, fast wahnsinnige Freundlichkeit erinnert mich zum ersten Mal seit Monaten an den Iran, und es schmerzt mich, wie minderbemittelt ich ohne entsprechende Sprachkenntnisse bin.

Ich bin noch ausdauernd genug, um trotz länger werdender Schatten sofort nach Uch Sharif weiterzufahren. Mein Geist erhebt sich in die Lüfte; nichts kann mich erschüttern.

Uch ist noch kleiner: dasselbe persische Gefühl, sogar noch weniger englische Brocken. Es ist nur 50 Kilometer von Bahawalpur entfernt, aber ich muss zwei verschiedene Busse nehmen, von denen der zweite am Rande der Stadt seinen Geist aufgibt. Die Sonne ist durchdringend, hell. Der leere Himmel leuchtet und öffnet meinen Geist. Ich gehe den Rest des Wegs beherzt unter meinem Regenschirm zu Fuß und ziehe so zahlreiche Blicke auf mich. Eine solche Aufmerksamkeit beunruhigt mich nicht länger. Seitdem ich allein unterwegs bin, kann ich die Blicke dieser schwarzäugigen Männer nicht übel nehmen; nur als sich die Aufmerksamkeit unverhohlen sexuell auf Kirst richtete, hatte sie einen beleidigenden Charakter.

Die Hauptstraße von Uch führt direkt zum kleinen, überschaubaren Basar. Es ist eine halbe Durchgangsstraße, auf der keine Autos fahren dürfen, wohl aber eine Parade von Fahrrädern, Motorrollern, Ochsen und Traktoren unterwegs ist. Arbeiter klopfen wild auf glühendes Metall, und herabhängende Plastikmarkisen schützen staubiges Gemüse vor der Sonne. Ich schiebe mich durch die übliche Mischung aus Turbanen, *burqas* und weißen Kopftüchern, die alles außer den Augen dieser Frauen von der Welt abschirmen. Schelmische Ausrufe, als ich vorübergehe. In den winzigen, hinter dem Basar gelegenen Gassen mit Rinnsteinen, in denen Abwässer fließen, verirre ich mich innerhalb von wenigen Minuten. Die Blicke sind hier zögerlicher, sogar misstrauisch, insbesondere die der älteren Gesichter. Ich erleichtere mir meinen Durchgang mit häufigen *salaam wa leikums*, dem allgegenwärtigen muslimischen Gruß: Friede sei mit dir. Der Gruß ist überall in der muslimischen Welt gebräuchlich, doch hier stellt er einen Schlüssel, einen magischen Zauber dar, der diese angespannten, misstrauischen Gesichter entriegelt und ein Lächeln freisetzt, das sich dahinter verbirgt.

Das Grab, das ich suche, taucht aus dem Nichts auf; die engen Straßen verwehren bis zum letzten Moment den Blick auf den Hügel, auf dem es liegt. Dies ist das Grab von Bibi Jawindi, der Ehefrau des Sufi-Heiligen Jalal ad-din Bukhari, einem Mann, der zu einem großen Teil für den Aufstieg des wichtigen *suhrawardiyyah*-Sufi-Ordens auf dem Subkontinent verantwortlich war. Das Grab von Bukhari befindet sich ebenfalls in Uch, obwohl ich mittlerweile verstanden habe, dass ich es nicht finden werde. Die Stadt mag klein sein, aber sie ist ein Labyrinth, und niemand antwortet auf meine Fragen nach seinem Grab: Alle schicken mich stattdessen hierher.

Das macht nichts, denn dieser Ort ist inspirierend genug. Uch Sharif bedeutet »hoher Ort«, und von diesem plötzlich aufsteigenden staubigen Plateau inmitten des Steinlabyrinths kann ich die umliegende Landschaft betrachten. Mein Blick reicht über blasse Gräber auf Hügeln, Scherben aus strahlenden blauen Kacheln, die immer noch an ihnen haften, bis zu einer Welt aus Grün und Sand. Der weite Ausblick zeigt smaragdfarbene Baumwollfelder, eine Wand aus Palmen, die der Sonne gelbe Datteln entgegenstrecken, und glänzende schwarze Büffel, die ihre Beschwerde in die Welt hinausbrüllen. Das Grab ist eine Ruine, halb zerstört, wurde vor Jahren von dem Wasser des über die Ufer tretenden Indus überflutet. Es ist achteckig wie die Gräber in Multan, aber bei weitem inspirierender, bei weitem exquisiter, obwohl es nicht viel mehr als eine halb gesprungene Schale ist. Eine Fassade aus delikatem Blau und Staub, eine Struktur ineinander verwobener Muster in den Far ben der Wüste und des Himmels. Das Grab ist so tot wie die zerfallenen Grabstätten darum herum: Den Sufismus sollte ich hier nie finden. Vielleicht bei den anderen Gräbern von Uch, aber nicht auf dieser Reise, nicht ich.

Trotzdem bin ich nicht enttäuscht. Ich stehe da und drehe mich mit weit ausgebreiteten Armen um, atme in die Sonne und den Sand und das Grün und die Mauern und den Stein. Ich bin nirgendwo; es ist fabelhaft. Dieser armselige Ort ist von einer poetischen Einfachheit, ein unbedeutendes Dorf weit entfernt von den Touristenorten in den Bergen, den Reisenden, die am Ende ihrer Trekkingtour in den Bergen Haschisch rauchen. Ich bin ein Universum entfernt von überall, tief in mich selbst versunken. Aus Gründen, die ich nicht vollständig erklären kann, fühle ich mich voller Freude.

Dann, so scheint es, ist meine tagelange Reise beendet. Meine Entdeckungsreise nach Pakistan endet hier, an diesem rauen Vorposten an der östlichsten Grenze des arabischen Reiches. Pakistan nimmt das Gefühl einer arabischen Welt ein, einer Welt, die in diesen Wüsten endet. Danach geht es weiter in einen Islam, der nicht länger aus Sand, sondern stattdessen aus streitbaren Dschungeln und schwerer tropischer Atmosphäre besteht, zu der Erfahrung eines Islam, der nicht in Arabien, sondern in Indien geboren ist. Mit seinen Wüsten und seiner Geschichte der frühen Eroberung kann Pakistan sich selbst vorgaukeln, dass es genauso sehr arabisch oder persisch wie indisch ist. Als ich zu dem kleinen Basar von Uch Sharif zurückkehre, weiß ich, dass dies für mich der letzte Geschmack einer solchen Kultur ist. Die Reise ist, soweit es Pakistan betrifft, abgeschlossen. Alles, was noch bleibt, sind die Busfahrten, wenn ich auf dem Landweg nach Delhi reise und dann weiter nach Kalkutta und Bangladesh. Ich wende mich ab, schließe innerlich ab, schaue nach vorn. Wie passend, dass ich heute, an der entferntest gelegenen Grenze und dem Ende der Reise die ersten Seiten von Edward Morgan Forsters *Eine Reise nach Indien* gelesen habe.

Bangladesh

Grenzübergang

Dienstag, 26. September: Von Kalkutta nach Jessore
Durch das trübe Zugfenster sehe ich die Vorstädte von Kalkutta
vorbeiziehen und danach die zusammengeballten braunen Dörfer
Westbengalens. Die Häuser sind Bilder wahrer Armut. Sie stehen
dicht gedrängt inmitten von Haufen voller Müll; ihre Dächer sind
Plastikplanen, die von Steinen gehalten werden. Szenen, die erstarren lassen: Kinder, die sich unter schwarzen Plastikplanen zusam-
menkauern; ein beinloser Mann, der im Regen Zigaretten verkauft.
Eine Frau hält ein nacktes Baby von sich ab, während ein verwil-
derter Hund hungrig wartet, bis die gelben Fäkalien zu Boden fallen, damit er sie verschlingen kann. Für Muslime sind Hunde und
Schweine gleichermaßen unrein; es ist leicht einzusehen, warum.

Der schwere Regen, der gestern Nacht einsetzte, eine nachdrück-
liche Eskalation des Monsunwetters vom Tag zuvor, hat den ganzen Morgen über nicht nachgelassen. Aus diesem Grund wurden die
ersten fünf Züge zur Grenze heute gestrichen, und infolgedessen
ist der Wagen, in dem ich mich befinde, mit einem schrecklichen
Geruch von über 100 Körpern gefüllt. Ich habe Glück, dass ich in der
Nähe des Fensters sitze und so wenigstens einen Hauch der Luft von
draußen einatmen kann, als die Hitze innen Besorgnis erregend an-
steigt. Der Zustand des Zuges trägt selbstredend nicht zu unserem
Komfort bei: Es ist die einzige Zugfahrt, die ich erlebt habe, während
der die Fahrgäste ihre Regenschirme auch innerhalb des Waggons
aufspannen mussten.

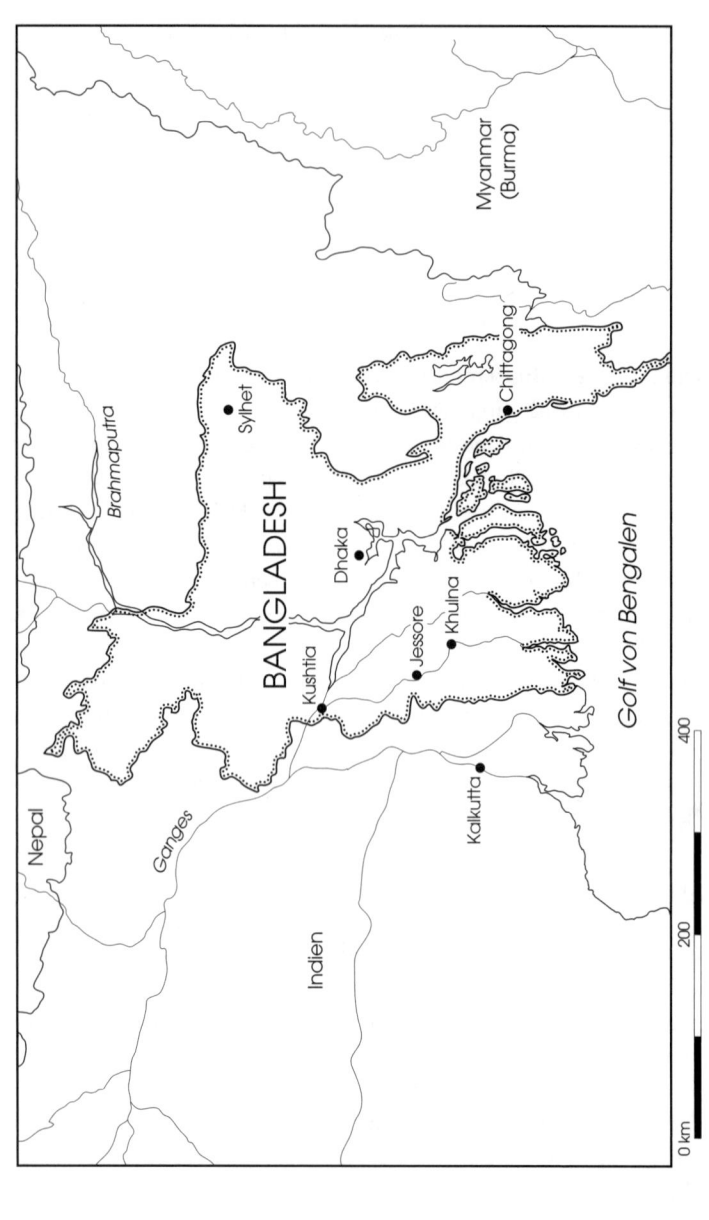

Von Zeit zu Zeit lässt der Regen nach, und ich werde mit einer Aussicht aus dem Fenster belohnt, durch das mein Blick über atemberaubende grüne Reisfelder in Westbengalen schweift. Hier gibt es nicht wie in Zentralafrika eine ockerfarbene Erde, die das Farbschema unterbricht, und im Gegensatz zu Indonesien auch keine terrassenförmigen Hügel, welche die Uniformität zerstören. Hier gibt es nur dunkles smaragdfarbenes Land und einen trübseligen Himmel: Er hängt niedrig, ist graublau und wirkt dramatisch.

Wir kommen genau in dem Augenblick in der Grenzstadt Bangaon an – ein Ort, der so dunkel und grimmig ist wie der Tag selbst –, als der Bauch des Himmels sich öffnet. Ich feilsche in dem nun plötzlich vorhandenen Schlamm und dem trommelnden Regen um eine Rikscha. Der Rikscha-Fahrer willigt ein, mich direkt zu der fünf Kilometer entfernten Grenze zu fahren, wobei mich der Anblick seiner fragilen Gestalt, die sich mit meiner viel größeren Statur durch den niederprasselnden Regen kämpft, die ganze Fahrt über mit naiven Schuldgefühlen plagt, während ich unter seinem blau angemalten Baldachin sitze. Sogar durch seine durchnässte Kleidung kann ich das Leiden seiner Knochen nachempfinden.

Unsere matschige Straße führt uns durch Sumpfgebiet, das durch Reihen von Feigen- und Teakbäumen vor dem Himmel verborgen ist. Ein Banyan-Baum lässt dunkel und weise seine Myriaden von Wurzeln auf den Boden herab. In den Zweigen der Bäume über uns tost der Wind wie das Rauschen der Brandung.

Alles liegt im Halbdunkel, während der Regen weiter auf uns niederprasselt. Die Landschaft auf beiden Seiten der Straße scheint unterzutauchen: Bambushütten stehen im angestauten Wasser. Ein grüner Schlamm schwimmt überall. Kleine braune Kinder waten durch den Dreck und halten inne, um mich anzuschauen. Das übel riechende Wasser bahnt sich seinen Weg in ihre Hütten und steigt bei anhaltendem Regen immer höher an. Geräusche: der auf den Baldachin prasselnde Regen, das Platschen der Reifen im Matsch, der rasselnde Atem des Rikscha-Fahrers. Trotz des Elends dieser Szene verzaubert ihre dunkle Dramatik so sehr wie Kunst. Die

Landschaft verschiebt ihre Perspektive, während wir uns fortbewegen, und ich schaue auf eine gemalte Welt.

Der indische öffentliche Dienst wurde mir als weder indisch noch öffentlich noch als Dienst beschrieben. Ich neige dazu, dem zuzustimmen. Meine letzten Augenblicke des Aufenthalts in dem Land verbrachte ich im Umgang mit lächerlicher Ineffizienz, Einschüchterungsversuchen und Aufforderungen zur Zahlung von Bestechungsgeld. Ich begegne all dem mit heiterer Starrköpfigkeit, die in solchen Situationen am besten zu funktionieren scheint, und nach etwas mehr als einer Stunde wird mir die Ausreiseerlaubnis erteilt. Ich schultere für die kurze Strecke durchs Niemandsland meinen Rucksack, gehe zu Fuß hinüber nach Bangladesh, dem armen Cousin Pakistans, zum letzten Teil meiner Reise in Südasien. Nach dreiwöchiger Unterbrechung im Hindu-Gebiet kehre ich zu der vertrauten Welt des Islam zurück.

Weder der Dschungel rings herum noch die niedrigen grünen Zollgebäude, die sich nach nur knapp 100 Metern von ihm abheben, zeigen mir in irgendeiner Weise eine Veränderung an. Als die wichtigste Frage der sich um mich herum versammelnden Zollbeamten jedoch die ist, ob ich Muslim bin oder nicht, weiß ich, dass ich angekommen bin. Ich werde genauso unübersehbar nach Bakschisch gefragt wie auf der anderen Seite der Grenze, doch zum ersten Mal seit Wochen bekomme ich auf meine bruchstückhaften arabischen Phrasen eine positive Antwort. Am Einreiseschalter für Ausländer, ein Dutzend Schritte weiter im Land, fühle ich mich sogar auf noch vertrauterem Terrain: Die Formulare werden vom Polizeidirektor zur Seite gelegt, und ich werde zu Tee und Gebäck in sein Büro gebeten. Nach Indien überrascht mich das ernste Interesse an meinem Wohlergehen, und ich bleibe eine halbe Stunde, um mit meinem Gastgeber und zwei Journalisten über Politik zu diskutieren, wobei die beiden Journalisten dann beschließen, mich später in Dhaka aufzusuchen. Händeschütteln und häufige *salaam wa leikums*, freundliche Gesichter und Willkommensgrüße. Ich bin wieder vom Islam umgeben, von Dingen, die mir bekannt sind; das Gefühl ist mit dem

Anziehen von alten, vertrauten Stiefeln vergleichbar. Als ich zu meinem Fußmarsch zur Grenzstadt Benapol aufbreche, ist es später Nachmittag.

Benapol. Plötzlich scheint es einem Ort möglich, noch heruntergekommener zu sein als ein indisches Dorf. Alles ist niedrig, grau und am Abbröckeln. Die Schilder sind verblasst, die Geschäfte leer. Die Gebäude wurden einst gestrichen, haben aber seit langem ihre Farbe an die Armut und den Monsun abgegeben; die schwarze Feuchtigkeit des Dschungels sickert aus jeder Wand. Es sind die Farben Indiens, nur farbloser; es sind die Menschen Westbengalens, nur aggressiver. Mein Weg führt mich die einzige Hauptstraße hinunter, die von den Lastwagen gesäumt ist, die sich in jeder Grenzstadt finden, und ich erleide die Aufmerksamkeit von Hunderten von zusammengedrängten bengalischen Arbeitern, die meine Anwesenheit in Bann schlägt. Interesse an mir ist etwas Neues für mich, denn ich habe mich an die allgemeine Gleichgültigkeit Indiens gewöhnt, wo Touristen eine Gruppe für sich darstellen. Hier haben die Einreiseformalitäten bereits offenbart, dass ich seit zehn Tagen der erste westliche Reisende auf dieser Route bin.

Die Gestalten der Arbeiter gleichen der südlichen Version der indischen Männer: klein, dunkelhäutig und von zartem Knochenbau. Abgehärtete Männer und arm, die Zähne stehen in alle Richtungen, glasige Augen. Jeder Einzelne ruft mir etwas zu, als ich vorbeigehe, in einem Ton, den boshafte Kinder auf der Suche nach Aufmerksamkeit anschlagen. Entgegen dem Willkommensgruß, der mir an der Grenze zuteil wurde, geht es hier allein um ihre eigene Unterhaltung, die Gejohle und Gelächter unter ihren Kumpanen hervorruft; keiner möchte tatsächlich mit mir ins Gespräch kommen. Ich gehe weiter.

Es ist vier Uhr. Ich stehe allein in dieser behelfsmäßigen Stadt, als der Regen wieder einsetzt. Ich habe nicht den Wunsch, in Benapol zu bleiben, und brauche einen Bus, der irgendwohin, egal, irgendwohin ins Landesinnere fährt. Die einzigen abfahrbereiten Busse bringen mich nicht weiter als bis nach Jessore, der ersten Stadt im

Landesinneren, doch das ist okay: Ich werde zumindest der Grenze entflohen sein.

Die Fahrt beginnt bei Einsetzen der Dunkelheit. Fahrrad-Rikschas behindern den Verkehr und daher auch unser Vorankommen, sodass klar ist, dass wir nicht vor Einsetzen der Nacht in Jessore ankommen werden. Ich schaue hinaus auf das Land, das mich den nächsten Monat beheimatet, und versuche etwas von ihm zu erspüren, seinen Charakter zu beurteilen. Die Dunkelheit spielt mit mir; alles ist traumartig, kurzlebig. Die Straße wird von schwarzen Geistern gesäumt, die vor Bambushütten Ersatzteile, Medikamente, Süßigkeiten verkaufen. Von jeder der Hütten hängen, egal, was sie verkaufen, Bananenstauden herab, klein und geschwärzt. Hinter den Hütten befinden sich mal Reisfelder, mal der Dschungel, mal Sumpfgelände. Mir bleibt der Eindruck, dass alles, was ich sehe, vorübergehender Natur ist, morgen verschwunden sein könnte; die menschenartigen Schatten, die an der Straße vorbeiziehen, scheinen kaum wirklich zu sein. Manchmal kommen wir an Siedlungen vorbei, die zu klein sind, als dass sie als Dörfer bezeichnet werden können; in mehreren dieser Siedlungen sehe ich richtige feste Gebäude, die aus dem feuchten Wachstum des Dschungels herausragen. Der Zorn von viel zu zahlreichen Monsunen hat diese Gemäuer besiegt und sie mit einem schwarz-grünen Dschungelhumus bedeckt. Er verleiht ihnen ein altes, verfallenes und majestätisches Flair, so als seien sie gerade dabei, vom Dschungel verschlungen zu werden so wie das alte Angkor Wat oder Borobudur.

Als wir in Jessore eintreffen, ist es, wie erwartet, spät. Von der Stadt sehe ich wenig. Ein freudloses Kino, eine durch Busse und Fahrrad-Rikschas verursachte Unruhe, halb fertige Gebäude, die sich im Matsch hinziehen. Ich wate durch die Rikschas und suche nach einem Hotel. Doch ich kann niemanden finden, der Englisch spricht und mir hilft. Nach Indien erscheint mir diese Veränderung wie ein Schock. Das Hotel erinnert mich, als ich es finde, an Afrika. Ein beengter Raum aus trübem Zement, Spinnen an der Wand und Moskitos in der Luft. Der Geruch der Feuchtigkeit ist der von

Büchern oder Kleidung, die 50 Jahre lang in einem Keller einge-schlossen waren; er sticht mir in der Nase. Es gibt aber auch Unterschiede. In Afrika waren die Moskitonetze leere Schleier, die auf ihre Bräute warteten, blasse, herabhängende Geister mit einer seltsamen und traurigen Art von Schönheit umgeben. Hier sind sie unnütze, schlampige graue Fliegengitter voller Löcher, die jeder Berührung nachgeben.

Ich liege nun in dem Netz, das einen Kasten um mein Bett formt, lausche der grenzenlosen Nacht draußen und schreibe zwischen Stromausfällen in mein Tagebuch. Die Szene ist vollkommen: Das Quaken der Frösche, das unterhalb von meinem Fenster herauf-dringt, erinnert mich an den Sumpf, der die Welt verschlungen zu haben scheint; das gelegentliche Grollen des Donners und die Licht-blitze – der Monsun erinnert mich daran, wie fest ich mich in seinem Griff befinde. Ich schaue mich im Raum um. Mein Gepäck, meine Kleidung, all meine Habe sind gründlich durchgeweicht. Dem Regen ist hier nicht zu entrinnen. Der Monsun wird mich weiterhin ver-folgen, so wie er es seit Peshawar tut. Zu der Zeit, wenn ich Indone-sien erreiche, werde ich mich nach Sonnenlicht und trockener Luft verzehren, krank von dem konstanten Geruch nach Fäulnis und Moder, verzweifelt darum bemüht, dem fünf Monate währenden, tief hängenden Himmel und dem unablässigen Regen zu entkom-men.

Von allen Ländern, in denen man während des Monsuns unter-wegs sein kann, sind natürlich auch wenige noch ärger als Bangla-desh. Die Niederschlagsmengen dort sind erschütternd: Gleich nörd-lich des Landes liegt die indische Stadt Cherrapunji, der zweitnasseste Ort der Erde. Noch fataler ist jedoch die Kombination aus geografi-scher Lage und anderen Umständen, die dazu führen, dass Bangla-desh das am stärksten überschwemmte Land der Welt ist. Das Land liegt auf einer großen Ebene aus Schwemmland, eine Landschaft mit sich verändernden Flussläufen und angehäuftem Schlamm, die durch das Zusammentreffen der beiden größten Flüsse Südasiens, dem Ganges und dem Brahmaputra, geformt wird. Bangladesh ist tatsächlich das größte Flussdelta der Welt, ein dunkles Gebiet, so flach und monoton wie das Meer, von dem 90 Prozent unter einer Höhe von zehn Metern liegen. Es bildet das Sammelbecken für den Monsunregen, der über dem gesamten Subkontinent sowohl in Nepal als auch in Indien fällt, und in den Monaten des Monsuns liegt bis zu einem Drittel des Landes unter Wasser.

Für fünf Monate im Jahr ist Bangladesh eine solch überflutete Wasserwelt. Die Überschwemmung macht Millionen heimatlos; sie zerstört den Viehbestand, die Landwirtschaft und die Ansiedlungen; sie ruiniert Kommunikationswege, Straßen und Gesundheit; sie ist die Ursache der Unbeständigkeit und des Verfalls, die im Herzen von Bangladesh zu finden sind. Die Überschwemmungen tragen jedoch nur zu einem Bruchteil zu der Traurigkeit bei, die dem Land bitter zusetzt.

Bangladesh hat jedes Jahr während der letzten zwei Jahrzehnte verschiedene Arten von Schicksalsschlägen erlitten – Hungersnot, Überschwemmungen, Zyklone und Erdbeben. Alle zehn Jahre zerren während der Zeit des Monsuns 16 Zyklone aus der Richtung des Golfs von Bengalen an dem Land. 1965 wurde es von einem Zyklon mit der zehnfachen Kraft einer drei Megatonnen schweren Wasserstoffbombe verwüstet. 1970 war die Zerstörung sogar noch verheerender: In einer der schlimmsten Naturkatastrophen dieses Jahrhunderts forderte ein Zyklon das Leben von über einer halben Million Menschen. Der stille Flügelschlag der Tragödie, ein Land der hilflosen Tode.

Ein Jahr nach dem Zyklon von 1970 begann das Land seinen Unabhängigkeitskrieg gegen Westpakistan. Meine Generation kennt das Land Bangladesh lediglich als Bangladesh, nicht als Ostpakistan, so wie mein Bild vom Iran stets von Krieg und Fanatismus, nicht vom Schah geprägt war. Ich habe keine Erinnerung an das vereinte Pakistan, das durch die Abtrennung der vorherrschend muslimischen Gebiete vom Subkontinent gebildet wurde, keine Erinnerung an ein Land, das durch Tausende von Kilometern und einem feindlichen Indien in zwei Länder gespalten war. Es war ein Konzept, das nicht aufging, und im Jahre 1971 setzte Ostpakistan zur Einforderung seiner Freiheit an.

In der Zeit seit der Abtrennung konzentrierte Westpakistan die Entwicklungshilfe und ausländische Hilfe auf sich, obwohl Ostpakistan eine höhere Einwohnerzahl hatte und zu dem Zeitpunkt den Großteil der zum Verkauf bestimmten landwirtschaftlichen Erzeugnisse für das Land produzierte. Die bengalische Bevölkerung wurde durch das, was sie ungerechte westliche Dominanz nannte, unterdrückt. Der Höhepunkt ihrer Frustration wurde erreicht, als die westpakistanische Regierung Urdu, und nur Urdu allein, zur Landessprache erklärte. Die Bengali-Bewegung zur Verteidigung ihrer Sprache gab den ersten Anstoß zum Drang nach Unabhängigkeit. Die bengalische Identität wurzelte im sprachlichen Konzept: Die neue Nation wurde *Bangla Desh*, Land der Bengali Sprechenden, genannt.

Der Krieg mit Pakistan war einer der brutalsten im 20. Jahrhundert. Er erinnerte auch an den ideologischen Irrsinn des Kalten Krieges. Die USA konnten in Vietnam eingreifen, doch die Tatsache ignorieren, dass Pakistan, ein alliierter Staat, systematisch seine eigene Bevölkerung in einem internen Konflikt abschlachtete, der ebenso blutig war wie der in Vietnam. Nur die Flaggen weniger Länder zeigen ein Symbol, welches das Blut repräsentiert, das ihre Kinder bei seiner Entstehung vergossen haben, Bangladesh ist so ein Land. Napalm wurde verwendet, um ganze Dörfer zu zerstören, und es gab unzählige grausame Geschehnisse, als die westpakistanische Armee die unzureichend bewaffnete Bevölkerung des Ostens angriff. Zehn Millionen Menschen flüchteten nach Indien. Die ethnischen Untertöne des Konflikts waren so finster, wie sie es vor kurzem im Balkan gewesen sind: Systematische Vergewaltigungen wurden als Waffe eingesetzt, um die Reinheit der örtlichen Bevölkerung zu vernichten, um das Konzept der Bengalen als separates Volk zu zerstören. Im Unterschied zum Balkan wurden wenig Massengräber ausgehoben; die Körper wurden stattdessen in den Feldern für die Geier aufgehäuft.

Die ganze Geschichte von Bangladesh ist wahrlich keine leichte Lektüre. Das Land wurde zuerst vom Kolonialismus und dann von Pakistan ausgesaugt. Zwei zerstörerische Zyklone, die zwei der schlimmsten Naturkatastrophen des Jahrhunderts waren, dann ein tragischer Krieg, der das Land durch einen der schlimmsten Feinde der Welt physisch und emotional zerstörte. Die Geschichte geht jedoch noch weiter. Überschwemmungen im Jahr 1974, wobei die gesamte Getreideernte zerstört wurde, was eine riesige Hungersnot zur Folge hatte. Ein Staatsstreich und der Ausruf des Ausnahmezustands. Wenige Jahre später eine Wahl, eine zunehmende Betonung des Islam und des Arabischen, Unruhen, ein Jahrzehnt des politischen Aufruhrs. Bei weiteren Überschwemmungen wurden 1988 drei Viertel des Landes überflutet, und 30 Millionen Menschen hatten ihre Behausung verloren. 30 Millionen. Eine Wirtschaft, die genauso gut nicht existieren könnte. Ein Zyklon 1991, der 120 000 Menschen tötete, weitere Millionen obdachlos machte. Ein Bevölkerungszuwachs so groß wie überall in Asien. Ein winziges Land, ein Fleck auf der Landkarte, dennoch das Land mit der achthöchsten Bevölkerungszahl der Welt, mit bei weitem der höchsten Bevölkerungsdichte aller Länder mit Ausnahme solcher Kleinstaaten wie Singapur. Es ist sogar noch dreimal übervölkerter als Indien.

Die größten Devisenbringer des Landes sind diejenigen, die das Land verlassen haben und nun Gelder repatriieren. Das wichtigste landwirtschaftliche Exportprodukt ist Jute, die für den Export zu Zwirn und Sackleinen verarbeitet wird. Die Jute-Produktion ist ein Erbe der Kolonialzeit und zeugt von der britischen Wertschätzung der Monokultur. Bangladesh ist daher wenig geblieben, was Anlass zu Hoffnung geben kann: eine Wirtschaft, die auf repatriierten Geldern und Jute basiert, die eine der bevölkerungsstärksten Nationen der Welt ohne Bildung stützen soll, ein Land ohne Infrastruktur, das von Katastrophen heimgesucht wird und immer tiefer in dem Sumpf versinkt, in dem es steckt.

Ich lausche den Geräuschen des Regens draußen, der traurigen

Klage des Windes. Bangladesh, ein ungeliebtes Land, ein Ort, an dem alle Träume verfault sind. Ich frage mich, was es bereithält.

Mittwoch, 27. September: Von Jessore nach Khulna

Ich mag Khulna nicht. Der Ort erscheint mir als elende Stadt mit unliebsamen Menschen, obwohl ich weiß, dass ich ihm nach nur einem schlammbespritzten Nachmittag nicht wirklich eine Chance gegeben habe.

Die Stadt liegt am Rande einer Region, die unter dem Namen Sundarbans bekannt ist, ein großes Deltagebiet im Südwesten, das die größte Mangrovenküste der Welt darstellt. Die Region ist so gut wie unbewohnt, eine undurchdringliche Festung aus verzweigten Mündungen und Sumpfgebiet. Hier finden sich die letzten Überreste des Dschungels, der einst den Subkontinent überzogen hat, ein Dschungel, durch den sich die ursprünglichen arischen Invasoren aus Indien 1000 Jahre lang auf ihrem Weg von Pakistan durchschlagen mussten. Bangladesh wird für mich zum ersten Mal ein Vorgeschmack darauf sein, wie sich der Islam an eine Umgebung angepasst hat, die so gar nicht der Wüstenlandschaft entspricht, in der er entstanden ist. Als Einführung in ein Land des Dschungels, der Sümpfe und des Wassers ist Khulna so gut wie jeder andere Ort dort geeignet.

Nicht nur der geschichtliche Hintergrund macht den Islam zu einer Religion der Wüste, sondern auch seine ihm eigene Form. Die Beschreibungen des Himmels verweilen im Koran lang und breit bei *Gärten, die mit fließenden Strömen gewässert werden*. Ganze Passagen behandeln den Wert eines Kamels für einen Mann, wobei der Flugsand der Wüste aus den Worten spricht. Auf die Völker Persiens mit ihren eigenen Wüsten oder auf die Völker Zentralasiens oder Ägyptens muss der Ruf einer solchen Religion eine große Anziehungskraft ausgeübt haben. Die Iraner hungern nach Gärten, als seien sie ihr Paradies auf Erden. Das winzigste Stückchen Grün versetzt sie regelrecht in Ekstase; ich denke da an die häufigen Gelegenheiten zurück, bei denen wir Familien sahen, die auf den Mittelstreifen größerer Straßen ein Picknick veranstalteten.

Der Koran nimmt jedoch im Dschungel eine andere Bedeutung an: für ein Volk des immer während Grüns, für das Wasser genauso sehr einen Fluch wie einen Segen darstellt, für Flussmenschen, die auf Gedeih und Verderb den Überschwemmungen ausgeliefert sind. Eine Wüstenkultur konnte eine wörtliche Auslegung des Koran ohne weiteres akzeptieren, kann einer fundamentalistischen Interpretation der Religion stets zugeneigt sein. Für die Menschen in Bangladesh macht eine streng wörtliche Interpretation des Koran jedoch keinen Sinn. In Bangladesh war von den ersten Anfängen an eine neue Interpretation der Worte des Islam erforderlich.

In Khulna habe ich bereits gesehen, dass Sittsamkeit etwas anderes bedeutet als in den Ländern, die näher an Mekka liegen. Der Schleier ist hier nicht üblich. Kinder stromern ohne Kleidung durch die Straßen, und die halb nackten Arbeiter, an denen ich vorüberging, würden an allen anderen vom Islam geprägten Orten, die ich bereist habe, schockierend wirken. Im Iran werden sogar kurzärmelige Hemden als unanständig betrachtet. In Bangladesh war der Islam in Anbetracht der Umgebung zu einem Wandel gezwungen; wenn er ihn nicht vollzogen hätte, wäre sein Überleben von vornherein zum Scheitern verurteilt gewesen.

Donnerstag, 28. September, bis Sonntag, 1. Oktober: Khulna
Ein fiebriger Traum, in dem nach Nahrung gebettelt wird; abstrakte, verwinkelte, bittere Albträume. Verwirrt und verängstigt in der Dunkelheit. Mein Hotelzimmer erstickend klein, eine feuchte Höhle aus zerbrochenen Fensterscheiben und Spinnenweben. Kaltes Fieber, eisiges Schwitzen, Angst. Eine verwirrte Nacht. Etwas, das ich gegessen habe. Der reine Tod.

Geräusche von sich öffnenden, schlagenden Türen und Spucken, als sich Menschen zum Morgengebet erheben. Das Tageslicht – eine Erleichterung. Wusste nicht, welche Art Hölle ich erreicht hatte.

Schmerzen und drückendes Fieber – eine Krankheit, die sich in meinem Körper niedergelassen hatte. Wenn ich mich derart schrecklich fühle, verweigere ich einen weiteren Aufenthalt an diesem Ort.

Umzug ins *Parkhotel.* Holzvertäfelung und gestärkte Laken. Schade, ich fühle mich viel zu krank, als dass ich es genießen könnte. Schwindel. Schlaf.

Nachmittag. Mir geht es, glaube ich, besser.

Hier oben im vierten Stock des Hotels dringt das Schellen tausender Fahrrad-Rikschas zu mir herauf. Ich fühle mich von der Welt abgeschnitten. Noch eine politische Demonstration draußen. Megafone, eine skandierende Menge. Die dritte in zwei Tagen. Die Menschen protestieren gegen die Regierung. Der Regen klingt boshaft.

Bah! Noch schlimmer. Schreckliche Hitze, aber mir ist eiskalt. Die meisten Menschen unter Laken und Ventilatoren, und ich liege hier schweißdurchnässt in meinem Schlafsack und friere immer noch. Mein Kopf hämmert, wenn ich mich bewege. Ich frage mich, wie ich Krankheiten wie diese vorher überstanden habe. Wahnsinnig.

Allein.

Ein weiterer Tag. Schwach.

Ich hungere, dennoch fühle ich mich ständig, als müsste ich mich übergeben. Nahrung und Galle pressen sich entlang meiner Lungen nach oben. Völlig verstopft. Alles, was ich in drei Tagen produziere, ist ein winziges Stück hartes, braunes Leder, das mit einer gallertartigen Masse bedeckt ist. Ich hebe es auf. Wenn ich nicht wüsste, wo es herkommt, könnte man es für irgendeine fremde Delikatesse halten. Quenelles. Biltongue. Konfekt.

Quäle mich zum ersten Mal nach draußen. Der Mann in dem schlammbeschmutzten Hinterzimmer einer Apotheke in der Seitenstraße willigt ein, mich anzusehen. Kein Arzt, aber ich habe nicht die Energie, weiter zu gehen. Nur wenige tausend Ärzte für eine Bevölkerung von 130 Millionen. Eine Menge von zwölf Personen

317

drängt sich herein, um aufmerksam meiner Untersuchung beizuwohnen. O Bangladesh, eine Menschenansammlung, wo immer ich auch hingehe. Das Urteil: »Virusfieber«. Was bedeutet das?

Ich habe ein Ticket für den Dampfer nach Dhaka gekauft. Ich kann es nicht ertragen, mich so zu fühlen. Natürlich, ein anständiger Arzt in der Hauptstadt.

Ich habe nun seit vier Tagen nicht gegessen. Habe im Spiegel einen flüchtigen Blick auf mich erhascht. Das Opfer einer Fettabsaugung, die schrecklich daneben gegangen ist, das Fleisch ebenso entfernt wie das Fett. Die Haut an meinem Arm ist voller Falten, so als wüsste sie nicht, was sie mit sich anfangen soll.

Die schlimmste Welle der heutigen Übelkeit ist vorüber. Kann jetzt aufrecht sitzen, um zu schreiben. Was gibt es da zu sagen. Schwelgen in Selbstmitleid. Ich wage es nicht, Pläne für den Rest der Reise zu schmieden, da ich mich zu niedergeschlagen fühle, um irgendetwas anderes zu tun, als heimzufahren. Würde liebend gern nicht existieren. Was gibt es da noch zu sagen?

Die blaue Poesie des Vergessens

Montag, 2. Oktober, bis Dienstag, 3. Oktober: Auf dem Weg nach Dhaka

> *Tötet mich, o meine Freunde,*
> *denn im Tod nur ist mein Leben…*
> Aus dem Mesnevi von Jalal ad-Din Rumi

Ich weiß, dass ich seit zwei Monaten Gewicht verloren habe, seitdem mich in Lahore ein Magenbazillus erwischt hat, doch diese letzte Woche hat mich völlig umgehauen. Ich bin jetzt so hager, dass ich mich, in der Hocke kauernd, wohler fühle als sitzend – spitze Knochen ziehen sich über meinen Rücken und auch über mein

Gesäß. Ich fahre mit meiner Hand an meiner Wirbelsäule entlang: fühlt sich wie ein Reptil an. Habe den Körper eines Kriegsgefangenen. Gott sei Dank hat meine Kabine keinen Spiegel.

Ich sitze allein an Deck des Dampfers nach Dhaka, einer von nur zwei Passagieren der ersten Klasse. Es gibt keinen großen Unterschied zwischen unserem Deck und jenem weiter hinten. Die erste Klasse unterscheidet sich von der zweiten lediglich durch den Preis und daher durch geringere Überfüllung, doch in Bangladesh stellt jedes Entkommen aus einem wimmelnden Gedränge von Körpern den größten Luxus dar, den man sich vorstellen kann.

Ich hätte mir diesen Luxus normalerweise nicht gegönnt, aber zwei Abende zuvor lag der Gedanke an den Kampf beim Einchecken an Bord einfach außerhalb meiner Vorstellungskraft. Selbst mein mühsames Ankommen am Kai von Khulna war das reinste Trauma. Die Crew glaubte mir zu Anfang nicht, dass ich krank war, und bestand darauf, dass ich für ungewisse Zeit in dampfender Dunkelheit – ein länger als gewöhnlicher Stromausfall – an Deck warten sollte, bis der Ladevorgang abgeschlossen war. Die Arbeiter machten quakende Geräusche, als ich vorüberging, oder schrien in mein Ohr. Ihre Art, Aufmerksamkeit auf sich zu ziehen. Ein passender Abschluss für diese Stadt. Mir fällt es immer schwerer, die Bengalen zu mögen. Erst als ich am Kai zusammenbrach, willigte der Hafenaufseher ein, mich früher an Bord zu schmuggeln. Wenigstens fühle ich mich jetzt, sechs Tage nachdem das Fieber begann, mit blasser Gesichtsfarbe fast wiederhergestellt.

Der Fluss vor mir ist breit, braun und unliebsam. Obwohl ich von ihm spreche, als sei er ein fest umrissenes Objekt, so handelt es sich tatsächlich eher um eine ganze Flusslandschaft als um einen exakt eingegrenzten Flusslauf, ein Labyrinth von Abzweigungen und Biegungen, die meine Karte lachhaft erscheinen lassen. Wenn es ein Ende der Welt gibt, einen Ort, an dem sich alles Leben, alles Chaos und aller Abfall verliert, so ist es hier. So stelle ich mir den Fluss Styx vor, öde und endlos. Die Toten täten Recht daran, auf eine Münze unter ihrer Zunge zu hoffen; niemand würde sich wünschen, gezwungenermaßen 100 Jahre an diesen Ufern ausharren zu müssen.

Auf dem Wasser verstreut schwimmt alle Art von Treibgut – abgebrochene Bananenstauden, Palmenblätter, dann und wann eine Holzplanke –, alles wallt an die Oberfläche, wirbelt und strudelt immer wieder umher. An einigen Stellen bedeckt ein Teppich aus verheddertem Beerentang das Wasser, der sich in Massen in der Größe eines Hauses ablöst, um sich der dicken, braunen Suppe anzuschließen. Jede Bewegung ist tot und träge. Ich denke zurück an die Leichenzüge zu den Scheiterhaufen in Varanasi, an die Babykörper und jene, die durch Krankheit starben, die in Stoff gewickelt waren und in den Fluss geworfen wurden. Ihre Körper wurden von demselben Tang umschlossen, wurden durch vertäute Boote am Rande des Flusses festgehalten. Aufgedunsene Leichen, der gelbe Gestank menschlicher Verwesung. Kann ein Körper 1000 Kilometer weit treiben? Ich suche den Fluss nach Toten ab, nur für den Fall, dass es möglich sein sollte.

Bangladesh ist eine wahre Wasserwelt, ein Ort, wo die Gegenwart von Wasser derart unentrinnbar und in so großem Maße vorhanden ist, dass die Gesetze des Lebens andere sind. An manchen Stellen ist dieser Fluss über 30 Kilometer breit – im Süden sogar noch breiter – und das ihn umgebende Land ist wenig mehr als Schlick, der sich über die Jahre abgelagert hat. Das Land verändert sich demnach ständig, verschlammt und verschiebt sich, und mit jeder Überschwemmung wächst Bangladesh ein wenig, mutiert etwas. Dieser Prozess hat in der Vergangenheit zahllose Städte zerstört, als das Land sich verändert hat, abgesunken und verschwunden ist. Brücken sind undenkbar, Straßen unzuverlässig, und der einzig sichere Transportweg ist das Wasser. Demzufolge ist unser Schiff nicht das einzige und auch nicht das größte auf dem Fluss. Wir werden auf unserer Reise von einem Konvoi aus Schiffen begleitet, die sich alle ihren Weg durch das Labyrinth der Wasserstraßen suchen, die das Land durchziehen. Die Boote, groß und klein, sind alle entweder alte, rostende Hulke oder handgefertigte, hölzerne Skiffe. Verrottende Frachter liegen mit ihren schweren Lasten tief im Wasser, werden auf eine Weise sorgsam ausbalanciert, die bei Überseeschiffen nicht denkbar wäre. Die schwarzen Skiffe sind wenig mehr als riesige Kanus mit einem einzigen Ruder an der Rückseite, das sowohl als Antrieb als auch zur Steuerung dient. Sie schaukeln unter der Kontrolle einsamer Männer auf dem Wasser, die mit ihrem Ruder langsam im Dreck staken, als rührten sie in einem riesengroßen Topf. Venezianische Gondoliere kommen mir in den Sinn, jene Bewegungen an unserem Bug vorbei sind ebenso langsam.

Die Flussufer sind hier befestigt, ein vergeblicher Schutz vor riesigen Überschwemmungen. Überall sind Menschen. Überall wohin wir kommen, befinden sich Männer und Frauen gleichmäßig an den Ufern verteilt, Reisfelder, Palmen und winzige Ausschnitte des Dschungels in ihren Rücken. Zumindest oberflächlich betrachtet, kann ich kaum Gemeinsamkeiten mit Pakistan entdecken. Frauen sind ständig sichtbar, ihre farbenfrohen *shalwars* leuchten in der grünen Landschaft. Die Männer tragen die langen, kragenlosen Pyjamaoberteile Pakistans, doch ihre unteren Hälften stecken in Wickeltüchern mit frohen Farbmustern, die als *longhi* bekannt sind: Ein Stück Stoff wird um den Körper gewickelt und in der Taille zusammengeknotet, das Kleidungsstück verleiht ein sogar noch zwangloseres, gemächlicheres Auftreten als die ausgebeulten Hosen Pakistans.

Bis zu unserer Ankunft in Dhaka dauert es immer noch einen Tag. Ich verbringe den größten Teil der Reise damit, hier zu sitzen und die Tage vorbeischleichen zu sehen, wobei die Monotonie lediglich durch die schrecklichen Mahlzeiten und das gelegentliche Chaos unterbrochen wird, wenn wir anlegen, um Passagiere aufzunehmen. Wenigstens gibt mir das Zeit zum Nachdenken. Zeit zu resümieren, was ich über den Sufismus weiß, bevor ich versuche, ihn selbst zu finden.

Für einen orthodoxen Muslim des 8. und 9. Jahrhunderts waren die Sufi-Mystiker absonderliche, beinahe geistesgestörte Gestalten. Ihre Lehren waren esoterischer Natur, gingen auf Konfrontationskurs mit den herrschenden Doktrinen des Islam und erschienen häufig blasphemisch. Einige Sufis stellten wildes und zügelloses Benehmen zur Schau, während andere absichtlich die orthodoxen Gesetze missachteten, um ihre Verachtung dem menschlichen Urteil gegenüber auszudrücken.

Den Sufis ging es hauptsächlich um ein inneres Gefühl der Entwurzelung der Seele. Sie waren der Ansicht, dass eine solche Entwurzelung in allen menschlichen Wesen vorhanden war und von der Trennung von Gott herrührte. Ihr Ziel bestand, nur kurz umrissen, in der Überbrückung dieser Kluft, in dem Erlangen einer Einheit oder Vereinigung mit der Quelle aller Dinge, dem Einen. Viele setzten dieses Eine mit dem islamischen *al-Lah* gleich, obwohl ihre Sichtweise ausgesprochen mystisch, wohltuend frei von dem Dogma und den äußeren Zeichen der Orthodoxie war, was unweigerlich zu einer Beleidigung der etablierten Religion führte.

»Berauscht sein in Gott« war beispielsweise für die frühen Sufi-Mystiker elementar. Ihr Zugang zu Gott war der Zugang zu einem Liebenden. Sie opferten ihre eigenen Bedürfnisse und Wünsche, um eins zu werden mit ihrem »Geliebten«. Sie sehnten sich nach einer schrittweise erfolgenden Ablegung ihrer Identität, bis nichts mehr zwischen Gott und ihnen stand, ein Zustand der Vernichtung des Selbst, *'fana*, in dem wahre Vereinigung mit Gott erreicht wurde. Die Auswirkungen einer solchen Vereinigung auf die Psyche waren bedeutend und häufig gefährlich – einige Sufis würde man heute möglicherweise als geistesgestört einstufen. Der Zustand der Vereinigung mit Gott konnte nur durch harte intellektuelle Disziplin, durch von Fasten begleitete Meditation, Nachtwachen und dem Singen heiliger Namen Gottes erreicht werden, wobei Letztere als Mantra gesungen wurden, um einen höheren Bewusstseinszustand herbeizuführen. Nicht alle waren der Aufgabe gewachsen, nur jene, die behaupteten, das Paradies erreicht zu haben. Nach Tagen ausgedehnter Bemühungen konnte der Sufi Anspruch auf eine persönliche Begegnung mit Gott erheben, der seiner Seele so nahe zu sein schien, dass es sich wie eine Vereinigung mit dem Heiligen anfühlte. »Ehre sei mir!«, rief Abu Yazid aus Khorasan aus. Dieser Ausruf musste von den religiös Konservativen als götzendienerisch verstanden werden, doch die Sufis berührte das nicht. Der Gott, den sie suchten, war keine externe Realität, kein »dort draußen« identifizierbares Wesen. Der Gott der Sufis war in allen Dingen anwesend und dem Menschen nirgendwo näher als in seiner eigenen Seele. Für sie war Gott in jedem Menschen, wenn er nur wusste, wo er hinschauen musste. Das Konzept wurde im Koran artikuliert: *Wo immer du dich hinwendest, begegnet dir das Angesicht Gottes.* Tatsächlich zielten die Sufis in vielerlei Hinsicht auf die mystischen Untertöne des Koran ab und sahen in Mohammed einen wahren Mystiker:

> *Wir haben den Menschen erschaffen, und wir wissen, was seine Seele ihm zuflüstert, und wir sind ihm näher als seine Halsadern!*
>
> Koran, Sure 50:17

Diese mystische Einheit mit Gott entsprach einer Sehnsucht in vielen Menschen, die durch ein Gefühl des Verlusts und der Einsamkeit entstand, einem Gestrandetsein in dieser Existenz, das die meisten von uns das eine oder andere Mal schon gefühlt haben. Es war eine Sehnsucht, die Psychologen heute möglicherweise nichtgöttlichen Quellen zuschreiben würden, die aber nichtsdestotrotz Teil der menschlichen Existenz bleibt. Die Sufis beschrieben sie als »den Flug des Einsamen zu dem Einsamen«, eine Ausdrucksweise, die in geeigneter Form die Sichtweise der Sufis von der Einsamkeit der Seele veranschaulichte, und die den Glauben der Sufis widerspiegelte, dass Gott die Welt vornehmlich aus einem Gefühl der Einsamkeit heraus erschuf. Die Sufis wandten sich von trockenen, legalistischen Interpretationen der Religion ab und suchten in einer kontemplativen Erfahrung, die sowohl jener der Hindus als auch jener der Buddhisten ähnelt, für sich selbst Erleuchtung.

Der Sufi-Weg der selbst beobachtenden Kontemplation beinhaltete häufig einen bestimmten Grad von Askese. Tatsächlich war die Ablehnung der Welt ein Teil des Sufi-Ideals. Armut war respektabel, Enthaltsamkeit wünschenswert. Die Idee an sich war alt – Sokrates hatte einst behauptet: *Indem ich weniger Bedürfnisse habe, bin ich näher an Gott.* Diese Idee machte das Establishment nervös. Für die Regierung stellte sie eine politische Botschaft dar, die Ablehnung von Autorität verkörperte, und die orthodoxe *ulema* sah darin Blasphemie.

Die orthodoxe Reaktion gegen die Sufi-Bewegung setzte im frühen 10. Jahrhundert ein. Die Gestalt des al-Hallaj, eines Arabers, der im 10. Jahrhundert unter den Abbasiden lebte, demonstriert vielleicht am besten die Kollision der Sufi-Praxis mit der islamischen Orthodoxie. Al-Hallaj predigte den Sturz des Kalifats und des Establishments sowie eine neue soziale Ordnung, und er wurde von den Behörden verhaftet. Es waren aber seine religiösen Behauptungen, die bei der *ulema* die größte Wut hervorriefen. Es wird erzählt, dass al-Hallaj, während er an die Tür seines Meisters klopfte, auf die Frage, wer er sei, antwortete: »*Ana al-haq*!« – Ich bin die Wahrheit! *Al-haq* ist einer der Namen Gottes; für einen Muslim ist eine solche Behauptung an sich blasphemisch. Eines seiner Gedichte drückt aus, was al-Hallaj meinte:

> *Ich bin Er, den ich liebe, und Er, den ich liebe, ist ich:*
> *Wir sind zwei Geister, die in einem Körper wohnen.*
> *Wenn du mich siehst, dann siehst du Ihn,*
> *und wenn du Ihn siehst, dann siehst du uns beide.*

Als er der Blasphemie angeklagt wurde, verweigerte er einen Widerruf. Für seine extremen Ansichten wurde er hingerichtet und wie sein Held Jesus gekreuzigt. Doch der Tod stellte kaum eine Bestrafung für jemanden dar, der sein ganzes Leben lang nach der Vereinigung mit Gott gesucht hatte. Wie viele Sufis glaubte al-Hallaj, dass er am Ende dem Objekt seiner Liebe begegnen würde. Er schritt singend zu seiner Hinrichtung.

Al-Hallaj war nicht der Einzige, der Jesus als eine inspirierende Figur ansah. Für die Sufis war Jesus ein wahrer Mystiker, einer, der sich zu Gott Zugang verschaffte, indem er in ihm einfach den Vater und nicht den Geliebten sah. Den Evangelien zufolge hatte Jesus ähnliche Behauptungen aufgestellt wie al-Hallaj, wie z. B. sein Ausspruch, er sei »der Weg, die Wahrheit und das Leben«. Al-Hallaj hatte dasselbe Ideal der Enthaltsamkeit und des Friedens mit allem verkörpert. Vor allem und am wichtigsten war Gott, aber ein Gott, der durch Liebe erreicht wurde. Die Liebe zu der ganzen Menschheit war seit langem eines der Kennzeichen des Sufismus, und die Identifizierung mit Jesus war daher stark. Für die Sufis bestand der Irrtum des Christentums nicht in Jesus, sondern in den Interpretationen, welche die Religion nach seinem Tod erfuhr. Die Christen irrten in ihrem Glauben, dass ein einziger Mann, wie heilig er auch immer sein mochte, die Gesamtheit der Schöpfung ausdrücken könne. Die einfachen Lehren, die Jesus gepredigt hatte, kamen dem Herzen des Sufismus sehr nahe: dass Gott in jedem von uns gefunden werden kann.

Es dauerte noch bis zum 11. Jahrhundert, bis die Krise zwischen dem Mystizismus und der Orthodoxie im Islam beigelegt wurde. Al-Ghazzali, ein Iraner, der in der Nähe von Meschhed geboren wurde und der einer der größten islamischen Gelehrten der Geschichte war, schaffte es, eine einigende Sichtweise der Religion zu präsentieren. Er kombinierte jene drei Elemente des Islam, welche die Religion auseinander zu reißen drohten: die Orthodoxie, den Mystizismus und den Intellektualismus der Philosophen. Seine Arbeit wird als das größte religiöse Werk angesehen, das von einem Muslim geschrieben wurde, und rangiert gleich hinter dem Koran. Al-Ghazzali lehrte, dass al-Hallaj nicht blasphemisch, sondern nur unweise gehandelt habe, indem er behauptete, dass Gott in allen Menschen sei, da eine solche esoterische Wahrheit Uneingeweihte in die Irre führen könnte. Al-Ghazzali erkannte den Sufismus nicht nur als gültig an, sondern sah in ihm die authentischste Form der mystischen Erfahrung Gottes.

Als Folge von al-Ghazzalis Werk blieb der Sufismus nicht länger nur die Bewegung einer Minderheit. Der Sufismus wurde in der gesamten islamischen Welt für die muslimische Spiritualität zur Norm, und die islamische Orthodoxie lernte mit dem Mystizismus als einem ergänzenden Weg zu *al-Lah* gemeinsam zu existieren. Tatsächlich blieb das Konzept der Sufis von Gott bis vor kurzem in der gesamten islamischen Welt das weitaus akzeptierteste.

Im 12. und 13. Jahrhundert verzeichnete die Bewegung einen enormen Zuwachs und kündigte die Einrichtung von zahlreichen Sufi-Orden oder *tariqas* an, die alle ihre eigene Vorstellung vom mystischen Glauben hatten. Die Dichtkunst, die bereits einen bewährten Teil der islamischen Kultur darstellte, fiel unter die Herrschaft der Mystiker, und ein vollständiges Verständnis der großen Dichter des Islam – Sa'di, Hafis und Jalal ad-Din Rumi – wäre ohne ein Verständnis des Mystizismus, auf dem ihre Poesie beruht, nicht möglich. Insbesondere in Rumis Versen hallt die Obsession von der Vernichtung des Selbst und der Einheit mit Gott wieder.

Rumis großes Werk, das *Mesnevi*, wurde als die Bibel der Sufis bekannt. Nach seinem Tod gründeten seine Anhänger – die ihn als *mawlana*, den Meister kannten – den Sufi-Orden der *mawlawiyyah*, der im Westen als die »Tanzenden Derwische« bekannt ist. Das Tanzen war ein verbreitetes Merkmal der Sufi-Schulen, die sowohl Musik als auch Tanz benutzten, um die Konzentration zu erhöhen und religiöse Ekstase herbeizuführen. Der wirbelnde Tanz der Derwische war ein Mittel der Konzentration: Während ein Sufi sich dreht, fühlt er oder sie die Auflösung der Definition des Selbst im Tanz, fühlt die eigene Identität schwinden, während sie sich dem Zustand von '*fana* annähert. Dutzende von Schulen breiteten sich aus – die *suhrawardiyyah*-Schulen im Iran und in Pakistan z. B. –, und bald hatte die Bewegung Millionen von Anhängern.

Am Ende des 13. Jahrhunderts hatten Sufi-Scheiche oder *pirs* einen tief greifenden Einfluss auf die Bevölkerung erlangt und wurden ähnlich den schiitischen Imamen als Heilige verehrt. Ich denke an die bevölkerten Szenen am Schrein in Lahore zurück, an die Massen, die sich neun Jahrhunderte nach seinem Tod immer noch lautstark eine Gunst von Ali al-Hujwiri erhoffen. Scheichs waren einfach Helden für die Menschen. Der Todestag von bestimmten Scheichs, ihr *urs*, wurde zu einer Zeit der Pilgerfahrt und intensiven religiösen Verehrung. Ihre selbstlose Hingabe an Gott, ihre Ablehnung von Reichtum und ihre Liebe zu der ganzen Menschheit machten sie allgemein zu anziehenden Persönlichkeiten. Alle strömten ihnen zu: Reich und Arm, Muslim und Nicht-Muslim gleichermaßen.

Dieser letzte Punkt ist besonders wichtig. Der Reiz, den der Sufismus auf andere Religionen ausübte, war wesentlich für seinen Erfolg, und nirgendwo traf dies mehr zu als in Indien. Nach Ansicht der Sufis waren alle Religionen gleichermaßen als Wege zu Gott akzeptiert – tatsächlich vertraten die Sufis die Ansicht, dass es so viele Wege zu Gott gibt, wie es Menschen gibt. Sie sprachen von »dem Gott, der durch den jeweiligen Glauben erschaffen wurde«, eine Ausdrucksweise, die unterstrich, dass alles Dogma vom Menschen geschaffen wird und wahrscheinlich Intoleranz und Fanatismus hervorruft, da es den Kern eines jeden sektiererischen Streits bildet. Die Sufis erkannten, dass die Regeln und Regelungen, welche die organisierte Religion beherrschten, alles andere als heilig waren. Ibn al-Arabi fasste ihre Haltung dazu zusammen, als er schrieb:

> *Hänge nicht ausschließlich einem einzigen Glauben an, sodass du möglicherweise alles andere verwirfst; denn sonst wirst du viel Gutes verlieren, ja sogar die tatsächliche Wahrheit der Angelegenheit verfehlen… Jeder preist das, an was er glaubt; sein Gott ist seine eigene Kreatur, und durch seine Preisung preist er sich selbst. Infolgedessen verunglimpft er den Glauben der anderen, was er nicht tun würde, wenn er gerecht wäre, aber seine Abneigung basiert auf seiner Ignoranz.*

Sufi-Missionare mit derart flexiblen Ansichten mussten in Gebieten erfolgreich sein, die dem etablierten Glauben und Aberglauben tief verbunden waren. Die orthodoxe *ulema* stellte sich gegen jede Tradition, die nicht entweder aus dem *hadith* oder dem Koran entsprang, aber Sufis erkannten alle Traditionen als authentische Wege zu Gott an. Sie hatten durchaus nichts gegen die Entwicklung von gemischten religiösen Formen, die Glaubenselemente nicht nur vom Islam, sondern auch von den örtlichen Sitten und Gebräuchen aufnahmen und magische, mythische, abergläubische, musikalische und tänzerische Elemente zusammen mit den traditionelleren Aspekten des Islam in die Religion einfließen ließen. Das Ergebnis war das, was die Theologen mit dem Terminus synkretistische Religion bezeichnen, eine Mischung aus dem Islam und örtlichen Formen des Glaubens, die häufig von der Orthodoxie Arabiens kaum anerkannt wurden, aber die den Glauben auf dem Subkontinent bis in unser Jahrhundert bestimmen. In Bangladesh hoffe ich auf eine Begegnung mit dieser mystischen Tradition des Islam.

Als wir uns auf die Hauptstadt zubewegen, öffnet sich der Fluss vor uns, stößt einen Seufzer aus, fließt weiter und verschwindet. Ich bleibe mit einem Eindruck von einem Raum zurück, der mit der Unendlichkeit seine Scherze treibt, eine Welt aus braunem Wasser, das ruhig und still in alle Richtungen fließt. Eine hoffnungslose, leere Farbe. Ein großer Teppich aus Beerentang zieht heran und schwenkt zur rechten Seite des Schiffs, mäandert wahllos zum Horizont. Das Ausmaß der Leere, der breiten Ausdehnung des Wassers ist wahrhaft erstaunlich. Ich kann nicht sagen, welche Teile der Welt normalerweise den Fluss bilden und welche zur überfluteten Landschaft gehören. Ein Stück Land zur Rechten, ein Fragment zur Linken.

Altersschwache Trawler, Kähne und faulende Wracks treiben durch mein Gesichtsfeld. Spät am Morgen passieren wir eine beängstigende Region des Flusses, einen Schiffsfriedhof von mythischen Ausmaßen, ein Gebiet mit toten und gestrandeten Schiffen. Jene Schiffe und Boote, die noch genutzt werden, sehen jedoch nicht viel besser aus: Dunkle Menschenmengen schwärmen über die Decks der größeren Schiffe; sie gleichen den Bildern von unerwünschten Flüchtlingen in den Medien. Fischerboote, die sich wie Silhouetten ausnehmen, kreuzen unsere Bahn. Über allem liegt eine Trauerstimmung. Der Ort ist zeitlos, namenlos und ohne Zukunft; ich bin mir nicht einmal sicher, ob er wirklich ist.

Dhaka erlöst mich aus meinem treibenden Vergessen, wenn Erlösung hier als ein angemessener Begriff angesehen werden kann. Wir legen in einer grauen und braunen Welt an, eine Stadt, die hinter ihrer Wasserfront versteckt liegt. Weiße Drachen flattern ziellos über den Dächern, die flatternden Hoffnungen der Kinder der Stadt; die meisten können nicht lange aufsteigen. Die Stadt selbst ist gnadenlos, verrückt. Ich sitze eine halbe Stunde lang in meiner Riksha im Hafengebiet fest, in einem Stau aus tausenden blau-weißen Motorhauben. Später, als ich mich endlich meinem Hotel nähere, dauert die Fahrt an einem einzigen Block entlang 20 heiße, kohlenmonoxydgeplagte Minuten. Die Straßen schlängeln sich durch erbärmliche, leprose Gebäude, traurige Orte, die im Laufe der Zeit verrotten. Sie sind mit dem giftigen schwarzen Qualm der Auto-Rikshas erfüllt, mit dem Geruch nach Kanalisation, erstickt durch eine schreckliche Masse an Menschen, und jede einzelne Straße ist ein Meer aus wütenden Fahrzeugen. Alles schreit und hupt. Die Gullys sind verstopft; die Stadt wurde vom Monsun überschwemmt.

Nach über einer Stunde Fahrt steige ich aus meiner Riksha, lasse meine Füße in den nassen Abfall gleiten. In der Luft hängt ein krank machender Geruch. Bangladesh scheint in jeder Hinsicht eine Übertreibung der ärgsten indischen Zustände zu sein. Ärmer und stärker bevölkert, schmutziger und langsamer, wütender und frustrierter. Nur eine Woche zuvor hätte ich geschworen, dass so etwas unmöglich ist.

Freitag, 6. Oktober: Auf dem Weg nach Kushtia

Heute haben sich die Dinge nach zwei Tagen voller Einsamkeit inmitten des Lärms, der Menge, des Verkehrs und der Demonstrationen von Dhaka zum Besseren gewendet, obwohl die Krankheit immer noch in mir steckt. Ich habe einen äußerst bemerkenswerten Mann gefunden, der einen solchen Enthusiasmus verströmt, dass ich Bangladesh am Ende doch noch etwas Positives abgewinnen kann.

Ich begegnete Subroto vor einer Woche zum ersten Mal – oder vielleicht sollte ich besser sagen, er begegnete mir – auf meiner Fahrt von Jessore nach Khulna, und sein ausdrückliches Bestehen darauf, dass ich seine Heimatstadt besuchen müsste, ist der Grund dafür, dass ich mich am Ende in Kushtia wiederfinde, fast wieder dort, wo meine Reise begonnen hat, nachdem ich in der Hitze eine Schleife durch das Land gezogen habe. Subroto ist ein schmächtiger, kahler Mann mit den Augen einer Amphibie. Er spricht das beste Englisch, dass ich bisher in Bangladesh gehört habe – was allerdings nicht viel besagt –, und es ist ein glücklicher Umstand, dass er durch mein Interesse am Islam begeistert ist und die Verantwortung übernehmen möchte, mir den »Islam, wie er in Bangladesh gelebt wird«, zu zeigen. Er ist irgendwie etwas gehandikapt, da er von den zwei Dämonen – der verbalen Zügellosigkeit und dem Wunsch, so viel Informationen wie möglich mitzuteilen – beseelt ist. Er redet hastig lispelnd in übersprudelnder Weise auf mich ein: »Ich kann gar nicht sagen, wie glücklich ich bin«, »die stolze Geschichte des bengalischen Islam ... Du musst mir versprechen, dass du mir gegenüber eine brüderliche, eine brüderliche Zuneigung empfindest, nicht die eines Freundes ... Ich folge nur unseren arabischen Traditionen der Gastfreundschaft ... Andrew, ich erzähle dir nun etwas von dem Sufi-Heiligen Kushtias ...« Es scheint der Logik von Bangladesh zu entsprechen, dass Subroto, die erste Person, die über diese Thematik mit mir spricht, selbst ein Hindu ist.

Der schlimmste Aspekt meiner Reise zu einem Treffen mit ihm war der Umstand, dass ich wieder nach Dhaka zurückkehren musste. Als ich schließlich die politischen Demonstrationen hinter mir gelassen hatte, welche die Stadt quälen, erreichte ich den im Westen gelegenen Busterminal – ein einziger Sumpf aus Schmutz und Konfusion. Ein äußerst ungemütlicher Platz mit Miniaturmenschen, auf dem unzählige Busse standen mit zerfetzten, verwahrlosten Sitzen, von denen sich jeweils sieben in einer Reihe befanden. Die Größe der Menschen an diesem Ort machte aus mir einen Riesen.

Der Kampf um die Sitzplätze im Bus – tatsächlich fand er in mehreren Bussen nacheinander statt, da einer nach dem anderen nicht ansprang – war nicht weiter verwunderlich. Das Reisen in den Entwicklungsländern ist nun einmal so. Was mir jedoch im Gedächtnis bleibt, ist das Bild eines alten Mannes, der vehement mit einem jungen Mädchen um den Sitz vor mir streitet, Boshaftigkeit und Verachtung waren aus den Stimmen beider herauszuhören. Diese Einstellung konnte ich allen Menschen um mich herum ansehen, eine Einstellung, die in Bangladesh alles zu durchdringen scheint. Alles ist ein Kampf, alles ein Streit. Die Menge kämpfte sowohl untereinander als auch mit dem Fahrer, um an Bord zu bleiben, eine Szene, die sich nicht von den zahlreichen anderen unterschied, die ich irgendwann schon einmal in anderen Ländern erlebt hatte.

Hier jedoch erscheint nicht der leiseste Anflug eines Lächelns auf den verzerrten Gesichtern, kein Lachen über das Dilemma des Lebens. Ich suche nach einem Schulterzucken, einem trockenen, resignierten Lächeln: Ich kann keines finden. Hinter dem Ärger ist nur Groll, keine lachende Akzeptanz, dass all die belastende Spannung Teil eines großen Scherzes ist. Hinter dem Kampf steckt nur Verzweiflung. Vielleicht hat die Verzweiflung ein Stadium erreicht, in dem Humor nicht länger möglich ist.

Zum ersten Mal sah ich die Grenzen Dhakas von der Landseite aus, wenn wir auch einem solch schmalen Küstenstreifen folgten, dass wir uns genauso gut auf dem Wasser befunden haben könnten. Männliche und weibliche Kulis arbeiteten in ameisenartigen Teams und luden auf jeder unserer Straßenseite Steine auf Schiffe; schwarze Körper glänzten vor Schweiß – Bilder, die vom Überfluss der menschlichen Arbeitskraft in Bangladesh Bände sprachen. Kuli, das Wort heißt auf Urdu ebenfalls *kuli* und meint auch Sklave. Als der Radscha in Indien das Schienennetz legen ließ, streikten die Kulis gegen die unzumutbare, arbeitssparende Einführung dessen, was bei uns als Schubkarre bekannt ist, da sie der Meinung waren, dass sie die Anzahl der zur Verfügung stehenden Arbeitsplätze reduzieren würde. Diese Haltung besteht offensichtlich weiterhin; jede Arbeit wird so arbeitsintensiv wie möglich durchgeführt, und jeder Kopf trägt einen geflochtenen Korb voller Steine. Die Reihen der Arbeiter in beiden Richtungen des Flusses sehen mehr nach Insekten denn nach Menschen aus.

Ich befand mich kaum in der Stimmung, irgendetwas von der Szenerie aufzunehmen, durch die wir fuhren. Mein Gepäck lag auf meinen Knien, der Ellenbogen einer Frau befand sich in meinem Gesicht, und jedes Mal, wenn wir durch ein Schlagloch fuhren – und wir fuhren durch viele –, stieß ich mit dem Kopf an das Metalldach des Busses. Ich gab mir dennoch Mühe, so aufnahmebereit wie nur irgend möglich zu sein. Unsere Straße folgte einem erhöhten Damm, und den häufigsten Anblick boten Männer, die bis zum Hals im Wasser standen und auf jeder Seite Tang entfernten und geerntete Jute einweichten. Bengalen sind so amphibisch, wie es für menschliche Wesen eben denkbar ist – die meisten dieser Männer scheinen ihr ganzes Leben im Wasser zu verbringen. Sie waten durch überschwemmte Felder, graben Löcher, um Erde für die Dämme aufzuschütten, die sich in den nassen Jahreszeiten mit Wasser füllen und eine endlose Wasserlandschaft entstehen lassen, die flach, still und unheimlich ist. Ab und zu ragt der Schornstein einer Ziegelfabrik in einiger Entfernung von der Straße über dem Wasser auf: Das Land ist hier völlig überschwemmt.

Eine willkommene Unterbrechung der Busfahrt trat nur ein, als wir an Bord einer Fähre gingen, um den Fluss Padma zu überqueren, die größere Abzweigung des Ganges auf seinem müden Weg ins Meer. Die Szene war zumindest in gewisser Hinsicht fesselnd: auf dem Wasser überall schwarze Gestalten; grau-blauer Himmel in der Farbe der Lippen einer ertrunkenen Frau; mit Hilfe von Bambus aufgestellte Netze; das Schlagen der Paddel gegen Kanus. Doch die ruhigen Fischerszenen wurden durch Bilder von verfallenden Maschinen und abgestorbener Industrie verunstaltet, die überall im

Wasser verrotteten und die Ufer verschandelten. Kein umwerfend schönes Panorama an diesem Fluss. Ich versuchte mir die Mündung des Amazonas oder des Kongo in dieser Weise vorzustellen, aber es gelang mir nicht. Dort durchdrang sicherlich nicht der Gestank der Menschheit alles, was in Sichtweite lag.

Die Fahrt mag ermüdend gewesen sein, aber es war kein Vergleich zu der Aufregung, die Subroto an diesem Abend für mich bereithielt. Wir tourten vom frühen Abend bis Mitternacht – sechs lange Stunden – auf seinem Motorroller durch die Stadt. Der vom Tag übrig gebliebene Staub schlug sich auf unseren Zungen nieder. Eine Schule. Das Telegrafenamt. Die Polizeiwache. Ein Treffen mit Subrotos Partnern, alles Anwälte. Eine Fachhochschule ohne Fensterscheiben. Ein Besuch in der Moschee der Stadt, wo Subroto mich als einen Mann vorstellte, der jedes muslimische Land der Welt bereist hat. Ein Aufenthalt bei Subrotos bestem Freund Kabloo, dem Oberhaupt einer muslimischen Familie. Die Gerichtshöfe, die wir in der Dunkelheit eines Stromausfalls besuchten. Eine Odyssee aus freundlichem Lächeln und endlosem sich Vorstellen.

Subrotos unbefangene Zuneigung zu seinen muslimischen Freunden war erfrischend, eine willkommene Abwechslung angesichts des Hasses zwischen Hindus und Muslimen, den ich in Indien erlebt hatte. Als ich ihn beobachtete, wie er – das Zentrum aller Aufmerksamkeit – Kabloo und seine Töchter mit respektlosen Scherzen und blitzschneller Konversation zum Lachen brachte, konnte ich mich nur darüber wundern, wie *natürlich* all das war. Die Tiraden des sektiererischen Hasses, die ich in Agra, in Varanasi und in Kalkutta miterlebt hatte, erschienen plötzlich so seltsam. Subrotos lebendige Art ist so durch und durch indisch – ein Wackeln mit dem Kopf, wenn er erfreut ist; eine nach außen schaufelnde Handbewegung, die mit den Handflächen nach außen abschließt, um etwas zu betonen –, doch sein Herz ist das mit Sicherheit nicht.

Das Wichtigste ist aber, dass Subroto für den nächsten Tag viele Treffen für mich arrangiert hat, um mir bei meinen Nachforschungen zu helfen. Die Liste ist beeindruckend. religiöse Gelehrte, Vorsitzende politischer Gruppen, ein Doktor der Theologie aus Harvard, Journalisten, Universitätsdozenten. Das wichtigste Treffen ist jedoch das mit dem Vorsitzenden der Lalon-Akademie, ein Ort, der den Studien und der Praxis des Mystizismus gewidmet ist. Lalon Shah ist der Schutzheilige von Kushtia, ein Mystiker, der am Anfang des 19. Jahrhunderts hier geboren wurde, und eine Figur, die die synkretistische mystische Tradition des Islam in Bangladesh verkörpert. Subrotos Coup, auf den er besonders stolz ist, besteht darin, dass ich morgen Abend offiziell in der Akademie empfangen werde.

Es ist schon dunkel, als uns unsere letzte Fahrt außerhalb der Grenzen von Kushtia zu Subrotos Heimatdorf Gobindapur führt. Gelegentliche Blitze erhellen den lilafarbenen Himmel in der Ferne: In Bangladesh sind die Stürme nie weit entfernt. Es ist eine gefährliche Fahrt, wir weichen unbesonnen den Lastwagen, Karren, Bussen und Fußgängern aus, die sich hinter Vorhängen aus Scheinwerfern und Staub verstecken. Fahrrad-Rikschas mäandern durch die Straßen; ihr einziges Licht besteht aus einer Öllampe, die knapp über dem Boden zwischen den Reifen befestigt ist. Der schwache Glanz, den sie abgeben, bewegt sich sachte durch die Straßen und verleiht Kushtia ein beinahe mittelalterliches Flair.

Ich weiß nicht recht, was ich mehr schätze, Subrotos Hilfe oder seine Begleitung. Aber ich weiß, dass der anstrengende Abend einen geringen Preis für die Unterhaltung darstellte, die er bot. Als wir durch die Nacht fliegen, verliert sich Subrotos ernste Stimme zwischen dem Motorengeräusch und der an mein Ohr sausenden Luft, und ich bemerke, dass ich zum ersten Mal wieder strahle, seitdem ich Kalkutta verlassen habe.

Plötzlich öffnet sich irgendwo links aus der Dunkelheit heraus ein Feld und absorbiert all die ruhigen Geräusche der Nacht. Eine leere, luftige Stille. Ich kann nichts sehen, aber die völlige Abwesenheit von Geräuschen verursacht ein Gefühl von unendlichem Raum. Subroto wendet sich mir zu und erzählt mir, dass hier in der Dunkelheit sein Dorf liegt und schläft. Wir werden es morgen besuchen, bevor wir unseren Termin bei der Lalon-Akademie haben.

»Wir fahren nun zurück in die Stadt«, sagt er, »um den Abend zu beenden. Wir müssen etwas zu essen für dich suchen. Damit du gut durch die Nacht kommst.«

»Subroto, ich brauche wirklich nichts. Für gewöhnlich schlafe ich bis zum Morgen, ohne aufzuwachen.«

»Aber es eine so *lange* Nacht. Wie wirst du eine so lange Nacht überstehen« Subrotos Fürsorge für mich ist völlig gut gemeint, hat aber bereits etwas bevormundende Züge angenommen. Er zwingt mich zum Kauf von fünf Bananen, und ich muss ihm versprechen, sie zu essen.

Eine süße, stille Fäulnis

Samstag, 7. Oktober: Kushtia

> *Was macht einen Sufi aus? Reinheit des Herzens;*
> *Nicht der geflickte Mantel perverser Gier*
> *jener vulgären, erdgebundenen Männer, die seinen Namen*
> *stehlen.*
> *Er nimmt in allem Bodensatz die reine Essenz wahr:*
> *in nachlassender Not, in freudvoller Heimsuchung.*
> Aus: *Der wahre Sufi* von Jalal ad-Din Rumi

Auf der einen Seite des Hofes flackern ein paar Kerzen unter einem trostlosen Zementdach. Vom Torbogen aus schreiten wir langsam am Gras entlang darauf zu. Zwei Gestalten tauchen aus der stillen Dunkelheit auf. Einige wenige gemurmelte Worte wie ein Geheimcode, und wir gehen um einen verdunkelten Schrein herum auf die andere Seite des Hofes. In ein niedriges Gebäude.

Eine einzige rote Kerze erhellt den Raum; ihre feierliche Atmosphäre hat die versammelten Anwesenden deutlich beeinflusst. Der

Raum ist lang gestreckt und schmal; an der Wand befinden sich Bücherregale, im Zentrum ein schmaler Tisch. Wie an der Wand positionierte Wachsfiguren, die ihre Augen auf Subroto und mich gerichtet haben, sitzen vielleicht 30 Menschen da. Ich werde den wichtigsten von ihnen vorgestellt: Rezaul Hoque, Anwalt und Sekretär der Akademie; dem stellvertretenden Bezirkskommissar Sattar, dem Verwaltungchef des Distrikts; dem Friedensrichter Goton, einem ehemaligen Studenten von Lalon; eifrigen jungen Studierenden und seltsamen alten Männern.

Wir setzen uns. Dutzende von fliegenden Ameisen bringen sich gerade selbst der Kerze vor mir zum Opfer dar, und ich kann mich nur schwer konzentrieren. Der Sekretär lehnt sich dicht über den Tisch zu mir herüber. Seine Stimme tönt leise und langsam, ein Hauch von Ehrfurcht schwingt in ihr mit, so als würde er jeden Moment ein überwältigendes Geheimnis enthüllen. »Niemand kennt den genauen Zeitpunkt von Lalons Geburt. Er liegt ungefähr 200 Jahre zurück. Er wurde im Dorf Horispur im Distrikt Jessore in eine gewöhnliche muslimische Familie hineingeboren. Sein Vater und seine Mutter starben, als er sehr jung war. Sein Vormund und führender Einfluss wurde Shira Schah, ein Fakir. Als Lalon zwölf war, wurde er ebenfalls ein Fakir.« Ich notiere mir alles, was mir erzählt wird; ich habe das Gefühl, dass das von mir erwartet wird. »Er hatte viele Schüler – Moni Rudinshah, Banju Shah, Malon Shah –, die an seiner Seite hier in der Akademie beigesetzt wurden.« Der Sekretär zeigt hinaus zu dem bemalten Schrein in der Mitte des Hofes, sein Eingang wird von mehreren einfachen Gräbern bewacht.

»Keines seiner Lieder und keine seiner Reden wurden zu jener Zeit aufgezeichnet«, fuhr er fort, »aber Lalon Shah hatte große spirituelle Macht. Zu einem späteren Zeitpunkt zeichneten seine Schüler 2000 Lieder auf.«

»Sind sie ins Englische übersetzt worden? Kann ich welche sehen?«

»Die englische Übersetzung ist nicht gut. Sie ist nicht verbreitet.«

»Aber auf Bengali sind die Lieder verbreitet.«

Die ganze Versammlung rückt auf ihren Stühlen hin und her,

nickt und lächelt. »Aber ja. Ich würde sagen ... ich würde sagen, dass wenn einer fünf Musikkassetten besitzt, eine von Lalon ist.«

»Ist das auch bei jungen Leuten so?«

»Insbesondere bei jungen Leuten. Wenn du die Lieder hörst, verstehst du das. Sie laufen ständig im Radio und Fernsehen. Wirklich sehr populär.« Ich bin beeindruckt. Wenige der christlichen Hymnen, die vor 200 Jahren geschrieben wurden, sind heute noch bei der westlichen Jugend beliebt.

Der Sekretär fährt fort und lehnt sich noch näher zu mir. Irgendetwas in seinem Blick erinnert mich an ein Selbstportrait von Van Gogh: Sein Blick ist intensiv, vielleicht sogar besessen. Und ein bisschen geistesgestört. Seine Stimme ist jetzt nur noch ein Flüstern. Ich muss mich anstrengen, um ihn zu verstehen, und trotzdem üben die ruhige Kadenz und der Rhythmus seiner Worte eine hypnotisierende Wirkung auf mich aus.

»Lalon war in der Vergangenheit nicht so beliebt, bei einigen Vertretern des Islam nicht so beliebt. Doch wir versuchen, das zu verändern. Wir haben hier nun eine Schule, um die Lehren von Lalon zu studieren. In zwei Wochen sind die *urs*-Feierlichkeiten, und es werden über 1000 Anhänger und Fakire aus allen Teilen des Landes kommen, eine Pilgerreise. Wie du siehst, sind einige der Fakire bereits eingetroffen.«

Er deutet wieder hinaus, dieses Mal zur anderen Seite des Hofes, zu dem mit Zement überdachten Bereich. Die Dunkelheit ist undurchdringbar, aber es drehen sich schattenhafte Gestalten darin, im Kerzenlicht umrissene Silhouetten. Ich schaue mich im Raum um. Alle um den Tisch versammelten Gesichter richten sich entweder auf mich oder auf den Sekretär, sie sind von seiner weichen, geheimnisumwitterten Stimme und dem Kerzenlicht verzaubert. Rotes Licht flackert unsere Schultern hinauf, umspielt die Konturen unserer Gesichter. Hier wirkt unbestreitbar ein magischer Zauber. Ich wende meinen Blick wieder der Kerze zu, dem Zentrum unseres Universums, und konzentriere mich auf die Dunkelheit, die von überallher auf sie vorrückt.

»Kennst du Rabindranath Tagore, den bengalischen Dichter?«, fragt mich der Sekretär.

Wie könnte ich ihn nicht kennen? Tagore ist das liebste Kind der Bengalen. 1913 wurde ihm der Nobelpreis für Literatur verliehen; sein Name ist praktisch unübersehbar. Tagores Haus liegt am Rande von Kushtia, und Subroto zeigte mir am frühen Nachmittag voller Freude die Einrichtung.

Ich nicke zustimmend.

Der Sekretär ist sichtlich geschmeichelt. »Gut. Dann müsstest du wissen, dass Tagore ein Student der Lalon-Akademie war.« Seine Stimme, ihr hypnotisierender, fließender Klang, wird noch weicher, zieht uns zu sich heran. Ich fühle, wie sich jeder im Raum nach vorn beugt. »Du möchtest etwas über Lalon und den Islam erfahren. Lalon war ein Muslim, aber er ging über den Islam hinaus. Seine Anhänger folgen etwas viel Größerem und Spirituellerem als dem Islam. Diese Menschen« – ich weiß nicht genau, wen er meint –, »vermischen den Islam und Lalon. Seine Anhänger sehen sich selbst als Muslime, aber sie wissen, dass Lalon etwas Separates ist. Lalon ist etwas Besonderes. Sogar Christen und Hindus sind Lalon-Anhänger. Lalons Gott hat für jeden Liebe. Wir müssen dem Pfad zu Gott folgen, zur Liebe, uns nicht in verschiedene Sekten aufspalten. Lalon geht über die Religion hinaus.«

»Natürlich stimmen die Imame Lalon nicht zu. Sie akzeptieren Lalon nicht als Teil des Islam. In der Vergangenheit haben sie versucht, ihn auszustoßen.« Wieder weiß ich nicht genau, was das heißt, aber es ist unmöglich, den Zauber mit Nachfragen zu brechen. »Nun lehnen sie ihn nicht ganz so stark ab. Sie wissen, dass seine Lieder ein Teil von Bangladesh sind.«

In Bangladesh, einem Land, das von der Suche nach seiner Identität entflammt ist, ist alles sakrosankt, was es vom Rest der Welt unterscheidet, jedes Fragment eines kulturellen Erbes, wie Lalon eines darstellt. Im Zuge der Nachwirkungen des Unabhängigkeitskrieges erlebte das Land eine Gegenwehr gegen die Fundamentalisten, die Pakistan in der Auseinandersetzung als wahre Heimat des indischen Islam unterstützt hatten. Nun ist es für sie praktisch unmöglich, etwas anzugreifen, das für sie als Synonym für die eigene bengalische Kultur steht, gleichgültig, wie unakzeptabel es in den Augen des Islam ist. Ironischerweise wird Lalon aufgrund seiner Abweichung vom orthodoxen Islam geschützt.

Das Licht geht an. Mit verschleierten Augen, wie aus einem Traum oder einer Betäubung gerissen, regt sich die Gruppe verwirrt. Die eigenwillige Stromversorgung von Kushtia hat den Zauber gebrochen und uns vor der vollständigen Paralyse bewahrt. Die einzige kugelförmige Deckenleuchte der Akademie erhellt nur diesen Raum, der sich plötzlich als ein Ort der abblätternden Farbe und zerbrochenen Regale zeigt, worin wir aber vor der Welt der Zauberei, der Dunkelheit und des Todes geschützt sind. Unsere Rettung ist jedoch nur von kurzer Dauer. Der Sekretär hustet und bespricht sich mit den anderen Würdenträgern. Wir müssen hinausgehen, sagt er, in die Dunkelheit des Kerzenlichts, um einen Rundgang durch die Akademie zu machen.

Im flackernden Kerzenlicht auf der anderen Seite des Hofes offenbart sich eine seltsame Unterwelt. Die Wesen, die auf dem bloßen Zementboden warten, können nur in der Dunkelheit existieren, da bin ich sicher; bei Tageslicht werden sie verschwunden sein. Dies sind die Fakire, von denen der Sekretär gesprochen hat, die Männer und Frauen, die zu Lalons *urs*, der feierlichen Erinnerung an seinen Todestag, angereist sind. Die meisten von ihnen tragen lange, weiße Gewänder, eine Mode, die ich nirgendwo sonst in Bangladesh gesehen habe. Große hölzerne Perlenketten hängen um ihren Hals, und auf den ersten Blick scheinen sie weit mehr mit den verrückt blickenden indischen Sadhus gemeinsam zu haben, als irgendwie mit dem Islam in Verbindung zu stehen. Der erste Mann, den ich mir näher betrachte, scheint seit Wochen ungewaschen, hat lange Dreadlocks und einen leeren Blick. Seine weibliche Begleiterin sieht ebenso aus, und ihre schlammfarbenen Augen flackern mit wenig mehr als dem Licht der Kerzen um sie herum. Ihr krauses Haar hat sich zu drei großen Ausbuchtungen geformt, von denen zwei klumpenartig an der Seite hängen und sich ein verrückter Kegel vertikal über ihren Kopf erhebt. Alle Fakire grüßen mich mit einer kleinen Verbeugung, wobei ihre Handflächen zusammengepresst sind, während sie mit dem ruhigen Atem sich verzehrender Phantome zu mir sprechen und ein einziges Wort sagen, »Guru«, bevor sie ihre Meditation mit übereinander geschlagenen Beinen wieder aufnehmen.

Als wir durch ihre Mitte spazieren, setzt die verführerische Stimme des Sekretärs wieder ein. »Die Anhänger von Lalon grüßen nicht mit dem üblichen *salaam*. Lalon wollte eine universelle Begrüßung, eine Begrüßung, die sich nicht auf eine Religion bezieht. *Salaam* kann verwendet werden, aber es ist besser, wenn für Liebe, nicht für Frieden gebetet wird. Der Frieden kommt von der Liebe.«

Wir kommen zu einer Frau, sie ist unwahrscheinlich alt, nahezu hinweggeschrumpelt. Sie ergreift meine Hände und schenkt mir ein zahnloses Lächeln. Das Licht der Kerze erhellt ihren Gaumen. Ein Schädel, der zu mir heraufgähnt, ein vertrocknetes Haupt – mein Gefühl, in eine Unterwelt geraten zu sein, ist stärker denn je.

Wir kehren in den Hof zurück, wo ein Kreis aus Stühlen um ein weißes Laken herum aufgestellt worden war. Wir setzen uns, während aus verschiedenen Teilen der Dunkelheit die Mitglieder einer Band auftauchen, deren langsame Bewegungen von einer noch größeren Mattigkeit zeugen, als sie sowieso schon in Bangladesh anzutreffen ist. Sie lassen sich auf dem Laken nieder. Jeder Mann trägt ein Instrument: eine einsaitige Laute, mehrere Trommeln, ein Harmonium, eine Flöte, Beckenteller. Mit ein oder zwei Ausnahmen verkörpern alle Menschen, die sich von der Welt losgesagt haben. Alle haben langes, glattes, fettiges Haar. Die meisten sind wie die Fakire in Weiß gekleidet und mit schweren Holzketten geschmückt, wobei ein Mann in farbige Kleidung gehüllt und sein Körper mit schweren Stahlketten behangen ist. Ein Symbol dafür, wie seine Seele an seinen Körper gekettet ist, wird mir später berichtet. Der milchige Blick eines jeden wandert zu mir, streift mich, streift an mir vorüber. Unachtsam. Möglicherweise habe ich gefunden, wonach ich gesucht habe. Ein Ort der Fakire, ein Ort der Sufis, ein Ort des Mystizismus.

Die Musik setzt ein. Die Mitglieder der Band sind, ihrem träumerischen, verklärten Gesichtsausdruck nach zu urteilen, alle stoned. Drogen werden von vielen Sufis nicht verschmäht. Für sie ist alles annehmbar, was den Gläubigen dem Zustand der Ekstase näher bringt, in dem er oder sie möglicherweise Gott schaut. Der mit den Stahlketten klirrt mit ein paar Fingerzimbeln, seine Handgelenke und Arme kreisen geistesabwesend, während er seine Augen geschlossen hält und sich selbst in der Musik verliert.

Der Sänger ist ein großer Mann mit dichtem, ergrauenden Bart und schwarzem Haar, das fettig und zurückgebunden ist. Er zupft einige Male an einer Gitarre mit einer einzelnen Saite und beginnt dann eifrig mit seiner Vorführung. Er schlägt sich auf die Brust, schließt seine Augen, er klagt. Er reißt seine Augen weit auf und fixiert mich mit einem strafenden Blick: Es ist offensichtlich, dass er zu mir singt. Seine Augen schließen sich wieder. Das Lied baut sich auf, die Musik wird lauter. Alle Teilnehmer verlieren sich deutlich in ihrem Lied an Gott – ihre Lider sind halb geschlossen, ihre Körper schwingen –, aber keiner übertrifft den Sänger. Seine Arme sind weit geöffnet, er posiert, er tanzt auf der Stelle, er dreht sich. Die Vorstellung, dass hier eine einfache Vorführung stattfindet, ist irreführend – sein ganzes Wesen liegt in diesem Lied. Es handelt von dem Dämon des Körpers, wie seine Bedürfnisse die Seele schwächen, und es hält sowohl die Teilnehmer als auch die Zuschauer in einem nahezu tranceartigen Zustand. Ich bin verzaubert.

Die Musik reißt die Fakire aus ihrer ruhenden Position, sie bewegen sich mit gelenkigen Hüften und lockeren Kiefern. Es sind weit mehr, als ich gedacht habe, und ihre Verschiedenartigkeit ist erstaunlich. Ein Mann ist, abgesehen von einem fest gewickelten, orangefarbenen Lendenschurz, nackt und wie die heiligen Männer in Indien mit Asche beschmiert. Die orthodoxe Religion fördert in den Männern ihres Glaubens die Respektabilität, aber so etwas ist nicht denkbar für eine Religion, die sich auf die Entsagung der

Welt konzentriert. Heilige Männer in Indien, und hier ganz offensichtlich auch, sehen eher geistesgestört als respektabel aus. Dieser Mann trägt schulterlange Dreadlocks, die vorne und hinten die gleiche Länge haben, sodass sein Gesicht vollkommen davon verdeckt ist. Das Glimmen einer Zigarette zeichnet die Bewegungen seiner Hand nach, als er in der Dunkelheit kreist und sich dreht. Seine Bewegungen sind langsam, verzögert: Er ist so stoned, wie ich noch niemanden erlebt habe. Ein Arm windet sich in die Luft bis zu einem Handgelenk, das sich vor und zurück bewegt. Er scheint völlig geistesgestört und freudetrunken, als die Musik ihn näher zu Gott führt. Andere Fakire tanzen, drehen sich gemeinsam, aber die meisten halten nur inne und schauen ausdruckslos mit offenem Mund. Ein konstanter, murmelnder Gesang ertönte vorher aus ihrer Richtung; sogar er verstummt nun, als sie vollkommen in die Musik eintauchen.

Schließlich verfällt der Sänger in Stille; kurz danach klingt die Musik aus. Bei andächtigen Tänzen darf der Sänger, sofern ein Tänzer zu tanzen begonnen hat, nach Ansicht der Sufis nicht aufhören zu singen, bis der Tänzer innehält, da die plötzliche Unterbrechung der Trance den Tänzer töten könnte. Die Einstellung der Band ihrem Sänger gegenüber könnte dieselbe sein.

Der hagere Mann mit den Stahlketten singt das zweite Lied, seine Augen sind dabei halb geschlossen. Subroto übersetzt die Worte flüsternd: »... welch ein unbekannter Vogel ist in meinem Körper gefangen ... in dem Käfig meines Körpers ... doch der Vogel gehört nicht mir ...« In der nächsten Stunde fährt die Musik fort, während die Szenerie langsam in das silbrige Licht des Mondes getaucht wird, der über den Bäumen aufgeht. Leuchtkäfer erstrahlen in kurzem, leuchtendem Ruhm in den Ästen. Ich bin völlig von dem gefangen, dessen Zeuge ich bin, von der ätherischen Welt dieser dahintreibenden Mystiker.

Es ist nicht schwer, einzusehen, warum ein Araber den bengalischen Sufismus als über das tolerierbare Maß hinaus vom Hinduismus beeinflusst bezeichnen mag. Diese Fakire sehen eher wie hinduistische Bettelmönche aus und nicht wie fromme Muslime, und die

Zeremonie erscheint mehr indisch als arabisch. Als wir zum Akademiegebäude zurückkehren, zur Realität unter der Deckenlampe, setzt die samtene Stimme des Sekretärs wieder ein.

»O ja. Die hinduistischen Yogis und die muslimischen Fakire waren einander in Bengalen stets sehr ähnlich. Wenn ein Heiliger sehr berühmt war, spielte seine Religion keine Rolle. Anhänger beider Religionen suchten ihn auf, um Wunder zu erbitten.«

»Konnte Lalon Wunder vollbringen? Besaß er die Kraft der Magie?«

»Selbstverständlich. Lalon war ein sehr heiliger Mann. Er konnte Krankheiten heilen. Er konnte eine Frau fruchtbar machen.«

Die Magie dieser Art war einer der Gründe, warum der Sufismus in Indien so beliebt war. Sufi-Meister begannen von dem blinden Glauben an das Wunderbare zu profitieren, der die indische Gesellschaft, zumindest das öffentliche Bewusstsein, durchzog, um die Magie zur Bekämpfung der bösen Kräfte zu nutzen. Nicht nur die Armen und Enteigneten glaubten an ihre Kräfte, auch die Mächtigen in der Gesellschaft konsultierten häufig Sufi-Meister, um Gefallen zu erbitten, die sich von der Versorgung mit magischen, heiligen Amuletten bis zu beabsichtigter Einflussnahme in größere politische Geschehnisse erstreckten. In Indien hatten die Sufis keine Probleme mit der Verbindung dieser übernatürlichen Kräfte und dem Islam. Ali al-Hujwiri, der am meisten verehrte Heilige Pakistans, der *Data Ganj*, dessen Schrein wir in Lahore besucht hatten, erklärte diese Denkweise so:

Gott hat Heilige, die er besonders durch Seine Freundschaft hervorhebt und die Er ausgewählt hat, damit sie die Herrscher Seines Reiches sind … Er hat die Heiligen zu den Herrschern des Universums gemacht … Durch den Segen ihrer Anwesenheit fällt der Regen vom Himmel, durch die Reinheit ihrer Leben keimen die Pflanzen aus der Erde, und durch ihren spirituellen Einfluss erlangen die Muslime den Sieg über Nichtgläubige.

Der Sufi besaß keine Macht aus sich selbst heraus. Nur durch seine besonders fromme und heilige Natur und seine enge Verbindung zu Gott war er in der Lage, die göttliche Macht auf Erden zu nutzen. Magie wurde aus einer individuellen Kraft in eine göttliche Handlung transformiert.

Viele Fakire waren wenig mehr als reisende Quacksalber, die magische Kräfte für sich beanspruchten, um sich ihren Lebensunterhalt zu verdienen, doch das traf nicht in allen Fällen zu. Viele waren Männer des wahren Glaubens, und die Suche nach Gott war die wichtigste Angelegenheit im Leben eines wahren Sufi-Meisters.

Ein weiteres Charakteristikum des indischen Sufismus ist seine Hingabe an die Dichtkunst und den Gesang. Trotz der Missbilligung der Orthodoxie war es wahrscheinlich diese Tradition – die ursprünglich aus Persien kam – sowie das abergläubische Bedürfnis, an die Magie zu glauben, was am entschiedensten zur Verbreitung des Islam beitrug. Sufis hinterließen Bände der Dichtkunst und des Gesangs, und die Zusammenkünfte der Sufis, die *sana*, konzentrierten sich häufig auf Musik als Hauptmedium der Verbindung mit Gott. Ob man dem nun Glauben schenken mag oder nicht, es waren einige der *sana* berühmt dafür, dass sie emotional derart aufgeladen waren, die religiöse Ekstase derart intensiv war, dass der Tod eingetreten ist.

Das Komitee rückt unter der einen Glühbirne hin und her. Sie warten auf etwas Wichtiges. Höfliches und schwereloses Lächeln wandert hin und her, bis der Sekretär – zum ersten Mal unsicher – zu entscheiden scheint, dass der Zeitpunkt der richtige ist. Unbeholfen und ungeschickt nimmt er drei in Zellophanpapier gewickelte Sträuße aus gelben Blumen von einem Stuhl. Seine frühere Würde ist plötzlich von ihm gewichen, er übergibt sie rasch mir, dem Friedensrichter Goton und dem Stellvertretenden Distriktkommissar. »Wir fühlen uns so sehr geehrt, dass ihr… unsere Akademie besucht habt. Ihr alle. Wir sind geehrt…« Er verstummt.

Goton, der einmal Vorsitzender der Akademie war, nimmt den Faden wieder auf. Selbst ein Gast, mag es ihm seltsam erscheinen, dass er derjenige ist, der mich willkommen heißt, aber ich kann keinen Anspruch darauf erheben, die Feinheiten des bengalischen Protokolls verstehen zu können. »Wir möchten dich auch mit diesem Bildnis auszeichnen«, sagt er. Er übergibt mir ein aus Holz geschnitztes Relief von Lalon, das auf schwarzen Stoff gebettet ist. Sein Körper ist verdreht, verrenkt, sein Kopf zurückgeworfen; in seiner Hand hält er ein Instrument mit einer einzigen Saite. »Wir möchten auch darum bitten, dass du die Botschaft von Lalon mit nach Australien nimmst. Du musst den Menschen über unsere Schule berichten. Wir würden sehr gern Anhänger Lalons in Australien haben. Du musst die Botschaft verbreiten.« Wie ich die Botschaft jedoch mit wenig mehr als einem geschnitzten Bild und der Erinnerung an ekstatischen Gesang verbreiten soll, ist unklar, aber ich verspreche, mein Bestes zu tun.

Ich schaue Subroto an, dessen Ekstase vollkommener erscheint als irgendetwas Religiöses. Sein Strahlen ist unmöglich zu unterdrücken, und als die Übergabe vorüber ist, entleert sich ein Gefühlserguss – eine Mischung aus Aufregung, Dankbarkeit und Dienstbereitschaft – aus seiner Kehle. Beim Hinausgehen erstaunt er mich durch seinen Versuch, den Staub von den Füßen des Distriktkommissars abzuwischen.

Wir gehen den dunkler werdenden Weg hinunter. Ich bin verwirrt und fühle mich durch die ganze Erfahrung geehrt; ich bin benommen. Subroto seinerseits hat sich in einer Art Glückseligkeit verloren. Ein weicher Wortschwall kommt aus seiner Richtung, als wir weitergehen. »Der Verwaltungschef des Distrikts kam *früh*, früh! Eine große Geste, du magst das nicht verstehen, erstaunlich, der Verwaltungschef kommt nie früh. In der Regel kommt er sehr spät, sodass alle reden und sich fragen ›Warum ist er noch nicht hier?‹, ›Wann wird er kommen?‹, und so weiter. Wenn er also ankommt, ist er das Zentrum der Aufmerksamkeit, so ist es immer. Also ist sein frühes Erscheinen…« Er seufzt hingerissen.

Es ist nun sehr spät, und nach einem langen und emotional auslaugenden Tag sehne ich mich nach meinem Bett. Subroto hat jedoch noch eine letzte Überraschung auf Lager. Wir knattern zu einer kleinen Wellblechhütte im Zentrum der Stadt. Ihr niedriges Dach ist mit Spinnweben und hageren Spinnen verhangen, die mein Haar streifen, obwohl ich mich beim Hineingehen ducke. Dies ist das Büro einer der örtlichen Tageszeitungen, und nach den üblichen Begrüßungen allerseits verkündet Subroto, dass ein Artikel über mich die Titelseite der morgigen Ausgabe zieren wird. Ich bin verblüfft. Ich bin erst gestern Abend angekommen. Der Artikel berichtet, dass sich ein »berühmter« Schriftsteller aus Australien in Kushtia aufhält, um über den Islam etwas in Erfahrung zu bringen. Mir ist unheimlich. Eine ganze Gemeinschaft kann von mir Notiz nehmen, ohne dass ich es jemals erfahre. Ich kann in diesem sanskritartigen bengalischen Schriftzug nicht einmal meinen Namen erkennen, was bedeutet, dass Dinge dieser Art die ganze Zeit über vonstatten gehen konnten, ohne dass ich es bemerkte. Subroto hatte selbstverständlich nicht vorgehabt, mir das zu eröffnen. Wir sind stattdessen hier, damit er für die morgige Ausgabe aufgeregt über die Geschehnisse des Abends berichten kann. Er erzählt über die Akademie, über die Anwesenheit des Verwaltungschefs des Distrikts, über die Übergabe der Geschenke, die ich immer noch bei mir trage, über mein Versprechen, die Botschaft Lalons in Australien zu verkünden.

Endlich, Befreiung. Subroto hat mich in dem sauberen und geräumigen »Regierungs-Gästehaus« von Kushtia untergebracht, einer Institution, die für den Besuch von Würdenträgern reserviert ist. Ich realisiere erst nach und nach, dass ich nun zu einem solchen geworden bin.

Auf unbestimmte Zeit verspätet

Dienstag, 10. Oktober: Auf dem Weg nach Dhaka

Vier Tage in Kushtia, jeder Tag davon voller Ereignisse und einzigartig. Ein zweiter Besuch der Akademie, ein Interview mit dem Kanzler der Islamischen Universität der Region, Liebeslieder aus dem Munde von zwei bengalischen Nymphen. Trotz meines Widerstrebens zahlreiche Besuche bei Zeitungen, wobei meine während des letzten Interviews geäußerten Ansichten über die religiöse Einmischung in die Politik von der regierenden Partei zur Denunzierung der fundamentalistischen islamischen Opposition verwendet werden. Und gestern Nachmittag eine Prozession von Menschen, die ich nicht kannte, und die gekommen waren, um im einzigen Fotostudio von Kushtia ein Foto mit mir aufzunehmen.

Heute hat das Abenteuer jedoch ein Ende gefunden. Wir stehen am Bahnsteig von Kushtias Bahnhof und warten auf den Zug, der mich den größten Teil der Strecke zurück nach Dhaka bringen wird. Es ist ein öder Ort, genauso dem Verfall überlassen wie der Rest des Landes. Dschungelflechten bedecken teilweise Stein und Zement; jegliches Metall ist von Rost überzogen.

Subroto, der schon den ganzen Morgen über meine Abreise traurig ist, durchblättert die Notizbücher, die ich ihm gegeben habe. Immer wieder bekräftigt er, er wolle meine Handschrift »in Ehren halten«. Er hat eine kleine Auswahl von Freunden versammelt, die mir Lebwohl sagen – Kabloo und sein Neffe, zwei Universitätsdozenten, einige Geschäftspartner –, doch die Menge der um mich versammelten Gesichter ist viel größer. Sie kommen von überallher angeschlurft, schieben, starren, abgestumpft, ihre trägen Bewegungen das Markenzeichen von Bangladesh. Offene Münder und Stille, Körper blockieren meinen Weg. Weit aufgerissene Augen und klaffende Kiefer, der Ausdruck von Erstaunen lässt sie unnötig dumm erscheinen. Die meisten sind arm. Auch gut gekleidete Gentlemen in Hosen und westlichen Hemden stehen Zentimeter von mir entfernt und reißen ihre Münder weit auf.

Ich lächele den Gesichtern, die ich treffe, herzlich entgegen, versuche, ihnen nur ein einziges Lächeln zu entlocken. Vergeblich. Das hat mich die ganze Zeit, seitdem ich Bangladesh betreten habe, verfolgt. Es kann nicht als Feindseligkeit bezeichnet werden, aber dennoch steckt hinter all dem eine Undurchdringlichkeit, etwas Ermüdendes und Unbehagen Verursachendes. Mir gegenüber wird intensive Neugier an den Tag gelegt, aber sonst nichts, keine Art von

Willkommen. Die Erfahrung ist hier so anders als im Iran, wo ein Lächeln der Schlüssel zu fast jedem Gesicht war. Sogar die realistischen und kompromisslosen Männer Pakistans erwiderten mein Lächeln mit einem zähnezeigenden Grinsen. In Bangladesh bleiben die Blicke ausdruckslos.

Es ist faszinierend, wie sich der Wunsch und die Erfahrung verändern können. Ich erinnere mich, dass ich über solche Szenen etwas gelesen hatte, bevor ich zum ersten Mal nach Afrika reiste, und sie einen Zauber in meiner Vorstellung auslösten. Zu jener Zeit erschien der Gedanke an ein weißes Gesicht, das solch ein Interesse hervorrief, mehr als Fiktion denn als Realität, etwas, das Generationen zuvor verschwunden war, und ich sehnte mich selbst nach einer solchen Erfahrung. Als ich nun von diesen Gesichtern umgeben bin, reflektiere ich, dass ein früheres Selbst von mir diese Szene bestaunen würde, in ein Hochgefühl der seltenen Erregung angesichts eines erfüllten Traums verfallen würde. Stattdessen empfinde ich wenig mehr als einen schwächeren Reiz, unbedeutend und gewöhnlich. So sehr ich es auch versuche, ich kann nicht länger die Freude in mein Herz rufen, die ich einst fühlte. Das stört mich, denn es erinnert mich daran, dass die Fähigkeit zur Freude in gewisser Weise abnimmt, je mehr Erfahrungen man macht. Es ist gefährlich, dich lediglich auf das zu konzentrieren, was du durch deine Erfahrungen gewinnst, und die Klage über das zu vergessen, was du dadurch verloren hast.

Subroto schaut beim Kreischen des Zuges, der unter braungrauen Wolken einfährt, auf. Er versucht sich an einer kurzen, melodramatischen Rede über die Tragödie meiner Abreise, bevor er mich in den Waggon schiebt und sich zum Fenster hereinlehnt, um eine Tirade in Richtung der anderen Reisenden loszulassen, die für mich auf ihren harten Holzbänken Platz machen sollen. Der Waggon ist so überfüllt, wie es bei dem bevölkerungsreichsten Land der Erde nicht anders zu erwarten ist. Mein letzter Abschiedsgruß an Subroto und seine Freunde ist so inadäquat wie alle Abschiede an Bahnhöfen und wird in aller Eile ausgesprochen, als der Zug sich fortzubewegen beginnt. Ich lehne mich über die braunen Körper, um Subroto die Hand zu schütteln; er läuft noch eine Weile mit dem Zug mit. Dann verblasst seine Gestalt. Kushtia liegt hinter mir. Die lange, heiße Reise nach Dhaka hat begonnen.

Mittwoch, 11. Oktober: Dhaka

Dhaka, so laut, verschmutzt und unliebsam wie zuvor ist eine unruhige Stadt. Die Straßen sind durch Demonstrationen blockiert, da die Oppositionsparteien die Regierung zu stürzen versuchen; die Zeitungen berichten über Kämpfe zwischen verschiedenen politischen Gruppen an jedem Abend. Ein Mord in dem einen Stadtteil, ein Brand in dem anderen.

An diesem Nachmittag erfahre ich, dass die Opposition als Protest gegen die Regierung einen landesweiten Streik ausgerufen hat, der als *hartal* bekannt ist. Er soll vier Tage dauern, der längste Streik in der Geschichte von Bangladesh. Der *hartal* gehört zur Tradition des Subkontinents, seitdem Gandhi ihn als Protest gegen die Briten als friedliche, gewaltfreie Form des Widerstands auf den Plan gerufen hat. Im heutigen Bangladesh scheint Gandhis Konzept der Gewaltlosigkeit jedoch schon lange in Vergessenheit geraten zu sein. Der letzte *hartal* vor zwei Wochen endete mit Dutzenden von Toten. Bei der ständig noch steigenden Spannung in Vorbereitung auf einen doppelt so lang ausgedehnten Streik wie zuvor weiß nun niemand, was zu erwarten ist.

Meine Absicht ist es, nach Sylhet, einer Stadt im Norden des Landes, zu fahren, um dort meinen letzten Sufi-Schrein zu besuchen, bevor ich Bangladesh verlasse. Ich werde in acht Tagen von der südöstlich gelegenen Stadt Chittagong nach Bangkok fliegen. Der *hartal* hat die Zeit jedoch nun sehr kostbar werden lassen. Ich habe vor seinem Beginn nur noch vier Tage. Ich muss von einem Ende des Landes zum anderen reisen, um alles über Sylhets Shah Jalal herauszufinden, bevor ich in Chittagong sein muss. Ich hoffe, dass mir die Zeit reicht.

Donnerstag, 12. Oktober: Auf dem Weg nach Sylhet

Sylhet wurde demnach zu einem Gebiet der Heiligen, der Schreine und kecken aber kraftvollen Menschen.

Aus einer Touristen-Broschüre über Bangladesh

Ich komme früh am Morgen am Kamalpur-Bahnhof von Dhaka an, nur um zu erfahren, dass der Zug nach Sylhet auf »unbestimmte Zeit verspätet« ist. Ich muss warten, wird mir gesagt – möglicherweise fährt der Drei-Uhr-Zug. Ich habe kaum eine andere Wahl. Ich bin bereits von der Fahrt vom Hotel hierher völlig erschöpft und habe keinerlei Bedürfnis noch irgendetwas von Dhaka zu sehen, also beschließe ich, am Bahnhof auszuharren.

Als ich den Bahnsteig nach einem Plätzchen absuche, an dem ich mich hinsetzen kann, folgt mir auf Schritt und Tritt ein konstanter Chor: »*Bundhu, baksheesh?*« Hände zerren an meinem Körper und meinem Gepäck; die erbarmungslose Blicke der bettelnden Kinder der Stadt jagen mir nach. Und es sind nicht nur Kinder, sondern auch missgestaltete Männer, blinde Krüppel und verzweifelte Frauen. Sie mögen nicht ärmer als jene in Indien sein, aber sie sind weit zahlreicher, und ich bin der einzige Ausländer weit und breit, sodass ich sie anziehe wie das Licht die Motten. Hände gestikulieren; sie deuten auf ihre Münder und Bäuche. Flehende Augen – zwei Dutzend tragische Gesichter folgen mir, wo immer ich mich auch hinbewege. Ich setze den Blick der Gleichgültigkeit gegen menschliches Leid auf, den ich in Indien perfektioniert habe, obwohl es mir nicht viel nutzt. Ich weiß, dass es unmöglich ist, gegen Schuldgefühle kann nicht mit Logik angegangen werden. Ich denke an den Bahnsteig in Lucknow zurück, wo ich auf den Zug nach Varanasi wartete. Ich war stundenlang dort gewesen und hatte aufgehört solche Menschen wahrzunehmen, sodass der schwarze Schmerz in meinem Arm mich völlig überraschte. Ich wendete mich um und sah eine beinlose Frau, die eine Zigarette auf meinem Ellenbogen ausdrückte. Sie war hässlich, hatte einen irren Ausdruck im Gesicht, und in ihren Augen lag die Bosheit der gesamten Existenz. Ihre

Augen blieben mir noch lange, nachdem sie verschwunden war, im Gedächtnis, lange genug, um mir inmitten dieser Bettler sogar jetzt noch ein ungutes Gefühl zu vermitteln. Hier auf dem Bahnsteig habe ich nicht einmal die Möglichkeit, ihrer Bettelei zu entkommen.

Die Stunden vergehen.

Es ist eine Erleichterung, als es so weit ist, dass ich nach meinem Zug Ausschau halten kann. Ich gehe hinaus, wo die offenen Betonbahnsteige in einer Reihe liegen, zu dem einzigen Zug, der im Bahnhof zurückgeblieben ist. Ratten auf den Gleisen und der Geruch nach menschlichen Fäkalien, ein Reiseeindruck vom Subkontinent. Die Arme winden sich aus den Fenstern der Waggons der dritten Klasse. Körper klettern auf Drahtnetze, um einen Platz zum Atmen für sich zu beanspruchen. Ich gehe vorüber, bin kurz voller Dankbarkeit für die harte Holzbank, die für die nächsten acht Stunden mein Platz sein wird.

Wir fahren rasch durch das überschwemmte Land; das Wasser um uns herum hat die Farbe der Rückseite eines Spiegels. Seltsam gebogene Bambuskonstruktionen ragen an manchen Stellen aus dem Wasser hervor, Männer ziehen große Netze herauf, die stets leer zu sein scheinen. Eine weiße Moschee mit ausgeblichener, abblätternder Farbe und grauem Dschungelüberzug steht allein auf weiter Flur. Das Gebäude ist von allen Seiten von Wasser umgeben und in ein goldenes untergehendes Sonnenlicht getaucht. Mäuse laufen zu meinen Füßen und versuchen, das Gummi meiner Slipper anzuknabbern.

Der Zug hält inmitten eines eierschalenfarbenen Abends zum Maghreb-Gebet. Den ganzen Nachmittag stellte ich eine Art Mittelpunkt für die Bettler im Zug dar, sodass der zusätzliche Ansturm jener, die an dieser namenlosen Kreuzung gewartet haben, mir höchst unwillkommen ist. Eine Menge versammelt sich flehend am Fenster; die kleineren Kinder eilen in den Zug. Ein Junge macht einen unglaublichen Krach – wie das laute Zusammenstoßen von Billardkugeln –, indem er seine Arme schüttelt und sich dabei fast wieder und wieder die Schultern ausrenkt. Es wird noch schlimmer. Ich bin mittlerweile an Frauen mit Haaren auf den Lippen, an blinde Kinder und beinlose Männer gewöhnt, aber die völlig nackten Kinder mit großen Ausstülpungen aus deformiertem Fleisch, die an seltsamen Stellen ihres Körpers hervorragen, die mit ihren Genitalien und Missbildungen meine Beine berühren und nicht wieder damit aufhören, fordern all meine Stärke heraus. Emotionale Erpressung.

Ich bin gezwungen das eine Stunde lang zu ertragen, bevor wir weiterfahren in die grenzenlose Nacht hinein.

Als wir schließlich in Sylhet ankommen, ist es nach Mitternacht. In der Luft hängt schwerer Staub, der durch die Menge der Fahrer von Rikschas und Lastwagen aufgewühlt wurde, die auf unsere Ankunft warten. Auf jetzt! Augen auf und durch! Ein Hotel suchen. All das dringt durch einen pappigen Schleier der Müdigkeit zu mir.

Ich bin hier, um den Schrein von Shah Jalal zu besuchen, ein weiterer Sufi-Heiliger, der dem Zentrum des Islam näher steht als Lalon Shah. Für die Menschen aus Kushtia ist Lalon Shah einer der Hauptheiligen und repräsentiert vollständig die spirituellen Aspekte des Sufismus. Doch er bleibt wegen seiner Ächtung durch die Orthodoxie ebenfalls an der Peripherie des Islam, wird als gefährlicher Häretiker angesehen. Shah Jalal aus Sylhet ist dagegen ein Sufi, der von der *ulema* akzeptiert ist, und als eine Art kämpferischer Heiliger verehrt wird, der seit langem Bestandteil der islamischen Hauptrichtung ist. Im 14. Jahrhundert war er so berühmt, dass sogar Pilger aus dem fernen Marokko zu ihm kamen. Er war bekannt dafür, dass er in einer Höhle lebte und zehn Tage lang fastete und am elften Tag Kuhmilch trank, und dafür, dass er die ganze Nacht aufrecht im Gebet stand. Jeden Morgen sprach er seine Gebete Richtung Mekka und blieb dann für den Rest des Tages in seiner Höhle. Es hatte den Anschein, als sei er genauso vollkommen von Legende und Aberglaube umhüllt wie Lalon, was mir keine Erklärung für ihren unterschiedlichen Status in der Welt des Islam liefert. Ich habe zwei Tage Zeit, um diesen Unterschied herauszufinden.

Samstag, 14. Oktober: Sylhet

Ich mache mich recht früh am Morgen auf den Weg zum Schrein von Shah Jalal, komme an mit Graffiti besprühten Wänden vorbei: »Gib Taru deine Stimme«. Die Straßen sind voller Menschen und das Gedränge wird stärker, je näher ich meinem Ziel komme. Am Ende der Hauptstraße von Sylhet geleitet mich ein kleiner Junge durch die überfüllte Straße. Es ist sofort ersichtlich, dass Shah Jalal weit mehr Einfluss ausübt, als Lalon es sich jemals träumen lassen konnte. Die Straßen sind von Geschäften gesäumt, die Blumen, Weihrauch, religiöse Schmuckstücke und Süßigkeiten verkaufen, die alle als Gaben für den Heiligen gedacht sind. Solche Gaben wurden im vorislamischen Zeitalter der Ignoranz auch den geringeren Gottheiten dargebracht, die der Islam verdammt; die Ironie bleibt mir nicht verborgen. Hinter den Hütten am Ende der Straße befindet sich ein großer weißer steinerner Torbogen, während sich dahinter die Kuppel des Schreins selbst befindet, die vom Grau des bengalischen Dschungeldunstes verfärbt ist.

Als ich durch die Straßen zum Schrein gehe, scheint es, als sei ich auf eine Konferenz bengalischer Bettler gestoßen. Unmengen von ihnen belagern auf beiden Seiten die Straße. Beinlose Männer liegen mit dem Gesicht nach unten, ihre Wangen sind hart in den Staub gedrückt, als sie wieder und wieder »al-Lah, al-Lah« rufen. Die weißen Kühe glotzen mit einer Art Gelassenheit, die nur Rindvieh einnehmen kann, während einige Meter weiter ein schreiender Jugendlicher eine sehr überzeugende Darstellung äußerster Geistesgestörtheit abgibt. Kleine, knochige und nackte Kinder reiben ihre Bäuche und zupfen an meinen Kleidern. Blinde alte Männer, verkrüppelte Frauen: Ständig greifen sie nach mir, und der Anblick all dieser Gebrechlichkeiten vernebelt meine Perspektive, verstreut meine Gedanken. Ich schiebe mich so schnell es geht hindurch, zum Schreinkomplex.

Die Szenerie, die mich erwartet, ist ein Bild des völligen Chaos. Tausende von Gläubigen haben sich in einem großen, steinernen Hof versammelt, wogen durch mein Blickfeld und steigen die Treppen zum Schrein hinauf, um zu beten. In einer Ecke des Hofes befindet sich ein viereckiger Teich. Das Wasser ist von einem ungesunden Grün, sieht aus wie Farbe, dennoch drängeln sich Männer und Frauen am Rand des Teiches, um in dem heiligen Wasser zu baden. Der Legende nach verwandelte Shah Jalal seine Feinde in Welse, die immer noch in den Tiefen des Teiches schwimmen. Schwefelfarbene Vögel leuchten in den Bäumen darüber auf. In Lumpen gekleidete Bettelmönche legen ihre Hände auf meine Brust, schütteln mir die Hand oder bitten um Almosen. Ein kleiner, westlich gekleideter Mann mit grünem Schleim in beiden Mundwinkeln fragt mich, ob ich an Gott glaube. Der Annehmlichkeit halber bejahe ich, und er ergreift meine Hände, schließt seine Augen und meditiert. Eine seltsame Stille, eine Menge, die sich ehrfürchtig um mich schart.

Ich beschließe, zuerst Shah Jalals Grab zu inspizieren, bevor ich mich auf die Suche nach weiteren Informationen mache. Ungefähr 40 Steinstufen führen zum Eingang des Grabs hinauf. Ich lasse meine Schuhe mit Dutzenden von anderen am Fuß der Treppe zurück und beginne mit dem Aufstieg. Am oberen Ende befindet sich ein gewölbter Durchgang, eine eingravierte schwarze Tafel, der Eingang zum Grab. Ich trete über die Schwelle, atme den kalten Geruch heiliger Steine ein: anziehend, verloren. Dann befinde ich mich im Innern des Grabes: Purpur und Grau, abgeblendetes Licht unter dem kleinen Bruchstück des Himmels, das am Monsunhimmel zu sehen ist. Die Wände – blau und klagend in dem toten Licht. Lauter umgestürzte Bücher willkürlich zusammen mit Schriftrollen und Bändern, Steinen und Tafeln gestapelt. Streifen aus farbigem Stoff hängen von der Decke herab, schwingen ruhig in dem leichten Luftzug. Inmitten von all dem befindet sich das Grab.

Es liegt in einer zurückgesetzten Vertiefung im Zentrum des Raumes, um die herum die Gläubigen stehen, und ist mit farbigem Stoff drapiert und mit Jasminblüten bestreut. Zahlreiche Muslime stehen dort, schauen es an und murmeln Gebete vor sich hin. Ich bleibe neben dem Eingang stehen und betrachte sie. Sie sind gedämpft, beherrscht, ohne die religiöse mystische Leidenschaft der Sufis an der Lalon-Akademie, ohne die trauernde Pein der Schiiten im Iran. Die Szene ist evokativ, aber ich bleibe enttäuscht. Ich hatte etwas Dramatischeres von dem populärsten Sufi-Heiligen in Bangladesh erwartet – etwas Ekstatisches, etwas, das dem mystischen Ideal der Sufis nahe kommt. Vielleicht mehr so etwas, wie ich es bei den verrückten Fakiren erlebt hatte. Ich folge dem Beispiel der mich umgebenden Muslime und schreite rückwärts aus dem gewölbten Durchgang, verbeuge mich in Richtung des Schreins. Neben mir befindet sich eine große schwarze Steintafel, in die in kufischer Schrift die Namen von Allah und Mohammed eingraviert sind; ein Mann liebkost sie sachte und reibt dann mit seinen Händen über sein Gesicht, massiert den Hauch Gottes in seine Seele.

Zurück im Hof habe ich Erfolg. Ich werde in eines der Allerheiligsten des Komplexes geführt, ein kühler Ort mit Mauern aus dicken Steinen, wo ich Mohammed Piara vorgestellt werde, einem der Imame des Schreins. Er ist in einen fließenden *longhi* und einen weißen *kameez* gekleidet und hat – ich hoffe, mir wird eine solch lahme Beschreibung vergeben, aber so ist es – sanfte, freundliche Augen. Über seinem Gesicht liegt eine Art Grauschleier. Seinen verworrenen Bart trägt er im Stil von frommen Bengalen; seine Wangen und die Partie über seiner Oberlippe sind glatt rasiert; das Haar im Nacken und am Kinn wächst ungezähmt und verleiht ihm einen entschieden merkwürdigen Anblick.

Mohammed spricht außergewöhnlich gutes Englisch, das beste, das ich seit Kalkutta gehört habe. Er erklärt, dass er ein Akademiker, ein Professor an der naturwissenschaftlichen Fakultät am Institut für postgraduierte Studien in Dhaka war, bevor er ein heiliger Mann wurde, und dass er mehrere Jahre an der britischen Universität in Reading unterrichtet hat. Bei einer solch ausgezeichneten Bildung und einem so langen Aufenthalt im Westen ist das, was er mir zu berichten hat, überraschend.

Der erste Teil unserer Unterhaltung ist recht freimütig. Mohammed ergreift meine Hände freundlich mit den seinen, bietet mir einen Platz an und erzählt mir ein wenig über die Geschichte von Shah Jalal. Er beschreibt ihn als einen den Frieden liebenden Heiligen, einen »wahren Muslim«, und berichtet von Shah Jalals Reise von Delhi nach Bangladesh, auf der er viele Anhänger um sich versammelte. Mein wahres Interesse setzt erst ein, als er von der Ankunft des Heiligen in Sylhet und dessen »Heiligem Krieg« gegen Gaur Govinda, den örtlichen hinduistischen Herrscher, spricht.

»Seine Armee war viel, viel kleiner als die seines Gegners«, berichtet Mohammed. »Aber das spielte keine Rolle, weil Shah Jalal die Macht des Islam auf seiner Seite hatte, die Macht Gottes.« Ich habe solche Dinge viele Male zuvor gehört; muslimische Siege auf dem Schlachtfeld wurden in der Geschichte der Größe Gottes zugeschrieben. Das ist jedoch nicht genau das, was Mohammed meint. Er fährt mit ruhiger und ernster Stimme fort, seine Augen glühen voller Glaube. »Shah Jalal besaß die Macht der Magie, die ihm von *al-Lah* verliehen worden ist. Die Pfeile seiner Gegner wurden zurück gegen sie gerichtet und töteten die Bogenschützen von Gaur Govinda. Wenn Shah Jalal den Fluss überqueren musste – in jenen Tagen gab es keine Brücke, musst du wissen –, legte er seinen Teppich nieder und brachte 360 Anhänger zum Kampf auf die andere Seite.«

Mohammed fixiert mich mit seinem grauen Blick. Er ist für seine Rolle sehr gut geeignet – dieser bärtige Muslim in seinem fließenden Gewand spricht voller Leidenschaft über die Mythologie des Shah Jalal. Ich versuche mir den Imam jedoch weiterhin in England vorzustellen, wie er den Jugendlichen im Westen Physik beibringt.

»Shah Jalal«, fährt er fort, »zeigte uns, wie *eman*, die spirituelle Kraft, zu benutzen ist, die mit dem Islam einhergeht. Du kannst nur richtig verstehen, was das heißt, wenn du dich zum Islam bekehrt hast, aber vielleicht kann ich ein Beispiel anführen. Eines Tages forderte Shah Jalal einen seiner Anhänger auf, nur ein einziges Wort zu sagen. Nicht laut, nicht schreiend, nur ein einziges, weiches Wort.

Sein Anhänger sprach das Wort aus, und der Palast von Gaur Govinda stürzte ein. Ohne den Islam können wir nichts erreichen, egal, wie laut wir schreien, aber mit *eman* können du oder ich die gesamte Macht der Welt besitzen.«

Er lässt mich das einen Augenblick lang abwägen. Für mich ist es schwer, seine weiche, gebildete Art mit seinem Glauben an diese Geschichten in Einklang zu bringen. Normalerweise sind gebildete Muslime weit weniger geneigt, die Mythologie buchstäblich als Wahrheit zu interpretieren. Sogar die heiligen Männer, denen ich auf dieser Reise begegnet bin, behalten solche Dinge in der Regel der Zeit der Propheten vor und beziehen sie nicht auf Ereignisse, die nur wenige Jahrhunderte zurückliegen. Ich weiß nur, dass ich verwirrt bin. Heilige Männer in Australien würden nicht in der gleichen Weise von solchen Fabeln sprechen. Oder würden sie das doch? Ich bin nicht mehr sicher, ob ich das noch länger weiß. Wie viel von dem christlichen Evangelium erscheint Außenstehenden als Aberglaube?

Mohammed ruft einen Befehl, und ein Junge tritt aus dem feuchten Schatten im hinteren Teil des Raumes hervor. Sein Gesicht ist knochig, wirkt wie geschliffen, und er hat die Augen eines Vogels; bis jetzt war ich mir seiner Anwesenheit nicht einmal bewusst. Mohammed bittet um Tee und entschuldigt sich, dass er so unzivilisiert war, und ihn mir nicht gleich zu Beginn angeboten hat.

Ich werfe einen Blick durch den Raum, während wir warten. Er ist spartanisch, kahl, passt perfekt zum Leben eines Asketen, doch seine steinernen Wände und die dunklen Schatten verleihen ihm einen seltsamen Ausdruck von zeitlosem Glauben. Ich fühle mich in eine andere Zeit versetzt, weit weg von der Welt draußen, weit weg von überall, wo ich jemals gewesen bin. Das Gefühl ist nicht völlig unangenehm.

Der Tee wird serviert, ein Zeichen, dass die Konversation wieder aufgenommen werden kann. Der Junge bleibt neben Mohammeds Stuhl stehen, um zuzuhören, obwohl sein Gesicht so interesselos wirkt, dass ich davon überzeugt bin, dass er kein einziges Wort Eng-

357

lisch versteht. Ich beginne, Mohammed Fragen über Shah Jalal zu stellen.

»Ah«, gibt er zur Antwort, »er war ein großer Sufi, ein Heiliger. Und die Menschen kamen hierher, um Lösungen von Gott zu erhalten.«

»Kommt das nicht etwas der Verehrung von Idolen gleich, die der Prophet verurteilte?«

»Nein, nicht im Geringsten. Shah Jalal ist in den Augen *al-Lahs* ein großer Mann. Er kann Gott dazu bringen, vieles für dich zu tun. Wenn du keinen Sohn hast, aber kommst und zu Shah Jalal betest, dann wird *al-Lah* dir einen Sohn schenken. *Al-Lah*, nicht Shah Jalal. Diese Menschen hier folgen nicht Shah Jalal, sondern *al-Lah*. Es ist so, wie wenn ich mit einer Krankheit zum Arzt gehe und ihn um Hilfe ersuche, weil er ein Experte auf diesem Gebiet ist. Ich bin dann kein Anhänger des Arztes; ich suche nur seine Hilfe. Ein Heiliger ist genauso: Er ist ein Experte für göttliche Angelegenheiten, und diese Menschen ersuchen ihn um Hilfe.«

»Sehen die Gläubigen sich selbst also als Sufis?« Die Frage ist wichtig, denn der Sufismus kann in Sylhet wohl kaum als lebendig bezeichnet werden, wenn der einzige wahre Sufi der Stadt außerhalb im Grab liegt.

»Nein, sie sind einfach *gewöhnliche* Menschen. Sie sind hier, um eine Lösung von *al-Lah* zu erhalten«, antwortet Mohammed. »Sie können Sufis werden, wenn sie wollen. Das Einzige, was einen Sufi ausmacht, ist sein Verzicht auf die Gelüste nach weltlichen Freuden. Doch in der Regel sind die Menschen nur wegen Shah Jalal hier, nur um einen großen Heiligen zu besuchen.«

In dieser Antwort liegt der wahre Schlüssel zum Sufismus in Bangladesh und wahrscheinlich auch zum Sufismus in Pakistan. Diese Orte sind die Konzentration der intensiven Verehrung und ziehen Tausende von Anhängern an, doch das so zu verstehen, dass der Sufismus so lebendig ist, wie er es zuvor einmal war, wäre falsch. Die Legenden, die sich um Shah Jalal ranken, machen ihn populär, nicht seine Lehren, und der Aberglaube beherrscht seine Anhänger ebenso sehr wie der Mystizismus. Für die meisten dort draußen ist Shah Jalal wenig mehr als ein Symbol, eines, das einen hilfreichen Brennpunkt für ihre Gebete und einen einfachen Zugang zu Allah liefert. Ich bin verblüfft, wie weit das von dem ursprünglichen Geist des Sufismus entfernt ist, dennoch scheint eine solche Haltung den Hauptstrom des Islam zu repräsentieren – das gebilligte Antlitz des Sufismus in Bangladesh.

Das geht natürlich auf die Akzeptanz des Sufismus bei der Orthodoxie zurück. »Die wahre Doktrin der Sufis wie jene von Lalon und sogar von Rumi«, unterrichtet Mohammed mich bei einer zweiten Tasse Tee, »wird von der Orthodoxie mit der Begründung verworfen, dass sie von den Grundlagen des Islam zu weit entfernt sei.« Das ist ein häufiger Refrain. Mit der Ausbreitung des orthodoxen Islam im 19. Jahrhundert ging ein großer Teil der Macht des Sufismus verloren. Die Sufi-Traditionen werden natürlich – z. B. die *urs*-Feierlichkeiten der wichtigen Sufi-Heiligen, durch das Singen und Tanzen an ihren Schreinen – aufrechterhalten, aber der wahre Sufismus ist schwer zu finden. Die strenge Härte der Mystik wird nur von einigen Wenigen am Leben erhalten. Als ich mich schließlich von Mohammed verabschiede, nehme ich diesen Gedanken mit. Meine Gefühle sind gemischt. Ich bin dankbar für den Einblick, den Shah Jalal mir gewährt hat, aber ich bin gleichzeitig betrübt. Ich kann den Gedanken nicht abschütteln, dass etwas Großes verloren gegangen ist, dass es wahrscheinlich nie mehr aufgefunden wird.

Vier graue Wände und der Gestank der Langeweile

Montag, 16. Oktober: Chittagong

Ich trete hinaus auf fast menschenleere Straßen. Ein Geschmack der Bedrohung liegt in der Luft: der *hartal*.

Die Straßen um mein Hotel herum, die gestern, als ich ankam, mit einer riesigen, verrückten Menschenmenge gefüllt waren, haben sich in leere Schluchten verwandelt, die von metallenen

Fensterläden und Sicherheitsabsperrungen eingefasst werden. Ein Windstoß treibt den Abfall vor sich her, einige wenige verstreute Fußgänger, sonst nichts. Zum ersten Mal kann ich ruhig durch die Straßen von Bangladesh laufen, ungestört von der Menge, aber es macht mir keine Freude – ich bin viel zu beunruhigt durch die gesetzlose Atmosphäre, die all dem anhaftet. Ich denke an die Angst und die Anarchie der Unruhen in Nairobi vor mehreren Jahren zurück. Etwas genauso Schweres liegt heute über Chittagong.

Die gestrige Tageszeitung informierte mich darüber, dass Restaurants von dem Streik ausgenommen sind – ebenso Ambulanzen, die Müllabfuhr, Apotheken, Zeitungsausträger und Reporter –, also sollte die Nahrungssuche keine Schwierigkeiten bereiten. Mich beschäftigt dagegen die Frage, was ich mit meiner Zeit anfangen soll, und ob die Straßen sicher genug zum Herumspazieren sind.

Ich gehe los, um ein großes Hotel zu suchen, in dem ich genug Geld für die letzten Tage wechseln und herausfinden kann, wie ich, in einer Umgebung, in der Rikschas verboten sind, am Donnerstag zum Flughafen kommen kann. Ich komme an einer Gruppe von Straßenkindern vorüber, die eine Rikscha angreifen, die dem *hartal* trotzt, indem sie eine Frau befördert. Trotz ihrer winzigen Größe kann der Rikscha-Fahrer nichts gegen die Kinder ausrichten – er kann sich nicht gegen alle zugleich wehren. Sie schlagen und treten ihn von hinten, zerren an der Frau, lassen die Luft aus den Reifen – wie eine Horde Ameisen; unbesiegbar. Die Frau geht weinend davon.

Einen Kilometer weiter finde ich das Hotel *Rose*, wo ich beim Concierge Geld wechseln kann. Als er mir die Scheine hinblättert, frage ich ihn, ob die Straßen während des *hartal* gefährlich sind.

Er schaut mich an, als würde er meine Überlebenschancen abwägen. »Du solltest versuchen, nicht von dieser Menge erfasst zu werden«, sagt er. »Es gibt zurzeit viele schlechte Menschen. Die meisten sind okay, aber wenn du auf eine dieser Gruppen stößt...« – er zuckt unverbindlich mit den Schultern – »ich meine, es gibt keine Polizei, die dich retten könnte. Deshalb ist der *hartal* schlecht.«

»Was schlägst du mir denn vor?«

Er denkt einen Augenblick lang nach. »Ich denke, das ist das Beste. Wenn sie dich erwischen, sagst du, du seiest ein Reporter. Ein Berichterstatter. Du sagst ihnen, dass sie dich in Ruhe lassen sollen.« Das hört sich nicht sehr viel versprechend an, aber es ist wenigstens etwas. Die Sicherheit auf den Straßen ist jedoch nur ein Teil meines Problems. Ich bin ebenso beunruhigt darüber, wie ich zum Flughafen kommen soll. Ich frage ihn, ob Rikschas überhaupt fahren dürfen.

»Rikschas? Keine Rikschas. Keine Auto-Rikschas. Fahrrad-Rikschas fahren nach drei Uhr.«

»Also kann ich am Donnerstagmorgen gar nicht zum Flughafen fahren?«

»Nein.«

Das ist meine größte Sorge. Ich hoffe inständig, jemanden zu finden, der Zugriff auf einen Wagen hat, obwohl die Chancen darauf in Bangladesh praktisch gleich null sind. Der private Transport wird durch den Streik nicht verboten, und ich hege die vergebliche Hoffnung, dass sich schließlich jemand anbieten wird, mich zu fahren, wenn ich die Angelegenheit etwas dringend mache. »Hast du irgendeine Idee, wie ich dort hinkommen könnte?«, frage ich.

»Nein, ich habe keine Idee. Wie könnte ich eine haben? Es ist der *hartal*.« Dem Ausdruck auf seinem Gesicht nach zu urteilen, hätte er genauso gut hinzufügen können: »Du bist verloren.«

»Was würdest du denn an meiner Stelle tun?«

»Vielleicht könntest du schon am Mittwochabend zum Flughafen fahren.«

Plötzlich scheint es, als gäbe es trotzdem noch etwas Hoffnung. »Gibt es in der Nähe des Flughafens Hotels?«, will ich wissen.

»Nein.«

»Hm. Könnte ich wohl auf dem Flughafen übernachten?«

»Nein.«

Vielleicht hat er Recht, vielleicht bin ich verloren. Meine einzige Hoffnung besteht darin, dass der *hartal* weniger streng gehandhabt wird, je länger er dauert.

Ich kehre in die düsteren Straßen zurück. Die Stadt wirkt leer und unheilvoll. Jugendliche sammeln sich in Gruppen an den Straßenecken, einige bedrohlich, andere unbekümmert, Teil einer Atmosphäre, die irgendwo zwischen Urlaub und Krieg angesiedelt ist. Um einen Entertainer mit einer Kobra versammeln sich Menschen. Ein Lastwagen mit Bereitschaftspolizei donnert vorbei. Dennoch liegt allem ein schmutziges, wütendes Gefühl zugrunde. Kinder verhöhnen Erwachsene, der Entertainer ist darauf gefasst, dass die Laune seiner Zuschauer ins Unangenehme umschlägt. Bei jeder Menschenansammlung gibt es Männer, die kurz vor dem Explodieren stehen. Ich komme an einer Gruppe vorüber, die eine sich wehrende Gestalt die Straße hinunterzerrt. Vermutlich wird sie für ihren Versuch, zu arbeiten, bestraft: Die politischen Überzeugungen mancher beginnen mit dem verzweifelten Bedürfnis anderer zu kollidieren, die ihren Lebensunterhalt verdienen müssen. Der Tag kann nur noch Schlimmeres bringen. Es liegt permanent ein unangenehmes Gefühl in der Luft.

Der Sprechgesang aus der Ferne wird lauter. Eine marschierende Menge, Unterstützer des *hartal*. Aus der Entfernung sehe ich, wie sie einem Riksha-Fahrer gegenübertreten, seinen Körper ergreifen und sein Fahrzeug völlig zerstören. An jeder Ecke tönen politische Schmähreden aus Lautsprechern, die hasserfüllten Stimmen erinnern an die Moschee-Predigten, die ich in Islamabad gehört habe. Eine Stimme kann so viel Hass in sich tragen, auch wenn man die Worte nicht versteht. Je länger ich in den Straßen unterwegs bin, desto unwohler fühle ich mich.

In meinem Hotelzimmer wird mir klar, dass ich die Zeit des *hartal* in diesen vier Wänden verbringen werde. Es ist sehr gut möglich, dass ich vor lauter Langeweile verrückt werde. Es ist jetzt Abend, der erste Tag von vieren. Mein Timing ist perfekt: Gerade rechtzeitig zum Auftakt des längsten *hartal* in der Geschichte bin ich hier gelandet.

Dienstag, 17. Oktober: Chittagong

Zwei Tote und 100 Verletzte bei einer Bombenexplosion in der Stadt. Die Geschichte läuft in ganz Bangladesh gleich ab. Die Gewalt nimmt angesichts der verfahrenen politischen Situation zwischen Regierung und Opposition zu. In nur einem einzigen Artikel zähle ich zehn Bombenexplosionen. Hinzu kommen die Berichte über Brandstiftung, Schusswechsel, Plünderung und Zusammenstöße zwischen rivalisierenden politischen Gruppen. In der Zwischenzeit sitze ich hier ohne Kontakt zur Außenwelt und ohne jede Vorstellung, was passieren könnte. Nur mit meiner täglichen Ration Tageszeitung.

Mittwoch, 18. Oktober: Chittagong

Heute hat mich eine Gruppe von gut gekleideten Jugendlichen, wahrscheinlich Universitätsstudenten, auf der Straße angesprochen. Ich bin gerade auf der Suche nach dem chinesischen Restaurant der Stadt, kann mein tägliches Hauptgericht, bestehend aus Reis und Eintopf, nicht mehr sehen (in fast einem Monat war es Bangladesh nicht möglich, mich mit einem einzigen grünen Gemüse zu versorgen – das Gemüsegericht, von dem ich mich ernährt habe, ist grün gefärbt, enthält aber tatsächlich nur Kartoffeln, sodass es nicht verwunderlich ist, dass ich nicht vor Energie sprühe). Die Gruppe ereifert sich, ist arrogant und Furcht erregend. Sie umzingeln mich, greifen nach meiner Börse, lachen und verhöhnen mich und spucken nach mir, treten mir gegen die Beine. Sie erfüllen mich mit einer betäubenden, dumpfen Wut, doch ich weiß, dass ich nichts machen kann. Ihre Stimmung ist die der Nation. Ein Ort, der verrückt spielt.

Den Rest des Tages schreibe ich, lese ich, träume ich. Ich kann den Sprechgesang von der Demonstration draußen nur schwach hören; die Geräusche dringen so vereinzelt und kurzlebig wie Regen zu mir herauf. Wenigstens fühle ich mich hier in meinem Hotelzimmer sicher, auch wenn mir unerträglich langweilig ist. Verschlungen von der dicken Luft. Sitze ich. Warte ich.

Draußen klettert in hellem Tageslicht eine Ratte durch den Rinnstein, angesichts des plötzlichen Verköstigungsnotstandes ist sie völlig verzweifelt.

Donnerstag, 19. Oktober: Chittagong

Ich wache früh am Morgen auf in der Hoffnung, still aus der Stadt hinausschlüpfen, verstohlen der Umklammerung des *hartal* entgehen zu können. Ich muss mir in den verlassenen Straßen eine Rikscha suchen und den Fahrer davon überzeugen, mich den ganzen Weg zum Flughafen zu fahren, ein Ziel, das normalerweise auch ohne die zusätzliche Herausforderung durch den Umstand des *hartal* für eine Fahrrad-Rikscha als zu weit draußen erachtet wird. Die Entfernung ist zu weit für jene zerbrechlichen braunen Waden, die Gefahr zu groß.

Ich hätte mich nicht zu sorgen brauchen. Der Besitzer meines Hotels hat meine Ängste der letzten Tage verstanden, und ein nervöser Rikscha-Fahrer wartet im Hotelfoyer auf mich. Dieser letzte Akt der Freundlichkeit hätte zu keinem besseren Zeitpunkt kommen können.

Wir fahren hinaus in die stillen Straßen, auf denen überall der Tau der Morgendämmerung liegt. Ich fühle mich wie ein Flüchtling. Wir werden fast augenblicklich von einem kleinen Jungen angegriffen, der einige Menschen auf uns aufmerksam zu machen versucht, aber es ist niemand da, der auf ihn achtet. Wir segeln mit einem stärker konspirativen Gefühl denn je dahin, das einzige Geräusch ist das *fzzz* der Gummireifen auf der nassen Fahrbahn. Der Himmel hat sich völlig geschlossen, ist unheilvoll und dunkel, und als ein leichter Regen einsetzt, werde ich mehr als alles andere an den Tag erinnert, an dem ich von Indien nach Bangladesh eingereist bin und hinter einer ähnlichen braunen Gestalt saß, die sich abstrampelte, als der Regen lautlos um uns herum niederfiel. Die Tage könnten fast identisch sein: das Wetter, die schweren Wolken, das lila Licht. Ich bin mir nicht sicher, ob es ein gutes oder ein schlechtes Omen ist.

Die Fahrt zum Flughafen dauert lange und führt an pustelübersäten Gebäuden und aufwachenden Slums vorbei, wird von der ununterbrochenen Furcht vor Entdeckung verdorben. Während der Fahrt denke ich nicht viel nach, da ich in den letzten paar Tagen in einem Wirbel der Gedanken gefangen zu sein scheine. Ich nehme nur die stille Sinfonie meiner eigenen Nerven war, den Stein der Sorge, der mir im Magen liegt.

Am Rand der Stadt biegen wir in Industrie- und Hafengebiete ein, um dem Fluss zu folgen. Er hat dasselbe Grau wie der Himmel, die Farbe der Marineschiffe. Die Welt ist von einer großen metallenen Waffentonne aus Wasser und Himmel eingefasst, grau über grau. Gewaltige Schiffe liegen untätig auf Dock: Chittagong ist der größte Hafen der Nation, aber in den letzten vier Tagen wirkt er wie ausgestorben. Es herrscht vollkommene Stille, bis auf das gelegentliche Schrillen einer Riksha-Klingel.

Als das weite, offene Feld des Flughafens vor uns auftaucht, fühle ich, wie sich etwas Hartes in mir auflöst und ich völlig erleichtert aufatme. Die Fahrt hat 90 Minuten gedauert.

Der Chittagong International Airport ist ein niedriges, armseliges Gebäude und erinnert mehr an einen spießigen Vorort als an internationalen Tourismus. Seine Abfertigungshalle für Inlandflüge ist ein gläserner Raum mit nacktem Linoleumboden und einer Hand voll Plastikstühlen, während der internationale Terminal so selten benutzt wird, dass noch nicht einmal Stühle zur Verfügung stehen. Doch dort wird mir die freudigste Botschaft der Woche übermittelt: Mein Flug geht trotz des *hartal* planmäßig ab. In den nächsten Stunden habe ich, abgesehen von sitzen und warten, nichts zu tun – genau das, worin ich mich in den letzten vier Tagen geübt habe –, während Dutzende von Riksha-Fahrern ihre Nasen am Fenster platt drücken und mich anstarren.

Als ich endlich die Rollbahn zu meinem Flugzeug überquere, fühle ich mich seltsam leer. Ich bin mir trübe einer Art von Entrüstung bewusst, die in mir aufsteigt, ein Gefühl des Protests, das ich nicht definieren kann. Es erscheint mir ein derart falscher Weg, das Land zu verlassen, ein so ergebnisloses Ende der Geschichte von

Bangladesh. Ich habe meine Sufis gefunden, doch alles erscheint unvollständig. Ist es deshalb, weil ich wirklich abreisen will, weil ich mich ohne das üblicherweise vorhandene Gefühl des Bedauerns verloren fühle? Oder ist es deshalb, weil ich mich heimlich davonschleiche, wie ein geprügelter Hund mit eingezogenem Schwanz? Ich weiß es nicht. Ich weiß nur, dass mich ein weiterer Tag in Chittagong verrückt gemacht hätte. Im Flugzeug finde ich eine Toilette vor, die in Fäkalien ertrinkt: Der Abfluss ist verstopft und steht voller Wasser, und das Licht ist kaputt, die Passagiere versuchen sich hereinzudrängen, weil das Signal des Besetzt-Zeichens nicht blinkt. Ich hätte mir nichts Passenderes für die nationale Fluglinie von Bangladesh ausdenken können: Das ganze Land befindet sich in genau diesem schlechten Zustand. Andere Touristen sind bereits an Bord; es sind die ersten, die ich seit Monaten sehe. Sie sind nicht in Bangladesh unterwegs gewesen – nur wenige können so verrückt sein –, sondern sind nur von Europa nach Thailand auf der Durchreise. Ich lächele sie alle an, erhalte aber keine Reaktion. Vielleicht stimmt irgendetwas mit meinem Lächeln nicht mehr; vielleicht schneide ich in Wahrheit eine Grimasse. Oder sie wissen vielleicht wie die Menschen in Bangladesh, wie die zahllosen braunen Gesichter, die mich seit den letzten Wochen ohne ein Lächeln anstarren, dass es nichts gibt, über das es sich zu lächeln lohnt.

VIERTER TEIL

Osten

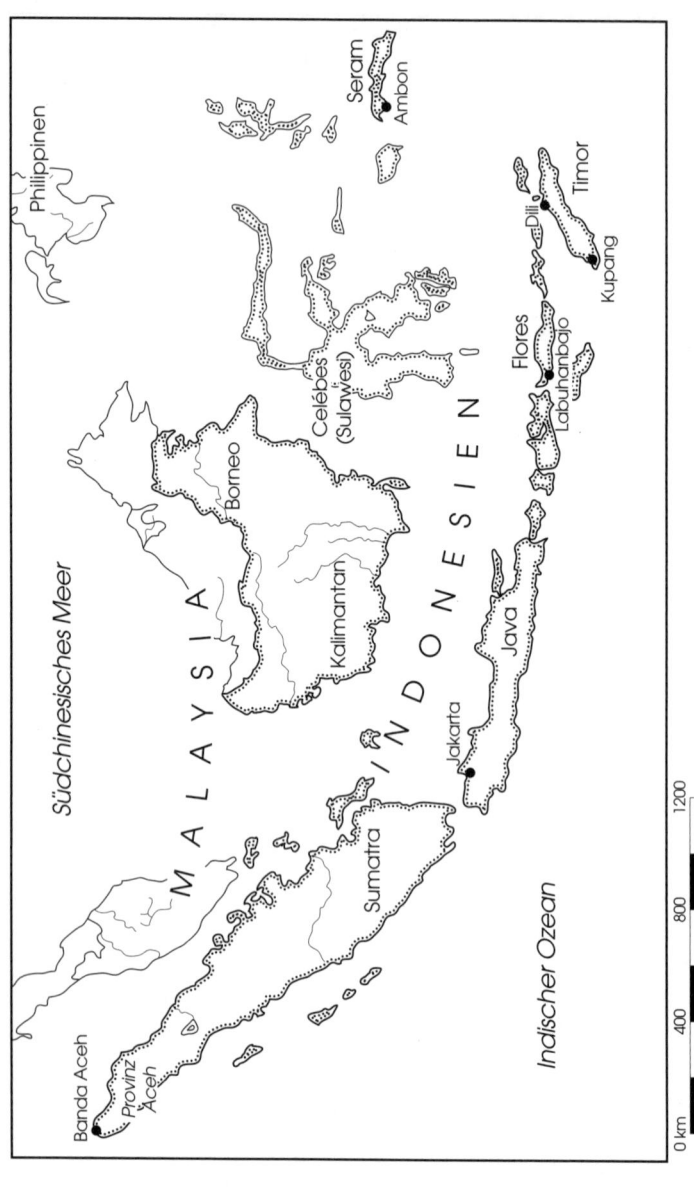

Philippinen

Südchinesisches Meer

MALAYSIA

Borneo

Kalimantan

INDONESIEN

Celébes (Sulawesi)

Seram

Ambon

Timor

Dili

Kupang

Flores

Labuhanbajo

Java

Jakarta

Sumatra

Provinz Aceh

Banda Aceh

Indischer Ozean

0 km   400   800   1200

Indonesien

Zwei unterschiedliche Glauben

Sonntag, 24. Dezember: Jakarta

Nachdem ich die letzten 36 Stunden schlaflos aufrecht sitzend im Bus verbracht habe, zeigt sich mir das Leben nun aus einer etwas verschwommenen Perspektive. Ich warte gerade, nass und schmutzig und etwas verloren, auf dem Boden von Jakartas internationalem Flughafen auf die Ankunft von Kirst. Vor mir liegen noch fünf Stunden – ihr Flug hat Verspätung, und ich bin überglücklich über diese Entdeckung –, sodass ich zum ersten Mal seit Tagen die Gelegenheit habe, etwas zu Papier zu bringen.

Dies ist mein letzter Tag allein. Ich nehme an, dass er ein weniger wichtiges Kapitel meines Lebens abschließt. Mir bleiben nur noch diese letzten paar Stunden des Alleinseins, bevor Kirst ankommt, und ich denke, ich sollte diese Zeit für eine kontemplative Innenschau nutzen, für eine Bewertung der letzten vier Monate, in denen ich auf mich allein gestellt war. Es fällt mir jedoch schwer, da ich weiß, dass das Ausmaß der Veränderung meinem Hirn nicht wirklich bis zum Zeitpunkt nach ihrer Ankunft klar wird. Mir ist nur in abstrakter Art und Weise bewusst, dass meine Freiheit, meine völlige Unabhängigkeit verschwinden wird; ich kann es mir nicht wirklich vorstellen. Diese Blindheit meinerseits, meine Unfähigkeit vorauszusehen, was Kirsts Ankunft mit sich bringen wird, bedeutet, dass ich nicht in der Lage bin, vollkommen zu überblicken, was die letzten vier Monate sowohl für meine Reise als auch für mich selbst bedeutet haben. Für mich ist es stattdessen viel einfacher zu überschauen, was ich während meiner Zeit in Indonesien gelernt habe, seitdem ich vor drei Wochen die Malakka-Straße überquerte.

Als das bevölkerungsreichste muslimische Land der Welt schreit Indonesien förmlich nach Einbeziehung in jedes Buch über den Islam. Es ist eine faszinierende Nation. Sie bietet beispielsweise Religionsfreiheit, aber nur innerhalb einer fest umrissenen Anzahl von Glaubensrichtungen, welche von der Regierung festgelegt sind. Die Verfassung ist vollkommen säkular und weder an den Islam noch an irgendeine andere Religion gebunden, doch der Glaube an Gott ist eine der Grundlagen der Identität des Landes. Das Land hat mehr muslimische Einwohner als Saudi-Arabien, Iran, Irak, Ägypten, Syrien und Jordanien zusammengenommen, doch Millionen der orthodoxen Muslime halten die indonesische Form des Islam für korrupt und profan. Es ist ein Land der Widersprüche – komplex, unverwechselbar und bedeutsam.

Ich habe deshalb eine Menge über Indonesien gelesen, sowohl vor meiner Ankunft als auch während der letzten drei Wochen in diesem Land. Infolge meiner Lektüre und auch meiner Erfahrungen bin ich zu der Ansicht gelangt, dass die indonesische Form des Islam sich sowohl durch ihre Vielfältigkeit als auch durch ihre extreme Flexibilität von jenen Ausprägungen unterscheidet, die ich anderswo angetroffen habe. Vieles davon ist auf die Geschichte der Religion in diesem Gebiet zurückzuführen. Der Islam kam vornehmlich als eine Idee nach Indonesien, nicht in Form einer erobernden Herrschaft; er wurde durch Händler und nicht durch Armeen ins Land gebracht. Als Idee konnte er sich mit den vorher schon vorhandenen Ideen mischen. In vielen Gebieten ersetzte er nicht den bestehenden Glauben, sondern transformierte ihn nur und wurde bei diesem Prozess selbst transformiert. Schätzungen zufolge glauben lediglich zehn Prozent der Bevölkerung an eine reine Form des Islam, die nicht durch entweder hinduistische, mystische oder animistische Einflüsse verändert wurde. In Java existierte das *wayang*, das Schattentheater, schon lange vor dem Aufkommen des Islam. Das *wayang* war von den hinduistischen Epen *Ramayana* und *Ma-*

habharata inspiriert, was durch die alten hinduistisch-buddhistischen Traditionen des Landes zu erklären ist. Die *wayang*-Vorführungen waren extrem populär. Der Islam verdrängte das Schattentheater nicht; stattdessen wurden einfach neue islamische Charaktere in seine Geschichten eingeflochten. Hamzah, der Onkel des Propheten, ist ein beliebter Charakter, dem eine solche Behandlung widerfuhr. Als neue Charaktere eingeführt wurden, passten sich die alten Charaktere der neuen Religion an. Bei dem Volk der Tengger auf Ostjava wird traditionsgemäß der hinduistische Charakter Ajisaka dargestellt, eine Figur, die für ihre Schönheit und Weisheit bekannt ist, die den Propheten in Mekka aufsucht, um spirituelles Wissen zu erlangen. Bedeutsam ist, dass Ajisaka kein Muslim wird. Stattdessen beeindruckt er Mohammed mit seiner Fähigkeit, sich selbst unsichtbar zu machen. Mohammed erklärt: »Du wirst meine Entsprechung sein … wenn du die Nacht durchwanderst, durchwandere ich den Tag.« In vielen anderen muslimischen Ländern wäre eine solche Verkündung Häresie.

Ein noch besseres Beispiel für die Transformation des Islam in Indonesien zeigt sich jedoch bei dem Volk der Minangkabau auf Westsumatra, wo ich die letzten zwei Wochen verbracht habe. Die Minangkabau sind Muslime, doch ihre Gesellschaft ist sowohl matriarchalisch als auch matrilinear, was nicht mit dem zusammenpasst, was normalerweise mit dem Islam assoziiert wird. Alle erblichen Angelegenheiten erfolgen in der weiblichen Linie, und das Oberhaupt eines jeden Haushalts ist eine Frau.

Die Minangkabau sind sich der Tatsache bewusst, dass ihre Traditionen den meisten Regeln des Islam konträr gegenüberstehen, aber sie rechtfertigen sich dafür nicht. Im Jahr 1820 versuchte die religiöse Orthodoxie dem Volk dieser Region die islamischen Regeln überzustülpen, aber der Versuch scheiterte. Seitdem haben die Minangkabau ihre Rechte auf die Beibehaltung vieler ihrer vorislamischen Traditionen verteidigt und durchgefochten, dass sie ihren eigenen einzigartigen Systemen der Erbfolge und Autorität folgen, auf die sie sehr stolz sind.

Meine Zeit bei den Minangkabau war sehr lehrreich und voller Freude. Die Alteingesessenen erzählten mir glücklich, dass sie für gewöhnlich den Regeln ihrer Tradition folgen, wenn das Wort des Islam nicht mit dieser übereinstimmt. Den Worten eines Einheimischen zufolge »macht der Islam manchmal einfach keinen Sinn«. Die Minangkabau demonstrierten perfekt, wie flexibel die indonesische Gesellschaft sein kann und dass der erbarmungslose Marsch der fundamentalistischen Orthodoxie noch einen langen Weg zurücklegen muss. Meine Erfahrungen mit diesem Volk munterten mich auf.

Trotz der Faszination, die sie auf mich ausübten, ließen die Minangkabau mich doch erkennen, dass ich mich im letzten Kapitel dieser Geschichte nicht auf die indonesische Form des Islam konzentrieren wollte. Bei einem Archipel von über 13 000 Inseln mit einer größeren Anzahl unterschiedlicher Stammesgruppen als jede andere politische Entität der Welt konnte ich im besten Fall auf eine unglaubliche Vielfältigkeit hoffen. Noch wichtiger jedoch ist meine Erkenntnis, dass Indonesien bei weitem nicht für ein Verständnis des Islam weltweit wichtig ist, während der Islam für Indonesien selbst aber ein zentrales Thema darstellt. Ich hoffe, dass ich diese letzten Tage nutzen kann, um einen Blick auf die Geschichte der Interaktion zwischen dem Islam und dem Christentum zu werfen, denn Kirst und ich werden den größten Teil unserer Zeit auf den vorherrschend christlichen Inseln Flores und Timor verbringen.

Ich kann nur raten, was wir dort vorfinden werden, diesen winzigen Inseln des Christentums, die von einem Meer des Islam umgeben sind. Mich interessiert, ob ich ein ähnliches Misstrauen zwischen den Religionen vorfinden werde, wie ich es im ultraorthodoxen Gebiet von Aceh auf Westsumatra angetroffen habe, wo der Islam streng und rein, vollkommen kompromisslos auftritt. Bei einem Interview mit dem Imam der größten Moschee der Region war ich über die Vehemenz erstaunt, mit der er das Christentum verurteilte: »Das Christentum hat drei Götter; der Islam hat einen. *Al-Lah*! Keine drei falschen Götter, sondern einen großen wahren

Gott! Jesus mag ein Prophet des Islam sein, aber das Christentum ist eine schlechte Religion. Das Christentum ist sehr verschieden vom Islam.« Nachdem ich sogar in arabischen Staaten wie Syrien und Jordanien viel über die Ähnlichkeit der beiden Religionen gehört hatte, überraschte mich eine solche Feindseligkeit. Ich frage mich, ob das daran liegt, dass ich mich in einem Land befinde, in dem die Angehörigen zweier Religionen sehr zahlreich auf engem Raum zusammenleben müssen. Acehs Nachbarprovinz Nordsumatra ist vorherrschend christlich, und der Kontakt zwischen verschiedenen Kulturen kann ebenso häufig Reibungen hervorrufen, wie er auch Harmonie fördern kann. Andere Religionen stellen letztendlich die äußerste Herausforderung für jeden Glauben dar, weisen die Möglichkeit auf, dass die Wahrheit eventuell nicht absolut, sondern relativ ist.

Ich muss mich langsam verabschieden. Das Purgatorium der Zollformalitäten ist vorüber: Durch einen winzigen Spalt in der Zollabsperrung kann ich Kirsts Kopf sehen, als sie, umgeben von den Hammelgesichtern ihrer Mitreisenden, in der Schlange wartet. Sie kann mich nicht sehen – der Länge der Schlange nach zu urteilen, wird es noch eine Weile dauern –, und es ist ein komisches Gefühl, über sie zu schreiben, wenn sie so nahe ist. Die Färbung einer Emotion, die ich nicht wiedererkenne, hat ihr das Gesicht einer Fremden gegeben. Da kann man nur hoffen, dass die Wiedergewöhnung an die Gegenwart des anderen nicht zu schwer fällt.

Montag, 25. Dezember, bis Freitag, 5. Januar: Über Java nach Labuhanbajo, Flores

Die Tage undeutlich,
gedämpfter Verstand, beschränkte Aktivitäten:
nicht Kirst, sondern nur der trübe Tourismus.
Frau.
Sie staunt über Indonesien mit der versehrten Schau einer
noch frisch Reisenden,

sieht die Hütten und Slums, die ich schon seit langer Zeit nicht
mehr wahrnehme.
Und wieder Lachen, ihre Begleitung ein Geschenk.

Zwei Tage auf der Fähre, im Bauch des Bootes.
Auf in Richtung Osten,
Christentum ahoi!
Befreiung um Mitternacht.

(Ein plötzliches Gefühl von Raum, unendlich.)

Samstag, 6. Januar: Auf dem Weg nach Ruteng

Die Nacht ist von der immensen, hämmernden Wut eines Monsun-
sturms erfüllt mit dem Schrei von Blitzen in unmittelbarer Nähe.
Außerhalb meines Zimmers höre ich der verrückten Schlacht der
Bäume zu, die wie Seetang in starker Brandung bewegt werden. Dem
Donner nach zu urteilen eine schlimme Nacht.

Als wir am Morgen aufbrechen, hat der Regen nachgelassen.
Ich schaue auf die verwirrte Masse der weißen Wolken zurück, die
sich über den schwarzen Hügeln hinter dem Dorf gesammelt haben.
Sie ziehen sich niedrig über allem zusammen, sind kraftvoll und
lebendig, so ganz anders als der Monsunhimmel des Subkontinents.
Hier sind sie schwer, massiv, von einem hellen Weiß. Ein verräte-
risches Weiß. Fotos können das Gefühl, das solche Wolken hervorrufen, niemals einfangen: Diese Wolken bergen viel zu viel Licht.
Tatsächlich liegt etwas von ihrer Präsenz außerhalb des Sehvermö-
gens. Es bleibt den übrigen Sinnen überlassen, sie zu absorbieren.

Unser heutiger Tag ist von der Reise durch das Inland nach
Ruteng bestimmt. Erst in unserem roten, engen und lauten Bus beginne ich die Tatsache in mich aufzunehmen, dass wir vom Christentum umgeben sind. Über dem Fahrer klebt ein tellergroßer
Sticker, der Jesus in einem glitzernden weißen Gewand zeigt, mit einem metallisch glänzenden, goldfarbenen Kreis als Heiligenschein,
die Arme in einer anrufenden Geste erhoben. »*Tuhan Yesus*«, ver-

kündet die Aufschrift am Rande des Stickers. Darunter befindet sich ein Aufkleber, auf dem steht: »Folge mir, ich habe Jesus, den Retter der Welt!« Und auf dem Armaturenbrett liegen verstreut Kreuze in hellen Farben, Gebetsperlen und Ikonen einer fremdländischen Maria. Ich empfinde eine plötzliche Orientierungslosigkeit, eine schwache Form der kulturellen Panik. Vielleicht habe ich mich zu sehr an die äußeren Zeichen des Islam gewöhnt. Solche Sticker erscheinen mir auf eine Art seltsam, wie es bei ihren muslimischen Gegenstücken nicht der Fall ist. Ich hatte aufgehört, die Zitate aus dem Koran, die golden glitzernden heiligen Namen wahrzunehmen sowie die winzigen Nachbildungen des Koran, die vor langer Zeit über einem anderen Armaturenbrett baumelten. All solche Dinge waren Teil meiner Umgebung geworden; nun fordert Jesus meine Aufmerksamkeit ein.

Einer der Tausenden Vulkane Indonesiens starrt auf unsere Reise hinunter. Er ist so vollkommen konisch, dass er fast wie eine Parodie der Pyramiden von Giseh aus der Landschaft herausragt. Das Land, über das er residiert, wird zunehmend weniger dschungelartig, ähnelt mehr Australien, als wir uns ostwärts bewegen. Endlich fühle ich langsam, dass ich nach Hause komme. Auf der Hochebene im Landesinneren treffen wir zum ersten Mal auf grasbewachsene Hügel. Ein seltsamer Anblick, Land, das ausschließlich ausgiebig als Weideland verwendet werden kann, wo ich mich derart an Vieh gewöhnt habe, das sich seine Existenz zwischen Wohngebieten und bebauten Feldern herauspresst. Die Landschaft ist immer noch wild, überwuchert und tropisch, aber ich erhalte hier den Eindruck eines Landes, das genutzt, in dem gelebt wurde, was in den Regenwäldern von Sumatra nicht der Fall war.

Wir kommen spät nachmittags in Ruteng an, hoch oben in der frischen Bergluft. Ich bin gespannt, was wir während unseres Aufenthalts hier vom Christentum sehen werden.

Sonntag, 7. Januar: Auf dem Weg nach Ruteng

*O Gläubige, nehmt weder Juden noch Christen zu Freunden;
denn sie sind nur einer des anderen Freund. Wer von euch sie
zu Freunden nimmt, der ist einer von ihnen. Ein ungerechtes
Volk leitet Allah nicht.*

Koran, Sure 5:52

*Mit den Schriftbesitzern (Juden und Christen) streitet nur auf
die anständigste Weise, nur die Frevler unter ihnen seien ausgenommen, und sagt: »Wir glauben an das, was uns, und an
das, was euch offenbart worden ist. Allah, unser Gott und euer
Gott, ist nur einer, und wir sind ihm ganz ergeben.«*

Koran, Sure 29:47

*Die Handlungen der Ungläubigen aber gleichen dem Dunst in
einer Ebene,... Oder ihre Handlungen gleichen der Finsternis
auf dem hohen Meere. Wogen stürzen auf Wogen und über
ihnen stehen Wolken, welche Finsternis auf Finsternis häufen,
so daß, wenn einer seine Hand ausstreckt, er sie nicht sehen
kann.*

Koran, Sure 24:40/41

Der Koran äußert sich sehr uneinheitlich in Bezug auf das Verhältnis von Islam und Christentum. Viele seiner Offenbarungen gehen
auf Mohammeds Beziehungen zu den christlichen und jüdischen
Gemeinden Mekkas und Medinas während der Zeit zurück, in der
er sie erhalten hat, sowie auf das sich verändernde Schicksal des Islam selbst. Es waren jedoch nicht die Offenbarungen Mohammeds,
die in den kommenden Jahrhunderten den Weg zum Konflikt zwischen den zwei Religionen pflasterten. Die Kollision von Christentum und Islam mag ihre Grundlagen im Koran gehabt haben, aber
wichtigere und weit reichendere Uneinigkeiten zwischen den zwei
Religionen wurden durch Geschehnisse hervorgerufen, die sich
lange nach Mohammeds Tod ereigneten. Um diese Ereignisse interpretieren zu können, muss man die sich verändernde Wahrneh-

mung des Islam dem Christentum und dem Westen gegenüber verstehen, als der Islam sich in den frühen Jahren der arabischen Expansion verbreitete.

Hinsichtlich ihrer Geschwindigkeit und Dauer war die arabisch-islamische Expansion bedeutender als jede andere in der Weltgeschichte. Der Islam wurde, heiß und formbar aus dem Schmelztiegel Arabiens, ebenso sehr durch den Prozess der Expansion wie durch Mohammeds ursprüngliche Offenbarungen geschmiedet. Auf seinem erstaunlichen Weg von einem Erfolg zum anderen blieb der Islam nicht länger die Religion der Schwachen, der aus der Gesellschaft von Mekka Ausgestoßenen. Er wurde zu einem Glauben, der den erobernden Willen Gottes ausführte, der zuversichtlich und stark von seiner Wichtigkeit in der Welt überzeugt war. Als Beweis dafür, dass er der eine, wahre Glauben war, brauchte er sich nur seinen eigenen Aufstieg und seine Vorherrschaft anzuschauen.

Bei einem derart raschen Wachstum musste der Islam mit einer weit größeren Vielfalt an Völkern und Religionen zusammentreffen, als er sie in Arabien angetroffen hatte. In den byzantinischen Provinzen Ägypten und Syrien stieß der Islam auf ganze Gemeinschaften von Christen und Juden, die nicht nur Minoritäten darstellten, die er in Arabien toleriert hatte. Doch bis zu diesem Stadium war der Islam seit der wankelmütigen Ablehnung des *Volkes der Schrift* durch Mohammed einen langen Weg gegangen. Das Reich der Omaijaden hatte seine Vorherrschaft nachhaltig gefestigt, und die Araber sahen sich inmitten einer enorm großen Vielfalt von Völkern unterschiedlicher Rasse, Sprache und Religion. In äußerst kurzer Zeit war die islamische Welt zu einer kosmopolitischen geworden, die in ihrer Verschiedenartigkeit bemerkenswert war. Ebenso bedeutend war ihre Toleranz – eine Toleranz, die im Vergleich zu den islamischen Gesellschaften in der mittelalterlichen westlichen Welt erstaunlich ist. Die von ihrem Glauben überzeugten Muslime hatten nicht das Bedürfnis, jedem Einzelnen ihrer Untertanen mit Gewalt ihre Religion aufzudrängen. Sie wussten, dass alle Ungläubigen schließlich in der Hölle schmoren würden und dass es nicht erforderlich war, das göttliche Urteil schon in dieser Welt zu vollstrecken. Die Toleranz wurde zu einem Kennzeichen der muslimischen Gesellschaft.

Zu jener Zeit basierte die islamische Betrachtung des Christentums auf rein religiösen, nicht auf politischen Gesichtspunkten. Für die Muslime war der Islam eine Religion, eine Region und ein Gemeinwesen, wohingegen das Christentum lediglich die Religion einer Minderheit des Imperiums war. Das Christentum wurde nicht automatisch mit Europa assoziiert, sicherlich nicht in der Weise, wie die Europäer jener Zeit es damit assoziierten.

Die historische Literatur der Araber zeigt deutlich, wie äußerst uninteressiert sie an dem religiösen und kulturellen Erbe Europas waren. Es wurde als ein dunkles Land der Barbarei angesehen, ein Ort, von dem Muslime nichts zu befürchten und nichts zu lernen hatten. Der Gelehrte al-Mas'udi schrieb im 10. Jahrhundert:

> *Die Völker des Nordens sind jene, für welche die Sonne weit vom Zenit entfernt steht... Kälte und Feuchtigkeit herrschen in jenen Regionen vor, und Schnee und Eis folgen in endlosem Wechsel aufeinander. Sie kennen den warmen Humor nicht; sie sind von großer Statur, ihre Natur ist grob, ihr Benehmen schroff, ihr Verständnis abgestumpft und ihre Sprache schwerfällig. Ihre religiösen Überzeugungen sind nicht fundiert... Jene von ihnen, die am höchsten im Norden beheimatet sind, weisen die größte Dummheit, Grobheit und Unzivilisiertheit auf.*

Ein Kadi aus Toledo konnte im 11. Jahrhundert nur beipflichten:

> *Ihre Bäuche sind groß, ihr Teint ist blass, ihre Haare lang und glatt. Sie lassen die Schärfe des Verstandes und die Klarheit der Intelligenz vermissen, und sie sind mit Ignoranz und Albernheit, mit Blindheit und Dummheit geschlagen.*

Die Araber waren nur an Regionen interessiert, die ihnen etwas anzubieten hatten, das konnte Wissen oder Reichtum sein, aber Europa bot keines von beiden. Für die Araber stellte Europa kein Land des Christentums, sondern eines der Barbarei dar.

Die Ansichten des christlichen Westens dem Islam gegenüber konnten jedoch nicht so einfach von Politik oder Regionalismus getrennt werden. Aus der islamischen Perspektive mag es möglich gewesen sein, lediglich das reine Verhältnis zwischen dem islamischen Großreich und der christlichen Religion zu diskutieren, doch aus der westeuropäischen Perspektive handelte es sich gleichermaßen um einen Konflikt zwischen Regierungen, Großreichen und Gesellschaften wie um einen Konflikt zwischen den verschiedenen Glaubensrichtungen.

Der Grund dafür lag darin, dass sich der Westen bedroht fühlte. Er zitterte vor dem muslimischen Moloch, und es war ihm unmöglich, den Islam nur aus rein religiöser Sicht zu beurteilen. Zweimal war der Islam durch die arabischen Invasionen in Spanien und die Vormärsche der Ottomanen auf dem Balkan einer Eroberung Europas nahe. Weiter im Osten machten die Tataren einen dritten Versuch, als sie bis nach Polen in Europa eindrangen und Russland eroberten, wo sie das Herrschergebiet der Goldenen Horde errichteten. Angesichts einer solch andauernden Bedrohung, die mit der ersten arabischen Expansion im 7. Jahrhundert begann und erst mit dem Untergang des Ottomanischen Reiches im 20. Jahrhundert endete, ist es nicht verwunderlich, dass die christliche Welt dieses Verhältnis aus einem anderen Blickwinkel sah.

Die europäischen Christen, die um ihr Überleben kämpften, konnten Mohammed niemals in der respektvollen Weise betrachten, wie die Muslime das mit Jesus machten. Mohammed war nichts anderes als ein Vertreter des Teufels, ein Abweichler. Dante zerriss Mohammed unaufhörlich in seiner *Göttlichen Komödie* als Strafe für die Sünde des religiösen Schismas. Papst Innozenz III. erklärte ihn zum Antichristen. Jaime Bleda, der königliche Kaplan und dienstälteste Beichtvater Spaniens beschrieb Mohammed in einem

Werk, das zum historischen Standardwerk wurde, als *Betrüger der Welt, falschen Propheten und Boten des Satans*. Sogar die Sprache verrät die westliche Einstellung dem Islam und »Mahomet«, seinem Propheten, gegenüber. Aus Mohammeds Name wurden im 14. Jahrhundert sowohl *Mahound* und *Maumet* abgeleitet, wobei das Erstere »ein Monster, eine gehässige Kreatur, den Teufel« beschreibt, wohingegen das Zweite »eine verachtenswerte oder verabscheuenswürdige Person, einen falschen Gott« bezeichnet.

Erst nach der Reformation in Europa änderte sich die Haltung des Westens gegenüber Mohammed. Er wurde nicht mehr so sehr als ein Vertreter des Teufels, sondern als gerissener, selbstsüchtiger Hochstapler angesehen. Sein Leben wurde bis ins äußerste Detail seziert, da europäische Historiker nach irgendetwas suchten, das ihn in Verruf brachte. Er wurde häufig als Sensualist denunziert, als ein Mann mit verdorbenen Ideen in Bezug auf Sex und Liebe, ein Mann, der sich so viele Frauen nahm, wie es ihm beliebte. Für die unterdrückten Europäer war Mohammed mit seinen Lehren, dass der sexuelle Genuss ein Geschenk Gottes darstellte, eine schockierende Gestalt. Es ist absolute Ironie, wenn wir nun seine liberaleren Lehren hervorheben, um dadurch die sexuelle Unterdrückung in der heutigen islamischen Gesellschaft zu kritisieren. Was den Westen einst beleidigte, wird nun als die Norm betrachtet, und was noch vor 100 Jahren zu den schlimmsten Eigenschaften Mohammeds erklärt wurde, wird heute häufig als sein Bestes betrachtet.

Während die den Westen verwirrende Bedrohung Islam heute ein beträchtliches Ausmaß angenommen haben mag, so bleibt sie jedoch weit weniger bedrohlich, als sie es einst war. Der Westen ist nicht länger der Eroberte, sondern der Eroberer. Doch unser Misstrauen dem Islam gegenüber ist uns geblieben. Jahrhundertealte Ansichten sind nur schwer auszuradieren. Darüber hinaus fühlt sich nun der Islam bedroht, und es handelt sich nicht mehr um den zuversichtlichen, erobernden Islam, der er einmal war. Heute haben viele muslimische Gesellschaften eine Belagerungsmentalität entwickelt, sind zum Zwecke der Behauptung ihrer eigenen göttlichen Stärke zur Religion zurückgekehrt und prangern den ethischen Bankrott in der westlichen Gesellschaft an. Anhänger des islamischen Erweckungseifers verdammen den moralischen Verfall des Westens genauso, wie der Westen einst die Moral Mohammeds verteufelte.

Das Faszinierende an der Uneinigkeit zwischen dem Westen und dem Islam ist der Umstand, dass es sich in vielerlei Weise um eine religiöse Uneinigkeit handelt. Man könnte sich nun fragen, wie die Religion überhaupt von Bedeutung sein kann, wenn der Westen, der politisch bereits schwierig genug zu charakterisieren ist, kaum als eine religiöse Entität betrachtet werden kann. Die Antwort liegt darin, dass der Zusammenstoß zwischen dem Islam und dem Westen der zwischen zwei Kulturen ist, und für Muslime ist Kultur und Religion dasselbe. Für einen Muslim ist jeder kulturelle Konflikt notgedrungen ein religiöser. Die Kollision zwischen dem Islam und dem Westen wird für viele Muslime religiöser Natur bleiben: eine Kollision zwischen dem Islam und dem Christentum.

Flores und Timor stellen für diese Kollision die perfekten Metaphern dar. Die beiden Inseln müssen jedoch nacheinander betrachtet werden, da sie beide verschiedenartig auf die muslimische Herrschaft reagiert haben, die sie ertragen mussten. Im Fall von Ost-Timor hat sich die Situation hoffnungslos politisiert: Ein Mikrokosmos aus essenziell politischem Konflikt, der auf der Religion basiert, ist dort entstanden. Die Geschichte der Unterdrückung war hier brutal, was im Ergebnis zu einem fast vollständigen Misstrauen zwischen christlichen und muslimischen Gruppen in der Region führte. Auf Flores verlief die Interaktion bei weitem friedlicher, fast völlig ohne die interreligiösen Spannungen, die andere Gebiete des Archipels kennzeichnen – nicht nur Timor, sondern auch beispielsweise Ambon. Nach dem heutigen Tag wurde Flores für mich zum Symbol für eine starke Verbindung zwischen dem Islam und dem Christentum. Am Nachmittag besuchten wir unsere erste katholische Messe in der Kathedrale von Ruteng, wo wir erfuhren, dass das christliche Wort für Gott auf Indonesisch *Allah* ist. Meiner Ansicht nach hat das extrem symbolischen Charakter, ist eine Art linguistische Bestätigung für die Nähe der zwei Religionen, eine Erinnerung daran, dass die Götter, die vom Islam und vom Christentum verehrt werden, im Wesentlichen dieselben sind. Es geht in der Übersetzung häufig verloren, dass das muslimische *Allah* oder *al-Lah* nicht ein Name, sondern eine Bezeichnung (der Gott) ist – eine Bezeichnung, die gleichermaßen für den christlichen Gott verwendet werden kann.

Wir verbringen den Abend mit muslimischen Freunden, die uns aufgenommen haben, und sind verdutzt über den Klang der Kirchenglocken, die nun den einst vertrauten Ruf zum Gebet abgelöst haben.

Sonntag, 29. Januar: Kupang

> *»Mein Sohn«, sagte der Meister, »die Stadt mit dem Namen Dis*
> *liegt gleich geradeaus, die schwerfälligen Stadtbewohner,*
> *die wimmelnde Menge der höllischen Metropole.«*
> *Dann sage ich: »Meister, ich habe sie schon gesehen,*
> *den Schein ihrer roten Moscheen, so als kämen sie*
> *glühend aus der Schmiede, um in diesem Tal zu schwelen.«*
>
> Dante Alighieri, Inferno

Eine Woche auf Flores, schwarze Sandstrände und unglaubliche Vulkane. Zwei weitere auf Timor, sowohl Ost als auch West. Der Monsun so stark wie eh und je, erstickend und erbarmungslos. Animisten, Katholiken, die Spannung in den Straßen von Dili, der Willkommensgruß in den Bergdörfern, und dann die lang gezogene Straße wieder hinaus. Ziegen balancieren auf Grabsteinen; der schwere Schweißgeruch von jemand anderem, der mich hierher bringt, auf eine eingestürzte Mauer, die einen der Strände von Kupang überblickt, am Tag vor dem Ende unserer Reise. Kirst ist zurück im Hotel, schreibt ihr eigenes Tagebuch. Ich hatte das Gefühl, allein sein zu müssen, um genau zu begreifen, was ich schreiben wollte.

Alles um mich herum erinnert an die letzten fünf Monate im tropischen Monsun. Schwarze mit Moos überzogene Bäume berühren den Himmel. Hier eine Kokosnusspalme, dort ein Jasmin; hier eine Bananenstaude, dort eine Kiefer. Die ganze Welt ist in sattem Grau schattiert, von der mürrischen, asphaltfarbenen Masse überstülpt, die sich dramatisch und kraftvoll über den Himmel zieht. Sogar das Licht ist dunkel. Der Strand liegt am Ende der Straße, und dahinter liegt das Meer, das sich nun sanftmütig unter dem imposanten Himmel bewegt. Hühner picken am Rande des Wassers im Sand und an schwarzen Steinen. Nach der kahlen roten Erde der Berge in der Nähe von Dili ist es eine Erleichterung, diese tropische Welt noch ein letztes Mal zu erleben.

Es gibt wenig, was ich über Ost-Timor schreiben möchte. Unsere Erfahrungen hier waren kraftvoll, aber ohne große Konsequenzen für den Islam im Ganzen. Die Region ist allzu politisiert, zu sehr von den Ungerechtigkeiten der letzten 30 Jahre dominiert. Unsere Erfahrungen waren außergewöhnlich, aber sie gehören zu einer anderen Reise, einer anderen Geschichte, einem anderen Buch, nicht diesem.

Ich verbringe den Nachmittag hier, zusammengekauert auf der eingestürzten Mauer, blicke aufs Meer. Ich weiß nicht warum, aber ich habe das starke Gefühl, dass ich einen wichtigen Augenblick erreicht habe, und es tut gut einfach nur hier zu sitzen, zu schauen, sich treiben zu lassen, zu träumen. Kupang ist eine muslimische Stadt auf einer ansonsten christlichen Insel. Es erscheint mir irgendwie passend, dass die Reise hier ihr Ende finden soll. Ich versuche, meinen Geist hinaus über das Wasser zu senden, weg von mir, weg von Indonesien, auf der Suche nach den entfernten Orten, die ich bereist habe. Werde ich in der Lage sein, solche Ausmaße zu verstehen? Das Gefühl, dass ich das können sollte, lässt meinem Verstand keine Ruhe, und nach kurzen Augenblicken weiß ich, dass ich es kann. Es ist ein wunderbares Gefühl.

Ich bemerke plötzlich, dass ich zum ersten Mal, und natürlich fast das letzte Mal, zurückblicke, zurück dorthin, wo die Reise begann. Meine Gedanken wandern zu den Orten, an denen ich in den letzten neun Monaten gewesen bin. Ich denke an den Tag, den ich am

Persischen Golf im Iran damit verbrachte, auf ebenso rätselhaftes Wasser, wenn auch viel schmutzigeres, zu schauen. Oder an den Tag, an dem wir den Bosporus in Istanbul überquerten, das erste Mal asiatischen Boden betraten. Ich sehe das Wasser des Ganges, die treibenden Leichen, die Scheiterhaufen. Das pulverisierte Wasser des Indus, die überschwemmten Felder von Bangladesh. All diese Orte füllen das ruhige Grau-Blau vor mir. Kann ich mich an sie alle wirklich erinnern? Teile davon tauchen als lebendige Fragmente vor mir auf, aber der Rest ist zerbröckelt, verstreut, lässt nichts anderes in meiner Erinnerung zurück als willkürliche Spreu und ein oder zwei Gesichter. Es erscheint mir nun, dass die Vergänglichkeit der Erinnerung, ihre Unfähigkeit, wahrhaft Erfahrung zu reproduzieren, eine der eigentlichen Tragödien des Lebens sein muss. Diese Erfahrungen werde ich immer nur einmal durchleben. Einmal vorüber, sind sie für immer verloren, und das ist etwas, das wahrscheinlich kein geschriebenes Wort verhindern kann.

Ich habe eine Ausgabe von Dantes *Inferno* bei mir, die ich vor einer Woche von einem kanadischen Touristen geschenkt bekommen habe. Ich möchte sie zu Ende lesen, bevor wir abreisen, da sie vorzüglich für ein jedes Kapitel über die Beziehung zwischen dem Islam und dem Christentum geeignet ist. Die Gebäude in Dantes Hölle sind rot glühende Moscheen und symbolisieren das ganze Misstrauen und die Feinseligkeit zwischen den Religionen. Zu Dantes Lebzeiten wurde die Moschee natürlich als reine Perversion, als ein verzerrtes Gegenstück der Kirche angesehen, genauso wie Satan in seiner Unterwelt das verdorbene Pendant zu Gott im Himmel darstellte. Für Dante und Tausende von Christen gab es keine geeignetere Darstellung der Hölle als ein Ort mit Moscheen. Ich kann nicht umhin, mich zu fragen, ob nicht einige Bewohner von Ost-Timor eine gewisse Resonanz bei einem solchen Bild empfinden. Wir begegneten genug Hass gegenüber Muslimen, nicht nur bei Kindern, deren Eltern abgeschlachtet wurden, sondern auch bei vielen Menschen, die wir trafen, sodass ich bei vielen derartige Ressentiments vermute.

Ich verabschiede mich nun. Mit einem unglaublichen Timing,

denn gerade ertönt der Ruf zum Gebet, unterdrückt und verloren, von einer Moschee aus der Nähe. Eine Erinnerung daran, dass ich wahrscheinlich einen letzten Angriff auf die niederen Bereiche der Hölle starten soll. Ich werde beim zeitlosen Klang der Stimme des Muezzins lesen, der in meinem Ohr tönt. Ihn noch einmal zu hören, zaubert sogar nach einer so kurzen Zeit ein Lächeln auf meine Lippen. *Allahu akbar.*

Ein Gefühl des Verlusts

Montag, 30. Januar: Kupang

> *Reisen beinhaltet nicht nur das Sehen von Neuem; es heißt*
> *auch Zurücklassen. Nicht nur Türen zu öffnen; auch sie hinter*
> *dir zuzuschließen, nie mehr zurückzukehren.*
>
> Jan Myrdal, *Die Seidenstraße*

In *Das Herz aller Dinge* erwähnt Graham Greene das Gefühl der
Unwirklichkeit, das dich überkommt, wenn du ein Land verlässt,
von dem du weißt, dass du nicht wieder dorthin zurückkommen
wirst. Ich kenne dieses Gefühl. Wir brechen morgen nach Darwin
auf, und die Orientierungslosigkeit, die ich nun empfinde, das Gefühl, dass nichts um mich herum real ist, ist sogar noch stärker als
an dem Tag, an dem wir Australien verließen. Die Welt um uns herum ist eine Simulation, ohne Substanz. Wir bewegen uns in Richtung der Halbwertszeit zwischen zwei Ländern, zwischen unzusam-
menhängenden Kapiteln eines Lebens, wo weder die Vergangenheit
noch die Zukunft real erscheinen, und die Gegenwart ein undeutli-
ches Aussetzen zwischen den beiden ist.

Ich sehne mich nach Zuhause, nach dem großen Pinselstrich
des Himmels, nach der weiten Geräumigkeit des Sommers. Ich bin
der Blicke und des konstant erklingenden Chors von »*Hello Mis-
ter!*« überdrüssig geworden. Ich kann es kaum erwarten, bis ich
mich verabschieden kann von der Inspizierung meines Gepäcks
durch Fremde, von den höhnischen Bemerkungen und den Schikanen der Kundenwerber an Bussen und Bahnhöfen, Verabschieden
von dem Mangel an Warmwasser, von den schlechten gesundheit-

lichen Bedingungen, der niederschmetternden Feuchtigkeit, den Hähnen und Hennen, dem vom Ruf zum Morgengebet unterbrochenen Schlaf, dem Schmutz und Dreck, den malariaübertragenden Moskitos, den Wanzen, dem Schreien der Geckos in der Nacht, der Unfähigkeit zu Kommunizieren ... die Liste ist noch lange nicht zu Ende. Dennoch befinde ich mich auf halber Strecke zwischen Erleichterung und Bedauern. Ich weiß, dass mich die Tatsache, dass ich all das endlich hinter mir lasse, wirklich freut, aber zur gleichen Zeit ist der Gedanke daran unglaublich traurig.

Das Komische ist, dass ich mir Australien nicht mehr richtig vorstellen kann. Ich kann mir mein Zuhause nicht vorstellen, obwohl ich monatelang davon geträumt habe. Ich kann noch nicht einmal Indonesien beschreiben oder die gerade beendete Reise. Ich möchte es. Irgendwann werde ich es müssen. Ich muss in der Lage sein, alles aufzusummieren, zu enden, und wenn es nur aufgrund der Tatsache ist, dass ich diese Erfahrungen in einem Buch festhalten will. Ich möchte nicht einfach nur den Islam erklären, wenn er tatsächlich *erklärt* werden kann. Ich möchte, dass der Leser ihn erlebt. Beschreibung und Erklärung sind am Ende kein Ersatz für die Erfahrung. Wie falsch war doch meine vorgefasste Meinung vom Iran. Ich möchte, dass die Leser die *Reise selbst erleben.*

> Doch im Moment
> bin ich
> befreit
> von dieser Reise,
> einer Reise, die (in gewisser Hinsicht)
> bereits vorüber ist ...

... weil ich in der Art fühle, wie ich fühle. Und mit diesem Gefühl der Distanz geht das des Verlusts einher, auf das ich so lange gewartet habe. Es ist vorbei. Die Sache, die ich neun Monate gelebt habe, ist vorüber. Ich fühle mich leer. Ich fühle mich ausgelaugt.

Ich lege mich unter einen müden Ventilator in unserem Hotelzimmer in Kupang, zwinge meinen Verstand zu einem Rückblick. Ich versuche, die Reise zu erinnern, ein Gefühl für das wogende Band der Erfahrung zu erlangen, das sich rückwärts in mein Leben erstreckt. Ich versuche mir das Selbst vorzustellen, das ich einmal war, das Selbst, das ich geworden bin, als ich etwas über den Islam erfuhr. Etwas von dem, was ich heute schreibe, soll zumindest reflektieren, was ich über die Religion gelernt habe, was ich anderen davon mitteilen möchte.

Dann denke ich zurück an den Iran. An den Schock über die religiöse Ekstase, denke an die Frauen und Männer, die für ihren Gott weinten. Die Überraschung über ein Land, das so vollkommen anders ist als meine Vorstellung von ihm. Die Erkenntnis, wie naiv es ist, die Schiiten als eine fundamentalistische Sekte zu nennen, dass das genau das Gleiche wäre, als wenn ich alle Deutschen als Neonazis bezeichnen würde. Ein Ort der Freundlichkeit und des Extremismus, des Friedens und des Terrors, ein Ort, an dem Gott ebenso präsent ist wie in der Wüste. Und ein Ort, der mir in Erinnerung bleibt, weil er uns zu einem fundierteren Verständnis des Islam verholfen hat, als ich es möglicherweise hätte erwarten können – ein Verständnis, das über das Schiitentum, über den Iran selbst hinausgeht. Namen: Ali, Abu Bakr, Omar, Osman, Fatima, Aischa, Mu'awiya. In vielerlei Hinsicht erlangten wir unser gesamtes Verständnis des Islam – des *hadith*, die Erfahrung des Koran, das unglaubliche Gefühl des Glaubens – mehr vom Iran als von irgendwo anders her.

Ich ziehe in Gedanken weiter, nach Zentralasien, das von Geschichte durchdrungen ist. Die Abbasiden und die Seldschuken, die Mongolen und die Türken. Und eine völlig andere Form des Islam, eine, die nach 80 Jahren sowjetischer Besatzung kaum wiederzuerkennen ist, und kulturelle Zerstörung, die uns durch die verzerrende Wirkung des Alkohols entgegenschlägt.

Pakistan war Grausamkeit und Freundlichkeit, sexuelle Unterdrückung und sexuelle Wut. Waffen und Drogen und Kriminalität und Korruption. Das schlimmste Antlitz des frauenfeindlichen Islam. Bangladesh: Sufis und Heilige, Synkretismus und Aberglaube.

Es war eine Begegnung mit der mystischen Erfahrung des Islam, die ich nirgendwo sonst aufzudecken vermochte. Und Indonesien hatte natürlich viele Gesichter: ultraorthodox in Aceh; völlig flexibel in der Form der Minangkabau; religiöser Zusammenstoß auf Flores und Timor.

All diese Begegnungen, all diese Erfahrungen haben mich das gelehrt, was ich über den Islam weiß. Ich habe irgendwie das Gefühl, als müsste ich einen Abschluss, einen einheitlichen Faden finden, der sie alle miteinander verbindet. Dennoch weiß ich, dass keine einheitliche Schlussfolgerung gezogen werden kann. Die Vielfalt der Erfahrungen ist zu groß. Jedes Stadium der Reise hat bis jetzt seine eigene Form des Islam hervorgebracht, hat seine eigene, besondere Sichtweise der Religion angeboten. Ich tauche in die Erinnerungen ein. Repräsentiert irgendeine von ihnen den Islam? Als Ganzes genommen, sind sie eine Vorstellung von ihm, so unvollständig und so voreingenommen und so breit gefächert wie die wirkliche Welt. Wie das Sufi-Konzept von Gott, geht der Islam über die einfache Beschreibung hinaus. Meine Erinnerungen können ebenso wenig durch beschreibende Worte erfasst werden, gehen über das Reich der kategorischen Tatsachen hinaus. Aber sie sind der Islam. Sie sind mein Islam. Und, als Ganzes genommen, hoffe ich, dass sie eine Vorstellung von den vielen Dingen vermitteln, die das Wort »Islam« bedeuten kann.

Eine einfache Kurzfassung der Erfahrung und des Wissens scheint deshalb unzureichend, wenn es um den Islam geht. Das Thema ist zu vielfältig, zu kompliziert. Wenn es nicht so wäre, bräuchte ich kein Buch darüber zu schreiben. Wenn der Islam kurz zusammengefasst werden könnte, zu irgendetwas Kohärentem komprimiert, dann würde ein simpler Essay ausreichen. Es wäre sicherlich keine neunmonatige Reise erforderlich, keine Ansammlung von Tagebüchern, kein Buch. In der Tat kann keine einzelne These aufgestellt werden, wenn es um den Islam in seiner Gesamtheit geht, und das macht eine Schlussfolgerung unmöglich. Der einzige Schluss, der angeboten werden kann, ist die Reise selbst. Eine Zusammenfassung würde die Details herabmindern, die Vielfältigkeit der Eindrücke ignorieren, die aus dem Islam mehr als nur ein Wort gemacht haben, die den Islam real werden ließen.

Die Reise ist der einzig mögliche Ausdruck ihrer selbst; wenn ich meinen Stift niedergelegt habe, kann ich über sie reflektieren. Das ist alles, was ich tun kann. Und wenn ich das tue, so hoffe ich, dass es weder ein nach Sensationen haschender Blickwinkel des Fanatismus und der Grausamkeit noch ein keimfreier des idealisierten Glaubens ist, der sich da auftut, sondern irgendetwas zwischen diesen beiden. Ich hoffe, dass diese Reise, dieses nachgestaltete Mosaik der Erfahrung, das nur mir gehört, einen winzig kleinen Blick auf die unendliche, vielfältige Realität gewährt, die der Islam ist.

Anhang

Danksagungen

Ich möchte einer Reihe von Menschen danken, ohne die das Buch, das Sie in den Händen halten, nicht existieren würde. Unglücklicherweise wird dies immer der ungeliebteste Part beim Schreiben bleiben. Die Angst, jemanden vergessen zu haben, dem ich durch meine Worte entgegen meinem Gefühl nur unzureichend meine Dankbarkeit ausdrücken kann, lähmt regelrecht meine Hand, wenn die Zeit gekommen ist, um mich zu bedanken. Ich entschuldige mich im Voraus bei allen, denen ich hätte danken sollen, es aber nicht getan habe, was jeden einschließt, der entweder direkt oder indirekt das Schreiben dieses Buches beeinflusst hat.

Mehr als allen anderen danke ich Kirst, nicht nur für ihre Begleitung auf dieser Reise, sondern auch für ihre Unterstützung und ihr Engagement danach; für die vielen anregenden Diskussionen, in denen sie mir meine Ideen und Hoffnungen, meine Gedanken und Träume widerspiegelte. Worte können nur schwer ausdrücken, was das alles für mich bedeutet hat, etwas, das ich jetzt stärker fühle als jemals zuvor (was das Schreiben dieses Abschnittes unglaublich schwierig macht). Dasselbe gilt auch für die Dankbarkeit, die ich meinen Eltern gegenüber empfinde, die nie den Dank erhalten, der ihnen gebührt, und doch immer weiter geben. Aus diesen Gründen habe ich ihnen und Kirst dieses Buch gewidmet, auch wenn es eine bloße Geste ist und kaum ausdrücken kann, was diese drei Menschen mir bedeuten.

Mein ganz großer Dank gilt auch Mack Cameron, Peter Davis und Mark Dunn, denn sie haben mir nicht nur die Gelegenheit zu dieser Reise gegeben, sondern mich auch beim verdammten Schreiben unterstützt. Danke auch an Robert und Libby Albert, ohne die ich oft verloren wäre und die tatsächlich mehr Exemplare des letzten Buches verkauften als alle anderen; danke ebenso an Stu und Jon für ihr Sosein; danke an Laura für ihren ungezügelten Enthusiasmus. Und danke an alle meine Korrekturleser, einschließlich derer, die bereits genannt wurden, sowie Paul, Marty, Tiff, La, Mel, Jane und Phil – ohne euren Input hätte ich es nie zu etwas annähernd Lesbarem gebracht.

Für die Voraussicht, das Potenzial des Buches zu erkennen, als es auf ihrer Schwelle landete, und für die Zuversicht, es aufzunehmen, gehört mein aufrichtiger Dank Sheila Drummond. Danke auch an Sheena Dewan and Caroline Jory bei Vision für ihre Hilfe und Unterstützung, doch vor allem für ihren unglaublichen Enthusiasmus angesichts des Buches, der mir sehr viel bedeutet hat.

Meine Aufgabe, jenen zu danken, die mir während der Reise, vor allem im Iran und auf Ost-Timor geholfen haben, wird mir besonders schwer gemacht. Viele Namen und Umstände wurden geändert aus Gründen, die hoffentlich klar sind. Jenen Menschen kann ich nur meine aufrichtige Dankbarkeit anbieten, in dem Glauben, dass sie wissen, wer sie sind. Ich hoffe fest, dass dies der Fall ist. Es gibt in fast jedem Ort, in dem ich mich aufhielt, jemanden, dem ich danken muss – Subroto, Mehrdod, Nasser, Farzaneh und Mahsoud, Ahmad und weitere –, die Aufzählung hat kein Ende. Ungeachtet der Tatsache, dass ihre Namen geändert wurden oder auch nicht, hoffe ich, dass sie sich wiedererkennen, denn sie haben mir, jeder auf seine Weise, alle etwas von sich beigebracht. Mit ihrer Freundlichkeit und Großzügigkeit haben sie mir gezeigt, dass wahrscheinlich immer noch Hoffnung für diese Welt besteht.

Glossar

Abbasiden Die berühmteste islamische Dynastie, deren Herrschaft über einen großen Teil der islamischen Welt mehr als fünf Jahrhunderte andauerte. Die Abbasiden stammten von Abbas, dem Onkel des Propheten, ab. Sie stürzten ihre Vorgänger, die Omaijaden, mit Hilfe einer Allianz von schiitischen, iranischen und anderen muslimischen und nicht-muslimischen Gruppen, die mit dem herrschenden Regime unzufrieden waren.

Abu Bakr Der erste der vier »Gerechten Kalifen« des sunnitischen Islam. Seine Tochter Aischa war eine von Mohammeds letzten Frauen.

Aischa Mohammeds jüngste und wahrscheinlich einflussreichste Ehefrau. Aischa wird von den Sunniten als die »Mutter der Gläubigen« verehrt, und die große Feindschaft zwischen ihr und Fatima und Ali war teilweise der Grund für die Aufspaltung in Sunniten und Schiiten.

Ali Auf Arabisch Ali ibn Abi Talib, der vierte der »Gerechten Kalifen« der sunnitischen Richtung des Islam und der erste der schiitischen Imame. Ali war Mohammeds Neffe. Er gilt als einer der ersten und gläubigsten Konvertiten zum Islam. Ali heiratete Mohammeds Tochter Fatima, die ihm zwei Söhne gebar, Hassan und Hussein. 632, als Mohammed starb, beanspruchte Ali seine Nachfolge. Alis Anspruch auf Mohammeds Nachfolge wurde von Aischa bitter bekämpft. Im Kalifat gingen ihm Abu Bakr, Omar und Osman voran.

Ali al-Hujwiri Einer der bedeutendsten Sufi-Heiligen Pakistans. Der Schrein des *Data Ganj Bakhsh*, »Geber von Schätzen«, genannten Ali al-Hujwiri befindet sich in Lahore.

Amu-Darja Großer Fluss in Zentralasien, der früher unter dem Namen Oxus bekannt war. Heute bildet er die Grenze zwischen Turkmenistan und Usbekistan.

Ashura Religiöses Fest, das an das Martyrium des dritten schiitischen Imams Hussein erinnert.

Atatürk, Mustafa Kemal Türkischer Soldat, nationalistischer Führer und Staatsmann, der die Türkische Republik gründete und ihr erster Präsident war. Der Name Atatürk, Vater der Türken, wurde ihm 1934 von der Großen Nationalversammlung als Würdigung für seinen Dienst an der türkischen Nation verliehen. Atatürk versuchte, die Türkei in einen weltlichen Staat umzuwandeln, indem er das Kalifat abschaffte und Regelungen aus der Vergangenheit wie z. B. das Tragen des Fes verbot.

Avicenna (Abu ibn Sina) Er wird von vielen Muslimen als einer der größten islamischen Philosophen betrachtet. Seine Philosophie basiert auf einer Kombination aus dem Aristotelismus und dem Neoplatonismus. Im Gegensatz zur orthodoxen islamischen Denkweise, bestritt Avicenna die persönliche Unsterblichkeit, ein Interesse Gottes am Individuum und die Erschaffung der Welt in der Zeit. Avicennas Philosophie wurde von al-Ghazzali angegriffen.

Al-Azhar-Moschee Islamische Institution, die in Kairo von den schiitischen Fatimiden errichtet wurde. Al-Azhar wurde nach der Wiederherstellung des Sultanats in Ägypten sunnitisch. Die Al-Azhar-Moschee ist das bedeutendste Zentrum für islamische Studien in der Welt.

bismillah ar-rahman ar-rahim »Im Namen Gottes, des Mitfühlenden, des Gnädigen«.

burqa Mantelartiger Überwurf aus extrem dickem und schwerem Material, der auch Gesicht und Haare verhüllt. Er wird in den von Stammeskulturen beherrschten Gebieten Pakistans um Peshawar getragen.

Chadidja Mohammeds erste Frau. Mohammed gelangte durch die Heirat mit Chadidja, einer reichen Kaufmannswitwe, zu Wohlstand und sozialem Rang. Sie war mehrere Jahre älter als er und hatte ihn zur Regelung ihrer Geschäfte eingestellt, woraufhin sie kurze Zeit später heirateten.

din Die religiösen Aspekte des muslimischen Lebens.

djahiliyya Vorislamische Ära.

dunya Die weltlichen Aspekte des muslimischen Lebens.

eivan Gewölbtes, mit Stalaktiten verziertes Bogenportal, typisch für die Architektur der iranischen Moscheen.

'fana Sufi-Konzept für den Zustand der Vernichtung des Selbst; ein »Entwerden« menschlicher Identität, bis nichts mehr zwischen Gott und dem Sufi-Mystiker steht und die wahre Einheit mit Gott gefunden werden kann.

Fatima Tochter des Propheten Mohammed und Ehefrau von Imam Ali. Fatima entwickelte eine ausgeprägte Feindseligkeit zu Mohammeds letzter und jüngster Frau Aischa. Die Feindschaft zwischen den beiden Frauen war teilweise der Grund für die Aufspaltung des Islam in Sunniten und Schiiten.

Fatimiden Eine während des Untergangs der Abbasiden im 10. Jahrhundert errichtete Dynastie. Die Fatimiden waren Schiiten, die ihre Abstammung von Fatima, der Tochter Mohammeds und Ehefrau Alis, ableiteten. Auf der Höhe ihrer Macht, am Ende der zweiten Hälfte des 10. Jahrhunderts, stellte das fatimidische Kalifat eine ernste Bedrohung für die Abbasiden in Bagdad dar, die über den größten Teil Nordafrikas sowie über Sizilien und Syrien herrschten.

Die »fünf Säulen« des Islam Die »fünf Säulen« des Islam sind die fünf vorgeschriebenen Glaubensgrundsätze eines jeden Muslimen, der dem Weg Mohammeds folgen möchte. Dazu gehören: das Bekenntnis zu dem einen Gott und zu Mohammed als seinem Propheten (*schahada*), das tägliche fünfmalige Gebet (*salah*), das Fasten während des Fastenmonats Ramadan (*saum*), das jährliche Almosengeben für die Armen (*zakat*) und einmal im Leben die Pilgerfahrt nach Mekka (*hadjdj*).

al-Ghazzali Islamischer Philosoph und Theologe, auch unter dem lateinischen Namen Algazel bekannt. Ghazzalis Werk *Die Wiederbelebung der Religiösen Wissenschaften* präsentiert eine vereinheitlichte Sicht des Islam, die Elemente von allen drei Quellen beinhaltet, die zuvor als sich widersprechend gegolten hatten: Tradition, Intellektualismus und Mystizismus. Das Werk wird als die bedeutendste religiöse Abhandlung aus der Feder eines Muslims angesehen und folgt in seiner Bedeutung gleich dem Koran. Später nahm al-Ghazzali sich vor, die neuplatonischen Ideen anderer muslimischer Philosophen zu widerlegen, wobei jene des Avicenna am bekanntesten waren. Avicennas Philosophie bildete unter anderem einen Gegensatz zu den orthodoxen Doktrinen von der Erschaffung und Unsterblichkeit der Seele. Al-Ghazzalis Angriff auf philosophische Theorie und Spekulation, die er in *Zerstörung der Philosophen* weiterführte, war zum großen Teil für den endgültigen Untergang des Rationalismus im Islam verantwortlich.

hadith Gesamtheit der von Mohammed überlieferten Aussprüche und Taten, die heute an zweiter Stelle nach dem Koran als Autorität herangezogen werden und die *sunna* verkörpern.

hadjdj Die »fünfte Säule« des Islam, die Wallfahrt zur heiligen Moschee in Mekka, die im zwölften Monat des muslimischen Jahres durchgeführt wird.

hadjdja Muslimin, die sich erfolgreich auf die *hadjdj* begeben hat.

hadjdji Muslim, der sich erfolgreich auf die *hadjdj* begeben hat.

Hafis Mystischer Dichter aus dem Iran.

al-Hallaj (der Deckenträger) Berühmte Figur in den Anfangsjahren des Sufismus, die exemplarisch für die Kollision der Sufi-Praxis mit dem orthodoxen Islam steht. Al-Hallaj wurde angeklagt, auf seiner Identität mit Gott zu bestehen, und deshalb in Bagdad hingerichtet.

Hanafiten Eine der vier bedeutendsten sunnitischen Sekten im Islam, die von Abu Hanifa im 9. Jahrhundert gegründet wurde.

hartal Organisierter Streik, der auf dem Indischen Subkontinent als ein Instrument des Protests oder als ein Ausdruck der Trauer genutzt wurde; durch Gandhi als friedlicher Protest gegen die britische Herrschaft populär geworden.

Haschimiden Stamm der Koraisch im vorislamischen Arabien, dem der Prophet Mohammed angehörte.

Hassan Imam Alis erster Sohn, der seine Rechte nach Alis Tod an das Kalifat von Mu'awiya abtrat.

Hedschra Die Emigration von Mohammed und seinen Anhängern nach Medina.

Hidjas Wörtlich »die Grenze«. Bergige Küstenregion Arabiens zwischen dem Zentrum der Halbinsel und dem Roten Meer.

hijab Sowohl der Schleier, der von islamischen Frauen getragen wird, als auch der Akt des Verschleierns selbst. Wörtlich »Vorhang«.

Hisbollah Wörtlich »die Partei Gottes«. Partei, die mit dem Aufstieg von Imam Khomeini verbunden wird und die im Iran regiert. Ebenfalls extrem einflussreich bei den libanesischen Schiiten.

Hussein Imam Alis zweiter Sohn, der mit seiner Familie auf dem Feld von Karbala ermordet wurde und dessen Tod von Schiiten als Teil der Ashura betrauert wird.

ibn Chaldun Vollständiger Name Abu Zayd Abd-Ar-Rahman ibn Chaldun (1332-1406), der bedeutendste unter den mittelalterlichen islamischen Historikern. Ibn Chaldun entwarf eine Geschichtsphilosophie und Gesellschaftstheorie, die in den frühzeitlichen und mittelalterlichen Schriften ohne Vorgänger war und sich stark in der modernen Soziologie widerspiegelt. Gesellschaften, so glaubte er, werden von der Kraft der sozialen Kohäsion zusammengehalten, die durch den einigenden Faktor der Religion verstärkt werden kann. Soziale Veränderungen und der Aufstieg und Fall von Gesellschaften folgen Gesetzen, die empirisch erforscht werden können und die unter anderem klimatische und ökonomische Aktivitäten widerspiegeln.

Imam Wörtlich »Führer«. Der Ausdruck wird im Allgemeinen für geistliche Führer verwendet und kann sich auf die Führer einer Kongregation, wichtige Mitglieder der schiitischen Geistlichkeit, schiitische oder ismailitische Heilige, den Aga Khan usw. beziehen.

Ismailiten Sekte der schiitischen Muslime, Anhänger des Schiiten Imam Ismail. Ismailiten gibt es hauptsächlich in Indien, Pakistan, im Jemen und in Ostafrika.

Jahwe Der jüdische Gott.

Jathrib Früherer Name der arabischen Stadt Medina.

Jinnah, Mohammed Ali Indischer Politiker, Führer der Indischen Muslim-Liga, der zum Gründungsvater Pakistans und sein erster Generalgouverneur wurde.

Kaaba Das zentrale Heiligtum des Islam, das »Haus Gottes«, wo das Heilige das Profane berührt. Die Kaaba ist ein würfelförmiges, aus einem Raum bestehendes Gebäude in Mekka, Saudi-Arabien. Sie ist das Ziel der jährlichen *hadjdj*, der Pilgerreise nach Mekka, die alle Muslime zumindest einmal in ihrem Leben unternehmen sollten, wenn es ihnen möglich ist.

Kadi Muslimischer Richter.

kameez siehe *shalwar kameez.*

Karbala Ebene im Südirak, wo Imam Alis Sohn Hussein zusammen mit seiner Familie und seinen Getreuen brutal ermordet wurde. Das Ereignis hat für den Glauben der Schiiten eine extrem hohe Bedeutung.

Khorasan Ostiranische Provinz um Meschhed herum. Khorasan stellte früher ein viel größeres Gebiet dar, das sowohl Herat in Afghanistan als auch Merw in Turkmenistan einschloss und politisch und strategisch in der islamischen Geschichte von Bedeutung war.

Koraisch Mächtigster Stamm im vorislamischen Mekka, zu dem auch Mohammed gehörte. Die Koraisch setzten sich aus verschiedenen Sippen zusammen, wie etwa der vorherrschenden Omaijaden und Mohammeds eigener Sippe, der Haschimiden.

madrasa Religiöse Schule oder Zentrum religiöser Studien.

Maghreb-Gebet Abendgebet, das kurz nach Sonnenuntergang ausgeführt wird. Maghreb bedeutet wörtlich »Ort des Sonnenuntergangs«.

magneh Wimpelartiger Schleier, der vor allem von jungen Frauen im Iran getragen wird.

mahdi Messianische Figur der islamischen Mythologie, die den rechtschaffenen einfachen Mann darstellt, der in ein Zeitalter der Wahrheit und Gerechtigkeit führen wird.

manteau Schwerer Mantel, der von den Frauen im Iran getragen wird.

mawlawiyyah Der Sufi-Orden, der im Westen unter dem Namen »Tanzende Derwische« bekannt ist.

mihrab Eine in eine Moschee oder Gebetshalle eingebaute Nische, welche die Gebetsrichtung nach Mekka anzeigt.

Mogul Muslimische Dynastie, die von Timur abstammte und vom 16. bis zum 19. Jahrhundert ein Reich in Indien regierte, das seinen Hauptsitz in Delhi hatte.

Mu'awiya Syrischer Gouverneur während der Herrschaft des Kalifen Omar; Mu'awiya wurde zum größten Oppositionellen der Kalifatsherrschaft, als er die Autorität von Ali anzweifelte. Nach Alis Tod riss er das Kalifat an sich, machte Damaskus zur neuen Hauptstadt des Reiches und errichtete die Omaijaden-Dynastie, deren Herrschaft die nächsten 70 Jahre andauerte.

NWFP Nordwestliche Grenzprovinz. Nördliches Gebiet in Pakistan, das an Afghanistan grenzt.

Omaijaden Herrschender Stamm im vorislamischen Mekka. Die Omaijaden nahmen ihren großen Machtverlust durch den Aufstieg Mohammeds übel und setzten alles daran, um ihre Macht wiederherzustellen. Ihr Einfluss nahm enorm zu, als Osman das Kalifat übertragen wurde, doch dieser hatte sich gerade erst vollständig etabliert, als Mu'awiya erfolgreich die Autorität Alis in Frage stellte und schließlich die Omaijaden-Dynastie errichtete, die 70 Jahre lang von Damaskus aus regierte.

Omar Der zweite der »Gerechten Kalifen« der sunnitischen Richtung des Islam, der die massive Expansion muslimischer Territorien leitete.

Omar Chajjam Persischer Mathematiker, Astronom und Autor des *Rubáiyát*.

Osman Der dritte »Gerechte Kalif« im sunnitischen Islam.

Paschtunen Ethnische Gruppe in Afghanistan und im westlichen Teil Pakistans, die auch als Puschtunen bekannt sind.

purdah Tradition der Absonderung muslimischer Frauen in Pakistan und Indien.

Ramadan Der neunte Monat im muslimischen Kalender, in dem ein einmonatiges Fasten, der »vierte Pfeiler« des Islam, eingehalten wird.

Rumi Der wahrscheinlich bekannteste der iranischen Sufi-Dichter, Gründer des *mawlawiyyah*-Ordens der Sufis. Sein großes Werk, das *Mesnevi* oder *Mathnawi*, wurde als die »Bibel« der Sufis bekannt.

Sa'di Iranischer mystischer Dichter.

Safawiden Iranische islamische Dynastie, die ursprünglich auf eine radikale Sufi-Bewegung zurückgeht und im Jahr 1501 eine unabhängige Herrschaft im Iran einführte.

salaam wa leikum Allgegenwärtiger islamischer Gruß mit der Bedeutung »Friede sei mit dir«.

Sassaniden Vorislamisches persisches Reich, das für seine gut organisierten sozialen Strukturen und Nachfolgeregelungen der Dynastie bekannt war. Rivalität zum Byzantinischen Reich.

SAVAK Für ihre Brutalität bekannte Geheimpolizei des Schahs vor der Iranischen Revolution.

Scharia Islamisches Recht.

Seldschuken Türkische Dynastie, die 1055 das Kalifat übernahm.

shalwar kameez Hauptsächlich in Pakistan, aber auch in Indien und Bangladesh anzutreffendes muslimisches Gewand. In der Regel besteht es aus einem überlangen Hemd (*shalwar*) und großen Pluderhosen (*kameez*) in gleicher Farbe. Es kann sowohl von Frauen als auch von Männern getragen werden. Im Allgemeinen sind die *shalwar kameez* der pakistanischen Frauen in hellen Farben gehalten und zeigen häufig Verzierungen, während die Männer eintönigere, gedecktere Farben wählen.

Shi'a Schiitische Richtung im Islam, die im 7. Jahrhundert nach einer Auseinandersetzung über die Nachfolge Mohammeds nach seinem Tod entstand. Die *Schiat Ali* oder »Partei Alis« waren der Meinung, dass der Neffe des Propheten, Ali, der rechtmäßige Nachfolger sei.

Sufismus Islamischer Mystizismus.

suhrawardiyyah Eine der bedeutendsten Schulen des islamischen Mystizismus auf dem Indischen Subkontinent.

sunna Gesamtheit der von Mohammed überlieferten Aussprüche.

sunnat Eine in den Augen Gottes lobenswerte Handlung.

Sunniten Die Hauptrichtung des Islam, benannt, um auf diejenigen hinzudeuten, die den Aussprüchen des Propheten, der *sunna*, folgen.

Sure Kapitel des Koran. Jede Sure beginnt mit der Wendung: *Im Namen Gottes, des Mitfühlenden, des Gnädigen.* Die Suren sind im Koran willkürlich ihrer Länge nach angeordnet, die längsten Kapitel zuerst, die kürzesten am Ende, wobei einige nicht länger als ein paar Zeilen sind.

»Tanzende Derwische« Westliche Bezeichnung für den türkischen Sufi-Orden der *mawlawiyyah*, der Anhänger des Dichters Rumi. Die »Tanzenden Derwische« sind berühmt für ihre Wirbeltänze, die sie ihrer Behauptung nach in die Lage versetzen, Gott näher zu kommen.

tariqa Sufi-Orden.

Timuriden Eine von Timur im 15. Jahrhundert errichtete Dynastie, die für kurze Zeit von Samarkand aus regierte und mit seinem Tod endete.

tschador Zeltartiger Schleier, der im Iran und von schiitischen Frauen im Libanon getragen wird; er verhüllt den Körper vollkommen und wird mit den Zähnen oder den Händen festgehalten.

Turkestan Gebiet in Zentralasien, das sich von Westchina bis zum Kaspischen Meer erstreckt, Heimat zahlreicher Turkvölker wie Uiguren, Turkmenen, Kirgisen und Kasachen.

ulema Die islamische Geistlichkeit. Begriff wird sowohl für die Bezeichnung der Individuen innerhalb der Geistlichkeit als auch für die Organisation als Ganzes verwendet.

umma Die weltweite islamische Gemeinde. Ursprünglich eine Bezeichnung, die sich auf die arabische Gemeinde bezog, nun bezeichnet der Ausdruck alle Anhänger des Islam.

urs Der Todestag eines Sufi-Heiligen oder Scheich.

Wahhabismus Extrem strenge, puritanische Form des sunnitischen Islam, die in Saudi-Arabien vorherrscht.

wudhuh Rituelle Waschung vor dem Gebet und auch der Zustand der Gnade, der dadurch erreicht wird. Ein Muslim soll nur dann beten oder sich mit dem Koran befassen, wenn er sich in einem *wudhuh*-Zustand befindet.

zina Sex außerhalb der Ehe. Von besonderer Bedeutung in Pakistan, wo von General Zia ul-Haq eingeführte Gesetze in Bezug auf *zina* die Rechte der Frauen drastisch einschränken.

Zoroastrismus Im alten Persien vom Propheten Zarathustra (Zoroaster) gegründete Religion. Eine grundsätzlich monotheistische Religion, die größtenteils auf dem Konflikt zwischen dem lichten, guten Geist und dem dunklen, bösen Geist basiert und heute noch im Iran und in Indien praktiziert wird.

Bibliografie

Es sollte jedem, der mit der Lektüre dieses Buches hier angelangt ist, aufgefallen sein, dass *Rufe vom Minarett* ein literarisches und kein akademisches Werk darstellt. Aus diesem Grund entschied ich mich dazu, keine Fußnoten und Anmerkungen im Text aufzunehmen.

Die folgende Auflistung repräsentiert nach bestem Wissen und Gewissen die große Menge der Schriften, die mein Bild des Islam geformt hat. Sie beinhaltet nicht nur Werke über die Religion selbst, sondern auch einige über die islamische Geschichte, über die Länder, durch die ich gereist bin, sowie alles, was irgendwie zu der Produktion dieses Buches beigetragen hat.

Bei einem derart umfangreichen Thema wie dem Islam, war es mir unmöglich, eine Wiederholung vieler Ideen zu verhindern, und ich würdige diese Quellen dankbar.

Adshead, Samuel Adrian M.: *Central Asia in World History*. London 1993.

Ahmed, Akbar S.: *Discovering Islam: Making Sense of Muslim History and Society*. London 1989.
Deutsch: Ahmed, Akbar S.: *Lebendiger Islam*. München: Econ 1992 (vergriffen).

Arabshah, Ahmed ibn: *Tamerlane or Timur the Great Amir*. London 1936.

Armstrong, Karen: *A History of God*. New York 1993.

Ayliffe, Rosie/Dubin, Marc/Gawthrop, John: *Turkey: The Rough Guide*. London 1994.

Başgoz, Ilhan: *Religion and Ethnic Consciousness among Turks in the Soviet Union*. In: Pullapilly, Cyriac K. (Hrsg.): *Islam in the Contemporary World*. o. O. 1989.

Bennigsen, Alexandre/Wimbush, S. Enders: *Muslim National Communism in the Soviet Union*. Chicago 1979.

Bray, John: *Pakistan in 1989: Benazir's Balancing Act*. In: *The Round Table*. April 1989.

Brooks, Geraldine: *Nine Parts of Desire: The Hidden World of Islamic Women*. New York 1995.
   Deutsch: Brooks, Geraldine: *Die Töchter Allahs*. München: Goldmann 2002.

Dante Alighieri: *The Inferno*. Übers. v. John Ciardi. New York 1954.
   Deutsch in: Dante Alighieri: *Die Göttliche Komödie*. Übers. v. Hermann Gmelin. Stuttgart: Reclam 1951.

Dawkins, Richard, *The Blind Watchmaker*. London 1990.
   Deutsch: Dawkins, Richard: *Der blinde Uhrmacher*. München: dtv 1996.

Dawood, N. J. (Übers.): *The Koran*. London 1993.

Farmaian, Sattareh Farman: *Daughter of Persia*. New York 1993.

Fierman, William (Hrsg.): *Soviet Central Asia*. Boulder 1991. Auszug von Teresa Rakowska-Harmstone im Vorwort, S. ix.

Friedman, Thomas: *From Beirut to Jerusalem*. London 1993.

Goodwin, Jan: *Price of Honour: Muslim Women Lift the Veil of Silence on the Islamic World*. London 1994.
   Deutsch: Goodwin, Jan: *Der Himmel der Frau ist unter den Füßen ihres Mannes. Muslimische Frauen erzählen*. Frankfurt a. M.: Fischer 1999.

Greene, Graham: *The Heart of the Matter*. London 1971.
   Deutsch: Greene, Graham: *Das Herz aller Dinge*. Wien: Zsolnay 1995.

Haeri, Shaykh Fadhlalla: *The Elements of Islam*. Brisbane 1993.

Hick, John (Hrsg.): *The Myth of God Incaranate*. London 1977.
   Deutsch: Hick, John (Hrsg.): *Gott und seine vielen Namen*. Frankfurt a. M.: Lembeck-Verlag 2001.

Iqbal, Zubiar/Mirakhar, Abbas: *Islamic Banking*. Washington 1987.

Israeli, Raphael/Johns, Anthony H.: *Islam.* In: *Asia Volume II: Southeast and East Asia.* Boulder 1984.

Karim, A.: *The Bauls of Bangladesh: A Study of an Obscure Religious Cult.* Kushtia 1980.

Ders.: *The Myths of Bangladesh.* Kushtia 1988.

King, John/St Vincent, David: *Pakistan: A Travel Survival Kit.* Melbourne 1993.

Khomeini, Ruhollah: *Islam and Revolution.* Berkley 1981.

Lewis, Bernard: *The Arabs in History.* Oxford 1993.
  Deutsch: Lewis, Bernard: *Die Welt des Islam. Geschichte und Kultur im Zeichen des Propheten.* München: Orbis 2002.

Mahmoody, Betty: *Not Without My Daughter.* London 1987.
  Deutsch: Mahmoody, Betty: *Nicht ohne meine Tochter.* Bergisch-Gladbach: Lübbe 1995.

Maqsood, Ruqaiyyah: *Teach Yourself Islam.* London 1994.

Mesbahi, Mohiadddin (Hrsg.): *Central Asia and the Caucasus After the Soviet Union.* Florida 1994.

Mills, Cecil Wright: *The Cultural Apparatus.* In: *Power, Politics and People: The Collected Essays of C. Wright Mills,* hrsg. v. Irving Louis Horowitz. Oxford 1967.

Mumtaz, Khawar/Shaheed, Farida (Hrsg.): *Women of Pakistan: Two Steps Forward – One Step Back?* London 1987.

Murray, Jon: *Bangladesh: A Travel Survival Kit.* Melbourne 1991.

Myrdal, Jan: *Die Seidenstraße.* Stuttgart: Thienemann 1981.

Naipaul, V. S.: *Among the Believers: An Islamic Journey.* London 1981.
  Deutsch: Naipaul, V. S.: *Eine islamische Reise. Unter den Gläubigen.* München: dtv 1993/Berlin: Ullstein 2002.

Newberg, Paula: *Dateline Pakistan: Bhutto's Back.* In: *Foreign Policy.* Washington Summer 1994.

Nicholson, Reynold A. (Übers.): *Rumi: Poet and Mystic 1207-1273.* London 1950.

Roy, Asin: *The Islamic Syncretistic Tradition in Bengal.* Princeton 1983.

Said, Edward W.: *Covering Islam*. London 1981.
(Titel hier übersetzt: *Berichterstattung über den Islam*. Keine dt. Übers. bekannt)

St Vincent, David: *Iran: A Travel Survival Kit*, Melbourne 1992.

Sluglett, Peter/Farouk-Sluglett, Marion: *The Times Guide to the Middle East: The Arab World and its Neighbours*. London 1993.

Taylor, Jennifer (Hrsg.): *The Traveller's Quotations Book*. London 1993.

Thomas, Dorothy Q./Gossman, Patricia: *Double Jeopardy: Police Abuse of Women in Pakistan*. Asia Watch and the Women's Rights Project 1992.

Turner, Peter: *Indonesia: A Lonely Planet Travel Survival Kit*. Melbourne 1995.

Vermes, Geza: *Jesus the Jew*. London 1983.
Deutsch: Vermes, Geza: *Jesus der Jude.* Berlin: Jüdische Verlagsanstalt 1991.

Walsh, Mary Williams: *At the Mercy of Men*. In: *The Wall Street Journal*, 3. Mai 1989.

Zusätzliche Literatur auf Deutsch zum Thema
(soweit nicht bereits oben aufgeführt):

Bayat, M. und Jamnia, M. A.: *Geschichten aus dem Land der Sufis*. Frankfurt a. M.: Fischer TB 1998.

Hahn, Heinz: *Der schiitische Islam. Von der Religion zur Revolution*. München: C. H. Beck 1994.

Hilgard, Peter: *Der Maurische Traum, Dimensionen der Sinnlichkeit in al-Andalus*. Kassel: Verlag Winfried Jenior 1997.

Der Koran. München: Goldmann 2000. Stuttgart: Reclam 1960.

Pannke, Peter/Friedrichs, Horst A.: *Troubadoure Allahs. Sufi-Musik im Industal* (inkl. CD). München: Frederking & Thaler 1999.

Richter, Claus/Baumann, Bruno/Liebner, Bernd: *Die Seidenstraße. Mythos und Gegenwart*. Hamburg: Hoffmann und Campe 1999.

Rumi, Dschelaladdin: *Von Allem und vom* Einen. Übers. v. Annemarie Schimmel. München: Diederichs 1995.

Rumi, Dschelaladdin: *Das Mesnevi*. Übers. v. Doktor Gölpinarli/
Nuri Ergenekon/Uli Full/Wolf Süleyman Bahn. München: O. W.
Barth 1997.

Register

412